Frank Decker · Marcus Höreth (Hrsg.)

Die Verfassung Europas

Frank Decker
Marcus Höreth (Hrsg.)

Die Verfassung Europas

Perspektiven des
Integrationsprojekts

VS VERLAG FÜR SOZIALWISSENSCHAFTEN

Bibliografische Information der Deutschen Nationalbibliothek
Die Deutsche Nationalbibliothek verzeichnet diese Publikation in der
Deutschen Nationalbibliografie; detaillierte bibliografische Daten sind im Internet über
<http://dnb.d-nb.de> abrufbar.

1. Auflage 2009

Alle Rechte vorbehalten
© VS Verlag für Sozialwissenschaften | GWV Fachverlage GmbH, Wiesbaden 2009

Lektorat: Frank Schindler

VS Verlag für Sozialwissenschaften ist Teil der Fachverlagsgruppe
Springer Science+Business Media.
www.vs-verlag.de

Umschlaggestaltung: KünkelLopka Medienentwicklung, Heidelberg
Druck und buchbinderische Verarbeitung: Krips b.v., Meppel
Gedruckt auf säurefreiem und chlorfrei gebleichtem Papier
Printed in the Netherlands

ISBN 978-3-531-15969-0

Inhalt

III. Demokratie und Identität

IV. Perspektiven des Supranationalismus

Europas krisengeschüttelte Verfassung – eine Einführung

Frank Decker / Marcus Höreth

„Wir haben eine gute Verfassung, aber sind wir auch in einer guten Verfassung?" – hat Bundespräsident Richard von Weizsäcker bezogen auf das Grundgesetz und die Bundesrepublik Deutschland einmal gefragt. Für Europa und die Europäische Union könnte man dieselbe Frage aufwerfen. Der Doppelsinn von Verfassung ist hier bewusst gewählt: Die EU *hat* eine Verfassung, die in den europäischen Verträgen niedergelegt ist, auch wenn sie den Begriff Verfassung dafür (noch) nicht verwenden will. Man mag geteilter Auffassung sein, ob diese Verfassung eine „gute Ordnung" etabliert, wie man sich dies von normativen Grundordnungen gemeinhin erhofft. In der Vergangenheit haben die Verträge immerhin die Funktionsfähigkeit der Gemeinschaft sichergestellt und zu bedeutenden Integrationsfortschritten beigetragen. Auch der Lissabon-Vertrag dürfte in dieser Hinsicht besser sein als sein Ruf. Gewiss war er eine im wahrsten Sinne des Wortes schwere Geburt und enttäuschte viele Erwartungen, welche man in den Verfassungsprozess ursprünglich gesetzt hatte. Dennoch schafft er eine Grundlage, auf der das europäische Institutionensystem weiterarbeiten und womöglich zu neuen Ufern aufbrechen kann.

Die zweite Frage, ob Europa und die EU auch in einer guten Verfassung *sind*, wird man demgegenüber kaum mit Ja beantworten können. Die EU steckt im Gegenteil in einer Krise. Das mag als Feststellung nicht sehr originell klingen, da im Grunde die ganze Geschichte der EU als eine Geschichte von Krisen erzählt werden kann. Tatsächlich wohnt der Krise ja immer auch die Chance zu ihrer Überwindung inne, birgt sie die Kraft der Neuerung. In der fünfzigjährigen Integrationsgeschichte lassen sich dafür zahlreiche Belege finden. Dem überaus erfolgreichen Binnenmarktprojekt, das in den achtziger Jahren von Kommissionspräsident Delors angestoßen wurde und bis heute den Kern der marktschaffenden Gemeinschaftspolitiken umschreibt, war z.B. eine lange Phase der „Eurosklerose" vorausgegangen, in der das Integrationsgeschehen seine Dynamik weitgehend eingebüßt hatte.

Das Binnenmarktprojekt traf damals allerdings auf – gemessen an den heutigen Herausforderungen der europäischen Politik – vergleichsweise günstige Bedingungen. Maßgeblich für seinen Erfolg war zum einen, dass von der Beseitigung bestehender Handelsbeschränkungen alle Beteiligten profitierten. Zum anderen – und vielleicht noch wichtiger – bewegte sich die Errichtung des Binnenmarktes in der vorhandenen „negativen" Logik des Integrationsprozesses, die den Mitgliedstaaten zunächst keine großen Kompetenztransfers und spektakulären Souveränitätsverzichte abverlangte. Diese Ausgangslage sollte sich spätestens mit dem Maastricht-Vertrag von 1993 ändern. Von diesem Zeitpunkt an begann sich nicht nur die Schere zwischen den integrationswilligen und -skeptischen Mitgliedstaaten in der Union immer mehr zu öffnen. Es traten auch die entdemokratisierenden Wirkungen zunehmend ins Bewusstsein, die der Verlust an unilateraler nationaler Steuerungsfähigkeit im Zuge eines immer rigideren, sich dabei aber ausschließlich auf „negative" Integration beschränkenden Binnenmarktregimes mit sich brachte. Die immensen Probleme, denen sich die EU und ihre Mitgliedstaaten aktuell gegenüber sehen, sind insofern ohne die epochalen Integrationsfortschritte der achtziger und neunziger Jahre nicht zu verstehen.

Eine herausfordernde Lage

Drei miteinander verbundene Krisen beschreiben den derzeitigen Zustand des Einigungsprojekts. Die erste Krise könnte man als Erweiterungskrise bezeichnen. Der Beitritt von 12 Ländern Mittelosteuropas war bereits die vierte Erweiterungsrunde der einstigen Sechser-Gemeinschaft, die jedoch alle bisherigen Beitritte in den Schatten gestellt hat. Wurde bei den früheren Runden ausschließlich nach der Aufnahmefähigkeit der Beitrittsländer gefragt, so ging es bei der Osterweiterung erstmals auch um die Aufnahmefähigkeit der EU selbst. Dass eine bloße Fortschreibung der alten institutionellen Strukturen für die Erweiterung nicht ausreichen würde, hätte den Staats- und Regierungschefs eigentlich klar sein müssen, doch fehlte ihnen die Kraft und der Willen, gemäß dieser Einsicht zu handeln. Konsequenz war der dilettantisch ausgehandelte und inhaltlich völlig unzureichende Vertrag von Nizza, der für den nachfolgenden Verfassungsprozess eine schwere Bürde darstellte.

Das Unvermögen der europäischen Staatenlenker verweist zweitens auf die Krise der sogenannten intergouvernementalen Methode. Herrschte bis zum Maastricht-Vertrag ein annäherndes Gleichgewicht zwischen den Gemeinschaftsorganen Kommission und Parlament auf der einen und den nationalen

Regierungen auf der anderen Seite, so sind mit der Etablierung einer zweiten und dritten Integrationssäule in der Außen- und Sicherheits- sowie Innen- und Justizpolitik die Regierungen als europäische Entscheidungsträger immer mehr in den Vordergrund getreten. Der Vorrang der intergouvernementalen Methode läuft darauf hinaus, dass der Konsens der Mitgliedstaaten die wichtigste Voraussetzung für nennenswerte Integrationsfortschritte bleibt. Einen solchen Konsens herbeizuführen war schon in der Union mit 15 Mitgliedern schwierig. In einer Union mit 27 oder 30 Mitgliedern kann es nur funktionieren, wenn das Einstimmigkeitsprinzip durch qualifizierte Mehrheitsentscheidungen weitgehend ersetzt wird. In Schlüsselbereichen wie der Außenpolitik ist das bis heute nicht der Fall.

Die dritte Krise rührt aus der wirtschaftlichen – manche meinen sogar „neoliberalen" – Schlagseite des Integrationsprozesses. Sie ist der Hauptgrund, warum ein gemeinsames Identitätsbewusstsein in der EU bislang nicht herangereift ist. Die eigentlichen Gemeinschaftspolitiken konzentrieren sich bis heute auf die Schaffung und Regulierung des gemeinsamen Marktes; die Bewältigung der kulturellen, sozialen und ökologischen Nebenfolgen, die sich aus dem Marktgeschehen ergeben, bleibt ebenso ausgespart (und wird weiterhin überwiegend den Mitgliedstaaten überlassen) wie die Außen-, Sicherheits- und Verteidigungspolitik. Gerade letztere könnte, wenn sie vergemeinschaftet wird, identitätsbildend wirken, da sie die Einheit des Staates nach innen und außen am ehesten verkörpert. In bundesstaatlichen Ordnungen wird die Außen- und Verteidigungspolitik deshalb traditionell von der Zentralgewalt wahrgenommen. Der bisherige Verlauf der europäischen Einigung hat dieses Prinzip auf den Kopf gestellt.

Die Schlagseiten des Integrationsprozesses liefern auch einen Zugang zum häufig beklagten Demokratiedefizit der EU. Umfragen zeigen, dass sich eine Mehrheit der Bevölkerung in den Mitgliedstaaten eine gemeinsame Außenpolitik wünscht; die Integration scheitert hier offenbar weniger am Volk als an den nationalen Eliten, die diese Spielwiese nicht ohne Not preisgeben möchten. Etwas anders verhält es sich mit der Sozialpolitik. Im Unterschied zur Außenpolitik, die die Lebenswirklichkeit der Menschen zumeist nicht direkt berührt, handelt es sich bei ihr um einen Bereich von hoher elektoraler und legitimatorischer Relevanz. Sozialpolitische Entscheidungen erzeugen in der Regel Verteilungswirkungen und sind deshalb besonders konfliktträchtig. In der Europaliteratur wird das häufig als Grund genannt, warum man die Verantwortung für diesen Bereich nicht von der nationalen auf die europäische Ebene übertragen könne.

Auch das ist aber nur die halbe Wahrheit. Wenn es stimmt, dass sich demokratische Legitimität sowohl aus den Möglichkeiten der Teilnahme am politischen Prozess speist als auch aus den Ergebnissen, die dieser Prozess hervorbringt, könnte das Fehlen EU-weiter Sozialstandards von den Bürgern durchaus als Problem empfunden werden. Dass dies nicht oder nur in begrenztem Umfang geschieht, verweist auf ein Kernproblem der europäischen Mehrebenendemokratie. Weil demokratische Strukturen auf der EU-Ebene noch nicht hinreichend ausgebildet sind oder funktionieren, müssen die elektoralen Konsequenzen der europäischen Politik nahezu ausschließlich von den Mitgliedstaaten getragen werden. Den politischen Akteuren kommt das durchaus entgegen, weil sie dadurch die Möglichkeit gewinnen, Europa für die Versäumnisse und Fehler der eigenen Politik die Schuld zuzuweisen. Das institutionelle Demokratiedefizit der EU leistet dabei willkommene Dienste, hilft es ihnen doch, ihre Beteiligung am Zustandekommen (oder Nicht-Zustandekommen) der europäischen Entscheidungen zu verschleiern. So tragen die nationalen Politiker selbst dazu bei, die europäische Politik zu delegitimieren, nur um die negativen Konsequenzen dieser Delegitimierung anschließend laut zu beklagen.

Die empirischen Belege der Missstimmung müssen hier nicht im einzelnen aufgezählt werden: notorisch niedrige und weiter sinkende Beteiligungen bei den Wahlen zum Europäischen Parlament, wachsender Zuspruch anti-europäischer Parteien, rückläufige Zustimmungswerte zur eigenen EU-Mitgliedschaft. Der negative Ausgang der Referenden zum Verfassungs- bzw. Lissabon-Vertrag in Frankreich, den Niederlanden und Irland hat die Krise nur manifestiert. Hätte man Volksabstimmungen in weiteren Ländern zugelassen, wäre die Zahl der Neinsager sicher noch größer gewesen. Besonders nachdenklich muss stimmen, dass die EU auch dort Verdrossenheit erzeugt, wo die Länder von der EU-Mitgliedschaft massiv profitiert haben – wie etwa in Österreich. In der Alpenrepublik ist über der Frage, wie man mit dieser Anti-Haltung am besten umgeht, sogar die Regierung zerbrochen.[1]

Entstehung und Konzeption des vorliegenden Bandes

Die Beiträge des vorliegenden Bandes wollen den Symptomen und Ursachen der verbreiteten Europaskepsis nachspüren und vor diesem Hintergrund die weiteren Perspektiven des Integrationsprojekts beleuchten. Sie sind aus einer Ringvorlesung hervorgegangen, die das Seminar für Politische Wissenschaft im Wintersemester 2007/08 in Zusammenarbeit mit der Konrad Adenauer-Stiftung an der Universität Bonn veranstaltet hat. Zusätzlich zu den dort gehaltenen Vorträgen

---

[1] „Kuschen vor dem Volkszorn", in: Süddeutsche Zeitung vom 5. August 2008.

wurden weitere Aufsätze eingeworben, um einen möglichst vollständigen Überblick über die Tragweite der aktuellen Krise zu erhalten. Den Ausgangspunkt fast aller Beiträge bildet naturgemäß der Verfassungsprozess, dessen jüngste Entwicklung (nach dem gescheiterten Referendum in Irland) allerdings nicht mehr überall berücksichtigt werden konnte.

Die Herausgeber haben den Band in vier Blöcke unterteilt, denen die einzelnen Beiträge eher locker zugeordnet sind. Redundanzen sollten vermieden werden, doch bestehen zahlreiche inhaltliche Querverbindungen, die durch entsprechende Verweise kenntlich gemacht wurden. Die Texte, die natürlich auch unabhängig voneinander gelesen werden können, bilden so ein thematisch zusammenhängendes Ensemble.

So heterogen und vielschichtig der Gegenstand ist, so unterschiedlich sind auch die disziplinären Zugänge, methodischen Ansätze und Darstellungsformen der hier versammelten Autoren.[2] Einige Beiträge stammen von aktiven Politikern und / oder sind streitbare Kommentare, andere tragen den Charakter wissenschaftlicher Essays, deren Vortragsstil bewusst beibehalten wurde, wiederum andere sind normale wissenschaftliche Abhandlungen (und als solche mehr oder weniger meinungsstark). Die wissenschaftlichen Beiträge wurden mit zwei Ausnahmen – *Josef Isensee* und *Heinrich August Winkler* – von Politologen verfasst. Dem *sui generis*-Charakter des europäischen Gebildes entspricht, dass dabei alle politikwissenschaftlichen Teildisziplinen (politische Theorie, Regierungslehre und Internationale Politik) zum Zuge kommen.

Die Beiträge geben tiefe Einblicke in die normativen Grundkontroversen, die das Integrationsprojekt umgeben. So pro-europäisch alle Autoren dem eigenen Selbstverständnis nach eingestellt sind und argumentieren, so sehr unterscheiden sie sich in ihren integrationspolitischen Zielvorstellungen und Prämissen. Drei Konflikte rücken in den Mittelpunkt. Erstens geht es um die Frage, wie eine europäische Identität geschaffen werden kann. Hier stehen die Skeptiker, die glauben, dass Europa eines vorgängigen, historisch gewachsenen Zusammengehörigkeitsgefühls bedarf, wenn es eine staatsähnliche Struktur ausbilden will, gegen die Vertreter einer „dünneren", politischen Identitätskonzeption, die eine solche Zusammengehörigkeit auf institutionellem Wege herbeiführen möchten. Der zweite Konflikt betrifft das Demokratieproblem. Hier befinden sich auf der einen

---

[2] Wie bei der redaktionellen Überarbeitung der Beträge festgestellt werden musste, bezieht sich diese Heterogenität auch auf die Handhabung der deutschen Rechtschreibung. Die Herausgeber haben sich hier – um in der Sprache der europäischen Integration zu bleiben – für eine möglichst „autonomieschonende" Harmonisierung der Schreibweisen entschieden und nur die gröbsten Unstimmigkeiten beseitigt.

Seite diejenigen, die die Existenz eines Demokratiedefizits überhaupt negieren oder für ein elitistisches (gelegentlich als „deliberativ" verbrämtes) Demokratie-konzept werben, das dem *sui generis*-Charakter der EU vermeintlich Rechnung trägt. Die anderen setzen die Auffassung dagegen, dass die Demokratie in der EU im Prinzip dieselbe Form annehmen muss wie im nationalstaatlichen Rahmen. Von ihnen wird vor allem das Übergewicht der Konsensstrukturen im heutigen System moniert, an deren Stelle mehr mehrheitsdemokratische Elemente treten müssten – so der britische Autor *Simon Hix* in diesem Band. Der dritte Konflikt bezieht sich schließlich auf den integrationspolitischen Prozess. Hier stehen auf der einen Seite jene, die relativ klare (und hehre) Vorstellungen von der Zukunft Europas haben und diese baldmöglichst realisiert sehen wollen. Sie beklagen, dass es so wie heute nicht weitergehen könne und fordern deshalb radikale Än-derungen. Auf der anderen Seite befinden sich die Vertreter eines pragmatischen Ansatzes, die eine Verbesserung auch auf inkrementalistischem Wege für mög-lich halten. Diese Kontroverse, die sich heute hauptsächlich an der Forderung nach einem Kerneuropa entzündet, wird am Ende des Bandes von *Jürgen Haber-mas* und *Günter Verheugen* stellvertretend ausgetragen.

Die Beiträge im einzelnen

Damit kommen wir zu den Beiträgen im einzelnen. Geradezu antizyklisch – ge-gen die grassierende Krisenstimmung – macht *Hans-Gert Pöttering*, dessen Beitrag den ersten Themenblock (*Wege in und aus der Krise*) eröffnet, vor allem Mut: Die Verfassung Europas sei nicht so schlecht, wie man sie häufig hinstelle. Der Präsi-dent des Europäischen Parlaments zeigt aus der Sicht der europapolitischen Pra-xis, wie stark sich unterhalb formeller Vertragsänderungen die Dinge zum Positi-ven hin weiterentwickeln, ohne dass sie in der Öffentlichkeit hinreichend wahr-genommen werden. Er will vor allem deutlich machen, dass das EP als Zentrum einer Demokratie im Werden zu einem europäischen Machtfaktor geworden sei, den man nicht mehr länger ignorieren könne – und auch nicht solle. Ähnlich optimistisch sieht *Ludger Kühnhardt* in seinem Beitrag die Verfassung Europas. Aus Krisen sei die EU immer wieder gestärkt hervorgegangen. Allerdings erfahre die europäische Integration derzeit einen tief greifenden Begründungswandel. Aus dem inneren Versöhnungsprojekt sei ein globaler Akteur geworden. Um den damit verbundenen neuen Herausforderungen gerecht zu werden, müsse die EU aus ihrer Geschichte lernen. Der sich dem Westfälischen Frieden 1648 anschlie-ßenden Nationalstaatsbildung müsse nunmehr deren konsequente Europäisierung folgen. *Bernhard Weßels* setzt diesem normativ inspirierten Optimismus eine nüchterne Bestandsaufnahme der gewachsenen Europaskepsis entgegen, die seit Anfang der neunziger Jahre in den EU-Mitgliedstaaten festgestellt werden kann. Sein Konzept des politischen Euroskeptizismus unterscheidet in Anlehnung an David Easton zwischen denjenigen, die der Gemeinschaft prinzipiell aufgeschlossen gegenüberstehen und nur deren Akteure und Funktionsweise kritisieren (kritische Europäer), und denjenigen, die auch die politische Gemeinschaft ablehnen (harte Euroskeptiker). Dass der Vertrag von Lissabon die verbreitete Europaskepsis nicht wird beseitigen können, dürfte angesichts der Probleme, die der Ratifikationsprozess bereitet, klar sein. Allerdings sei es bedauerlich, wenn dieser neue Vertrag nicht in Kraft treten könne, meinen *Andreas Hofmann* und *Wolfgang Wessels*. Denn der Lissabonner Vertrag bringe – trotz seiner Komplexität – einige wichtige Fortschritte an Handlungsfähigkeit und Demokratie. Wie nicht anders zu erwarten, sei indessen auch dieses neue Werk nur eine weitere Etappe der Integration und nicht deren Endpunkt.

Wie sehr die EU bereits staatsähnliche Züge trägt, wird durch eine genauere Inspizierung der supranationalen Institutionen deutlich, denen sich der zweite Themenblock (*Institutionen und europäisches Regieren*) zuwendet. Die Konzeption der EU als reiner „Regulationsstaat" (Giandomenico Majone) greife jedenfalls zu kurz, wie *Simon Hix* in seinem Beitrag betont. Vielmehr habe europäische Politik bereits umverteilenden Charakter und weise darüber hinaus starke Wertbezüge auf. Dies aber mache das EU-Entscheidungssystem hochgradig legitimationsbedürftig. Hix plädiert aus diesem Grund dafür, dass sich die EU stärker politisiert, damit die europäischen Bürger bei Wahlen zum Europäischen Parlament tatsächlich eine Wahl zwischen unterschiedlichen (partei-) politischen Optionen und Agenden treffen können. Wie ein in diesem Sinne stärker politisiertes Europa institutionell ausgestaltet sein sollte, das heißt genauer: welche Regierungsform für die EU geeignet wäre, ist die Frage, der anschließend *Frank Decker* und *Jared Sonnicksen* nachgehen. Entgegen der weit verbreiteten These, wonach sich die EU in einer Entwicklung hin zu einem parlamentarischen Regierungssystem befinde, argumentieren sie, dass es für die institutionelle Weiterentwicklung der EU vorteilhafter sein könne, sich an präsidentiellen Demokratien zu orientieren. Ohne das politische System von Grund auf ändern zu müssen, sei mit der Direktwahl des Präsidenten der Kommission ein wichtiger Schritt zum Abbau des Demokratiedefizits möglich. Doch nicht nur das Verhältnis zwischen europäischer Exekutive und Legislative ist von besonderer Bedeutung für die Entwicklung der EU. Ebenso wichtig – wenngleich noch häufig übersehen – ist die supranationale Judikative. *Marcus Höreth* zeichnet in seinem Beitrag zunächst nach, wie der

EuGH schon sehr früh begonnen hat, die europäischen Verträge zu konstitutionalisieren. Der EuGH sei so mächtig geworden, weil er ein Höchstmaß an Entscheidungsmacht und -autonomie besitze, die er zur Verfolgung seiner eigenen institutionellen Interessen nutze. Ein bloßer „Diener" der Mitgliedstaaten sei das
Gericht jedenfalls nie gewesen, weil es sich gefahrlos habe leisten können, mehr
sein zu wollen – nämlich ein europäisches Verfassungsgericht. Eine wichtige
Nebenrolle spielt der EuGH auch in dem anschließenden Beitrag von *Philipp
Genschel*. Er zeigt am Beispiel der Steuerpolitik, dass die EU die Mitgliedstaaten
in ihren politischen Wahlmöglichkeiten auch in jenen Bereichen drastisch einschränken könne, die noch als Domäne der nationalen Politik gelten. Gemeinschaftsgesetzgeber sowie der EuGH seien in der Lage, durch binnenmarktbezo-
gene Rechtsetzung und Rechtsprechung kaum revidierbare Fakten zu schaffen,
die die Mitgliedstaaten auf einen europäischen Kurs zwingen. Von diesem könnten sie immer weniger abweichen – selbst in Bereichen, in denen die EU (noch)
überhaupt keine Kompetenzen besitze.

Angesichts der Legitimationsprobleme europäischen Regierens liegt es nahe,
die EU als supranationale Demokratie zu organisieren. Den Schwierigkeiten, auf
die ein solches Unterfangen stößt, widmen sich die Autoren im dritten Themenblock (*Demokratie und Identität*). Für *Peter Graf Kielmansegg*, wiewohl überzeugter
Anhänger des europäischen Einigungsgedankens, bleibt die Demokratie auf EU-
Ebene ein kaum erreichbares Desiderat. Ihr stehe schon der Mangel an einer
kollektiven Identität der Europäer im Wege. Gleichwohl existiere zur europäischen Integration keine Alternative, weshalb rechts- und verfassungsstaatliche
Legitimationsprinzipien den Mangel an Demokratie kompensieren müssten. Was
die Demokratiefähigkeit Europas anbelangt, überwiegt auch bei *Josef Isensee* die
Skepsis. Weil es kein europäisches Volk gibt, könne es auch keine europäische
Nation geben. Diese sei aber unverzichtbar, um die stetige Integration eines staatlichen, demokratisch verfassten Gemeinwesens zu gewährleisten. Verfassungen
könnten das durch die Nation vermittelte Zusammengehörigkeitsgefühl nicht
ersetzen; dieses gehe vielmehr der politischen Einheitsbildung voraus. *Thomas
Meyer* stellt dem eine Konzeption von politischer Identität entgegen, die sich von
der Vorstellung einer über gemeinsame Sinngebungen oder Lebensweisen ver-
mittelten Leitkultur distanziert und die notwendige Gemeinsamkeit ausschließlich an den sozialen und liberalen Grundwerten der rechtsstaatlichen Demokratie
festmacht. Für die Herausbildung einer europäischen Bürgeridentität sei es geboten, dass die EU stärkere Partizipationsanreize entwickle, eine europaweite politische Öffentlichkeit entstehe und bisher vernachlässigte Bereiche wie die Sozial-,
Beschäftigungs- und Außenpolitik die marktschaffenden Gemeinschaftspolitiken

ergänzten. Bedenken gegen eine überzogene Erweiterungsdynamik formuliert *Heinrich August Winkler* vor allem mit Blick auf den Beitrittsaspiranten Türkei, die seiner Auffassung nach nicht mehr zu Europa gehöre. Was Europa zusammenhalte, sei zutiefst durch seine abendländische Geschichte und Kultur determiniert. Die europäische Einigung stoße daher dort an ihre geographischen Grenzen, wo der Einflussbereich des nicht-orthodoxen Christentums ende.

Der vierte und letzte Themenblock des Bandes (*Perspektiven des Supranationalismus*) richtet den Blick nochmals nach vorne. Den Auftakt macht hier *Jerzy Maćków*, der das Haupthindernis der Integration in der fortbestehenden nationalistischen Gesinnung der Völker und ihrer Eliten sieht. Eine Relativierung dieser Gesinnung sei nur über eine konsequente Demokratisierung des europäischen Institutionensystems erreichbar, die mit der bisherigen Dominanz des Rates als Entscheidungsorgan brechen müsse. Auf dieser Basis hält Maćków auch die Herausbildung einer gemeinschaftlichen Außen- und Sicherheitspolitik für vorstellbar, die zur Identitätsbildung der EU beitragen könne. In einer vergleichenden Betrachtung mit den USA möchte *Dennis-Jonathan Mann* anschließend das „Wesen" der EU näher ergründen. In den USA habe es eine intensive Debatte darüber gegeben, ob der Träger der amerikanischen Souveränität das amerikanische Volk im Singular sei oder aber die Völker der einzelnen Bundesstaaten. Selbst der in Bundesstaaten übliche Vorrang des Bundesrechts gegenüber einzelstaatlichem Recht habe erst mühsam gegen massive einzelstaatliche Vorbehalte erkämpft werden müssen. Aus diesem Grund könne die „Nature of the Union"-Debatte in den USA auch heute noch wertvolle Anregungen für das „Experiment" der europäischen Integration bereit halten. Wie vielfältig die Möglichkeiten einer weiteren Integrationsvertiefung sind, macht *Janis Emmanouilidis* deutlich. Schon die wachsende ökonomische, finanzielle, soziale und geopolitische Heterogenität der Gemeinschaft sei – verbunden mit den unterschiedlichen integrationspolitischen Zielvorstellungen und Erwartungen der Mitgliedstaaten – für die Europapolitiker kaum noch unter einen Hut zu bringen. Hinzu komme die Notwendigkeit, auf den Druck von Drittstaaten zu reagieren, die sich auch in Zeiten der Erweiterungsmüdigkeit dem europäischen Club annähern wollten. Erforderlich sei daher ein höheres Maß an differenzierter Integration. Wie die doppelte Herausforderung gemeistert werden soll, einerseits Staaten mit hoher Integrationsbereitschaft nicht auszubremsen, andererseits jedoch alle, auch die integrationsmüden, Mitgliedstaaten unter einem Dach als rechtliche und politische Einheit zu vereinen, kann und will der Beitrag nicht abschließend klären. Dass die Zukunft des Integrationsprozesses auch in dieser Hinsicht offen ist, unterstreicht die am Ende dokumentierte Kontroverse zwischen *Jürgen Habermas* und *Günter Verheugen*, die anlässlich des irischen Neins zum Lissabon-Vertrag in der Süddeutschen Zeitung ausgetragen wurde. Während Habermas nach völlig neuen Begründungen des Integrationsprojektes verlangt, weil die alten Rechtfertigungsmuster nicht mehr taugten, setzt Verheugen auf eine Politik der kleinen Schritte, um der EU bei ihren Bürgerinnen und Bürgern wieder mehr Anklang zu verschaffen. Kurz: Der eine verlangt den großen Wurf, der andere mehr pragmatischen Scharfsinn. Beide Auffassungen mögen als unversöhnliche Gegensätze erscheinen, bilden in Wahrheit aber zwei Seiten einer Medaille. Schon in der Vergangenheit war es die Gleichzeitigkeit von visionärem Aufbruch und geduldigem praktischen Handeln, die die EU zu einer einzigartigen Erfolgsgeschichte gemacht hat. (Manche bezeichnen sie als einzige grundlegende institutionelle Innovation im 20. Jahrhundert seit dem Aufstieg des demokratischen Wohlfahrtsstaates.) Kommt beides auch in Zukunft zusammen, braucht man sich um den Fortgang des Integrationsprojekts nicht zu sorgen.

I. Wege in und aus der Krise

Von Rom nach Lissabon. Die europäische Perspektive

Hans-Gert Pöttering

Vor fünfzig Jahren, am 1. Januar 1958, traten für die sechs Gründerstaaten der Europäischen Wirtschaftsgemeinschaft – Belgien, Bundesrepublik Deutschland, Frankreich, Italien, Luxemburg und Niederlande – die Römischen Verträge in Kraft. Dieses Jubiläum steht für fünfzig Jahre Frieden, Stabilität, Wohlstand und Fortschritt und symbolisiert eine Perspektive, von der frühere Generationen nur träumen konnten. Bedenkt man, dass die Menschen Europas über Jahrhunderte die Hoffnung nach einem geeinten, friedlichen und freien Europa gehegt haben, diese jedoch immer wieder durch Kriege enttäuscht wurde, ist die Entwicklung der vergangenen fünfzig Jahre, in der die Hoffnung auf Frieden und Verständigung endlich erfüllt wurde und sich die gemeinsamen europäischen Werte in der Europäischen Union niedergeschlagen haben, unbestreitbar ein beispielloser und ungeahnter Erfolg.

Ein besonderer Schritt war hierbei die Wiedervereinigung Europas, nachdem Freiheit und Demokratie durch die friedliche Revolution 1989 auch im Osten Europas gesiegt hatten. Dies war der Ausgangspunkt für die Überwindung der künstlichen Teilung Europas, welche mit der Aufnahme Polens, Ungarns, der Tschechischen Republik, Sloweniens, der Slowakei, der drei baltischen Staaten Estland, Lettland und Litauen sowie Rumäniens und Bulgariens in die Europäische Union verwirklicht wurde und für mich das Wunder unserer Generation ist.

Die Einbindung dieser Staaten, die das Europäische Parlament von jeher befürwortet hat, war ein historisch-moralisches Gebot. Diese Länder haben in einer bewundernswerten friedlichen Revolution den Kommunismus besiegt und sich mit großem Erfolg für Demokratie und Selbstbestimmung eingesetzt. Die neuen Mitgliedstaaten sind immer nach Westen ausgerichtete Länder geblieben, die ein halbes Jahrhundert lang Opfer der gewalttätigsten und menschenverachtendsten Ideologien des 20. Jahrhunderts waren, des Nationalsozialismus und des Kommunismus. Sie hatten zu Recht den Anspruch erhoben, ein für allemal zur Familie der europäischen Demokratien zu gehören.

Doch die Erweiterung der Europäischen Union hatte auch einen politisch-strategischen Hintergrund. Mit dem Zerbrechen der sowjetisch dominierten Regime in Mittel- und Osteuropa entstand ein politisches Vakuum, das durchaus das Risiko neuer Instabilitäten in sich barg. Stabilität musste die oberste Leitschnur jedes Handelns für die Europäer sein, weil Unfrieden in einem Teil Europas zwangsläufig ganz Europa betrifft.

Drückt man das Resultat dieser historischen europäischen Entwicklung schlicht in Zahlen aus, so leben in der heute 27 Mitgliedstaaten umfassenden Europäischen Union, in der 23 offizielle Sprachen gesprochen werden, nahezu 500 Millionen Menschen, die gut ein Viertel der Weltwirtschaftsleistung erbringen.

Hinter diesen nüchternen Zahlen verbirgt sich allerdings ein politischer Mehrwert, der alles andere übersteigt. Wir leben in einer Union ohne Grenzen mit einem gemeinsamen Binnenmarkt und einer gemeinsamen europäischen Währung. Die Europäische Union ist ein auf gemeinsamen Werten beruhender Staatenbund, der historisch einzigartig ist. Dank des Reformvertrages, dessen Unterzeichnung am 13. Dezember 2007 in Lissabon den vorläufigen Abschluss einer rasanten Entwicklung bildet, wird die Europäische Union zudem bald auf einem zukunftsfähigen Fundament stehen, mit dessen Hilfe sie gegen die Herausforderungen des 21. Jahrhunderts gewappnet sein wird.

Der Lissabon-Vertrag: Voraussetzung für eine Vertiefung der Integration

Wenn die Bürgerinnen und Bürger Europas im Juni nächsten Jahres bei den Europawahlen dazu aufgerufen sind, zum siebten Mal ihre direkte Vertretung auf europäischer Ebene, das Europäische Parlament, zu wählen, dann tun sie dies aller Voraussicht nach auf der Basis einer neuen politischen Ordnung in der Europäischen Union, die mit dem In-Kraft-Treten des Reformvertrages im Jahre 2009 eingeleitet werden wird.

Den Grundstein für unser heutiges europäisches Haus haben nach dem Ende des Zweiten Weltkrieges visionäre Vordenker wie Konrad Adenauer, Robert Schuman oder Alcide de Gasperi gelegt, als sie auf dem in Trümmern liegenden und durch Ideologien getrennten Kontinent neue Wege beschritten. Angetrieben durch die Vision von Freiheit, dauerhaftem Frieden, Stabilität und Wohlstand für alle Europäerinnen und Europäer gingen sie den Weg der Versöhnung und begründeten somit die historisch einzigartige Erfolgsgeschichte der europäischen

Einigung, welche im Rückblick vor allem durch die Anwendung von zwei Instrumenten – der Erweiterung und der Vertiefung der Gemeinschaft – geprägt worden ist.

Beide Prozesse führten in einem gegenseitigen Wechselspiel unter anderem über die Zollunion 1969, das Schengener Abkommen 1985, den Vertrag von Maastricht 1993 einerseits und zahlreiche Erweiterungsrunden andererseits zu einer gewachsenen und gleichzeitig integrierten Union. Dabei war der Verlauf dieser Erfolgsgeschichte keinesfalls reibungslos.[1] Der europäische Integrationsprozess hat in den vergangenen fünfzig Jahren mehrfach Phasen der Krisen und Selbstzweifel durchlaufen und sich gegen teilweise berechtigte Kritik sowie voreilige Bedenkenträger durchsetzen müssen. Die Europäische Union ging jedoch aus jeder dieser Schwächephasen gestärkt hervor, da überzeugte Europäerinnen und Europäer offensichtlich die besondere Fähigkeit besitzen, in Krisenzeiten frische Kraft und neuen Elan zu schöpfen, um den europäischen Integrationsprozess später umso erfolgreicher voranzubringen.

Eine dieser Schwächephasen liegt gerade hinter uns und konnte mit der Unterzeichnung des Vertrages von Lissabon erfolgreich überwunden worden. Nach der Ablehnung des europäischen Verfassungsentwurfs 2005 durch die Referenden in Frankreich und den Niederlanden und dem daraus resultierenden Scheitern des Verfassungsvertrages hatte die Europäische Union eine Denkpause eingelegt. Von vielen Seiten wurde darauf eine Identitätskrise der Europäischen Union heraufbeschworen. Den negativen Äußerungen jener Skeptiker konnte entgegen gehalten werden, dass sie den Willen und die Entscheidung einer Mehrheit von 18 Mitgliedstaaten ignoriert haben, welche die Verfassung bereits nach demokratischen Verfahren ratifiziert hatten.

Auch wenn das Nein der Bürgerinnen und Bürger Frankreichs und Hollands mit Respekt zu behandeln ist, so war es bei weitem keine unüberwindbare Identitätskrise, in welche die Europäische Union gestürzt worden ist. Sicherlich war es zunächst einmal ein schwerer Rückschlag für die Weiterentwicklung der Union selbst. Allerdings wurde nach den Referenden relativ schnell deutlich, dass die Gründe für die Ablehnung weniger in dem fehlenden Glauben an die Idee eines geeinten Europas oder dem Vertrag selbst lagen. Der Einigungsprozess an sich ist von den Bürgerinnen und Bürgern zu keinem Zeitpunkt in Frage gestellt worden.

Es ist nicht die Vision eines gemeinsamen Europas, nicht der Sinn des Einigungsprozesses, der durch den Ausgang der Referenden ins Wanken geriet; es

---

[1] Siehe dazu den Beitrag von Ludger Kühnhardt in diesem Band.

war die Methodik, die Vorgehensweise, mit der die Bürgerinnen und Bürger unzufrieden waren. Die Struktur der Europäischen Union machte auf die Menschen einen zu bürokratischen, bürgerfremden und für die Bewältigung der Herausforderungen des 21. Jahrhunderts zu schwachen Eindruck.

Es bleibt nach wie vor ein Paradoxon, dass mit der Verfassung genau jenes Vorhaben abgelehnt worden ist, welches die zu Recht wahrgenommenen Missstände beseitigt hätte, indem die Union auf eine demokratischere, bürgernähere und transparentere, also insgesamt zukunftsfähigere Art neu gestaltet und politisch vertieft worden wäre. Aus diesem Grund hat das Europäische Parlament immer zu dem Verfassungsvertrag und dessen Inhalten gestanden und sie als verteidigenswert und verteidigungsfähig angesehen. Es war für das Europäische Parlament stets eine Bedingung, dass die Substanz auch in einer neuen Lösung erhalten bleibt, wie es ja auch mit dem Vertrag von Lissabon geschehen ist.

Die alten Strukturen bildeten ohne jeglichen Zweifel keine ausreichende Basis für eine erfolgreiche und konstruktive Zusammenarbeit von 27 oder mehr Staaten, um im Laufe des 21. Jahrhunderts den Herausforderungen der zunehmenden Globalisierung gemeinsam entgegen zu treten. Da die Auswirkungen der Globalisierung keinen Halt vor nationalen Grenzen machen und die Liste der Anforderungen an die Union stetig wächst, kann Europa nur dann langfristig eine effiziente und moderne Politik betreiben, wenn die Antwort auf die Globalisierung auf dem gemeinsamen Fortschritt bei der politischen Vertiefung beruht. Nur ein stark integriertes, eng verflochtenes Europa kann seine Erfolgsgeschichte in einer globalisierten Welt fortsetzen.

Der Prozess der Vertiefung benötigt allerdings viel Zeit und kann nicht ad hoc geschehen. Die Unterzeichnung des Vertrages von Lissabon ist auf dem Weg in eine tiefer integrierte Union sicherlich von großer Bedeutung, da der Vertrag eine adäquate Grundlage für die politische Zusammenarbeit bilden wird. Aber die im Vertrag beschlossenen Reformen werden ihre volle Wirkung erst in den nächsten Jahren entfalten. Die Institutionen werden sich kontinuierlich an die neuen Realitäten und Konstellationen gewöhnen müssen, bis das Potenzial dieses Vertrages voll ausgeschöpft werden kann.

Darauf aufbauend müssen die nächsten Jahre auch für zwei weitere Projekte genutzt werden. Zum einen müssen wir diese Zeit nutzen, um den Bürgerinnen und Bürgern Europas die Europäische Union wieder vertrauter zu machen, indem wir sie über den Reformvertrag und die neuen Mechanismen der EU informieren. Hierbei kommt es vor allem darauf an, dass wir ihnen die Auswirkungen der politischen Entscheidungen der Union auf den konkreten Alltag der Menschen erklären, damit sie Europa wieder als greifbar und nah empfinden. Eine

Kombination von persönlichen Kontakten mit den Bürgerinnen und Bürgern und einer intensiveren und ausführlicheren Berichterstattung in den Medien könnte uns bei der Realisierung dieses Ziels helfen.

Zum anderen muss die Integration, neben der durch den Vertrag von Lissabon erbrachten politischen Vertiefung, auch in den anderen Bereichen der EU vorangetrieben werden. Um ein Europa der zwei Geschwindigkeiten zu vermeiden, muss die Erweiterung des europäischen Binnenmarktes und der Wirtschafts- und Währungsunion in den nächsten Jahren in Angriff genommen werden. Der Euroraum ist zwar zu Beginn dieses Jahres um Malta und Zypern gewachsen, dennoch wird in 12 Mitgliedstaaten noch mit der jeweils nationalen Währung gezahlt. Auch der Schengener Raum deckt noch nicht alle Mitgliedstaaten ab, obwohl er durch die letzte Erweiterung auf 22 Staaten gewachsen ist.

Die Zukunft der Erweiterung

Die Tiefe der Integration muss mit dem Ausmaß der Erweiterung auf eine Stufe gestellt werden. Nur dann ist die Europäische Union voll handlungsfähig, und nur eine handlungsfähige Union ist in der Lage, neue Mitglieder aufzunehmen. Die Tatsache, dass nach der Unterzeichnung des Vertrages von Lissabon ein enorm erweitertes Europa auch stärker integriert sein wird, deutet darauf hin, dass so dynamische und umfassende Veränderungen wie in den letzten Jahren nicht mehr zu erwarten sind. Die Europäische Union und die beiden Prozesse haben einen gewissen Reifegrad erreicht. Das stetige Wechselspiel von Erweiterung und Vertiefung ist zu einem Ende gekommen.

Zwei Ausnahmen sind allerdings zu machen. Zum einen erwartet das Europäische Parlament in der Zukunft die Aufnahme der Balkan-Staaten. Sie sind fester Bestandteil der europäischen Familie und haben es in gleicher Weise verdient, unserer Gemeinschaft beizutreten, wie die bereits aufgenommenen Völker Osteuropas.

Im Fall der Türkei müssen, da die Beitrittsverhandlungen bereits begonnen haben, diese auch auf eine faire Weise fortgeführt und am Ende die entsprechende Entscheidung gefällt werden. Als Präsident des Europäischen Parlamentes vertrete ich dessen mehrheitliche Meinung. Die Mehrheit der Abgeordneten im Europäischen Parlament befürwortet Verhandlungen mit der Türkei mit dem Ziel eines Beitritts.

Persönlich halte ich es jedoch für problematisch, den Türkei-Beitritt als Ziel der Verhandlungen auszurufen. Zwar hat die Türkei in den letzten Jahren enorme Reformanstrengungen unternommen, aber allein der Wille, der Europäischen Union anzugehören, reicht für eine Mitgliedschaft nicht aus, und nicht jede Orientierung nach Europa muss zwangsläufig zu einer Mitgliedschaft führen. Dabei spielt der Unterschied der Religionen nicht einmal die übergeordnete Rolle, die ihm oft zugeschrieben wird. So könnte mit Bosnien-Herzegowina ebenfalls ein muslimisch geprägtes Land in die Union aufgenommen werden, ohne dass große Bedenken geäußert werden.

Es stellt sich vielmehr die Frage, ob die Aufnahme der Türkei nicht die Gefahr hervorrufen würde, dass unsere Union an mangelnder innerer Homogenität und äußerer geographischer Überdehnung zerbricht.[2] Eine um die Türkei erweiterte Union besäße Grenzen mit dem Irak, Iran und Syrien. Ich befürchte, dass das nötige identitätsstiftende Band und damit die europäische Zusammengehörigkeit verloren gehen und das große Friedensprojekt der Einheit Europas in sich zusammenfallen könnte. Eine innere Entfremdung wäre die Konsequenz, da die Bürgerinnen und Bürger das Verhältnis zu und die Vorstellung von einem gemeinsamen Europa verlören. Ich bin der Meinung, dass ein Beitritt der Türkei die Europäische Union kulturell, politisch, finanziell und geographisch überfordern würde. Deshalb stellt sich die Frage, ob nicht auch eine „privilegierte Partnerschaft" mit der Türkei die angemessene Antwort wäre.

Trotz meiner Bedenken trete ich jedoch dafür ein, dass die begonnenen Verhandlungen fortgesetzt werden. Ich erwarte von beiden Seiten, dass sie sich vertragstreu verhalten, damit am Ende ein ehrliches und seriöses Ergebnis erzielt wird. Es wird aber die nächste politische Generation sein, die dann die Verantwortung übernehmen und eine Entscheidung treffen muss.

Die wachsende Bedeutung des Europäischen Parlaments

Eine wichtige Voraussetzung für den Beitritt eines Landes wird in Zukunft unverändert gelten: Wie für andere Bereiche auch werden sowohl der Rat als auch das Europäische Parlament einem Beitritt gemeinsam zustimmen müssen. Dabei hat die Praxis gezeigt, dass eine Einigung zwischen diesen beiden legislativen Institutionen der Europäischen Union manchmal nur nach harten Verhandlungen zu erreichen ist, da die anfänglichen Positionen doch sehr unterschiedlich sein können, auch wenn beide Seiten mit ihren Positionen das Wohl Europas verfolgen. Zudem hat das Europäische Parlament über die vergangenen Jahrzehnte

---

[2] Siehe dazu den Beitrag von Heinrich August Winkler in diesem Band.

zunehmend an Bedeutung und Kompetenzen gewonnen und ist inzwischen zu einem gleichberechtigten Partner des Rates in der Legislative geworden.

Als einer von sechs Europaabgeordneten durfte ich den emanzipatorischen Prozess des Europäischen Parlamentes seit seiner ersten Direktwahl im Jahr 1979 als dessen Mitglied von Anfang an begleiten. Wenn ich heute die errungenen Gesetzgebungskompetenzen des Parlamentes mit der damaligen Zeit vergleiche, erfüllt es mich mit Stolz und Freude, dass die parlamentarische Demokratie in der Europäischen Union so weit fortgeschritten ist. 1979 konnten wir von einer derart starken Entwicklung des Parlaments nur träumen. Dreißig Jahre später wird das Europäische Parlament durch den Vertrag von Lissabon erneut zusätzliche Kompetenzen erhalten und somit endgültig zur gleichberechtigten Institution im Kräftedreieck von Kommission, Rat und Parlament.

Die neue Position des Europäischen Parlaments ist aber auch notwendig, um die Europäische Union zum Wohl der Bürgerinnen und Bürger demokratischer zu gestalten. Schließlich ist das Parlament die einzig direkt gewählte Vertretung der nahezu 500 Millionen Menschen, die heute in der Union leben.

Durch den Vertrag von Lissabon wird das Europäische Parlament Mitentscheidungsrecht und damit wesentlich mehr Gestaltungsmöglichkeiten bei der Gesetzgebung in den Bereichen Asyl- und Migrationspolitik, Bekämpfung der grenzüberschreitenden Kriminalität sowie der zivil- und strafrechtlichen Zusammenarbeit erhalten. Nur im Bereich der Außenpolitik wird die Union weiterhin durch zwischenstaatliches Handeln tätig sein, wobei das Parlament indirekt auch hier über den Haushalt Einfluss nehmen kann.

Das Parlament entscheidet zukünftig auch gleichberechtigt mit dem Ministerrat über den EU-Haushalt. Bei der Festlegung der Einnahmen der Europäischen Union, die sich gegenwärtig auf rund 120 Milliarden Euro im Jahr belaufen, hat der Rat das letzte Wort, im Bereich der Ausgaben aber das Europäische Parlament. Es ist ein weiter, oftmals steiniger und mühsamer Weg gewesen, den wir in Bezug auf unsere Mitverantwortung beim Haushalt gegangen sind. Daher ist es ein schöner und wichtiger Erfolg, den das Europäische Parlament hier errungen hat.

Eine weitere Aufgabe des Parlaments betrifft die Kontrollfunktion gegenüber der Europäischen Kommission. Diese wird durch einen stärkeren Einfluss auf die Personalauswahl erweitert. Schon 2004 konnte sich das Parlament mit der Forderung durchsetzen, dass die politische Orientierung des Kommissionspräsidenten das Ergebnis der Wahl zum Europäischen Parlament widerspiegeln sollte. Mit dem Reformvertrag wird dieser grundlegende Anspruch eines demokratisch gewählten Parlaments rechtswirksam. Künftig werden die Staats- und Regierungschefs bei der Nominierung eines Kandidaten für die Wahl des Kommissionspräsidenten das Ergebnis der Wahl zum Europäischen Parlament berücksichtigen müssen.[3] Nach dem Reformvertrag wählt das Europäische Parlament den Präsidenten der Kommission und erteilt in einer weiteren Abstimmung der Gesamtkommission das Vertrauen oder verweigert es. Auch der zukünftige Hohe Vertreter für die Außen- und Sicherheitspolitik, der zugleich Vizepräsident der Kommission sein wird, kommt nur mit Billigung des Parlaments ins Amt.

Im institutionellen Bereich sind die Rechte des Europäischen Parlaments somit teilweise umfassender als die des Deutschen Bundestages, der zwar den / die Bundeskanzler/in wählt, aber nicht der Regierung als Ganzes sein Vertrauen aussprechen kann. Doch auch in der Legislativarbeit hat das Europäische Parlament heute faktisch eine größere Macht als die 27 nationalen Parlamente, da inzwischen der größte Teil der für den Binnenmarkt relevanten Regeln entweder direkt auf europäischer Ebene beschlossen oder indirekt durch europäische Richtlinien vorgegeben und dann durch die Parlamente der Hauptstädte in nationales Recht umgesetzt wird.

Der Reformvertrag ist für das Europäische Parlament und damit für die Demokratie und die Bürgerinnen und Bürger ein großer Erfolg. Bis dahin musste das Parlament in den vergangenen fünfzig Jahren einen langen und mühevollen Weg zurücklegen. Zunächst wurden die 78, ab 1958 dann 142 Mitglieder der Europäischen Parlamentarischen Versammlung von den Parlamenten der sechs Mitgliedsstaaten der Europäischen Wirtschaftsgemeinschaft bestimmt. Bald schon gab sich die Parlamentarische Versammlung den Namen Europäisches Parlament und wurde 1979 zum ersten Mal von den europäischen Völkern der Mitgliedstaaten direkt gewählt. Zunächst waren die Rechte des Europäischen Parlaments darauf beschränkt, dass es an der Haushaltsverabschiedung beteiligt war und bei gewissen Gesetzesvorhaben angehört werden musste, bis die Unterzeichnung der Einheitlichen Europäischen Akte 1986 einen Prozess der sukzessiven Machterweiterung einleitete, der das Parlament über die Verträge von Maastricht 1993, Amsterdam 1999 und Nizza 2003 mit den zusätzlichen Kompetenzen der Mitentscheidung und Zustimmung ausstattete. Der Vertrag von Lissabon bedeutet für diese Entwicklung einen krönenden Abschluss.

---

[3] Siehe hierzu auch die Beiträge von Simon Hix sowie Frank Decker und Jared Sonnicksen in diesem Band.

Institutionelle Neuerungen und Grundrechtecharta

Neben der Aufwertung des Parlaments bietet der Reformvertrag andere grundlegende Erneuerungen und schafft zukunftsfähige Strukturen, von denen ich die wichtigsten nennen möchte. Ab 2014 wird im Rat eine qualifizierte Mehrheit ausreichen, wobei mindestens 55 Prozent der Mitgliedstaaten zustimmen müssen, die zugleich mindestens 65 Prozent der Bevölkerung repräsentieren. Bis 2014 finden die Abstimmungen im Rat noch nach den im Vertrag von Nizza vereinbarten Regeln statt und können bis 2017 bei einzelnen Abstimmungen von Mitgliedstaaten auch weiterhin beantragt werden. Wird die qualifizierte Mehrheit erst einmal die Regel sein, bringt dies enorme Vorteile für die Handlungsfähigkeit der Union mit sich. Entscheidungen im Rat werden effizienter, transparenter und demokratischer, da Blockademöglichkeiten entfallen und der Wille der Mehrheit der Bevölkerung ein höheres Gewicht bekommt.

Zudem wird ab 2009 die turnusgemäße halbjährige Weitergabe der Präsidentschaft des Europäischen Rates durch einen für zweieinhalb Jahre gewählten Ratspräsidenten ersetzt. Mit dieser Neuerung entsteht mehr Kontinuität für die Entfaltung der politischen Führung der Europäischen Union. Der Rat erhält damit künftig ein deutlicheres persönliches Gesicht und die Bürgerinnen und Bürger können in Zukunft auch diese Institution leichter mit einer Person identifizieren. Europa wird damit sichtbarer, greifbarer und gewinnt an Profil.

Ein ähnlicher Schritt findet in der Außenpolitik der Europäischen Union statt, denn der – ebenfalls durch das Parlament zu legitimierende – Hohe Vertreter für die Außen- und Sicherheitspolitik besetzt eine Position mit doppeltem Charakter, da die Person gleichzeitig als Vize-Präsident der Kommission und als Vorsitzender des Rates der Außenminister fungiert. Nur hierdurch kann die Kohärenz ihrer Tätigkeit und Rolle gewährleistet werden, die für eine gemeinsame und starke Außenpolitik der Europäischen Union im 21. Jahrhundert dringend erforderlich ist.

Es ist wichtig, dass Europa nach außen mit einer Stimme sprechen kann. Nur gemeinsam ist Europa stark genug, um in der Welt als „global player" auf Augenhöhe mit den USA und anderen Mächten wahrgenommen und akzeptiert zu werden. Die Welt braucht ein starkes Europa und fordert dies auch. Mit der Schaffung des Amtes des Hohen Vertreters wird Europa ein verlässlicher Partner sein, um für Frieden und Stabilität in der Welt neue Impulse zu geben und präsenter zu sein als zuvor.

Darüber hinaus werden im Reformvertrag die Kompetenzen der verschiedenen Ebenen der Union klarer definiert und Befugnisse gegeneinander abgegrenzt. Dies geht mit einer erstmaligen Bezugnahme auf das Subsidiaritätsprinzip einher, welches der Europäischen Union nur die Bewältigung derjenigen Aufgaben zugesteht, die auf der supranationalen Ebene effizienter und besser gelöst werden können als auf den unteren Ebenen. Es wird durch den Vertrag auch verdeutlicht, dass gerade die Kooperation und gegenseitige Unterstützung der vier Ebenen – Europäische Union, Mitgliedstaaten, Regionen sowie Städte und Gemeinden – die Arbeitsgrundlage für ein gemeinsames Europa im 21. Jahrhundert bietet. Die Transparenz in der europäischen Politik wird für die Bürgerinnen und Bürger zunehmen.

Zusätzlich werden sie über erweiterte Teilnahmemöglichkeiten am politischen Leben der Union verfügen, da die kommunale Selbstverwaltung gestärkt und die Möglichkeit eingeführt wird, über das Sammeln von einer Million Unterschriften ein Volksbegehren zu initiieren, welches die europäische Politik dazu verpflichten kann, sich eines speziellen Themas anzunehmen.

Der Reformvertrag wird die Europäische Union generell effizienter, bürgernäher, transparenter und vor allem demokratischer gestalten. Auf der Grundlage dieses Vertrages wird die Europäische Union eine starke Union der Bürgerinnen und Bürger sein, die für die Menschen da ist, die in ihr leben.

Wir leben heute in einer veränderten Welt mit veränderten Herausforderungen. Die Globalisierung hat den Umfang der von und in der Europäischen Union zu lösenden Fragen erweitert: Sicherheit in allen Aspekten, die Schaffung von Arbeit und sozialem Schutz in einer sich rasch wandelnden Welt, die Sicherstellung von Energieversorgung, die Bekämpfung des Klimawandels, der richtige Umgang mit den Migrationsströmen, Fragen eines fairen Welthandels und die Eindämmung regionaler Konflikte. Nun ist die Union vorbereitet, sich der Fragen der Zukunft anzunehmen und durch gemeinsame europäische Lösungen einen greifbaren europäischen Mehrwert zu schaffen.

Dabei wird die Politik in besonderem Maße von der Grundrechtecharta beeinflusst werden, die ebenfalls in den Reformvertrag aufgenommen worden ist. Die Grundrechtecharta ist ein Zeichen dafür, dass Europa weit mehr ist als eine ökonomische Kosten-Nutzen-Funktion. Europa ist eine historisch gewachsene Wertegemeinschaft mit unterschiedlichsten Einflüssen. Das Europäische Abendland ist geprägt von altgriechischem Gedankengut, von römischem Recht und vom christlichen Glauben. Humanismus, Renaissance und Reformation wie später die Aufklärung und die moderne Wissenschaft haben ihre Spuren hinterlassen.

Die Bindung an das Christentum stellt dabei jedoch einen der zentralen Bestandteile der europäischen Identität und der heutigen europäischen Wertegemeinschaft dar. Auch wenn es im Reformvertrag keinen direkten Bezug zu Gott gibt, so sind die christlichen Wurzeln doch in der Grundrechtecharta spürbar. Denn wer sich in der Politik dem Anspruch des Christlichen verbunden weiß, hat damit eine Entscheidung für ein bestimmtes Menschenbild – das christliche Menschenbild – getroffen. Wir begreifen den Menschen als Schöpfung Gottes. Daraus leitet sich die Überzeugung ab, dass jeder Mensch mit einer unverletzlichen Würde ausgestattet ist. Der Mensch ist ein Wert an sich, ohne weitere Begründung und ohne Rücksicht auf seine physische, intellektuelle und wirtschaftliche Leistungsfähigkeit. In der Grundrechtecharta bringen wir u.a. diese Werte als Kern unserer europäischen Identität zum Ausdruck.

Die Charta symbolisiert den bedeutenden Weg hin zu einer Union der Bürgerinnen und Bürger, der auf der Achtung der Würde jedes einzelnen Menschen, der Bewahrung der erworbenen Freiheit, des Friedens, der Demokratie und der Geltung des Rechts basiert. Das haben bereits die Gründerväter verstanden und Europa als Rechtsgemeinschaft begründet. In der Europäischen Union hat nicht die Macht das Recht, sondern das Recht die Macht. Das ist das eigentlich zukunftsorientierte an unserer Wertegemeinschaft und nur die konsequente Rückbesinnung auf dieses gemeinsame Fundament kann die Zukunft Europas sichern. Wir können mit Stolz auf unseren eigenen Wertekanon blicken, der den Aufdruck „made in Europe" verdient.

Für das Europäische Parlament war die Aufnahme der Grundrechtecharta, die damit in ganz Europa rechtsgültig wird, eine der unverhandelbaren Voraussetzungen für die Zustimmung zu einem Reformvertrag, da es in so besonderer Weise die Menschen Europas und die gemeinsamen Werte in den Mittelpunkt stellt. Die feierliche Unterzeichnung der Charta im Parlament durch die drei Präsidenten der Gemeinschaftsinstitutionen am 12. Dezember 2007 hob diesen besonderen Einsatz des Parlamentes hervor. Als Initiator der Charta wird das Europäische Parlament die Grundrechtecharta nicht nur innerhalb der Europäischen Union verteidigen und deren Einhaltung kontrollieren, sondern auch versuchen, diesen Wertekanon in anderen Erdteilen zu verbreiten. Europa steht wie kein anderer Kontinent zu den Menschenrechten. Hier wurden sie entwickelt.

Die Außenpolitik der Europäischen Union, wenn sie denn konsequent europäisch sein soll, muss die Menschenwürde weltweit in den Mittelpunkt stellen. Bedrängte Christen im Sudan oder die muslimische Zivilbevölkerung in Tschetschenien müssen daher durch eine europäische Außenpolitik ebenso verteidigt werden wie die durch den Terrorismus herausgeforderte westliche Gesellschaft, sei es auf dem amerikanischen oder europäischen Kontinent. Das Europäische

Parlament fühlt sich als die direkte Vertretung der Bürgerinnen und Bürger Europas in besonderer Weise verpflichtet, eine solche Politik zu verfolgen.

Anknüpfend an das Jahr des 50. Jubiläums der Römischen Verträge, in dem der Vertrag von Lissabon unterzeichnet worden ist, möchte ich die Zuversicht äußern, dass der Reformvertrag in ähnlicher Weise für die zukünftigen Generationen eine erfolgreiche Grundlage bietet, wie es die Römischen Verträge für unsere Generation getan haben.

Wir standen bei der Bewältigung der Aufgabe, Europa neu auszurichten, in der Tradition der Gründerväter und gleichzeitig in der Verantwortung gegenüber unseren Nachkommen. Mit dem Reformvertrag ist es uns gelungen, der Verantwortung für die Zukunft unserer Kinder und Enkelkinder gerecht zu werden. Sie werden basierend auf diesem Vertrag besser für die Herausforderungen des 21. Jahrhunderts gewappnet sein und haben somit die Chance, ebenfalls in Frieden, Sicherheit und Wohlstand zu leben.

Europäische Integrationserfahrungen: Periodisierungen und Begründungswandel

Ludger Kühnhardt

1 Einleitung

Über Jahrhunderte war das europäische Staatensystem geprägt durch Machtrivalitäten und die Suche nach deren Ausgleich. Machtambitionen zogen mit den europäischen Führungsmächten bis „ans Ende der Welt": Nach kriegerischen Handlungen wechselte beispielsweise die karibische Insel St. Lucia im 18. Jahrhundert vierzehn Mal den Besitzer zwischen Großbritannien und Frankreich. Der Wiener Kongress suchte in das Europäische Staatensystem ein Ruhekorsett einzuziehen. Mühsam überdauerte die ihm zugrunde liegende Vorstellung eines Machtgleichgewichts das 19. Jahrhundert. Nationalistische Übersteigerungen wurden im 20. Jahrhundert ideologisch begründet und schlugen in zwei brutalen und verlustreichen europäischen Bürgerkriegen in Form der Selbstzerstörung Europas auf alle Völker des Kontinents zurück. Aus Europa wurde das alte Europa. Kollektive Sicherheitsvorstellungen, wie sie der Friedensordnung von Paris 1919 zugrunde lagen, trugen nicht angesichts anhaltender territorialer Dispute und ideologischer Gegensätze. Europa wurde nicht „sicher für die Demokratie", so wie es der amerikanische Präsident Wilson als Losung einer neuen Zeit ausgegeben hatte. Europa wurde auch nicht sicher gegeneinander, in der Abgrenzung gegenüber dem Feind, dem Triumph des Siegers und der Revanchementalität des Verlierers. Europa am Boden zerstört – das war die Essenz der Krise, die 1945 zur schrittweisen Revision des Bildes der Europäer von der Ordnung ihres Kontinents führte (Bracher 1993, Hitchcock 2004).

Kolonialreiche gingen unter, die beiden Flügelmächte USA und Sowjetunion diktierten die Rahmenbedingungen des Kalten Krieges, der Kontinent wurde in seiner Mitte geteilt durch eine Mauer zwischen Demokratie und Diktatur. Es gehört zu den historischen Meisterleistungen der modernen französischen Staatskunst, dass eine Revision der Sicherheitskonzeption gegenüber Deutschland einsetzte. Am mutigsten und weitsichtigsten agierte der Außenminister der

Vierten Republik, Robert Schuman. Nicht mehr im Schutz gegen Deutschland suchte er Sicherheit für sein Land, sondern in der Ordnung mit Deutschland. Der Schuman-Plan vom 9. Mai 1950 war hoch umstritten in seinem Land. Von der westdeutschen Regierung unter Konrad Adenauer wurde die Geste durchaus verstanden als Chance zur Rehabilitation und zum Neubeginn. Ambivalent blieb in Deutschland einstweilen das Verhältnis der westeuropäischen Einigungsperspektive zur gesamtdeutschen Teilungsnot. Doch die Option für den Westen, die Konrad Adenauer mutig einging, veränderte die politische Kultur Deutschlands und beförderte die Neuordnung des Kontinents im Geiste von Partnerschaft und Integration. Die dritte große Nachkriegstat war die Entscheidung der USA, eine europäische Macht bleiben zu wollen. Mit der 1949 gegründeten NATO schufen sie das Instrument der Sicherheitsarchitektur für einen geteilten und vom sowjetisch geführten Kommunismus bedrohten Kontinent. Wiederaufbau, Sicherheit unter dem Schutz der USA und ein historischer Neubeginn durch die Europäische Gemeinschaft für Kohle und Stahl (EGKS) waren die Formeln der neuen Zeit. Jean Monnet, der geistige Vater der funktional-sektorspezifischen Zusammenführung der Souveränitätsrechte über strategische Schlüsselbereiche der deutschen und französischen Wirtschaft, hatte seine Vorstellungen von der neuen, föderalen Ordnung Europas im amerikanischen Kriegesexil als Mitarbeiter der britischen Botschaft konzipiert.

Ich werde in drei Betrachtungsrunden meine Argumente und Überlegungen entfalten. Zum ersten werde ich den Bogen spannen von der Unterzeichnung der Römischen Verträge bis zur Gegenwart. Ich werde zunächst eine mögliche Periodisierung der bisherigen europäischen Integration vorstellen, auf die wichtigsten Ergebnisse des bisherigen Integrationsprozesses für das unterdessen weithin vereinigte Europa hinweisen und den Begründungswechsel der Integration von einem Versöhnungsprojekt zu einer Neuausrichtung der globalen Rolle Europas erläutern. Zum zweiten werde ich danach fragen, welche Auswirkungen die bisherige europäische Integration auf die Entwicklung der europäischen Nationalstaaten gehabt hat. Dabei möchte ich die These vortragen, dass unterdessen zwar der europäische Nationalstaat europäisiert wurde, der Sozial-, Wohlfahrts- und Daseinsstaat indessen nicht. Daraus aber resultieren viele der Defizite und Legitimitätsprobleme der heutigen Politik in den meisten Staaten Europas. Schließlich und zum dritten möchte ich gegen die weithin gängige Europaskepsis fragen, ob zentrale Erfahrungen aus der Geschichte der Nationalstaatsbildung sich heute nicht doch im Kontext der europäischen Einigungsbewegung wiederholen; nicht empirisch, aber wohl strukturell. Ich werde enden mit der Bilanz, dass in fünfzig Jahren zwar Europa neu geschaffen wurde, aber die Herausbildung von Europäern erst am Anfang steht. Skeptiker wie Optimisten, Bremser wie Europa-Engagierte mögen sich in dieser Aussage wiederfinden.

2   Begründungswechsel: Vom inneren Versöhnungsprojekt zur globalen Verantwortung

Die Römischen Verträge haben viele Väter gehabt, wie es Erfolge so mit sich bringen. Entscheidend war ihr konzeptioneller Ansatz (Dedman 1996, Dinan 2004, Knipping 2004). Die Überführung spezifisch definierter nationaler Souveränitätstitel unter das gemeinsame Dach einer europäischen, supranationalen Ordnung – das war so innovativ wie es nur sein konnte. Seit dem Westfälischen Frieden von 1648, am Ende des ersten Dreißigjährigen Krieges um die Ordnung Europas, war die Idee staatlicher Souveränität zum Fetisch geworden. Staatliche Selbstbestimmung wurde zum Mantra der europäischen Ordnungstheoretiker. Noch in der Dekolonialisierung ging diese Idee um die ganze Welt und wurde zur Grundlage des Anspruchs auf nationale Souveränität. Bis heute konstituiert dieser Anspruch die vielen großen, mittleren, kleinen und kleinsten, die erfolgreichen und die gescheiterten Staaten dieser Erde. Viele von ihnen sind aus der Verfügungsmasse der zerfallenen europäischen Kolonialreiche erwachsen. Sie begannen ihr *nation building* im Namen einer europäischen Ideologie, die in Europa selbst unterdessen an ihre Grenzen gestoßen war. Mittels der europäischen Einigung ist die Fixierung auf autarke staatliche Souveränitätskonzeptionen seit den fünfziger Jahren dem Wandel ausgesetzt.

Mit der europäischen Einigung, die in den Römischen Verträgen vom 25. März 1957 ihren Gründungsakt erfuhr, begann nicht die Abschaffung des europäischen Nationalstaates. In der Forschung ist es bis heute durchaus umstritten, ob es nicht sogar das letzte Ziel der Einigungsprozesse sei, den Nationalstaat zu stärken und damit „zu retten" (Milward 2000). Entscheidender ist es wohl, den europäischen Einigungsvorgang als dynamischen Prozess zu verstehen: Der Nationalstaat, so wie er über Jahrhunderte als Ausdruck des Ringens der Staaten gegeneinander gewachsen war, ist jedenfalls seit dem Beginn der europäischen Einigung einem Transformationsprozess ausgesetzt. Er wurde in Europa bis heute so transformiert, dass aus seiner kooperativen Zusammenfügung mit Souveränitätstiteln anderer Staaten eine optimalere Nutzung von Ressourcen, eine sicherere Ordnung des nachbarschaftlichen Miteinanders und eine Neubestimmung der Präsenz Europas in der Welt erwachsen konnte.

Europa nahm am 25. März 1957 tatsächlich einen neuen Anfang: Als Gemeinschaft des Rechts, in der auf beispiellose Weise ein supranationaler Ansatz mit Elementen des intergouvernementalen Interessenausgleichs verbunden wurde. Bis heute ist die Frage offen, ob die Integration Europas eine Föderation hervorbringen soll oder nicht (Moravscik 1999, Gillingham 2003). Die Diskussion ist aus meiner Sicht akademisch eher müßig und für den praktischen Fortgang des Prozesses im Grunde unerheblich. Faktisch ist die Europäische Union eine Föderation offenen Typs (Burgess 2000, Kalypso / Howse 2001). Sie ist anhaltend wandlungsorientiert im Rahmen von politischen Prozessen, die mehrere Ebenen des Regierens in Europa einschließen, die lokale, die regionale, die nationale und die europäische. Das Europäische Parlament ist heute der Mitgesetzgeber in allen wesentlichen Fragen der europäischen Politik. Der Europäische Rat handelt faktisch als ein europäisches Organ und der Europäische Gerichtshof hat sich immer wieder als der oberste Hüter und Förderer des Integrationsgedankens erwiesen.

Das alles war 1957 keineswegs vorherzusehen. Drei Konstanten des seitherigen Weges der europäischen Einigung verdienen es, festgehalten zu werden:

1. Das europäische Einigungswerk ist in erster Linie politisch und als solches ein Prozess, der ebenso wenig zum Ende kommt wie jede andere Suche nach der bestmöglichen öffentlichen Ordnung. Der wirtschaftliche Integrationsprozess war nie ein Selbstzweck. Schon in der Vorbereitung auf die Römischen Verträge wurde dies zwischen den Delegationen deutlich (Groeben 1995: 247 ff.). Der Weg über die Wirtschaft diente stets einem politischen Ziel: Frieden in einer Neuordnung unter dem Primat von Recht und Demokratie. Weder die EWG noch später die EG oder heute die EU waren jemals in der Lage, auf einen theoretischen Leitfaden zurückzugreifen. Ebenso wenig wie es eine unumstrittene Theorie über die europäische Integration gibt, gab es jemals eine allgemein schlüssige Theorie als Handlungsanleitung zur europäischen Integration (Rosamond 2000). Der Prozess der europäischen Integration ist stets aus konkreten Situationen gewachsen und inmitten politischer und wirtschaftlicher, sozialer und kultureller Umstände gediehen.

2. Das europäische Einigungswerk ist gegen die Geschichte Europas gesetzt. Insofern ist es stets ein utopisches Projekt gewesen und geblieben. Europäische Einigung ist ein kontrafaktischer Aufbruch in ein besseres Europa, das von der Zukunft her zu denken sucht. Der europäische Staat zerreibt sich seit dem Beginn der institutionell und vor allem der rechtlich gefestigten europäischen Einigung nicht länger in permanenten und unglücklichen Rückfällen in Machtpolitik. Er ist

auch nicht länger pathologisch fixiert auf autosuggestive nationalkulturelle Identitätsvorstellungen. Gleichwohl ist es kaum überraschend, dass die Frage nach der *finalité politique* bisher keine ausreichende Antwort gefunden hat. Der Prozess der europäischen Integration bleibt offen, so wie er es von Anfang an gewesen ist. Gerade darin liegt seine Absage an fest gefügte Schablonen ideologischer oder geopolitischer Natur. Die EU verfolgt keine theoretischen Konzepte. Sie reagiert auf Herausforderungen und sucht Chancen wahrzunehmen, die sich für Europa in einer jeden Zeit ergeben. Dabei wird das normative Handlungsmuster, das die EU an sich selber anlegt, immer wieder auch zum Referenzpunkt für Kritik an der europäischen Integration.

3. Das europäische Einigungswerk ist von Menschen konstruiert. Insofern ist es stets ein in der Zeit Konstituiertes gewesen und geblieben. Wissenschaftler sprechen von Konstruktivismus. Im Sinne einer neuen politischen Kultur, die sich in Europa langsam etablieren konnte, kann von der Konstitutionalisierung Europas als einem Prozess gesprochen werden, der das europäische Einigungswerk seit den Römischen Verträgen begleitet und vorangetrieben hat (Bellamy 1996, Pernice 2002). Die Römischen Verträge von 1957 und die vertraglichen Reformprojekte, die ihm folgten (Einheitliche Europäische Akte 1986, Vertrag von Maastricht 1992, Vertrag von Amsterdam 1996, Vertrag von Nizza 2000, Europäischer Verfassungsvertrag 2004, Vertrag von Lissabon 2007) bilden eine kumulative Vor-Verfassung der Europäischen Union. Sie haben den Zustand etabliert, aus dem heraus im Zeitalter der Globalisierung und für eine bald mehr als dreißig Mitgliedstaaten zählende EU Handlungsfähigkeit, Demokratie und Transparenz dauerhaft sichergestellt werden müssen.

Der Weg durch die ersten fünf Jahrzehnte der europäischen Einigung war nie widerspruchsfrei, häufig steinig, oftmals irritierend langsam und immer wieder von Krisen und Rückfall begleitet. Drei wesentliche Phasen lassen sich voneinander unterscheiden:
1957 bis 1979. In dieser ersten Periode des europäischen Einigungswerkes wurden die zentralen Institutionen geschaffen, die den Weg von der EWG zur EG so originär in der politischen Geschichte Europas machen. Die Europäische Kommission etablierte sich gegen alle Widerstände als Hüter der Verträge, der Europäische Gerichtshof setzte sich als Motor der Umsetzung von Gemeinschaftsbeschlüssen und damit als Motor der Etablierung des Gemeinschaftsrechtes durch.[1] Die

---

[1] Siehe dazu auch den Beitrag von Marcus Höreth in diesem Band.

Vervollständigung der Zollunion und die erfolgreiche erste Erweiterung um Groß-britannien, Irland und Dänemark konnten nicht darüber hinwegtäuschen, dass eine konsequente politische und militärische Integration trotz des Entwicklungsweges von der Europäischen Wirtschaftsgemeinschaft zur Europäischen Gemeinschaft bislang nicht zustande gekommen war. Mit der ersten Direktwahl zum Europäi-schen Parlament war diese erste Periode der europäischen Integration gleichwohl abgeschlossen. Europa war als Institutionenordnung und Rechtsgemeinschaft etab-liert.

1979 bis 1993. Die Vollendung des Binnenmarktes, die Ausweitung der Rech-te des Europäischen Parlaments, zwei weitere Erweiterungsrunden um die süd-europäischen Neudemokratien Griechenland, Spanien und Portugal, der Beginn einer ernsthaften Kooperation im Bereich der Außenpolitik und die Grundsatz-entscheidungen zur Wirtschafts- und Währungsunion bildeten die Haupterfolge während dieser Phase, in der sich die Europäische Gemeinschaft zur Europäi-schen Union wandelte. Mit dem In-Kraft-Treten des Maastrichter Vertrages 1993 war diese zweite Periode der europäischen Integration abgeschlossen. Europa war als Wirtschaftsraum etabliert.

1993 bis 2009. Die Einführung des Euro und die Weiterentwicklung der Uni-onsbürgerschaft, die erfolgreichen Erweiterungen um die ehemals neutralen Länder Österreich, Finnland und Schweden, vor allem aber die spektakuläre Osterweiterung in zwei Schüben 2004 und 2007 um zwölf neue Mitgliedstaaten, die meisten von ihnen postkommunistischer Prägung, und das Ringen um eine europäische Verfassung markieren diesen größten Entwicklungssprung in der bisherigen Geschichte der europäischen Einigung. Zugleich war diese Periode von großen Rückschlägen begleitet (Majone 2005). In ihrer Ambivalenz aber gibt es einen „roten Faden": Europäische Integration ist unterdessen und unzweifel-haft zu einem politischen Projekt geworden. Sie erfasst inzwischen die Innenpoli-tik und die gesellschaftlichen und konstitutionellen Systeme aller Mitgliedstaa-ten. Auf der Ebene der EU hat sich im Kern eine Balance zwischen den Institutio-nen im Sinne eines gewaltenverschränkten Systems des Regierens etabliert. Mit der nächsten Wahl zum Europäischen Parlament und der nächsten Besetzung der Europäischen Kommission sowie, aller Voraussicht nach, der Installierung eines permanenten Präsidenten des Europäischen Rates im Jahr 2009 wird diese Perio-de der europäischen Integration ihren Abschluss finden. Europa ist als politische Sphäre, als ein genuin eigenes Regierungssystem etabliert.

In der fünfzigjährigen Integrationsgeschichte gab es regelmäßig größere und kleinere Krisen, aber im Grunde genommen keine wirklich existenzgefährdende Krise der Integration. Man könnte die Geschichte der europäischen Integration als Geschichte ihrer Krisen schreiben. Aber es ist wichtig, zwischen Krisen der Integration und Krisen in der Integration zu unterscheiden. Der Vertrauensverlust der Bürger in den Prozess der Europäischen Integration bezog sich normalerweise stets auf spezifische Konstellationen, auf integrationsbedingte Umstände, auf globale Zusammenhänge mit ihren Auswirkungen für Europa oder auf das Verhalten politischer Akteure. Er bezog sich hingegen nach allen Umfragen von Eurobarometer und anderen nie auf die europäische Idee selbst.[2] Gleichwohl hat sich die pathetische Begründung für Existenz und Fortgang des europäischen Einigungsprozesses, wie sie seit 1957 konstitutiv gewesen ist, im Laufe der Zeit überholt. Sie hat sich im Erfolg erschöpft. Kaum jemand muss heute noch darlegen, dass und warum die EU ein Friedensprozess sei und ohne ihren Fortgang der Friede in Europa auf Dauer wieder gefährdet werden könnte. Die europäische Einigung begann und wurde erfolgreich als Ausdruck der Versöhnung der Europäer unter sich. Mit der weithin vollzogenen Wiedervereinigung Europas ist dieser Prozess in einem erheblichen Maße, mit Hegel gesprochen, „zu sich selbst gekommen". In Teilen Südosteuropas stehen zwar weiterhin Integrationsaufgaben an und gewisse Versöhnungsanliegen sind noch unerfüllt. In den meisten anderen Teilen der EU ist dieser Prozess aber weithin zu einem guten Ende gekommen.

Damit haben sich Sinn und Begründung der EU in keiner Weise überlebt. In der Frage nach der globalen Präsenz der EU findet die Begründung des Einigungswerkes heute ihre neue große Thematik. Das andere Aufgabenfeld für den Fortgang der EU betrifft die Frage nach der europäischen Identität und die Neuvermessung des Verhältnisses von Unionsbürgern und politischen Eliten in der EU. Die Rolle Europas im Zeitalter der Globalisierung definiert einen immer größeren Teil der Arbeitsfelder der EU – von der Außenhandelspolitik über die Sicherheits- und Verteidigungspolitik bis zu Fragen der Migration und der Demographie. Eine der zentralen Aufgaben der EU besteht heute darin, inmitten einer sich rasch wandelnden Welt durch überzeugendes Handeln die Begründung für Existenz und Weiterbau des Einigungsprozesses fortzuentwickeln. Damit tun sich viele Beobachter und Akteure schwer. Die Zielvorstellungen, unter denen der europäische Einigungsprozess im 21. Jahrhundert weitergeführt wird, sind in vielerlei Hinsicht noch diffus. Die neue Ordnung der Welt wird auch fast zwei Jahrzehnte nach Ende des Kalten Krieges noch immer eher von Phänomenen des Umbruchs als von eindeutigen und nachhaltigen Neufixierungen ihres Charakters bestimmt. Sicher ist nur, dass mit der EU ein neuer Welt-

---

[2] Siehe dazu auch den Beitrag von Bernhard Wessels in diesem Band.

ordnungsfaktor im Entstehen ist – Optimisten meinen: entstanden ist. Neben dem
Aufstieg Chinas und Indiens, aber auch im Lichte der Unruhen hinsichtlich der
Zukunft von Demokratie, Entwicklung und Frieden in der arabischen Welt und
in Afrika ist die EU zu einem Stabilitätsgaranten und gemeinsam mit den USA
zum Kern der westlichen Zivilisation mit universalistischer Ausstrahlung geworden. Sicher ist aber auch, dass die Europäische Union ihre weltweite Rolle nur
ausfüllen kann, wenn die Unionsbürger die EU als die ihnen eigene Union annehmen, eine Union, die ihnen Recht, Sicherheit und Wohlergehen garantiert.

3   Die unvollendete Europäisierung des Nationalstaats

Was ist mit dem Nationalstaat des „alten Europas" seit dem Inkrafttreten der
Römischen Verträge vor fünf Jahrzehnten geschehen? Der Nationalstaat ist in
keinem Falle untergegangen, das ist auch niemals die Absicht selbst der noch so
engagierten europäischen Föderalisten gewesen. Alles andere sind eher unseriöse
Behauptungen, gepflegt durch ein gewisses Interesse, den föderalen Ansatz zu
diskreditieren. Der föderale Ansatz hat sich faktisch durchgesetzt. Er hat bis heute ein System des Regierens in Europa auf mehreren Ebenen geschaffen. Er ist
unzulänglich, unvollständig und nicht widerspruchsfrei. Erschöpft durch den
Dreißigjährigen Bürgerkrieg, der Europa von 1914 bis 1945 zerstörte und die
weltweite Macht seiner ehemaligen Kolonialstaaten endgültig untergrub, hat
gleichzeitig eine Transformation des westeuropäischen Nationalstaates begonnen. Identitätsfragen, die auf dem Nationenbegriff gründen oder die nationale
Homogenität zum Kern haben, wurden abgemildert. Heute – Ausnahmen wie die
Situation im Baskenland bestätigen die Regel – gründet der westeuropäische
Nationalstaat auf politischer Loyalität, die in der Qualität des Grundrechtsschutzes und der Freiheitsentfaltung seiner Bürger ihre stärkste Wurzel hat.

Herkömmliche nationale Identitätsfragen sind auch im westlichen Europa
nicht vollständig verblichen.[3] Oftmals aber haben sie im westlichen Europa jedoch eher den Charakter von Mentalitätsfragen angenommen. Es geht nun nicht
mehr um Krieg und Frieden wie vor wenigen Jahren im Kosovo oder immer noch
im Kaukasus. Innerhalb der westeuropäischen Gesellschaft geht es heutzutage
eher um die Frage, ob ein französischer Geschäftsmann seinen niederländischen
Kollegen zu einem französisch-opulenten Mittagessen mit Wein einladen soll, um

---

[3] Siehe dazu auch die Beiträge von Peter Graf Kielmansegg und Josef Isensee in diesem
Band.

gute Geschäftsabschlüsse zu machen, oder ob er das nüchterne holländische Sandwich mit Mineralwasser vorziehen und erst hinterher im Büro zur Sache kommen soll (Delwaide / Michels / Müller 2003). Unter den politischen Akteuren geht es um das Management von ökonomisch definierbaren Interessen in einer EU, die gerade deswegen strukturell auf Konsenszwang ausgelegt ist. Dies soll nicht heißen, dass kulturelle oder konfessionelle Unterschiede überwunden seien, aber sie sind doch weithin gezähmt und abgeschliffen. Identität wird heute im westlichen Europa in erster Linie aus der Kraft der Sozialstaatlichkeit geschöpft und auf diese bezogen. Fragen der Daseinsabsicherung, der sozialen Vorsorge und Fürsorge sind oft elementarer für die Frage nach dem bürgerschaftlichen Staatsbewusstsein als klassische nationale Topoi.

Im Gegensatz zur Situation im westlichen Europa hat sich der Identitätsanspruch des Nationalstaates in den postkommunistischen Transformationsgesellschaften *praeter propter* bestenfalls oberflächlich abgeschwächt. Es gehört zu den Folgen der langjährigen Transformation des westeuropäischen Nationalstaates, dass in Westeuropa oftmals nur ungenau verstanden wurde und weiterhin nur ungenau verstanden wird, dass in Mittelosteuropa, in Südosteuropa und in Osteuropa Mentalitäten häufig immer noch Ausdruck tiefsitzender nationaler Identitäten sind. Identitäten aber sind selten verhandelbar und in eine Konsensform zu gießen. Mit dem Zerfall der kommunistischen Einparteiendiktaturen schwand indessen an vielen Orten das Zutrauen überhaupt in staatliche Ordnung und Autorität. Die mit der europäischen Neuorientierung, mit *acquis communautaire* und EU-Mitgliedschaft feilgebotene Idee des Staates als Leitbild einer freiheitsschützenden Ordnung ist nicht überall unbesehen angenommen worden. In manchen der Transformationsgesellschaften wird weiter um dieses Leitbild gerungen. Atavistische, längst überwunden geglaubte Reflexe überraschen immer wieder – vor allem den staats- und identitätsernüchterten Westen des Kontinents. Teilweise überzogene Kontroversen um die Deutung geschichtlicher Ereignisse gehören weiterhin zur labilen Hypothek des mittel- und osteuropäischen Staatsdenkens. Schwach ausgebildete Strukturen bürgerschaftlichen Engagements können allerorten diagnostiziert werden. Mehr denn je ist aber auch in den Ländern und Gesellschaften der postkommunistischen Transformation die Erwartung aufgeladen, dass der Staat für die soziale Sicherheit, für Vorsorge und Fürsorge zuständig sei. Europa wird in diesem Zusammenhang häufig als die Erweiterung dieser Erwartungsprojektion betrachtet. Europa und die europäische Integration sind gut, so denken viele, weil in dieser Perspektive die Hoffnung auf sozialen Fortschritt schlummert. Europa und die europäische Integration, so denken sie weiter, sind aber nur solange gut, wie die Erwartung auf Verbesserung des sozialen

Daseins durch die EU erfüllt wird. Desillusionierungen mussten und müssen bei einer solchen Verengung der europäischen Ambition unausweichlich eintreten. Viele Menschen in den Transformationsgesellschaften tun sich noch immer schwer anzuerkennen, dass der Souveränitäts- und Identitätsanspruch des freiheitlichen Verfassungsstaates sich heute vor allem im Schutz politischer Grundrechte abbildet. Eine soziale Rundumversorgung ist ihm weder möglich noch ist diese gar durch europäische Regeln zu gewinnen.

Damit aber sind durch die Wiedervereinigung Europas zwei atmungsschwache Lungenhälften zueinander gelangt. Der westeuropäische Nationalstaat wird heute vor allem überall dort in Anspruch genommen und kritisiert, wo es um Fragen der Wohlfahrtsstaatlichkeit und der sozialen Daseinsgestaltung geht. Er kann die erwarteten Leistungen kaum noch erbringen. Seine parteipolitischen Frontverläufe markieren ebenso die Sehnsucht nach der gemeinwohlverträglichen Gerechtigkeit wie das Unvermögen, diese durch konsequente Reformansätze in ihren Grundfesten überhaupt zu sichern. Vielerorts haben sich unsichere Regierungsmehrheiten eingenistet. Der postkommunistische Transformationsstaat ist ebenfalls zum Fokus aller Erwartungen und Wünsche nach sozialstaatlicher Sicherheit geworden. Er kann diese Funktion nicht auch nur annähernd wahrnehmen. Seine parteipolitischen Exponenten sind vielfach in den Strudel von Umbau und Neugründung geraten. Vielerorts sind auch hier die Regierungsmehrheiten labil und fragmentarisch.

Der Nationalstaat, so ist zusammenzufassen, ist europäisiert worden, der Sozial- und Wohlfahrtsstaat aber ist es bisher nicht. Mehr als mit irgendeiner anderen Frage sind die derzeitigen politischen Akteure des Nationalstaates in Europa mit dem Management des Sozial- und Wohlfahrtsstaates beschäftigt. Fragen der Daseinsvorsorge sind allerorten in der EU zu einem permanenten Krisenmanagement geworden. Der heutige Sozialstaat in den Mitgliedsländern der EU vermag immer weniger den Zusammenhalt der Gesellschaft zu meistern. Er versagt im Dienst dieser nationalen Aufgabe und steht doch zugleich quer zum Anspruch auf sozialen Zusammenhalt in Europa: Im europäischen Zusammenhang wird der Nutzen des einen allzu häufig gegen die Folgekosten des anderen aufgerechnet. Die europäische Ebene ist bisher nicht wirklich zuständig für Grundanliegen der Sozial- und Wohlfahrtsstaatlichkeit und wird doch in Anspruch genommen als das tönerne Objekt, an dem recht einfach und eilfertig Unmut über viele sozialpolitische Unzulänglichkeiten unserer Tage abgelassen wird.

Von einem europäisierten Sozialstaat sind wir heute meilenweit entfernt und werden es vermutlich auf Jahrzehnte bleiben. Die großen sozialen und ökonomischen Asymmetrien und regionalen Unterschiede in der EU stehen ihm entgegen. Die einen haben Angst vor Sozialdumping, die anderen erstreben mehr sozial begründete Finanzumschichtung als sie in seriöser Weise absorbieren können. Dennoch oder gerade weil dies alles so ist: An einer transeuropäischen Erweiterung des unionsbürgerschaftlichen Solidaritätsverständnisses wird auf Dauer kein Weg vorbeigehen. Ich plädiere nicht für den harmonisierten europäischen Sozialstaat. Ich breche aber wohl eine Lanze für die erforderliche Konvergenz, für *benchmarking* und für innovative europäische Modelle der Wohlfahrtsstaatlichkeit. Die allerorten in Europa stattfindenden sozialstaatlichen Anpassungen werden wohl nur noch zufriedenstellend und finanzierbar gelingen, wenn gewisse, präzise zu identifizierende sozialstaatliche und wohlfahrtsstaatliche Leistungen europäisiert werden. Nur diese Zusammenführung kann die Kapitalbasis des Sozial- und Wohlfahrtswesens in der EU erweitern, die für ein sachgerechteres Wechselspiel von Einnahmen und Ausgaben erforderlich ist. Gleichzeitig können auf diese Weise durch Effizienzgewinne vermutlich Einsparpotenziale in den einzelnen Staatshaushalten erwachsen. Schließlich wird wohl nur so über europäische Modelle, die den Namen tatsächlich verdienen, ein gemeinschaftlicher europäischer Mehrwert erzeugt werden. Nur so jedenfalls kann der europäisierte Nationalstaat, nur so kann das Regieren im europäischen Mehrebenensystem und nur so kann die europäische Integration nachhaltig Zuspruch finden und innere Legitimität bewahren. Heute gibt es kein europäisches Sozialmodell, sondern deren viele. Das wird wohl auch auf Dauer so bleiben. Aber Elemente eines europäischen Sozialmodells muss es auf Dauer geben, wenn die Europäisierung des Nationalstaates konsequent zu Ende gedacht werden und die Wirtschafts- und Währungsunion tragfähig bleiben sollen.

Der national verfasste Sozialstaat ist in den meisten Ländern der EU nicht mehr zufriedenstellend zu finanzieren. Die Kapitalbasis ist zu dünn geworden oder sie ist zu dünn geblieben. Dem nationalstaatlich verfassten Sozialstaat fehlt damit die Basis, es fehlt ihm aber auch das Ziel: die Mehrung nationaler Identität und ihr Triumph über die sozialen Verhältnisse der Nachbarstaaten ist heute keine Perspektive mehr. Im Gegenteil: Ein fragiler Sozialstaat an einer Stelle in Europa ist auf Dauer zum Schaden aller in der EU. Am Ende kann es nur darum gehen, ein Mehrebenensystem zu schaffen, das unter Anerkennung des Grundsatzes der Subsidiarität den einzelnen Nationalstaat nicht aus der Verantwortung entlässt, aber eben doch europäisch erweitert. Dazu können kreative Modelle beitragen, zum Beispiel Optionenmodelle, bei denen Wanderarbeiter entscheiden können, ob sie weiterhin in die Sozialsysteme ihres Herkunftslandes einzahlen oder in die Systeme des ausländischen Ortes ihrer temporären Erwerbstätigkeit.

Varianten eines solchen opting-in werden bereits unter wissenschaftlichen Experten diskutiert. Die Mitgliedstaaten der Europäischen Union werden auf Dauer nicht umhin können, das EU-Budget substanziell zu erhöhen – nicht um den Preis neuer nationaler Steuerbelastungen, sondern durch einen Transfer von entschieden mehr als einem Prozent des nationalen Bruttosozialproduktes. Anderenfalls werden die Aufgaben und Erfordernisse, die an die EU gerichtet werden und in Zukunft unausweichlich zunehmen, unter keinen Umständen adäquat erfüllt werden können. Die Stärkung des EU-Budgets und die Einrichtung einer genuinen EU-Eigenmittelquelle – einer EU-Steuer – müssten natürlich einhergehen mit strengster Haushaltskontrolle und einer konsequenten Verankerung des Prinzips der politischen Rechenschaftspflichtigkeit.

In diese Richtung muss, so meine ich, die EU-Reise gehen, um den europäisierten Nationalstaat um einen europäisierten Sozialstaat zu ergänzen und um die unionsbürgerschaftliche Solidaritätsvorstellung europäisch zu erweitern. Bisher ist der Begriff der Unionsbürgerschaft in der EU eine eher formale juristische Kategorie geblieben. Häufig wird er daher bespöttelt. Tatsächlich aber ist die Ausfüllung der formalen Unionsbürgerschaft mit zivilgesellschaftlichem Leben ein, wenn nicht der entscheidende Schlüssel, um die Umwälzungen und Unruhen, die mit der gegenwärtigen Neugründung der EU aus dem Geist ihrer Verfassungskrise verbunden sind, konsequent aufzufangen. Wie, wenn nicht durch die innere Annahme der Idee der Unionsbürgerschaft kann die gegenwärtige Adaptationskrise der EU in eine konstruktive, nachhaltig positive Bahn gelenkt werden? Die Vorstellung von einem europäisierten wohlfahrtsstaatlichen oder mit redistributiven Aspekten verbundenen sozialstaatlichen Gestaltungsansatz wird nicht dauerhaft funktionieren, wenn sie nur als Kosten-Nutzen-Kalkül um Einnahmen und Ausgaben gebaut wird. Sie erfordert unionsbürgerschaftliche Gesinnung und solidarischen Bürgergeist, ohne den die EU auf Dauer eine Form ohne Seele, eine Struktur ohne Herzkraft bleiben müsste.

4 Europäische Lektionen: Von der Nationalstaatsbildung zur Europabildung

Die unausgesprochene Prämisse meiner bisherigen Argumente beruht auf dem Gedanken, dass europäische Lösungen einen apriorischen, zumindest aber einen plausibilitätsrationalen Vorteil gegenüber nationalen Ordnungsformen des öffentlichen Lebens haben. Ich würde niemals argumentieren, dass dies allumfassend stimmen muss. Der Subsidiaritätsgedanke erhebt die entsprechenden Bedenken zu Recht zu einem Strukturprinzip in der Architektur der EU. Das ist gut und menschengemäß. Es beantwortet indessen nicht die Frage nach dem Telos der europäischen Integration. Noch immer erscheinen die meisten Formulierungen der Idee Europas von dessen Grenzen her angelegt. Damit meine ich nicht nur die ständigen Versuche, die Grenzen einer möglichen EU-Erweiterung eng zu ziehen. Ich meine vor allem die Verweise auf die inhaltlichen Grenzen der Einigung. Die unterschiedlichen Leitbilder von Europa hängen zusammen mit den unterschiedlichen Prägungen durch den Nationalstaat. Der Nationalstaat gehört zu den anhaltend konstitutiven Kategorien der europäischen Ordnung. Er wird immer wieder zur Begründung herangezogen, um auf die Grenzen der europäischen Integration und mithin der Europäisierung nationalstaatlich tradierter Gestaltungsfelder der öffentlichen Ordnung hinzuweisen. Nur selten aber wird die Frage umgekehrt und nach den nationalen Voraussetzungen der europäischen Ordnung gefragt. Stellt man die Frage aber so, so zeigt sich sogleich die Vielfalt geschichtlich bedingter Ausprägungen von Nationalstaatlichkeit in Europa. Vor diesem Hintergrund kann es kaum überraschen, dass die europäischen Leitbilder vielfältig und teilweise gegensätzlich sind.

Der tschechische Historiker Miroslav Hroch hat 2005 eine anregende Synthese seiner lebenslangen Beschäftigung mit dem Phänomen des Nationalismus und der Nationalstaatsbildung vorgelegt. Man könnte sie auch, so meine abschließende These, spiegelverkehrt als Anregung zum Nachdenken über die Zukunft des europäischen Einigungsgedankens lesen. Hroch (2005: 13) dementiert zunächst die immer wieder kolportierte These, wonach die Nation eine „Urkategorie" sei, immer schon vorhanden und unwandelbar. Gegen diese „primordiale Auffassung der Nation" (ebd.) spricht in der Tat alle Geschichte. Differenzierter ist schon die Unterscheidung von Staatsnation und Kulturnation, die zumindest Unterschiede in Herkunft und Ausblick des Nationalbegriffs akzeptiert. Viele der gängigen Nationalstaatstheorien unterscheiden die westeuropäische Staatsnation mit einer gewissen Vorsicht pauschal von der mittel- und osteuropäischen Erfahrung der Kulturnation. Mit dem Begriff Staatsnation ist die Konstruktion rationaler Interessenübereinkunft unter einer Regierung gemeint, die sich dem Schutz bürgerschaftlicher Rechte verpflichtet weiß. Der Begriff Kulturnation steht demgegenüber für das Streben nach Identität, Anerkennung und Gleichberechtigung von Nationen, die sich ethnisch, sprachlich oder religiös definieren und im Regelfall um ihre politische Existenz mit anderen Identitätsvorstellungen ringen mussten. Beide Typologien der Nationalstaatsschöpfung sind Ausgangspunkt für zwei sehr unterschiedliche Ansätze in der Formulierung europäischer Leitbilder: Interessengeleitete Europabilder stehen den Staatsnationen Europas näher, identitätsgeleitete Europabilder den Kulturnationen. Im Einzelnen muss diese Schablone nicht auf alle Völker und Staaten der heutigen EU passen und sie passt nicht auf alle Umstände und Ereignisse. Aber einige Beispiele für die beiden Orientierungen finden sich intuitiv: Zu denken wäre an die Sehnsucht nach einer europäischen Erlösung Deutschlands aus seiner geographischen Mittellage; an das unerbittlich fortwährende Ringen in Teilen Südosteuropas um kulturelle Superioritätsvorstellungen und die Mühen, auch nur einen minimalistischen ethnischen Minderheitenschutz zu etablieren; zu denken wäre an das Kosten-Nutzen-Kalkül, das sich seit Mrs. Thatchers „I want my money back"-Rede weithin im „alten", westlichen Europa der Staatsnationen ausgebreitet hat. Zum Schaden einer widerspruchsfreien Vertiefung der Einigung hat das Kosten-Nutzen-Denken über die Staatsnationen hinaus um sich gegriffen.

Es wäre vermessen und gewiss verfälschend, die Erkenntnisse des Historikers Hroch über die Bedingungen der Nationalstaatsbildung linear auf die Umstände und Perspektiven der Weiterentwicklung der europäischen Integration zu übertragen. Gleichwohl erscheint mir eine gewisse Spekulation nicht völlig abwegig. Ich denke, dass sich trotz aller ritualisierten Panikmache vor dem europäischen Superstaat, den niemand will, und inmitten aller Brüche und Kontingenzen im gegenwärtigen Prozess der europäischen Integration durchaus gewisse vorsichtige Analogien zu den Prozessen der europäischen Nationalstaatsbildung feststellen lassen. Drei Beispiele für die Spiegelung der heutigen Europabildung an der gestrigen Nationalstaatsbildung müssen an dieser Stelle genügen, die zum weiteren Nachdenken anregen mögen:

1. Der Nationalstaat ist ein historisch gewachsenes Gebilde. Allerorten ist er, jedenfalls zunächst, ebenso eine imaginative Gemeinschaft gewesen, wie dies heute viele Kritiker der EU vorhalten. Der Nationalstaat ist in seinen Ursprüngen stets das Projekt von Eliten gewesen, entweder von Herrschaftseliten oder von intellektuellen Eliten, sowohl in Europa als auch weltweit im Zuge der Dekolonialisierung. Erst schrittweise und häufig mühsam setzte der Weg in die Popularisierung und Volksverankerung ein. An vielen Orten der Erde ist dies bis heute nicht wirklich erfolgreich gelungen. Wo der Nationalstaat sich aber stabilisieren konnte und bis heute überragende Legitimität besitzt, gelang dies nur aufgrund historischer Prozesse und vielschichtiger Faktoren: Ich nenne im Blick auf den Nationalstaat in Europa den Ausbau der Bürokratie, die Wirkung von Sprache und Rechtssystem sowie die Effekte der Industrialisierung. Faktoren aus dem weiten Raum von Kultur und Identität gehörten häufig zu Antriebsimpulsen in der Nationalstaatsbildung. Mindestens ebenso oft aber wurden sie erst post

festum zu Legitimationszwecken herangezogen. Finden diese Vorgänge der nationalen Geschichte nicht ein Echo in dem Ringen um die heutige Europabildung? Allerorten fanden und finden die Nationenbildungen ihren Unterbau in einem beachtlichen Zuwachs an Beamten und Freiberuflern: Ohne sozialfunktionale Eliten, die sich in den Dienst der Nationalbewegung stellten oder dieser indirekt zuarbeiteten, ging die Nationalstaatsbildung nirgendwo gut aus. Wo diese sozialfunktionalen Eliten fehlen, spricht man heute von defizitären Humanressourcen, meint aber das gleiche. Man kann den Zusammenhang zwischen einer Verbreiterung der sozialfunktionalen Eliten und der Konsolidierung von Nationalstaatlichkeit bis in die Gegenwart hinein beobachten, ob in Osttimor oder in Montenegro und demnächst wohl auch im Kosovo. Die Bedeutung sozialfunktionaler Eliten für die Nationenbildung war in früheren Phasen der Geschichte nicht anders. Für Ungarn beispielsweise berechnet Hroch für den Zeitraum von 1787 bis 1843 einen Anstieg der Beamten und Freiberufler von 27.000 auf 50.000 (ebd.: 78). Heute wird viel auf die Brüsseler Bürokraten geschimpft. Wir sollten aber nicht ausschließen, dass die Brüsseler EU-Bürokratie und die sich immer mehr ausbreitende europaweite Dienstleistungsgesellschaft heute ähnliche Funktionen ausüben, um das Europabewusstsein durch den Zuwachs an transnationaler sozialer Kommunikation zu stärken. Was seinerzeit im Rahmen der damaligen Kommunikationsmittel und mit Hilfe der damaligen funktionalen Eliten für die Etablierung der Nationalstaaten erheblich war, bleibt strukturanalog in unserer Zeit ein Charakteristikum der Europabildung. Wer will ausschließen, dass der Verbreitung der englischen Sprache und der heutigen Massenkommunikationsmittel (Billigflüge, Internet), aber auch den Wirkungen von mehreren Erasmus-Studenten-Generationen eines Tages ähnliche Bedeutung für die Formierung des geeinten Europa beigemessen werden muss wie dies seinerzeit für die Funktion der Dampflokomotiven und der Tageszeitungen im Prozess der Herausbildung nationaler Identitäten gegolten hat?

2. Die Bedeutung von Schule und Erziehung für die Herausbildung der unterschiedlichen nationalen Identitäten und Loyalitäten ist offenkundig. Hroch thematisiert diesen Sachverhalt in all seinen Facetten. Warum sollte die integrationsförderliche Funktion von Schule und Erziehung nicht auf ähnliche Weise und besser als bisher für die europäische Einigung fruchtbar gemacht werden? Vielfach ist gefordert worden, die Schulbücher in den einschlägigen Fächern, vor allem in den Bereichen Geschichte, Literatur und Sozialkunde zu europäisieren. Geschehen aber ist erst wenig, um beispielsweise ein europäisches Geschichtsbuch zum Allgemeingut werden zu lassen. Es wäre gewiss auch von erheblichem

Nutzen und von populärer Breitenwirkung, wenn in Brüssel ein Haus der Europäischen Geschichte entstünde – ein wenig analog zu den Erfahrungen mit dem Haus der Geschichte der Bundesrepublik Deutschland in Bonn –, das der Entwicklung des europäischen Gedankens gewidmet wäre. Es ließe sich gewiss eine interaktive und spannende Präsentation des Themas europäische Einigung vorstellen. In einigen bewusst leer gehaltenen Räumen eines solchen Hauses der europäischen Geschichte könnten die weiterhin wohl beständig wechselnden Identitätsvorstellungen der nachwachsenden Generationen temporär und kreativ ausgestaltet werden.

Zu den formativen Elementen im Zeitalter der Nationalstaatsbildung zählte der Sport, dessen Funktion für die nationale Identität noch immer unbezweifelbar ist. Hroch zufolge haben die Turnbewegungen während der formativen Phasen der diversen Nationenbildungen im Europa des 19. Jahrhunderts zwar nur eine zweitrangige Rolle gespielt, doch gilt es auch dies nicht zu unterschätzen. Man denke an die deutschnationale Turnbewegung von Friedrich Ludwig Jahn, der körperliche Ertüchtigung in den Dienst des antinapoleonischen Freiheitskampfes stellte und als Element zur nationalpolitischen Erziehung mobilisierte. Heute geht es natürlich nicht darum, den europäischen Sport gegen die Amerikaner, Chinesen oder Russen zu instrumentalisieren. Aber warum wird die Symbolwelt des Sports nicht besser für die Stärkung der europäischen Identität genutzt? Warum sind nicht alle Sportmannschaften der EU-Mitgliedsländer 2008 gemeinsam hinter der EU-Fahne in das Olympiastadion von Beijing eingezogen, um auf diese Weise ihre Zusammengehörigkeit zu demonstrieren? Anschließend hätten alle Athleten wieder für sich und ihr Land kämpfen können. Im Medaillenspiegel wäre die EU als gemeinsames Team übrigens unschlagbar Sieger gewesen.

3. Soziale Identifikation, mobilisierende Symbole und Interessenaggregation als Impuls zur Stärkung der kollektiven Bindung – warum sollen diese Phänomene, auf die Hroch in Bezug auf die Nationenbildungen in Europa hingewiesen hat, nur für eben diese relevant gewesen sein? Warum können sie nicht auch für die Herausbildung des vereinigten Europa der Nationen fruchtbar gemacht werden? Hroch (ebd.: 145 ff.) spricht in seiner Studie von nationalen Mythen und der Suche nach dem gemeinsamen Schicksal; beides habe die nationalen Identitäten in Europa befördert. Wieder ist man geradezu intuitiv versucht, den Bogen von der Zeit der europäischen Nationalstaatsbildung zur heutigen EU zu schlagen: Mehr denn je wird heute in der kulturellen Europaforschung die Frage diskutiert, wie ein neuer europäischer Narrativ die Ur-Erzählung der europäischen Integration erneuern und ersetzen kann, der zufolge die europäische Integration das aus der

Asche des Zweiten Weltkrieges geborene Friedensprojekt des Kontinents ist. Was müsste und könnte der Inhalt einer neuen Erzählung über Europa im Sinne der Begründung seiner Identität sein? Bemühen Europas Politiker nicht das starke Wort vom gemeinsamen Schicksal des Kontinents als Begründung für die Profilierung der EU-Außen- und Sicherheitspolitik? Geht es in der neuen Phase der europäischen Geschichte nicht vorrangig um Europas Rolle in der Welt, mithin um Themen wie Globalisierung und Dialog der Kulturen? Wäre es eine Überforderung des Phantasiepotenzials lebender Publizisten und Schriftsteller, aus diesem Stoff Romane zu fertigen und Erzählungen, die den Weg in die Popularisierung finden können? Beim Blick auf die Kraft der Symbolik stößt man auf ein gänzlich anderes Element aus der Zeit des nationalen Primats: die Totengedenktage. Ließe sich eines Tages nicht eine Synthese aus den so unterschiedlichen und im Kern doch gemeinsamen europäischen Erfahrungen schlagen durch die symbolträchtige Einführung eines EU-weiten Gedenktages für die Toten aller europäischen Kriege? Wäre dies nicht ein würdiges, alle heute lebenden Europäer verbindendes Gedenken an die Toten Europas? Es würde jedenfalls stattfinden im Bewusstsein der Überwindung des national begründeten Völkerhasses durch den heute gemeinsamen europäischen Auftrag zur Beteiligung an der Herstellung und Sicherung des Friedens in der Welt. Ist es nicht langsam an der Zeit, die Frage nach einem gemeinsamen europäischen Volkstrauertag zu stellen, wo doch unterdessen weit über 75 Prozent aller heute lebenden Europäer nach dem Ende des Zweiten Weltkrieges geboren wurden?

Ein Wort der Zurückhaltung bleibt bei diesem Thema gewiss geboten: Hroch erinnert in seiner Studie daran, dass die Nationaldenkmäler Europas als Inbegriff der nationalen Symbolik den Prozess der Nationenwerdung allerorten abschlossen, ihm aber nicht vorausgriffen. Inmitten der mühevollen Aufbauphase der Nationalstaatlichkeit waren sie noch schlechterdings undenkbar. Das lässt in Bezug auf die Herausbildung einer gemeinsamen europäischen Erinnerungskultur in der derzeitigen Phase der europäischen Integration wohl eher nur Schneckenbewegungen erwarten. Wir sehen die bei diesen Fragen noch immer bestehende Reibungswärme am Widerstand, der der rechtsverbindlichen Verankerung der europäischen Symbole im Reparaturvertrag zur europäischen Verfassung plötzlich entgegengebracht wurde. Gleichwohl und zum Schluss: Vertragsverankert oder nicht, mit den faktisch selbstverständlich weiterhin praktizierten und verwendeten europäischen Symbolen, mit Fahne und Hymne, Währung und Europatag ist eine erste Etappe auf dem Weg zu mobilisierenden europäischen Identifikationsmerkmalen markiert.

5   Schlussbetrachtung

„In Vielfalt geeint" – so darf man wohl fünf Jahrzehnte europäischer Integrationsgeschichte bilanzieren, auch wenn dieses Motto ebenfalls aus dem so genannten EU-Reformvertrag herausgenommen worden ist. Das Motto des Verfassungsvertrags bleibt richtig, auch wenn es nun in dessen Reparaturvertrag nicht mehr vorkommt, der übrigens gegenüber dem Europäischen Verfassungsvertrag von 500 auf 3.000 Seiten aufgebläht wurde. Europa ist geschaffen, allein es mangelt an Europäern. Oder doch nicht? 66 Prozent aller Unionsbürger wünschen sich laut Eurobarometerdaten (Juni 2007) weiterhin eine europäische Verfassung und dokumentieren damit, dass die Bürger bei diesem (wie bei anderen Themen) offensichtlich den politischen Akteuren und ihrer Handlungskraft weit voraus sind.

Jedoch: Mehr als auf eine sophistische Fortbildung Europas durch permanente Vertragsrevisionen und deren Exegese kommt es in der nächsten Periode der EU vor allem darauf an, dass das geeinte Europa endlich mehr Europäer hervorbringt, Europäer des Alltags, Europäer der Tat. Diese Aufgabe steht im Kern der gegenwärtigen Neubegründung Europas aus seinen aktuellen Krisen. Sie ist einer der Maßstäbe, damit ein neuer *contrat social* zwischen den Institutionen der EU und den Unionsbürgern gelingen kann. Ihn aber benötigt die EU, damit das große Erfolgsprojekt der letzten fünf Jahrzehnte auch auf Dauer erfolgreich bleiben kann.

Literatur

Bellamy, Richard (1996): Constitutionalism, Democracy and Sovereignty. American and European Perspectives, Aldershot.

Bracher, Karl Dietrich (1993): Die Krise Europas seit 1917, Frankfurt a.M. / Berlin.

Burgess, Michael (2000): Federalism and European Union. The Building of Europe, 1950 - 2000, London.

Dedman, Martin (1996): The Origins and Development of the European Union 1945-1995. A History of European Integration, London.

Delwaide, Jacobus / Georg Michels / Bernd Müller, Hg. (2003): Die Rheingesellschaft. Mentalitäten, Kulturen und Traditionen im Herzen Europas, Baden-Baden.

Dinan, Desmond (2004): Europe Recast. A History of the European Union, Boulder / London.

Gillingham, John (2003): European Integration 1950 - 2003. Superstate or New Market Economy?, Cambridge.

Groeben, Hans von der (1995): Deutschland und Europa in einem unruhigen Jahrhundert. Erlebnisse und Betrachtungen, Baden-Baden.

Hitchcock, William I. (2004): The Struggle for Europe. The Turbulent History of a Divided Continent 1945 to the Present, New York.

Hroch, Miroslav (2005): Das Europa der Nationen. Die moderne Nationsbildung im europäischen Vergleich, Göttingen.

Knipping, Franz (2004): Rom, 25. März 1957. Die Einigung Europas, München.

Majone, Giandomenico (2005): Dilemmas of European Integration. The Ambigiuties and Pitfalls of Integration by Stealth, Oxford.

Milward, Alan (2000): The European Rescue of the Nation State, London.

Moravscik, Andrew (1999): The Choice for Europe. Social Purpose and State Power from Messina to Maastricht, London.

Nicolaidis, Kalypso / Robert Howse, Hg. (2001): The Federal Vision. Legitimacy and Levels of Governance in the United States and the European Union, Oxford.

Pernice, Ingolf (2002): Multi-Level Constitutionalism in the European Union, in: European Law Review 27 (5), S. 511-529.

Rosamond, Ben (2000): Theories of European Integration, Houndmills.

Spielarten des Euroskeptizismus

Bernhard Weßels

1 Europäische Integration und politische Unterstützung

Die Europäische Union und der europäische Integrationsprozess werden zunehmend skeptisch beurteilt. Nachdem die politische Unterstützung der EU auf Seiten der Bürger zwischen 1981 und 1991 beständig und stark angestiegen ist, hat sie in der ersten Hälfte der neunziger Jahre einen dramatischen Niedergang erfahren und liegt nunmehr auf dem Niveau der ersten Hälfte der achtziger Jahre. Wie dramatisch die Entwicklung ist, lässt sich anhand einiger wichtiger Indikatoren zeigen. Erstens ist im Saldo von Befürwortern und Gegnern die Unterstützung der EU-Mitgliedschaft als gute Sache zwischen 1990 und 2004 in den Mitgliedsländern um durchschnittlich 30 Prozentpunkte zurückgegangen. Zweitens war 1990 der Anteil derjenigen, die es bedauern würden, wenn die EU aufgelöst werden würde, um 40 Prozent größer als der Anteil derjenigen, die dies nicht bedauern würden. Im Jahre 2001 war dieser Abstand auf 13 Prozent geschrumpft. Drittens überwog 1990 der Anteil der EU-Bürger, die meinten, dass ihr jeweiliges Land von der EU-Mitgliedschaft profitiert hätte, den Anteil derjenigen, die dies verneinten, um 35 Prozentpunkte, 2004 waren es nur noch 12 Prozentpunkte.[1] Diese Entwicklung ist als „Post-Maastricht Blues" in die Literatur eingegangen (Eichenberg / Dalton 2007). Die starke Zunahme der politischen Kompetenzen der EU und die im Alltagsleben zunehmend spürbare Wirkung politischer Entscheidungen auf EU-Ebene haben dazu beigetragen, dass die Bürger nicht nur Chancen, sondern auch Risiken im Integrationsprozess sehen. Die Quellen derartiger Wahrnehmungen sind unterschiedlicher Natur und reichen von wirtschaftlichen und kulturellen bis hin zu demokratietheoretischen Erwägungen. Wie auch immer die Perspektive, aus der heraus die EU betrachtet wird – die Legitimationsabhängigkeit des politischen Systems der EU wird größer. Der vielfach in der (massenmedialen) Öffentlichkeit angesprochene und in den Sozi-

---

[1] Eurobarometer 33, Frühjahr 1990; Eurobarometer 61, Frühjahr 2004; eigene Berechnungen.

alwissenschaften diskutierte Euroskeptizismus könnte den Fortgang des Integrationsprozesses bremsen. Zwar galt die öffentliche Meinung lange Zeit als permissiv unterstützend oder als stumpfes Schwert (Sinnott 1990). Die Abstimmungsniederlagen über die EU-Verfassung in Frankreich, den Niederlanden und Irland haben aber gezeigt, dass Euroskepsis massive Auswirkungen auf die Entwicklung der EU nehmen kann.

Es muss aber gefragt werden, ob Skeptizismus immer auch Ablehnung bedeutet oder ob es Variationen von Skeptizismus gibt, die von begründeter Kritik bis zu blanker Ablehnung reichen. Diese Frage ist von zentraler Bedeutung, weil begründete Kritik politisch „voice" bedeuten müsste, Ablehnung hingegen „exit" (Hirschman 1977). „Voice" wäre der Entwicklung einer EU-Öffentlichkeit und der Weiterentwicklung der EU-Demokratie förderlich, Skeptizismus, der in Ablehnung mündet, hingegen nicht. Es gilt also zu fragen, was Euroskeptizismus meinen kann, welche Spielarten es gibt, wie verbreitet diese sind, und über die möglichen politischen Implikationen zu reflektieren.

Im folgenden werden daher in einem ersten Schritt einstellungstheoretische Überlegungen zum Euroskeptizismus angestellt. Dabei werden in der sozialwissenschaftlichen Literatur existierende Konzepte betrachtet und in Beziehung gesetzt zum Konzept politischer Unterstützung der politikwissenschaftlichen Systemtheorie. Abschnitt 3 entwirft ein Konzept des politischen Euroskeptizismus. Besondere Beachtung gilt hier der Differenzierung von Kritik am System und Ablehnung des Systems. Anhand einer repräsentativen Bevölkerungsumfrage in allen EU-Mitgliedsländern nach den Europawahlen 2004 wird eine Typologie von Orientierungen gegenüber der EU entwickelt, die Einstellungen zu den politischen Autoritäten, dem Regime und der politischen Gemeinschaft der EU berücksichtigt. Anhand dieser Typologie werden drei Typen von Euroskeptizismus identifiziert, ihre empirische Verbreitung in den EU-Ländern aufgezeigt und die inhaltlichen Implikationen analysiert. Der Beitrag schließt mit einer demokratietheoretisch angeleiteten Diskussion über die politischen Konsequenzen verschiedener Varianten des Euroskeptizismus.

2 Einstellungstheoretische Überlegungen zum Konzept Euroskeptizismus

Euroskeptizismus ist zwar ein mit der zunehmenden Kritik an und Unzufriedenheit mit den Institutionen, Akteuren und Prozessen der EU seit Anfang der neunziger Jahre weithin gebrauchter Begriff, der seinen Ursprung nicht im wissenschaftlichen, sondern Mediendiskurs hat (Szczerbiak / Taggart 2003).[2] Konzeptuelle Bemühungen, ihn einstellungstheoretisch einzufangen, sind aber noch relativ jung. Die wohl erste und einflussreiche Definition stammt von Taggart, der sie allerdings bewusst weit anlegte, was in der nachfolgenden Diskussion kritisiert wurde (Kopecky / Mudde 2002). Auch Krouwel und Abts (2007: 42) verweisen zu Recht darauf, dass Euroskeptizismus (wie politischer Skeptizismus generell) ein komplexes Phänomen ist, das eines Konzepts bedarf, das dieser Komplexität gerecht wird. Hierzu ist der Rückgriff auf einstellungstheoretische Überlegungen nötig.

Fragen nach politischem Skeptizismus, politischem Misstrauen, Systemopposition und fehlendem Legitimitätseinverständnis sind in der politischen Einstellungsforschung unmittelbar mit dem Konzept der politischen Unterstützung verbunden, das David Easton (1965, 1975) in seiner politischen Systemtheorie entwickelt hat. Die Ablehnung oder Kritik von politischen Akteuren, Politiken und Institutionen impliziert den Entzug politischer Unterstützung, also ihre Negation. Euroskeptizismus wäre demnach ein auf die Europäische Union gerichteter Entzug von Unterstützung, bzw. die Nichtgewährung von Unterstützung. In Anlehnung an Easton sind, wie bei jedem politischen System, auch bezogen auf die EU die Objekte der politischen Unterstützung bzw. Unzufriedenheit zu unterscheiden in politische Autoritäten, das politische Regime und die politische Gemeinschaft. Nahezu alle einstellungsanalytischen Analysen zum Euroskeptizismus nehmen auf Eastons Ansatz Bezug (z.B. Krouwel / Abts 2007, Kopecky / Mudde 2002, Weßels 2007). Ansätze, die sich mit den europafreundlichen oder -skeptischen Positionen der Parteien zur europäischen Integration befassen, rekurrieren hingegen aus nicht ganz einsichtigen Gründen eher selten auf Easton (z.B. Taggart 1998, Szczerbiak / Taggart 2003, Taggart / Szczerbiak 2004, Ray 2007). Die analytischen Möglichkeiten, die Eastons generelles Konzept der politischen Unterstützung bietet, sind vielfältig. Entsprechend zahlreich sind auch die Varianten der Fragestellungen und der Euroskeptizismus-Konzepte, die hieraus resultieren.

Kopecky und Mudde konstruieren eine Typologie auf Basis der Unterscheidung in diffuse und spezifische Unterstützung des Regimes, um eine Einordnung der Einstellungen zur Integration vornehmen zu können. Diffuse Unterstützung liegt ihren Überlegungen nach dann vor, wenn die allgemeinen Ideen, die der

---

[2] Hooghe und Marks (2007: 120) berichten mit Referenz auf das Oxford English Dictionary, dass der Begriff gedruckt zum ersten Mal im Economist vom 26. Dezember 1992 aufgetaucht ist.

europäischen Integration zu Grunde liegen, geteilt werden, spezifische Unterstützung dann, wenn die allgemeine Praxis der Integration, wie sie sich derzeit darstellt und entwickelt, positiv beurteilt wird (Kopecky / Mudde 2002: 300). Die erste Dimension unterscheidet Europhile von Europhoben, die zweite Dimension EU-Optimisten von EU-Pessimisten. Danach lassen sich vier Typen von Einstellungssyndromen unterscheiden: 1) EU-Enthusiasten (europhile Optimisten), 2) EU-Skeptiker (europhile Pessimisten), 3) EU-Pragmatiker (europhobe Optimisten) und 4) EU-Gegner (europhobe Pessimisten). Das Interessante an dieser Typologie ist, dass die Kategorie der EU-Skeptiker sich zusammensetzt aus solchen, die positive generalisierte (diffuse) Einstellungen gegenüber der europäischen Integration haben, aber deren konkrete Praxis kritisieren. Sie sind damit nicht Euroskeptiker im herkömmlichen Sinne, das heißt ablehnend der EU gegenüber eingestellt, sondern eigentlich eher EU-Kritiker: Idee gut, Praxis schlecht. Damit ist diese Kategorie den „unzufriedenen Demokraten" (*dissatisfied democrats*), wie Klingemann (1999) sie definiert hat, oder den „kritischen Bürgern" (*critical citizens*) von Norris (1999) recht verwandt. Auf eine ähnliche Unterscheidung wird weiter unten zurückgegriffen. Die Typologie von Kopecky und Mudde ist zwar instruktiv und für die Analyse von Integrationseinstellungen sehr gut verwendbar. Da sie aber nur auf die Orientierungen gegenüber dem Regime und seinen Grundlagen abstellt, ist sie für eine umfassende Typologie des Euroskeptizismus zu eng.

Krouwel und Abts legen demgegenüber eine Typologie vor, die sich auf alle drei politischen Objekte – Autoritäten, Regime und politische Gemeinschaft – bezieht. Bezogen auf Autoritäten unterscheiden sie zwischen der Evaluierung der moralischen und der Leistungsaspekte von Politikern und Akteuren, bezogen auf das Regime zwischen Einstellungen zu den Institutionen, zur Leistungserbringung und zur institutionellen Praxis, und bezogen auf die politische Gemeinschaft zwischen gesellschaftsbezogenen Vorstellungen, Vorstellungen zum Verhältnis Nationalstaat und europäischer Integration, sowie der Legitimität des europäischen Projekts generell. Ob und in welchem Ausmaß die Orientierungen gegenüber den drei Objekten negativ sind, hängt davon ab, wie sehr Vertrauen oder Misstrauen vorherrschen sowie Skepsis, Zynismus oder Entfremdung ausgeprägt sind. Vertrauende Bürger zählen Krouwel und Abts (2007: 42 ff.) zu den überzeugten und folgsamen, diejenigen, die politisch skeptisch sind, zu den aufmerksamen und kritischen und die misstrauenden wiederum zu den aufmerksamen und pessimistischen Bürgern. Die zynischen Bürger werden zu den harten, voreingenommenen Negativisten gezählt, und die politisch entfremdeten schließlich zu den abgekoppelten Bürgern. Auch hier, wie bei Kopecky und

Mudde, sind die Skeptiker im Grunde genommen diejenigen, die das System der EU und seine Akteure kritisch evaluieren und Norm und Wirklichkeit gegeneinander abprüfen. Sie selbst bezeichnen deren Position als verantwortungsvolle Kritik.

Die von Krouwel und Abts vorgelegte Typologie geht in der Systematik, Komplexität und Reichweite über andere Typologien deutlich hinaus. Allerdings weist ihre Operationalisierung einige Schwächen auf. Insbesondere leuchtet nicht ein, warum die spezifische Unterstützung sich ausschließlich auf Autoritäten und Regime richten soll, was im Falle der Europäischen Union mit deren Ordnung gleichbedeutend wäre, während die generalisierte Unterstützung auf die politische Gemeinschaft zielt, womit Krouwel und Abts den Integrationsprozess meinen. Auch für Autoritäten und Regime kann es generalisierte Unterstützung geben und Integration muss sich nicht nur auf die Gemeinschaft beziehen. Dass Demokratieunterstützung und Legitimität ausschließlich auf das zweite Merkmal der Gemeinschaft bezogen werden, steht der üblichen Verwendung in der Forschung ebenfalls entgegen, wo beide zu den gängigen Indikatoren der Regimeunterstützung gehören (Niedermayer / Westle 1995).

Um solche und andere Unstimmigkeiten zu vermeiden, ist es sinnvoll, Eastons Konzept zu rekapitulieren. Nach Easton sind die Orientierungen gegenüber politischen Objekten hierarchisch geordnet. Wie bereits angemerkt und in der nachfolgenden Abbildung nochmals schematisch dargestellt, wird dabei zwischen den Objektebenen politische Autoritäten, politisches Regime und politische Gemeinschaft unterschieden. Die Orientierungsmodi sind entweder spezifisch oder generalisiert (diffus).

Abbildung 1:   Politische Orientierungen gegenüber politischen Objekten

	politische Objekte		
Modus der Orientierung	Autoritäten	Regime	Gemeinschaft
spezifisch	X		
generalisiert (diffus)	X	X	X

Quelle: Easton (1965)

Politische Autoritäten sind definiert als Inhaber von Herrschaftspositionen. Dabei kann es sich um individuelle (Regierungschefs, Abgeordnete, Richter, Verwaltungsbeamte, Polizisten) oder kollektive Akteure handeln (Parlamente, Gerichte usw.). Ein Regime ist gekennzeichnet durch seine politischen Werte, Normen und institutionellen Strukturen. Politische Gemeinschaft spielt eine spezifische Rolle unter den Orientierungen gegenüber politischen Objekten. Unterstützung einer politischen Gemeinschaft ist politische Unterstützung erster Ordnung. Sie stellt den sozialen Kitt dar, schafft ein Zusammengehörigkeitsgefühl unter den Mitgliedern (Easton 1965: 176). Das politische System ist in die politische Gemeinschaft „eingebettet" (Juviler / Stroschein 1999: 438). Im Gegensatz zu den Orientierungen gegenüber den Autoritäten und dem Regime, trägt die Orientierung gegenüber der Gemeinschaft mehr den Charakter einer Selbstzuschreibung oder Identifizierung des Individuums. Die Quellen der Identifikation sind dabei vielfältig und wurzeln nicht nur im Politischen. Orientierungen gegenüber Autoritäten und Regime stellen in erster Linie Bewertungen dar, sind also evaluativ, während die Orientierungen gegenüber der politischen Gemeinschaft eher Gefühle ausdrücken (affektive Orientierungen).

Daneben sind noch die beiden Modi der Orientierungen zu unterscheiden, die Easton vorschlägt. Spezifische Orientierungen beziehen sich auf eine leistungsbezogene Evaluierung. Sie enthalten eine instrumentelle Bewertung dessen, was politische Objekte tun. Generalisierte Orientierungen hingegen richten sich auf das, was ein Objekt repräsentiert, nicht darauf, was es tut. Nach Eastons Konzept der politischen Unterstützung kann eine andauernde positive Erfahrung mit politischen Objekten sich zu einer relativ festen Einstellung auf einer abstrakteren Ebene entwickeln. So kann z.b., wenn die positive Erfahrung mit dem Handeln der Autoritäten über längere Zeit nicht abbricht, aus der spezifischen Unterstützung der Autoritäten zunächst eine generalisierte Unterstützung der Autoritäten und später des Regimes erwachsen. Dieses ist der typische Prozess der Generalisierung von Einstellungen, weshalb Fuchs (1993) vorgeschlagen hat, Eastons Begriff diffuser Unterstützung durch den der generalisierten Unterstützung zu ersetzen.

Eine umfassende Typologie des Euroskeptizismus muss sich auf alle Einstellungsobjekte und Orientierungsmodi beziehen (Krouwel / Abts 2007). Wie sie konkret aussieht, hängt davon ab, welche Aspekte des Skeptizismus dabei als relevant erachtet werden und in welcher Form bzw. Kombination zusammenwirken. Eine allgemeingültige Typologie des Euroskeptizismus kann es nicht geben, weil Skepsis gegenüber der Ordnung etwas anderes bedeutet als die instrumentell inspirierte Skepsis gegenüber Leistungen, und ein demokratisch-normativer Skeptizismus etwas anderes als eine Skepsis, die aus dem Bedrohungsgefühl der eigenen Identität oder des sozialökonomischen Status resultiert.

3   Ein Konzept des politischen Euroskeptizismus

Wie bei Krouwel und Abts wird auch hier eine Typologie vorgeschlagen, die –
auf der Basis der Konzeption Eastons – alle drei Objekte politischer Unterstützung berücksichtigt. Anschließend wird anhand einer EU-weiten repräsentativen
Bevölkerungsumfrage geprüft, inwieweit die vorgestellte Struktur von Einstel-
lungsdimensionen bei den Bürgern empirisch tatsächlich aufzufinden ist und wie
sich die Bürger auf die hier entwickelten Typen von Euroskeptikern empirisch
verteilen.

In Öffentlichkeit, Politik und Wissenschaft wird seit geraumer Zeit verstärkt
über die demokratischen Leistungen und Defizite der EU diskutiert. Entsprechend möchte die Umfrage herausfinden, ob Brüssel über die Köpfe der Menschen hinweg regiert, ob es reale demokratischen Einflussmöglichkeiten der Bürger gibt und wenn ja, wo, und ob die Institutionen der EU überhaupt geeignet
sind, responsiv auf die Bürgerbelange zu reagieren. Insofern richtet sich das hier
vorgeschlagene Konzept des Euroskeptizismus explizit auf die politische Dimension der EU, ihre Akteure, Institutionen und Prozesse und nicht, wie bei vielen
anderen Studien zur politischen Unterstützung der EU, auf utilitaristische Aspekte.

Orientierungen gegenüber einem politischen System können sich – analog
zum Ebenenmodell demokratischer Einstellungen von Fuchs (1999) – auf Funktionsweise und Leistung sowie Normen und Werte des politischen Systems beziehen. Bei der Funktionsweise geht es darum, ob Akteure und Institutionen so
aufgestellt sind, dass sie eine effektive Umsetzung von Bürgerinteressen erlauben. Hinsichtlich der Leistung ist danach zu fragen, ob sie sich responsiv verhalten, also den Wünschen, Bedürfnissen und Interessen der Bürger entsprechen.
Und bezogen auf Normen und Werte gilt es zu ermitteln, ob das Regime und die
Gemeinschaft positiv beurteilt werden und in welchem Maße sich die Befragten
mit ihnen identifizieren.

Die hier zugrunde gelegte, kurz nach der Europawahl 2004 durchgeführte
Eurobarometer-Umfrage enthält sieben Fragen, die als Indikatoren für die Funktionsweise (Effektivität) und Leistung (Responsivität) der politischen Autoritäten,
die Beurteilung des Regimes und den Grad der Identifikation mit der politischen
Gemeinschaft dienen können. Die Erwartung ist, dass die Einstellungen zu diesen Fragen in einer Struktur vorliegen, die der hier vorgenommenen Einteilung

entspricht. Die Fragen wurden alle im gleichen Format abgefragt[3] und wie folgt zugeordnet:

Tabelle 1: Indikatoren für die Orientierungen gegenüber Autoritäten, Regime und politischer Gemeinschaft

Autoritäten:
Effektivität
„Es ist sehr wichtig, welche politische Partei die meisten Sitze im Europäischen Parlament erhält"
„Es ist sehr wichtig, welcher Kandidat einen Sitz gewinnt und Mitglied im Europäischen Parlament wird"
Responsivität
„Das Europäische Parlament berücksichtigt die Interessen der EU-Bürger"
„Ich vertraue den Institutionen der Europäischen Union"
Regime:
„Die EU-Mitgliedschaft meines Landes ist eine gute Sache"
Politische Gemeinschaft:
„Ich fühle mich als Bürger Europas"
„Ich fühle mich Europa verbunden"

Quelle: Eurobarometer Flash 162, EOS Gallup, Post European Election Survey 2004, eigene Übersetzung.

Effektivität von demokratischen Institutionen richtet sich z.B. darauf, ob es einen Unterschied macht, wer repräsentiert und wer „regiert". Nur dann können Wahlen tatsächlich einen Einfluss darauf haben, welcher Kurs in der Politik verfolgt werden soll. Das ist die minimale Bedingung für die effektive Kontrolle der politischen Agenda (Dahl 1971), oder, wie Scharpf (1996) es ausgedrückt hat, die effektive „Schicksalskontrolle" durch die Bürger als zentralem Kriterium der Demokratie. Die hier gewählten Fragen messen genau das: Wenn die Bürger glauben, dass es wichtig ist, welche Parteien wieviel Sitze im Parlament bekom-

---

[3] „Könnten Sie mir bitte für jede der folgenden Aussagen mitteilen, ob diese Ihrer Einstellung oder Meinung eher entsprechen oder eher nicht entsprechen?"

men, dann gehen sie zugleich davon aus, dass es einen Unterschied macht, wer repräsentiert und regiert – und umgekehrt.

Responsivität bezeichnet die Eigenschaft von politischen Akteuren, Institutionen oder eines politischen Systems als ganzem, auf die Ansprüche und Bedürfnisse der Bürger zu reagieren. Die auf das Europäische Parlament bezogene Frage zielt auf eine direkte Beurteilung dieser Leistung, wohingegen es sich beim Vertrauen um einen eher indirekten Maßstab der Responsivität handelt. Vertrauen kann als Vorschuss begriffen werden, das heißt als Erwartung, dass derjenige, dem man das Vertrauen schenkt, dieses Vertrauen durch sein Handeln rechtfertigt. Ein solcher Vertrauensvorschuss ist wahrscheinlich, wenn man mit den Akteuren oder Institutionen bereits in der Vergangenheit gute Erfahrungen gemacht hat.

Mit der Einschätzung der EU-Mitgliedschaft als einer guten Sache – oder eben auch nicht – erfolgt eine Beurteilung des Regimes in generalisierter Form. Der Einschätzung kann eine evaluative Betrachtung z.B. von Kosten und Nutzen der EU-Mitgliedschaft zugrunde liegen, die generalisiert wurden, sie kann aber auch stark auf einer normativen Beurteilung beruhen. In der Literatur zur politischen Unterstützung der EU wird diese Frage in der Regel als Maß für generalisierte Regimeunterstützung angesehen (Niedermayer / Westle 1995).

Die Beurteilung einer politischen Gemeinschaft hängt davon ab, wie stark man sich mit deren Symbolen und Normen identifiziert. Dabei geht es zum einen um das Selbstverständnis als Bürger, zum anderen um die Zugehörigkeit zu Europa als einer imaginären Gemeinschaft.

Mittels einer Faktorenanalyse lässt sich zeigen, dass die Einstellungen der Bürger zur EU die erwartete Struktur nahezu exakt abbilden.

Tabelle 2: Einstellungen zu Europa: Autoritäten, Regime und Politische
Gemeinschaft – Faktoren und Ladungen

Objekt	Autoritäten		Regime	politische Gemein-schaft
Modus	spezifisch	generalisiert	generalisiert	generalisiert
Indikator	Effektivität	Responsivität	Mitgliedschaft	Identität
Es ist mir sehr wichtig, welche Kandidaten eine Sitz gewinnen und Mitglied des Europäischen Parlaments werden.	0,86	0,04	0,07	0,08
Es ist sehr wichtig, welche politische Partei die meisten Sitze bei den Europawahlen erringt.	0,85	0,11	0,05	0,08
Vertrauen in die Institutionen der Europäischen Union	0,13	0,64	0,45	0,19
Das Europäische Parlament berücksichtigt die Interessen der Bürger in Europa	0,07	0,92	0,05	0,16
Die Mitgliedschaft in der Europäischen Union ist eine gute Sache	0,08	0,16	0,91	0,25
sich als Bürger der Europäischen Union fühlen	0,08	0,2	0,24	0,78
Verbundenheit mit Europa	0,09	0,11	0,1	0,88
Anteil erklärter Varianz (in Prozent)	38,9	12,2	8,8	18,4

Quelle: Eurobarometer Flash 162, EOS Gallup, Post European Election Survey 2004, eigene Berechnungen. Gepoolte Analyse, 25 Länder, 24063 Befragte, Ländersamples etwa gleich groß.

Die Faktorenanalyse bestätigt, dass die Indikatoren geeignet sind, um zusammengesetzte Skalen für Effektivität, Responsivität und politische Gemeinschaft zu konstruieren. (Für das Regime entfällt dies, da hier nur ein Indikator vorhanden ist.) Bei den einzelnen Skalen ergeben sich erhebliche Variationsbreiten. Da die Mittelwerte der Skalen anzeigen, in welchem Ausmaß die positiven Antworten die negativen übersteigen oder umgekehrt, lässt sich leicht ablesen, dass z.b. bei der Effektivität – also inwieweit es einen Unterschied macht, wer gewählt wird – der Anteil derjenigen, die zustimmen, den Anteil derjenigen, die skeptisch sind, nur ganz knapp übersteigt. Die stärkste Skepsis zeigen die Bürger der Slowakei, am besten wird die Effektivität durch die Bürger Maltas beurteilt. Die Responsivität der EU-Institutionen wird besser eingeschätzt, wobei Ungarn in dieser Skala an der Spitze und Österreich am Ende rangiert. Hinsichtlich der Mitgliedschaft in der EU überwiegen in allen Ländern die positiven Urteile, wenn auch der Anteil der Befürworter in Großbritannien nur knapp über dem der Skeptiker liegt. Auch die Identifikation mit der politischen Gemeinschaft weist recht hohe Werte auf; auch hier gibt es jedoch einige Länder, in denen der Anteil der negativen Antworten (Bürger, die sich nicht mit der Gemeinschaft identifizieren) den Anteil der positiven Antworten übersteigt.

Abbildung 2: Die Beurteilung der Effektivität politischer Institutionen, der Responsivität, der EU-Mitgliedschaft und der politischen Gemeinschaft der EU

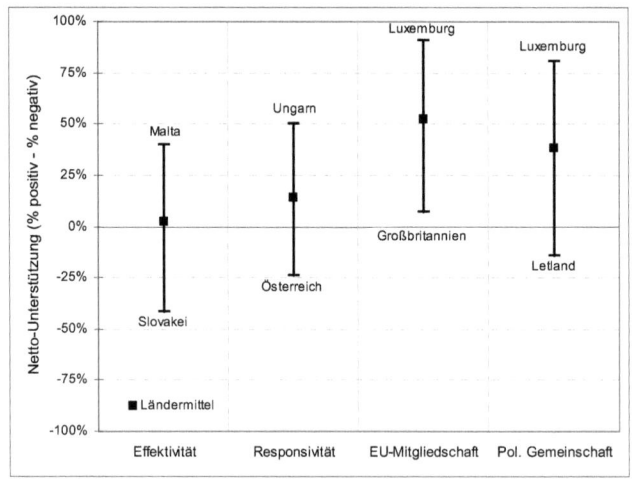

Quelle: eigene Berechnungen.

Was lässt sich hieraus für die Beurteilung der Demokratie in der EU ableiten? Um diese Frage zu klären, ist es zunächst wichtig festzuhalten, dass politische Skepsis nicht per se negativ für ein politisches System sein muss. Demokratie lebt ja vom Widerspruch und wäre ohne die Pluralität von Meinungen und Interessen gar nicht denkbar. Maßgeblich ist daher, ob sich die Skepsis auf die politische Ordnung allgemein richtet, oder auf bestimmte Leistungs- und Funktionsmerkmale, ob es also um die Ablehnung des Systems oder um die Kritik einzelner seiner Elemente geht. „Opposing Europe or Problematising Europe?" (Szczerbiak / Taggart 2003: 12) – beides macht einen offenkundigen Unterschied. Deshalb ist es wichtig, zwischen verschiedenen Typen des Euroskeptizismus zu differenzieren.

Ob und in welchem Ausmaß ein politisches System grundsätzlich in Frage gestellt wird, ist bei den hier gewählten Indikatoren am ehesten an der Orientierung gegenüber der politischen Gemeinschaft abzulesen. Einstellungen zur politischen Gemeinschaft sind von zentraler Bedeutung, wenn es darum geht, eine Ordnung als legitim anzuerkennen. Wird die Existenz einer politischen Gemeinschaft abgelehnt, fehlt es also an der gefühlsmäßigen Überzeugung, dass man als *demos* zusammengehört und grundlegende Gemeinsamkeiten teilt, nützen auch die leistungsfähigsten Institutionen nichts. Umstritten ist, auf welchen Quellen der Zusammenhalt beruht – im engeren Sinne der *politischen* Gemeinschaft bedarf es hierzu „nur" der Identifikation mit dem Politischen. Andere Autoren halten demgegenüber an der bleibenden Bedeutung der *nationalen* Zugehörigkeit für die Identität des politischen Systems fest (Fuchs 2000).[4]

Anders als die Orientierungen gegenüber der politischen Gemeinschaft sind die Orientierungen gegenüber Autoritäten und dem Regime nicht von grundsätzlicher Natur, soweit sie sich auf die Evaluation der Praxis und Strukturen des Regimes beziehen und nicht auf die ihm zugrunde liegenden Werte. Um die verschiedenen Gruppen voneinander abzugrenzen, werden die Einstellungen zu den Autoritäten und zum Regime den Einstellungen zur politischen Gemeinschaft nachfolgend in zusammengefasster Form gegenübergestellt. Für alle Bereiche werden jeweils positive, neutrale oder indifferente, sowie negative Einstellungen unterschieden. Daraus resultiert eine Tabelle mit neun Zellen, von denen drei auf die Euroskeptiker entfallen.

---

[4] Siehe dazu auch die Beiträge von Peter Graf Kielmansegg, Thomas Meyer, Josef Isensee und Heinrich August Winkler in diesem Band.

Tabelle 3:   Variationen politischer Unterstützung und Typen des
Euroskeptizismus, 2004

politische Unterstützung der EU	politische Gemeinschaft (Identifikation)			
	negativ	neutral	positiv	Anteil
negativ	harte Euroskeptiker (14,2 %)	Euroskeptiker (8,7 %)	kritische Europäer (9,3%)	32,2
neutral	(2,8%)	Indifferente (3,5%)	(7,6%)	13,9
positiv	ungebundene Instrumentalisten (3,7%)	Instrumentalisten (8,0%)	affektiv gebundene Europäer (42,3%)	54,0
Anteil (im Prozent)	20,6	20,2	59,2	100,0

Quelle: eigene Berechnungen. Zur Messung der politischen Unterstützung der EU wurden
die Einstellungen zu den Autoritäten mit den jeweils zwei Indikatoren für Effektivität und
Responsivität und die Einstellung zum Regime (EU-Mitgliedschaft) summiert (wobei 1
positive, 0 neutrale und -1 negative Einstellungen repräsentieren). Die Mitgliedschaft wurde doppelt gewichtet, um das gleiche Gewicht wie für Effektivität und Responsivität zu
gewährleisten. Daraus ergibt sich eine von -6 bis +6 reichende Skala. Alle negativen Werte
der Skala wurden zur Kategorie „negativ", alle positiven zur Kategorie „positiv" zusammengefasst, der Wert 0 steht für „neutral".

„Harte Euroskeptiker" erkennen die politische Gemeinschaft der EU für sich
nicht an und bewerten Autoritäten und / oder das Regime negativ. „Euroskeptiker" stehen der politischen Gemeinschaft neutral gegenüber und bewerten die
EU negativ, während die kritischen Europäer Autoritäten und / oder das Regime
negativ evaluieren, aber die politische Gemeinschaft der EU unterstützen. Insgesamt sind etwa ein Drittel der EU-Bürger zu den Skeptikern zu zählen. Harte
Skeptiker stellen unter den Skeptikern mit einem Anteil von 14 Prozent die größte, kritische Europäer mit etwa 9 Prozent die zweitgrößte Gruppe. Die Unterschiede zwischen den Ländern sind allerdings beträchtlich.

Großbritannien weist mit 30 Prozent die größte Gruppe harter Euroskeptiker auf, Luxemburg mit 3 Prozent die kleinste. Systematische Unterschiede zwischen alten und neuen Mitgliedern lassen sich nicht feststellen. Das gleiche gilt für die kritischen Europäer. Den höchsten Anteil haben sie in Österreich (22 Prozent), den niedrigsten mit 3 Prozent in Griechenland, Irland, Litauen und Zypern.

Abbildung 3: Harte Euroskeptiker, kritische Europäer und Euroskeptiker insgesamt in den Mitgliedstaaten der EU, 2004

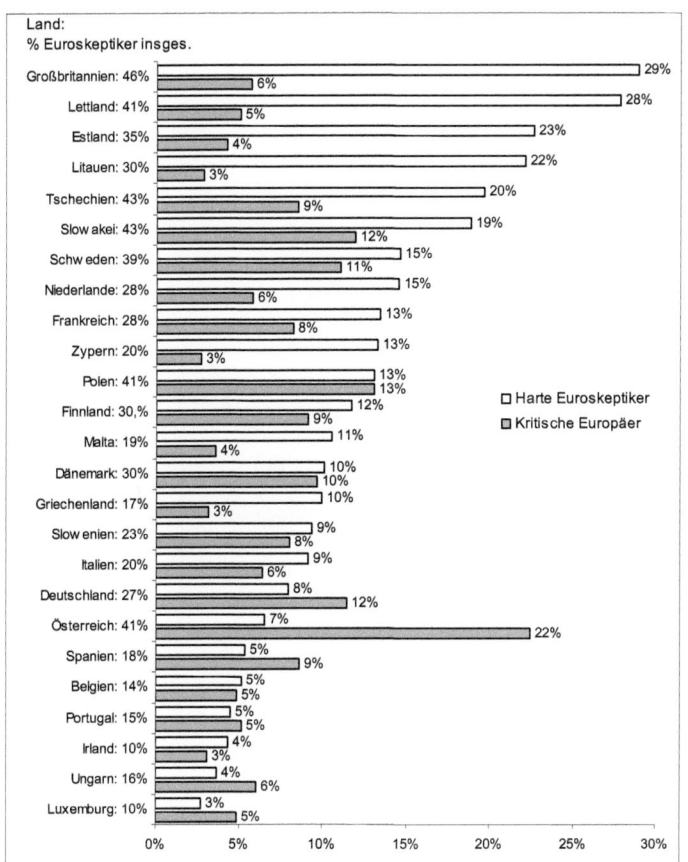

Quelle: eigene Berechnungen. Die Liste ist absteigend geordnet nach den Anteilen der „harten Euroskeptiker". Der prozentuale Anteil der Euroskeptiker setzt sich aus den jeweiligen Anteilen der harten Euroskeptiker, kritischen Europäer und Euroskeptiker zusammen (siehe Tabelle 3).

Es kann vermutet werden, dass die harten Skeptiker und die kritischen Europäer politisch die wichtigsten Gruppen für die Weiterentwicklung der EU sind. Erstere können als Gegner der EU eingestuft werden, die dem Integrationsprozesss politisch Einhalt gebieten möchten. Letztere bleiben als solidarische Kritiker an einer demokratischen Fortentwicklung der EU interessiert und wollen diese durch ihre Kritik befördern.

Demnach sollte sich die Kritik der letztgenannten Gruppe eher auf Autoritäten als das Regime richten und stärker spezifische als generalisierte Einstellungen betreffen. Harte Euroskeptiker hingegen müssten in erster Linie generalisierte negative Orientierungen gegenüber dem Regime aufweisen. Wenn wir die Mittelwerte der drei Gruppen von Euroskeptikern auf den Skalen für Effektivität, Responsivität und EU-Mitgliedschaft miteinander vergleichen, zeigt sich genau dieses Ergebnis.

Tabelle 4:   Typen des Euroskeptizismus und die Variation der Einstellungen zu Autoritäten und Regime

	Typ des Euroskeptikers		
	kritische Europäer	Euroskeptiker	harte Euroskeptiker
	Anteil negativ	Anteil negativ	Anteil negativ
Effektivität	80,3	74,1	72,7
Responsivität	76,7	81,5	84,0
Mitgliedschaft	36,6	61,1	73,0
N = 100%	1891	1786	2895

Quelle: eigene Berechnungen.

Wie die Tabelle zeigt, sehen kritische Europäer insbesondere bei der Effektivität der Autoritäten ein Problem. Ihrer Meinung nach setzen sich politische Unterschiede zwischen Kandidaten und Unterschiede zwischen unterschiedlichen politischen Mehrheiten nicht in inhaltliche Unterschiede der europäischen Politik um. Ihre Kritik an der Mitgliedschaft in der EU fällt im Vergleich dazu milder aus und wird nur halb so häufig geäußert wie unter harten Euroskeptikern. Kritik an der mangelnden Responsivität der europäischen Politik ist in allen drei Gruppen stark verbreitet, aber der Erwartung gemäß relativ am wenigsten bei den kritischen Europäern, relativ am häufigsten bei den harten Euroskeptikern. Prinzipielle Skepsis beruht damit stärker auf generalisierter Regimekritik, während die kritischen Europäer ihre Kritik vor allem auf die Praxis und Funktionsweise der EU richten.

4 Politischer Euroskeptizismus und Demokratie in der EU

Die undifferenzierte Rede vom Euroskeptizismus, die in der öffentlichen Diskussion und den Medien heutzutage vorherrscht, übersieht, dass sich die verschiedenen Ausprägungen dieses Phänomens kaum über einen Kamm scheren lassen. Der Begriff ist deshalb immer mehr zu einer Allerweltsvokabel verkommen, obwohl er ganz unterschiedliche, ja gegensätzliche Arten von Ablehnungshaltungen gegenüber der europäischen Politik ausdrücken kann (Szczerbiak / Taggart 2003). Der unreflektierte Sprachgebrauch fängt bereits bei der Konnotation an. Im politischen Kontext wird „Skepsis" zumeist negativ bewertet, während sie in der Wissenschaft etwas Positives darstellt. Hinterfragen gilt hier geradezu als Pflicht, ohne die ein Erkenntnisfortschritt nicht möglich wäre. Was für die Wissenschaft gilt, gilt zugleich für die Demokratie. Auch sie lebt vom kritischen Geist der Bürger, die als Bezugs- und Ausgangspunkt der Willens- und Entscheidungsbildungsprozesse die demokratische Regierungsweise prägen.

Der feine, aber nicht unwichtige Unterschied ist, ob Hinterfragen *innerhalb* einer politischen Ordnung gemeint ist oder Hinterfragen *der* Ordnung selbst. Es ist also wichtig zu unterscheiden, worauf sich die Skepsis richtet. Die sozialwissenschaftliche Literatur hat diese Notwendigkeit erkannt, nachdem der Euroskeptizismus-Begriff das Licht der massenmedialen Öffentlichkeit Anfang der neunziger Jahre erblickte und damit in einer Kurzformel das auch wissenschaftlich relevante Problem der Legitimität der EU angesprochen war. Inzwischen liegt eine ganze Reihe konzeptueller Überlegungen und empirischer Untersuchungen zum Euroskeptizismus von Bürgern und Parteien vor. So kritikwürdig diese im einzeln sein mögen, beweisen sie zumindest, dass es möglich ist, den Euroskeptizismus in ein wissenschaftlich sinnvolles Konzept zu überführen.

Jenseits der Frage, ob die Skepsis nur Teile bzw. Einzelerscheinungen des Systems oder das System als solches betrifft, sind auch bei der immanenten Kritik verschiedene Stoßrichtungen denkbar. Skepsis kann sich z.B. an den Strukturen oder den Prozessen eines Systems festmachen. Sie kann sich auf die Funktionsweise bzw. Praxis des Systems beziehen, oder auf die ihm zugrunde liegenden Normen und Werte. Bezogen auf die EU macht es demnach einen Unterschied, ob man den Akteuren in den Institutionen vorwirft, dass sie nicht das Richtige tun, ob man die Institutionen für demokratieuntauglich hält, oder ob man die Demokratisierung der Institutionen generell ablehnt. Der Skeptizismus kann sich auch auf das Spannungsverhältnis zwischen dem Status quo und der künftigen Entwicklung richten. Jemand, der den derzeitigen Stand der europäischen Integration gutheißt, muss noch lange nicht für eine Weiterführung des Integrationsprozesses plädieren. Insofern kann es nicht nur ein Konzept oder eine Konzeptualisierung des Euroskeptizismus geben.

Das hier vorgeschlagene Konzept eines politischen Euroskeptizismus unterscheidet zwischen zwei Grundspielarten der Systemkritik, die man als „fundamental" oder „konstruktiv" bezeichnen könnte. Während die fundamentalen Skeptiker nicht nur die Funktionsweise der EU kritisieren, sondern ihr auch grundsätzlich als politischer Gemeinschaft ablehnend gegenüberstehen, richtet sich die von den „konstruktiven" Skeptikern geäußerte Kritik ausschließlich auf die Funktionsweise, wohingegen die EU als politische Gemeinschaft prinzipiell positiv gesehen und unterstützt wird. Der Unterschied lässt sich auch an der Form der Kritik festmachen, die in einem Falle eher auf „exit" – Abwanderung – und im anderen Falle auf „voice" – Widerspruch – beruht (Hirschman 1977). Es liegt auf der Hand, dass die letztgenannte, aufgeschlossene Position sehr viel eher in der Lage sein dürfte, zu einer Verbesserung und Demokratisierung der politischen Ordnung beizutragen.

Was für nationalstaatliche Demokratien die unzufriedenen Demokraten (Klingemann 1999) oder kritischen Bürger (Norris 1999) sind, sind für die EU also die kritischen Europäer. Sie mahnen mit ihrer Skepsis an, dass die Präferenzen der Bürger in der europäischen Politik größeren Niederschlag finden, dass politische Alternativen existieren und dass es einen Unterschied macht, wer in der EU regiert. Diese Aspekte betreffen zentrale Kriterien der Demokratie. Der Anteil der kritischen Europäer unter den Euroskeptikern ist allerdings vergleichsweise klein: etwa 9 Prozent aller Bürger und knapp 30 Prozent aller Skeptiker zählen zu ihnen. Dem stehen etwa anderthalb mal so viele harte Euroskeptiker gegenüber, die sowohl die politische Gemeinschaft als auch die Funktionsweise von Akteuren und Institutionen in Frage stellen. Die harten Euroskeptiker sind aus demokratietheoretischer und integrationspolitischer Sicht eine ausgesprochen problematische Gruppe. Da sie die EU als politische Gemeinschaft nicht unterstützen, lässt sich ihre Skepsis gegenüber den Autoritäten und dem Regime kaum dazu verwenden, eine positive Weiterentwicklung des Integrationsprozesses zu bewirken. Wenn es nach ihnen geht, würde man das Rad der Integration sogar zurückdrehen.

Die Perspektiven des Euroskeptizismus sind ungewiss. Der durch die Osterweiterung ausgelöste institutionelle Stress hat in den Mitgliedstaaten der EU Abwehrreaktionen hervorgerufen und zu einer Abschwächung der affektiven Bindungen an Europa beigetragen. Resultat der nachlassenden Unterstützung war die Blockade des Verfassungsprozesses. Die Demokratisierung der EU bleibt somit als dauernde Angelegenheit auf der Tagesordnung. Und weil man davon ausgehen kann, dass sie einen langen Atem erfordert, dürfte auch der Anteil der kritischen Europäer in Zukunft wachsen. Die wichtigste Herausforderung wird darin liegen, ein Abwandern dieser Kritiker zu den harten Euroskeptikern zu verhindern (Weßels 2007). Eastons Konzept der politischen Unterstützung besagt, dass spezifische Negativurteile gegenüber politischen Akteuren und Institutionen, wenn sie über lange Zeit aufgebaut werden, sich auch auf das Maß der generalisierten Unterstützung auswirken. Bleiben Erfolge im Demokratisierungsprozess aus, könnten die kritischen Europäer also irgendwann resignieren und die harten Skeptiker ganz die Oberhand gewinnen. Insofern wären die Europapolitiker gut beraten, die Geduld ihrer skeptischen Unterstützer nicht zu sehr zu strapazieren, wenn sie das Integrationsprojekt in eine positive Zukunft führen wollen.

Literatur

Dahl, Robert A. (1971): Polyarchy. Participation and Opposition. New Haven / London.

Easton, David (1965): A Framework for Political Analysis. Englewood Cliffs / New York.

Easton, David (1975): A Re-Assessment of the Concept of Political Support, in: British Journal of Political Science 5 (4), 435-457.

Eichenberg, Richard / Russell J. Dalton (2007): Post-Maastricht Blues: The Transformation of Citizen Support for European Integration, 1973-2004, in: Acta Politica 42 (2-3), S. 128-152.

Fuchs, Dieter (1993): A Metatheory of the Democratic Process, WZB Discussion paper FS III, 93-203, Berlin.

Fuchs, Dieter (1999): The Democratic Culture of Unified Germany, in: Pippa Norris (Hg.): Critical Citizens: Global Support for Democratic Government, Oxford, S. 123-145.

Fuchs, Dieter (2000): Demos und Nation in der Europäischen Union, in: Hans-Dieter Klingemann / Friedhelm Neidhardt (Hg.): Zur Zukunft der Demokratie, Berlin, S. 215-236.

Hirschman, Albert O. (1977): Exit, Voice and Loyalty. Responses to Decline in Firms, Organizations and States, Cambridge.

Hooghe, Liesbet / Gary Marks (2007): Sources of Euroscepticism, in: Acta Politica 42 (2-3), S. 119-127.

Juviler, Peter/Sherrill Stroschein (1999): Missing Boundaries of Comparison: The Political Community, in: Political Science Quarterly 114 (3), S. 435-453.

Klingemann, Hans-Dieter (1999): Mapping Political Support in the 1990s: A Global Analysis, in: Pippa Norris (Hg.): Critical Citizens: Global Support for Democratic Government, Oxford, S. 31-56.

Kopecky, Petr / Cas Mudde (2002): The Two Sides of Euroscepticism: Party Positions on European Integration in East Central Europe, in: European Union Politics 3 (3), S. 297-326.

Krouwel, André / Koen Abts (2007): Varieties of Euroscepticism and Populist Mobilization: Transforming Attitudes from Mild Euroscepticism to Harsh Eurocynism, in: Acta Politica 42 (2-3), S. 252-270.

Niedermayer, Oskar / Bettina Westle (1995): A Typology of Orientations, in: Oskar Niedermayer / Richard Sinnott (Hg.): Public Opinion and Internationalized Governance, Oxford, S. 33-50.

Norris, Pippa (1999): The Growth of Critical Citizens?, in: dies. (Hg.): Critical Citizens: Global Support for Democratic Governance, Oxford, S. 1-29.

Ray, Leonard (2007): Mainstream Euroskepticism: Trend or Oxymoron, in: Acta Politica 42 (2-3), S. 153-172.

Scharpf, Fritz W. (1996): Economic Integration, Democracy and the Welfare State. MPIfG Working Paper 96/2, Köln.

Sinnott, Richard (1990): Bringing Public Opinion Back In, in: Oskar Niedermayer / Richard Sinnot (Hg.): Public Opinion and Internationalized Governance, Oxford, S. 11-32.

Szczerbiak, Aleks / Paul Taggart (2003): Theorising Party-Based Euroscepticism: Problems of Definition, Measurement and Causality. SEI Working Paper No. 69, Brighton.

Taggart, Paul (1998): A Touchstone of Dissent: Euroscepticism in Contemporary Western European Party Systems, in: European Journal of Political Research 33 (3), S. 363-388.

Taggart, Paul / Aleks Szczerbiak (2004): Contemporary Euroscepticism in the Party Systems of the European Union Candidate States of Central and Eastern Europe", in: European Journal of Political Research 43 (1), S. 110-124.

Weßels, Bernhard (2007): Discontent and European Identity: Three Types of Euroscepticism, in: Acta Politica 42 (2-3), S. 287-306.

Eine dauerhafte Verfassung für Europa? Die Beantwortung konstitutioneller Grundfragen durch den Vertrag von Lissabon[*]

Andreas Hofmann / Wolfgang Wessels

1 Der Vertrag von Lissabon: Lesarten und Untersuchungsperspektiven

Am 13. Dezember 2007 hat der Europäische Rat als konstitutioneller Architekt – nach mehrjährigem Vorlauf und mehr als halbjähriger konkreter Vorbereitungszeit – einen weiteren Meilenstein in der Geschichte der konstitutionellen Systemgestaltung der europäischen Integrationskonstruktion gesetzt. Ausgehend von der „Berliner Erklärung" vom 25. März 2007 über die Verabschiedung eines Mandats für eine Regierungskonferenz (Europäischer Rat 2007a) gelang im Oktober die politische Einigung über einen „Reformvertrag", der schließlich im Dezember unterzeichnet wurde (Goosmann 2007). Das Dokument, das als „Vertrag von Lissabon" in die Annalen der Integrationsgeschichte eingehen wird, kennzeichnet den gegenwärtigen Stand der Beantwortung konstitutioneller Grundfragen der europäischen Integration von Seiten der Regierungen der Mitgliedstaaten. Ungeachtet seines konkreten Schicksals im Ratifikationsprozess, das nach dem Ausgang des irischen Referendums vom 12. Juni 2008 ungewiss ist, können wir diesen Vertrag somit als eine weitere Stufe in einem – seit Verabschiedung der Einheitlichen Europäischen Akte – zwei Jahrzehnte während Prozess einstufen, die Union „demokratischer, transparenter und effizienter" (Europäischer Rat 2001) zu gestalten. Oder wie es die Staats- und Regierungschefs zuletzt formulierten: „Um auch in Zukunft eine aktive Rolle in einer sich rasch verändernden Welt und im Hinblick auf die ständig wachsenden Herausforderungen spielen zu können, müssen wir die Handlungsfähigkeit der Europäischen Union und

---

[*] Dieser Aufsatz beruht in weiten Teilen auf Hofmann / Wessels (2008).

ihre Rechenschaftspflicht gegenüber dem Bürger bewahren und weiterentwickeln" (Europäischer Rat 2007c: Ziffer 2).

Korrespondierend zu dieser politischen Lesart kann der nun vorliegende Text in unterschiedlichen Perspektiven erfasst, erklärt und bewertet werden (Quermonne 1992, Wessels 2005a). Für eine kurzfristig orientierte Analyse von Entwicklungsrichtungen der institutionellen Architektur (zum Begriff vgl. Wessels 2008) wird zu prüfen sein, ob und wie nationale und europäische Politiker in der Zukunft das neue Regelwerk innerhalb oder auch neben den EU-Organen nutzen werden, um die selbst gesetzten Ziele zur Steigerung der Handlungsfähigkeit und demokratischen Kontrolle zu erreichen. Eine Betrachtung des Vertragswerks aus einer mittelfristigen Perspektive rückt das Zentrum der Aufmerksamkeit auf die Evolution des politischen Systems Europas seit der Unterzeichung der Pariser Verträge 1951. Die Bündelung von Souveränität in europäischen Institutionen jenseits des Nationalstaates setzte den Ausgangspunkt für die konstitutionelle Entwicklung eines supranationalen Konstrukts, das von den Mitgliedstaaten nach und nach mit einer staatsähnlichen Agenda ausgestattet wurde und dessen vorläufiger Kulminationspunkt mit dem Lissabonner Vertrag vorliegt. Eine besondere Herausforderung für die weiterführende Forschung bildet schließlich die Einordnung des Lissabonner Vertrags in eine langfristige Perspektive – Braudel's *longue durée* (Braudel 1980, Christiansen 1998). Die jüngste Entwicklung ist so als eine weitere Stufe der Entwicklung und Transformation europäischer Staaten zu lesen, die entlang – vielfach symbolisch evozierter – europäischer Traditionen seit „Athen" und „Rom" sowie historischer Grundlinien seit der Herausbildung souveräner Territorialstaaten in Europa nach dem Westfälischen Frieden 1648 verläuft (Bartolini 2005).

Die historische Verortung des Vertragswerks stellt zugleich die Frage nach dem zukünftigen Voranschreiten der Integration. Die Staats- und Regierungschefs der Mitgliedstaaten als Vertreter der „Herren der Verträge" haben einen Schwur auf die Beständigkeit des vorliegenden Werkes geleistet, sollte es in Kraft treten. So formuliert die Präambel des Lissabonner Vertrags den Wunsch, mit dem nun vorliegenden Vertragswerk „den mit dem Vertrag von Amsterdam und dem Vertrag von Nizza eingeleiteten Prozess, mit dem die Effizienz und die demokratische Legitimität der Union erhöht und die Kohärenz ihres Handelns verbessert werden sollen, abzuschließen." Die Schlussfolgerungen des Vorsitzes bestätigen diese Erwartung. Mit dem „Vertrag von Lissabon (erhalte) die Union einen stabilen und dauerhaften institutionellen Rahmen." Sie erwarten „in absehbarer Zukunft keine weiteren Änderungen." Die neu geschaffene institutionelle Balance gebe der Union daher die Möglichkeit, „sich voll und ganz auf die konkreten Aufgabenstellungen zu konzentrieren, die vor ihr liegen, einschließlich der Globalisierung und des Klimawandels" (Europäischer Rat 2007b: Ziffer 6).

Gleichzeitig behält auch der Vertrag von Lissabon die Erwartung einer schrittweisen Weiterentwicklung der Union bei. Nach wie vor verortet sich das Vertragswerk als „neue Stufe bei der Verwirklichung einer immer engeren Union der Völker Europas" (Art. 1 EUV). Diese latent konfligierenden Zielsetzungen der zukünftigen Entwicklung sind als Ausdruck der Schwierigkeit zu werten, konstitutionelle Grundfragen der Systemgestaltung des europäischen Konstrukts abschließen zu beantworten.

2 Neue Struktur – mehr Überschaubarkeit?

Der Vertrag von Lissabon nimmt einige Änderungen an der bisherigen Struktur der vertraglichen Grundlagen des europäischen Konstrukts vor. Zwar behält er vordergründig die Zweiteilung des Primärrechts bei, die Unterscheidung zwischen „Union" und „Gemeinschaft" wird jedoch aufgehoben. Der Ausdruck „Gemeinschaft" wird durchgängig durch den Ausdruck „Union" ersetzt. Die vertragliche Grundlage der Union bilden von nun an der „Vertrag über die Europäische Union" (EUV) sowie der „Vertrag über die Arbeitsweise der Europäischen Union" (AEUV), der den bestehenden „Vertrag zur Gründung der Europäischen Gemeinschaft" (EGV) ablöst.

Strukturelle Änderungen sind vor allem im EUV zu erkennen. Ein Blick auf die neu geordneten Titel lässt zunächst den Eindruck aufkommen, es handele sich hier nun um eine Schilderung der Grundlagen der Union, während der AEUV lediglich die Details der sektoralen Zusammenarbeit klärt (Tabelle 1).

Bei näherer Betrachtung ist jedoch festzustellen, dass wichtige Elemente wie beispielsweise die – in dieser Form neue – Aufzählung der Zuständigkeiten der Union entgegen der augenscheinlichen Systematik im AEUV (Art. 2-6 AEUV)[1] zu finden ist. Zudem fällt auf, dass sich in der Lissabonner Version des EUV kein Verweis mehr auf die „polizeiliche und justizielle Zusammenarbeit in Strafsachen" findet. Dieser Teil des Regelwerks wurde komplett in den AEUV aufgenommen und ersetzt dort den bisherigen Titel „Visa, Asyl, Einwanderung" als neuer Titel V „Raum der Freiheit, der Sicherheit und des Rechts" im dritten Teil

---

[1] Die Nummerierung der Vertragsartikel in diesem Beitrag bezieht sich auf die in der konsolidierten Version vorgenommene Neunummerierung nach Art. 5 Abs. 1 des Vertrags von Lissabon (entsprechend den Übereinstimmungstabellen im Anhang zu diesem Vertrag).

„Die internen Politiken und Maßnahmen der Union" – die bisherige „dritte Säule" der Union ist damit aufgelöst. Die Gemeinsame Außen- und Sicherheitspolitik (GASP) verbleibt jedoch als Titel V im EUV. In diesem Bezug wird in Art. 24 Abs. 1 EUV betont, dass für die GASP „besondere Verfahren" gelten.

Tabelle 1:   Aufbau des Primärrechts entsprechend dem Vertrag von Lissabon

Vertrag von Lissabon			
Vertrag über die Europäische Union – EUV		**Vertrag über die Arbeitsweise der Europäischen Union – AEUV**	
Titel I	Gemeinsame Bestimmungen	Erster Teil	Grundsätze
Titel II	Bestimmungen über die demokratischen Grundsätze	Zweiter Teil	Nicht-Diskriminierung und Unionsbürgerschaft
Titel III	Bestimmungen über die Organe	Dritter Teil	Die internen Politiken und
Titel IV	Bestimmungen über eine verstärkte Zusammenarbeit		Maßnahmen der Union
Titel V	Allgemeine Bestimmungen über das	Vierter Teil	Die Assoziierung der überseeischen Länder und Hoheitsge-
	auswärtige Handeln der Union und		biete
	besondere Bestimmungen über die	Fünfter Teil	Das auswärtige Handeln der
	Gemeinsame Außen- und Sicher-		Union
	heitspolitik	Sechster Teil	Institutionelle Bestimmungen
Titel VI	Schlussbestimmungen	Siebter Teil	und Finanzvorschriften
			Allgemeine und Schlussbestimmungen

Quelle: eigene Darstellung

3   Konstitutionelle Grundfragen: Ein dreifaches Dilemma

Unser Beitrag unternimmt eine Analyse des Lissabonner Vertrags im Hinblick auf drei zentrale Aspekte des politischen Systems der Union: die Kompetenzordnung, die institutionelle Architektur und die Verfahrensordnung. Dem folgend identifizieren wir drei konstitutionelle Grundfragen der Systemgestaltung:

1. Wie schreibt der Vertrag die Zuständigkeitsverteilung zwischen den Mitgliedstaaten und der Union und damit deren Aufgabenwahrnehmung fest?
2. Wie positioniert der Vertrag Akteure und strukturiert er die Verfahren zur Steigerung der Handlungsfähigkeit innerhalb der institutionellen Architektur?

3. Werden die neuen Vorschriften das EU-System „demokratischer" gestalten und damit seine Legitimität steigern?

Bei der Beantwortung dieser Grundfragen, die prinzipiell jedes politische System vornehmen muss, sehen wir ein dreifaches Dilemma, das ambivalente Einstellungen und Verhaltensmuster der Mitgliedstaaten beim Ausbau des EU-Systems seit Beginn des Integrationsprozesses prägt und auch weiterhin wesentliche Elemente des Vertrags und dessen Komplexität in einem „Fusionsprozess" (Wessels 2005b) erklären hilft (Tabelle 2). Der Lissabonner Vertrag dokumentiert somit – unabhängig von seinem konkreten Schicksal – den gegenwärtigen Versuch einer dauerhaften Lösung dieser Dilemmata, die ein Grundprinzip der konstitutionellen Entwicklung des europäischen Integrationsprozesses darstellen.

Tabelle 2:   Das dreifache Dilemma

	europäische Ebene	*nationale Ebene*
Ebenendilemma	Problemlösungsinstinkt	Souveränitätsreflex
Entscheidungsdilemma	Effizienzsuche	Letztentscheidungsvorbehalt
Legitimitätsdilemma	eigenständig europäisch	abgeleitet national

Quelle: eigene Darstellung

3.1 Das Ebenendilemma der Aufgabenzuordnung: Problemlösungsinstinkt vs. Souveränitätsreflex

Im Dilemma der Aufgabenzuordnung unterstreichen die Regierungen der Mitgliedstaaten einerseits die Notwendigkeit, bei grenzüberschreitenden Problemen und globalen Herausforderungen gemeinsam „zum Wohle der europäischen Bürger" (Europäischer Rat 2007c: Ziffer 2) vorgehen zu müssen. Sie betonen mit leicht variierenden Formulierungen immer wieder: „Europa ist geeint in der Überzeugung, dass wir in der Welt von morgen nur dann unsere Interessen und Ziele vertreten können, wenn wir zusammenarbeiten" (Europäischer Rat 2007c: Ziffer 1). Als Ziel wird dabei vorgegeben, „einen Beitrag zum Alltagsleben der Bürger zu leisten" (Europäischer Rat 2007c: Ziffer 6). Deutlich tritt in diesen Formulierungen ein „Problemlösungsinstinkt" der Mitgliedstaaten zu Tage, der zunehmend das EU-System als optimale „Problemlösungsebene" (Hrbek / Wessels 1984) erkennen lässt. Andererseits versuchen die Bestimmungen des Vertrags von Lissabon – zumeist zu finden in den zugehörigen Protokollen und Erklärungen – in einem gegenläufigen „Souvernänitätsreflex" die Zuständigkeiten der Union noch stärker als zuvor zu begrenzen, um das Risiko der Aushöhlung der de jure-Souveränität der Mitgliedstaaten zu mindern.

Subsidiarität ist ein zentrales Losungswort, das in dieser Debatte eine prominente Stellung einnimmt, aber in der Praxis nur begrenzt Anwendung findet. Die Erfahrungen mit konkurrierender Gesetzgebung im „unitarischen Bundesstaat" (Hesse 1962) Deutschland verdeutlichen, dass dieses Problem kein der EU eigenes Phänomen darstellt (Scharpf 1985). Gerade im Hinblick auf eine Erklärung des Integrationsprozesses muss deshalb hervorgehoben werden, dass nicht die Europäische Kommission oder der Europäische Gerichtshof (EuGH) als Hauptverursacher der Aufgabenausweitung gelten können. Die Regierungen der Mitgliedstaaten wollen selbst die EU-Ebene immer intensiver nutzen, wie die jahrzehntelangen Aktivitäten des Europäischen Rats als Leitliniengeber und konstitutioneller Architekt belegen.

3.2 Das Entscheidungsdilemma der Handlungsfähigkeit: Effizienzsuche vs. Letztentscheidungsvorbehalt

Nach der Entscheidung über die adäquate Problemlösungsebene stehen die Mitgliedstaaten vor einem Entscheidungsdilemma: Einerseits suchen sie Verfahrensregeln, die die Entscheidungseffizienz stärken und damit „die künftige Handlungsfähigkeit der Europäischen Union" (Europäischer Rat 2007c: Ziffer 6) sichern. Andererseits ist von Seiten der Mitgliedstaaten ein immer wieder vorgebrachter Vorbehalt bei der Abgabe von Letztentscheidungsrechten feststellbar, etwa in Form eines Vetos im Rat. Das Verfahrensprofil gestaltet sich als Folge vielfacher Kompromissformeln äußerst unübersichtlich.

3.3 Das Dilemma der Legitimationsquelle: eigenständig europäisch vs. abgeleitet national

Neben der Effizienzsteigerung durch Kompetenz- und Verfahrensregeln betont der Vertrag die Notwendigkeit, die demokratische Legitimität der Union zu erhöhen. Dieses Bestreben wird eindrücklich verdeutlicht durch die als Titel II neu in den EUV eingebrachten „Bestimmungen über die demokratischen Grundsätze", die in Art. 10 EUV eine eigenständig europäische und eine abgeleitete nationale Legitimationsdimension nebeneinander stellen. Deutlich wird ein paralleler Ausbau mehrerer Verfahren, der die Legitimität auf beiden Ebenen steigern will. Dieses Legitimitätsdilemma zeigt somit Wirkung auf die Gestaltung des Texts, die durch rein effizienzsteigernde oder souveränitätserhaltende Motivationen alleine nicht erklärt werden kann. Dabei ist zu beobachten, dass die Stärkung bestehender und die Einführung neuer Akteure zur Steigerung der Legitimität immer auch Auswirkungen auf die Handlungsfähigkeit der Union hat.

4 Die Neuordnung der Kompetenzen: Zwischen begrenzter Einzelermächtigung und staatsähnlicher Agenda

4.1 Ausprägungen des Souveränitätsreflexes

Eine erste Durchsicht des Dokuments im Hinblick auf die Kompetenz- und Aufgabenzuordnung offenbart mehrere Ausprägungen des Souveränitätsreflexes. Der Lissabonner Vertrag übernimmt ausdrücklich nicht die quasi-konstitutionellen, staatsanalogisierenden Charakterisierungen des Verfassungsvertrags. Bereits im Mandat für die Regierungskonferenz wurde dekretiert, dass der EUV und der AEUV keinen „Verfassungscharakter" haben dürfen (Europäischer Rat 2007c: Ziffer 4). Die Artikel des Verfassungsvertrags zu den Symbolen der Union (Hymne, Flagge Europatag, Wahlspruch) und Bezeichnungen wie „Europäisches Gesetz" sind im neuen Vertrag nicht zu finden (wohl aber der Begriff Gesetzgebungsverfahren). Auch die Position des „Außenministers der Union" wird in „Hoher Vertreter der Union für Außen- und Sicherheitspolitik" umbenannt. Die Verbannung der Vorrangklausel des Unionsrechts gegenüber nationalem Recht vom Vertragstext in eine „17. Erklärung" der Schlussakte zum Vertrag (Regierungskonferenz 2008: 344) ist ebenfalls als Ausdruck des Bemühens zu verstehen, einer unbegrenzten Kompetenzausweitung Grenzen zu setzen – auch wenn dieses aus der Rechtsprechung des Gerichtshofs hervorgehende Prinzip seit den frühen sechziger Jahren etabliert ist (Streinz 2003: 75 f.).

In diesem Sinne setzt auch der neu in den Vertrag aufgenommene systematisierende Zuständigkeitskatalog in den „Gemeinsamen Bestimmungen" des EUV und den „Grundsätzen" des AEUV der Unionskompetenz deutliche Schranken. Die Grundsätze der Zuständigkeitsordnung (Art. 4 und 5 EUV) betonen das Prinzip der „begrenzten Einzelermächtigung", die „Verhältnismäßigkeit" und die „Subsidiarität" und unterstreichen damit die Position der Mitgliedstaaten als „Herren der Kompetenzen." Entsprechend achtet die Union die „nationale Identität" der Mitgliedstaaten, „die in ihren grundlegenden politischen und verfassungsmäßigen Strukturen einschließlich der regionalen und lokalen Selbstverwaltung zum Ausdruck kommt" (Art. 4 Abs. 2 EUV). Zudem definiert der Lissabonner Vertrag mit der „nationalen Sicherheit" erstmals eine ausschließliche Zuständigkeit der Mitgliedstaaten. Das traditionelle Prinzip der „begrenzten Einzelermächtigung" wird dadurch akzentuiert, dass „alle der Union nicht in den Verträgen übertragenen Zuständigkeiten" ausdrücklich bei den Mitgliedstaaten verbleiben (Art. 4 Abs. 1 EUV). Art. 48 Abs. 2 EUV betont zusätzlich, dass Regierungskonferenzen bei Änderungsverfahren des Vertrags auch Rückführungen beziehungsweise die Verringerung von übertragenen Kompetenzen vorsehen können. Ein „Protokoll über die Ausübung der geteilten Zuständigkeit" grenzt zudem die Wirkungen geteilter Kompetenzen ein: „Die Ausübung von Zuständigkeiten (erstreckt) sich nur auf die durch den betreffenden Rechtsakt geregelten Elemente und nicht auf den gesamten Bereich." Schließlich sieht die 18. Erklärung zur Schlussakte im Bereich der geteilten Zuständigkeiten die Möglichkeit vor, einen Rechtsakt der Union aufzuheben und so Kompetenzen an die Mitgliedstaaten zurückzugeben (Regierungskonferenz 2008: 344 f.). Der Rat kann demnach auf Initiative eines oder mehrerer seiner Mitglieder die Kommission auffordern, „Vorschläge für die Aufhebung eines Rechtsaktes zu unterbreiten." Auch Erklärungen zur GASP belegen den Souveränitätsreflex: So sollen gemäß der 13. Erklärung die Bestimmungen des Lissabonner Vertrags „weder die derzeit bestehenden Zuständigkeiten der Mitgliedstaaten für die Formulierung und Durchführung ihrer Außenpolitik noch ihre nationale Vertretung in Drittländern und internationalen Organisationen berühren" (Regierungskonferenz 2008: 343). Ferner wird in der 14. Erklärung festgestellt, dass der Vertrag von Lissabon „der Kommission durch die Bestimmungen zur Gemeinsamen Außen- und Sicherheitspolitik keine neuen Befugnisse zur Einleitung von Beschlüssen übertragen werden und dass diese Bestimmungen die Rolle des Europäischen Parlaments nicht erweitern" (Regierungskonferenz 2008: 343).

Zwar formulieren diese Ergänzungen nur Sachverhalte und Möglichkeiten, die das bestehende Vertragswerk bereits heute vorsehen. Deutlicher als zuvor betonen die Herren der Verträge jedoch die Absicherung vor Risiken für die nationale Gestaltungshoheit. So markiert der Vertrag expliziter als zuvor Tabuzonen und *domaines reservées* der Mitgliedstaaten.

4.2 Im Gegenzug: Mehr Europa – eine staatsähnliche Agenda?

Im Gegensatz zu diesen defensiv formulierten Selbstfestlegungen schreibt der Lissabonner Vertrag in der Präambel und in den Gemeinsamen Bestimmungen des geänderten EUV einen breit angelegten Wertekatalog sowie eine umfangreiche Ziel- und Aufgabenliste der europäischen Politik fest. Im AEUV führen die Mitgliedstaaten einen umfassenden Kompetenzkatalog der Union in mehreren Abstufungen in den Vertrag ein.

Deutlich wird aus den Formulierungen des Dokuments, dass die Vertragsväter und -mütter diese Union nicht als einen eng definierten Zweckverband (Ipsen 1972) einzig für die regulative Verwaltung eines gemeinsamen Binnenmarktes verstehen. Der neue Art. 3 EUV spricht wesentliche Ziele staatlichen Handelns an; von allgemeinen Aufgaben der Förderung von Frieden, Werten und Wohlergehen ihrer Völker über (bereits an zweiter Stelle) den Raum der Freiheit, der Sicherheit und des Rechts, die Errichtung eines Binnenmarkts, sozial- und regionalpolitischen Aufgaben mit der Betonung von Solidarität, der Betonung der kulturellen Vielfalt und des kulturellen Erbes Europas bis zur Wirtschafts- und Währungsunion, der Förderung der Werte der Union und des Schutzes der Unionsbürgerinnen und -bürger in den Beziehungen zur übrigen Welt – letztere Formulierung schließt eine gemeinsame Verteidigung in die Ziele der Union ein.

Der mit dem Lissabonner Vertrag eingeführte Kompetenzkatalog teilt sich auf in „ausschließliche" (Zollunion, Wettbewerb, Währungspolitik, Erhaltung der biologischen Meeresschätze im Rahmen der gemeinsamen Fischereipolitik, Handelspolitik) und „geteilte" Zuständigkeiten (unter anderem Binnenmarkt, Sozialpolitik, Innen- und Justizpolitik, Landwirtschaft, Umwelt, Verbraucherschutz und Verkehr) sowie „Unterstützungs-, Koordinierungs- und Ergänzungsmaßnahmen" der Union (unter anderem Gesundheit, Industrie, Kultur, Tourismus und Katastrophenschutz). Zusätzlich – quasi außerhalb dieses nachvollziehbaren Katalogs – bietet der Lissabonner Vertrag Möglichkeiten zur Koordinierung der Wirtschafts-, Beschäftigungs- und Sozialpolitik (Art. 5 AEUV). Zu diesem Katalog zählen auch die in Art. 24 EUV aufgeführten Zuständigkeiten im Bereich der Gemeinsamen Außen- und Sicherheitspolitik und der Gemeinsamen Sicherheits- und Verteidigungspolitik (GSVP). Addiert man die erwähnten Politikfelder, so fehlt auf der EU-Ebene kein zentraler Bereich der nationalen Politik, auch wenn die Verfahren zu deren Ausgestaltung in ihrer Vielfalt keine durchgängige Zentralisierung erwarten lassen.

Im Hinblick auf den Problemlösungsinstinkt ist schließlich auf Flexibilitätsoptionen in der Zuständigkeitsverteilung hinzuweisen, die ihren Ausdruck in

Art. 352 AEUV als Ermächtigung zur Vertragslückenschließung finden, jedoch in spezifischer Form auch an anderen Stellen im Vertrag zu finden sind (Streinz 2003: 191).

4.3 Legitimität durch eigenständige europäische Grundrechte?

Trotz ihrer Verbannung aus dem Vertragswerk sind zum Bereich der Kompetenzordnung auch der Artikel zur Grundrechtecharta und das dazugehörende Protokoll zu zählen. Zwar wird im neuen Art. 6 Abs. 1 EUV auf die Charta Bezug genommen und ihr „dieselbe Rechtsverbindlichkeit wie die Verträge" zugesprochen, der Text selber wird jedoch keinen Teil des Primärrechts bilden. In diesem Kontext werden die Auswirkungen des Legitimitätsdrucks deutlich: Aufgrund ihrer bereits erreichten Kompetenzfülle soll die Union einerseits als Wertegemeinschaft den Grundrechtsschutz auf europäischer Ebene kodifizieren und die Charta der Grundrechte in einer modifizierten Fassung als rechtsverbindlich anerkennen. Dem Souveränitätsreflex folgend betont der zweite Unterabsatz des Art. 6 Abs. 1 EUV jedoch: „Durch die Bestimmungen der Charta werden die in den Verträgen festgelegten Zuständigkeiten der Union in keiner Weise erweitert."

Für die Anwendung der Charta sieht nun ein zusätzliches Protokoll[2] eine Sonderregelung für Großbritannien und Polen vor. Dieses schafft eine weitere Form von „Opt-outs" in der ohnehin langen Liste von Ausnahmeregelungen, die insbesondere die Briten in Anspruch nehmen. Bestanden die bisherigen Varianten überwiegend darin, auf geplanten neuen Politikfeldern nicht mitzumachen, wird mit diesem Protokoll eine Ausnahmeregel vom Grundsatz gleicher Rechte und Pflichten formuliert. Die Einheitlichkeit der Rechtsgemeinschaft (Hallstein 1979, Mayer 2005), die als ein besonderes Gut der Integrationskonstruktion gesehen wird, wird dadurch erneut und verstärkt durchbrochen.

---

[2] Protokoll über die Anwendung der Charta der Grundrechte der Europäischen Union auf Polen und das Vereinigte Königreich, in: Amtsblatt der Europäischen Union, 17.12.2007, S. 156 ff.

5 Die Neuordnung der institutionellen Architektur: Legitimitätsdruck und Handlungsfähigkeit

5.1 Demokratische Grundsätze: Duale Legitimität als institutionelle Leitidee

Angesichts einer breiten, wenn auch zwiespältigen Aufgabenzuordnung an die Unionsebene setzt sich das Dilemma der Mitgliedstaaten beim Ausbau der institutionellen Architektur auf europäischer Ebene fort. Auch hier wird das Bestreben deutlich, dem Verlangen nach demokratischer Legitimität in mehrfacher Hinsicht nachzukommen. Der Vertrag von Lissabon stellt so in seiner Neuordnung der Artikel des EUV den veränderten „Bestimmungen über die Organe" die ebenfalls neuen „Bestimmungen über die demokratischen Grundsätze" der Union voran. Diese sind gleichsam als institutionelle Leitidee dem Aufbau der institutionellen Architektur vorgeordnet. Betont wird ein duales Legitimationsprinzip: die Union als „Union der Bürgerinnen und Bürger" und als „Union der Staaten". Die Beteiligung der Bürger auf der europäischen Ebene als eigenständig europäisches Legitimationselement wird mit ihrer direkten Vertretung durch das Europäische Parlament gewährt, während die Mitgliedstaaten durch ihre demokratisch legitimierten Regierungen im Rat vertreten sind (Art. 10 Abs. 2 EUV). Zur Union der Bürger ist zudem die neu eingeführte Möglichkeit zur „Bürgerinitiative" (Art. 11 Abs. 4 EUV) zu zählen; die verstärkte Beteiligung nationaler Parlamente (Art. 12 EUV) ist hingegen beiden Prinzipien zuzuordnen.

Als zentrale Grundsätze dieses Selbstverständnisses können „Gleichheit" (Art. 9 EUV), „repräsentative Demokratie" (Art. 10 EUV Abs. 1) und „Partizipation" (Art. 11 EUV) identifiziert werden. Die „demokratischen Grundsätze" umfassen auch den Verweis auf die Rolle politischer Parteien in der Herausbildung eines „europäischen politischen Bewusstseins" (Art. 10 Abs. 4) sowie die Rolle der nationalen Parlamente (Art. 12 EUV). Die Betonung der Beteiligungsrechte nationaler Parlamente an dieser Stelle ist eine Neuerung des Lissabonner Vertrags und als Antwort auf den Vorwurf sowohl eines demokratischen Defizits der Union als auch der vermeintlichen Aushöhlung nationaler Souveränität – insbesondere der Parlamentshoheit – geschuldet. Die Legitimität europäischer Entscheidungen soll so durch eine abgeleitete und teilweise vorgelagerte nationale Dimension gefestigt werden.

5.2 Akteure in der institutionellen Architektur: gesteigerte Handlungsfähigkeit der Institutionen?

Der Lissabonner Vertrag sieht eine Reihe von Veränderungen im institutionellen Aufbau der Union vor, deren Formulierungen einen hohen Grad an Mehrdeutigkeit signalisieren und damit auch potenzielle Konflikte für die Handlungsfähigkeit der Union erwarten lassen. Zu diskutieren ist, wie sich die neuen Bestimmungen auf das reale Verhalten der Akteure niederschlagen und ob die Neuerungen bei einzelnen Akteuren einer Steigerung der Handlungsfähigkeit der Union insgesamt zuträglich sind (Lequesne 2007, Wessels 2008, Höreth / Sonnicksen 2008).

Eine prominente Neuerung ist der (Vollzeit-)Präsident des Europäischen Rats, der nun für eine Amtszeit von zweieinhalb Jahren gewählt wird (Art. 15 Abs. 5 EUV). Seine Aufgabenbeschreibung lässt die Präferenz der Staats- und Regierungschefs erkennen, ihre eigene Institution handlungsfähiger zu gestalten, legt aber auch den Schluss nahe, dass die Vertreter der „Herren der Verträge" eine zusätzliche Instanz zur Kontrolle anderer Institutionen installieren wollen. Einem möglichen Kontrollverlust seitens der Mitgliedstaaten hinsichtlich der Handlungen der Kommission, aber auch des Hohen Vertreters für die Außen- und Sicherheitspolitik, könnte so durch die Installation eines zusätzlichen „Wächters" Einhalt geboten werden. Schließt man das „Gesetz der unerwarteten Folgen" nicht aus, so kann diese Position – wie in der öffentlichen Debatte bereits immer wieder anklingt – auch zum „Präsidenten der Union" insgesamt stilisiert werden; dies wäre verbunden mit einer deutlichen Abwertung der Staats- und Regierungschefs der Mitgliedstaaten, insbesondere des jeweiligen (nach wie vor bestehenden) Ratsvorsitzes. Die Rolle des Präsidenten des Europäischen Rats kann so zwischen zwei Polen verortet werden: der Amtsinhaber kann als ein „üblicher" Vorsitz handeln, der die Arbeit seines Gremiums vereinfacht und beschleunigt; er kann sich aber auch als Präsident im Sinne der französischen Rollendefinition verstehen, der insbesondere nach außen als Repräsentant Europas auftritt (CEPS / EGMONT / EPC 2007: 49).

Eine Innovation besonderer Art ist der „Hohe Vertreter der Union für Außen- und Sicherheitspolitik" (Art. 18 EUV), der der Union mit der Unterstützung eines „Europäischen Auswärtigen Dienstes" (Art. 27 Abs. 3 EUV) in der internationalen Politik Gesicht und Stimme verleihen soll. Der Hohe Vertreter wird dazu den Vorsitz im Rat für Auswärtige Angelegenheiten einnehmen, gleichzeitig übernimmt er die Funktion des derzeitigen Kommissars für Außenbeziehungen und fungiert dabei als einer der Vizepräsidenten der Kommission (Art. 18 Abs. 3

und 4 EUV). Dieser Doppel- bzw. Dreifachhut, den der Amtsträger tragen soll, ist ein fast schon idealtypischer Indikator des Ebenen- und Entscheidungsdilemmas, aus dem heraus die Herren der Verträge eine komplexe institutionelle Fusion vorgenommen haben. Zum Schutz gegen eine ungebührliche Stärkung dieser Position wird gleichzeitig in einer 13. Erklärung zur Schlussakte der Fortbestand der außenpolitischen Autonomie der Mitgliedstaaten betont (Regierungskonferenz 2008: 343), die sich auch im Festschreiben intergouvernementaler Verfahren niederschlägt – mit Einstimmigkeit im Rat als Regelfall, einer schwachen Position für Kommission und Parlament und keiner Zuständigkeit für den Gerichtshof (Art. 24 Abs. 1 EUV). Die Wahrnehmung dieses Amts wird so höchst schwierig werden (Avery 2007).

Gegenüber diesen neuen Ämtern stärkt der Lissabonner Vertrag aber auch die Rechte des Präsidenten der Kommission (Art. 17 Abs. 6 EUV) sowie dessen Legitimation durch die „Wahl" seitens des Europäischen Parlaments (Art. 14 Abs.°1). Eine ab 2014 einsetzende Verkleinerung der Kommission soll zudem die Handlungsfähigkeit dieser Institution verbessern.

Bei der unausweichlichen Auseinandersetzung um zentrale Führungsrollen darf der Ratsvorsitz als vierte Institution in diesem neu geschaffenen Führungsquartett nicht übersehen werden. Neben dem permanenten Präsidenten des Europäischen Rates bleibt im Rat das bisherige Rotationsprinzip mit einigen Änderungen bestehen – mit Ausnahme des Rats für Auswärtige Angelegenheiten. Nach einem in der 9. Erklärung zur Schlussakte zum Lissabonner Vertrag vorliegenden Entwurf eines Beschlusses soll eine Gruppe von jeweils drei Mitgliedstaaten eine Team-Präsidentschaft für einen Zeitraum von 18 Monaten wahrnehmen (Regierungskonferenz 2008: 341). Die Verteilung soll nach dem Prinzip der gleichberechtigten Rotation „unter Berücksichtigung ihrer Verschiedenheit und des geografischen Gleichgewichts innerhalb der Union" festgelegt werden.

Wurde mit Bezug auf die gegenwärtige Regelung in der kurzen Dauer des Vorsitzes ein Defizit hinsichtlich der Kontinuität der Zielsetzung über den Zeitraum des Vorsitzes hinaus identifiziert, stellt sich nun die Frage der Koordination *zwischen* den diversen Vorsitzen (CEPS / EGMONT / EPC 2007: 41 ff.). Dies gilt nicht zuletzt im Hinblick auf die Vorbereitung und Durchführung der Tagungen des Europäischen Rats, an der sowohl der Präsident desselben, als auch der Kommissionspräsident als Mitglieder sowie der Hohe Vertreter als Teilnehmer (Art. 15 Abs. 2 EUV) und die Team-Präsidentschaft über den Vorsitz des Rats für Allgemeine Angelegenheiten (Art. 16 Abs. 2 EUV) beteiligt sind.

Durch die Aufstellung des neuen Führungsquartetts wird die Aufgabenwahrnehmung zwar auf eine kontinuierlichere Basis gestellt, aber die Vertragsbestimmungen erhöhen gleichzeitig die Zahl der Akteure in Verantwortungspositionen. Nachteile bilden zumindest in den ersten Jahren die zu erwartende Verwirrung bezüglich Zuständigkeiten, Wettstreit um Einfluss und damit eine Verwässerung und Verwischung von Verantwortlichkeiten. Die Stärkung der einzelnen Positionen kann in der Summe zu einem ungeordneten Neben- und Gegeneinander innerhalb der institutionellen Architektur führen und so die Handlungsfähigkeit – entgegen den Absichten der Vertragsväter und -mütter – schwächen.

6 Die Neuordnung der Verfahren: Schritte zum Ausbau einer effizienten und legitimen (Gemeinschafts-)Methode

6.1 *Mehr europäische Demokratie? Ausbau der Beteiligungsrechte des Europäischen Parlaments und die Bürgerinitiative*

Deutlich feststellbar ist eine Ausweitung zentraler Verfahrensmodalitäten, die in der Regel der Gemeinschaftsmethode zugeschrieben werden. Wie die vergangenen Vertragsrevisionen wird auch der Lissabonner Vertrag die Aufgaben des Europäischen Parlaments ausbauen, dessen parlamentarische Funktionen stärken und somit die eigenständig europäische Legitimitätsdimension der Union verstärken. Er wertet die Rolle eines Organs auf, das außerhalb des direkten Einflussbereichs nationaler Regierungen liegt und dem eine besondere Bedeutung für die demokratische Legitimität europäischer Rechtsakte zugeschrieben wird (Pinder 2000, Leinen / Schönlau 2003). Von besonderer Bedeutung ist in diesem Zusammenhang der Ausbau der Legislativrechte des Parlaments (Abbildung 1). Das bisherige Mitentscheidungsverfahren, das dem EP dem Rat gleichgestellte Beteiligungsmöglichkeiten einräumt, wird nicht nur dem Begriff nach zum „ordentlichen Gesetzgebungsverfahren" (OGV), sondern auch der Zahl der Artikel nach zu einem Normalfall. Der Lissabonner Vertrag wird dieses Verfahren in 35 Entscheidungsfällen zusätzlich einführen und auf weitere zentrale Politikbereiche ausdehnen – so auf die Vorschriften zur Asyl- und Einwanderungspolitik sowie auf die Maßnahmen im Kampf gegen internationale Kriminalität und Terrorismus (CEPS / EGMONT / EPC 2007: 7). Es stellt so unter den Vertragsartikeln das mit Abstand am häufigsten anzuwendende einzelne Verfahren dar (in 80 von 256 Vorgaben mit Verfahrensbezug).

Abbildung 1: Entwicklung vertraglicher Beteiligungsrechte des Europäischen Parlaments

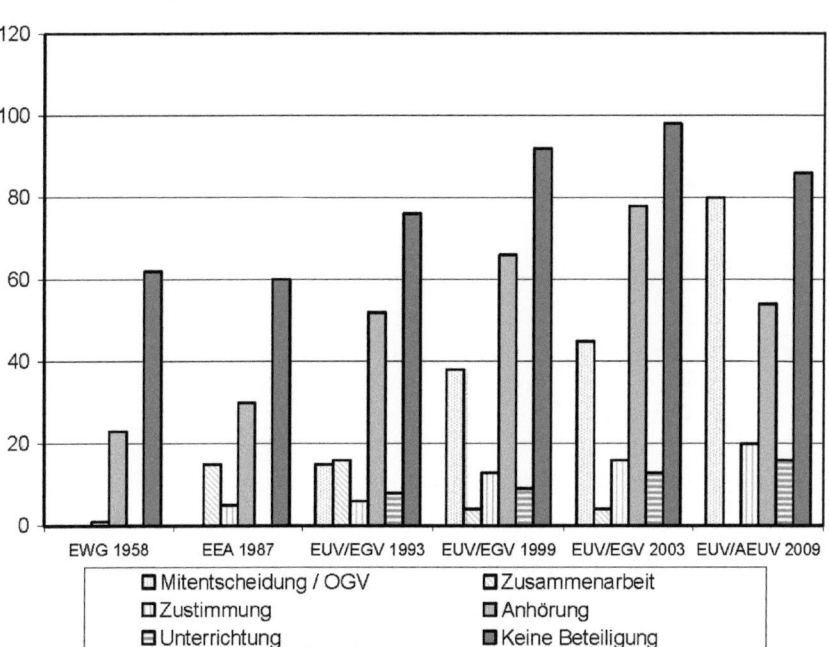

Quelle: eigene Darstellung aufbauend auf Wessels 2008: 124 und Maurer / Wessels 2003: 101.

Neben diesem Verfahren gewinnt im geschriebenen Text auch das Verfahren der Zustimmung an weiterer Bedeutung für Grundsatzentscheidungen. Auch im jährlichen Haushaltsverfahren, das der Lissabonner Vertrag – im Unterschied zu den gegenwärtig gültigen Vertragsartikeln – in wesentlichen Schritten dem ordentlichen Gesetzgebungsverfahren annähert, hat das Parlament an Rechten gewonnen.

Bezüglich der Wahlfunktion hat der Vertrag von Lissabon eindeutig die Rechte des EP festgeschrieben. Es „wählt den Präsidenten der Kommission" (Art. 14 Abs. 1 EUV) mit der „Mehrheit seiner Mitglieder" (Art. 17 Abs. 7), auch wenn das Initiativrecht für den Vorschlag beim Europäischen Rat verbleibt.

Auch im Bereich der Vertragsrevisionen weitet der Vertrag von Lissabon die bisher sehr spärlichen Beteiligungsrechte des Parlaments aus und richtet nun auch rechtlich gefasste Möglichkeiten zur Initiative und zur Vorbereitung von

Regierungskonferenzen im Bereich des ordentlichen und des vereinfachten Änderungsverfahrens ein (Art. 48 EUV). Durch seine Mitwirkung im einzuberufenden Konvent im Rahmen des ordentlichen Änderungsverfahrens ist das Parlament nun zusätzlich an der Ausformung der Vertragsänderungen beteiligt. Die endgültige Beschlussfassung in den Änderungsverfahren ist jedoch allein den Mitgliedstaaten und damit de facto dem Europäischen Rat vorbehalten. Der Lissabonner Vertrag bestätigt damit das Monopol der „Herren der Verträge" – und damit deren Souveränitätsreflex – durch dieses Letztentscheidungsrecht über die Kompetenzen („Kompetenz-Kompetenz") und die Verfahrensordnung der Union.

Neben dem Ausbau der Beteiligungsrechte des Europäischen Parlaments ist auch die Einführung einer „Bürgerinitiative" zur Verbesserung – eigenständig europäischer – demokratischer Legitimität näher zu diskutieren. Art. 11 Abs. 4 EUV erlaubt einer Anzahl von mindestens einer Million Unionsbürgern „aus einer erheblichen Anzahl von Mitgliedstaaten" die Kommission aufzufordern, Rechtsakte zur Umsetzung der Verträge zu initiieren. Obwohl diese Bestimmungen also eine Option direkter Partizipation schaffen, erscheint die Tragweite dieses direktdemokratischen Elements zunächst begrenzt. Die Kommission bleibt das Nadelöhr; ihr Initiativmonopol wird auch durch die Bürgerbeteiligung nicht umgangen. Es erscheint jedoch möglich, dass derartige Referenden – eventuell stärker als die politischen Parteien – zur Herausbildung eines „europäischen politischen Bewusstseins" und zum „Ausdruck des Willens der Bürgerinnen und Bürger der Union" (Art. 10 Abs. 4 EUV) beitragen könnten.

6.2 Mehr Handlungsfähigkeit? Ausdehnung der Mehrheitsabstimmungen im Rat

Für die Entscheidungsmodalitäten des Rats bleibt zunächst festzuhalten, dass die Mitgliedstaaten im Lissabonner Vertrag die Anwendungsbereiche für eine Beschlussfassung nach den Regeln der qualifizierten Mehrheit im Rat gegenüber der Version von Nizza bedeutend ausdehnen (Abbildung 2). Unter den von dieser Ausweitung erfassten Politikbereichen ist insbesondere die Innen- und Justizpolitik zu nennen, wo das qualifizierte Mehrheitswahlverfahren künftig in 18 von 28 Anwendungsfällen zum Tragen kommt.

Abbildung 2:   Entwicklung der Entscheidungsarten im Rat 1952-2007

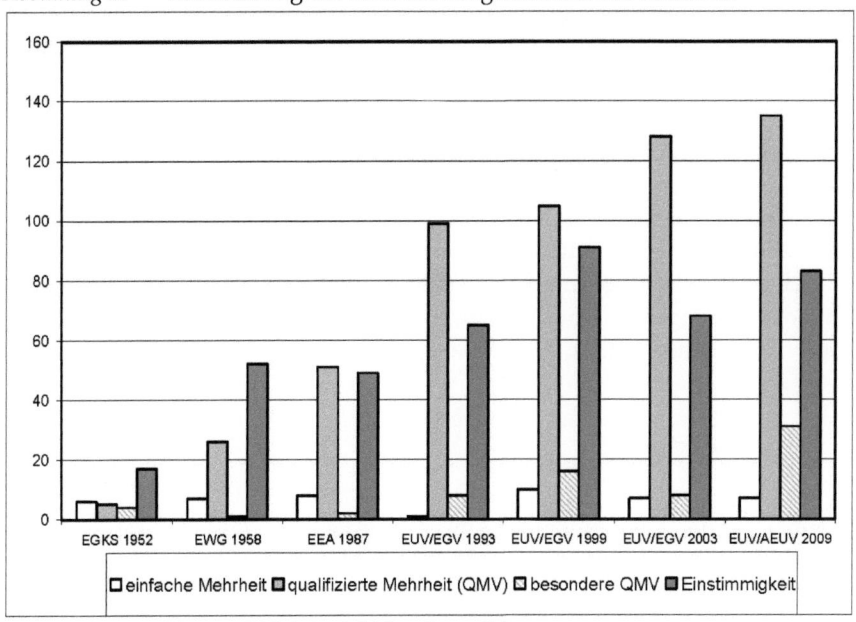

Zur besonderen qualifizierten Mehrheit wird folgendes gezählt:

* die qualifizierte Mehrheit mit 72 Prozent der Mitglieder und 65 Prozent Bevölkerungsanteil, wenn Entscheidungen nicht auf Vorschlag der Kommission oder des Außenministers gefällt werden (Art. 238 Abs. 2 AEUV).
* qualifizierte Mehrheitsentscheidungen ausgenommen dem betroffenen Mitgliedstaat (qualifizierte Mehrheit minus 1)
* qualifizierte Mehrheitsentscheidungen, an denen nur eine Gruppe bestimmter Staaten beteiligt ist wie z.B. bei der verstärkten Zusammenarbeit oder bei Entscheidungen der Euro-Gruppe.

Quelle: eigene Berechnung aufbauend auf Wessels 2008: 195 und Maurer / Wessels 2003: 61.

Als Teil des Souveränitätsreflexes und des Letztentscheidungsvorbehalts haben sich die Mitgliedstaaten jedoch in zentralen Bereichen der Innen- und Justizpolitik (Art. 82 und 83 AEUV) sowie der Sozialpolitik (Art. 48 AEUV), für die der Lissabonner Vertrag ein Mehrheitsvotum einführt, Vetomöglichkeiten vorbehalten.

Im Falle der Bedrohung „wichtiger Aspekte (des) Systems der sozialen Sicherheit, insbesondere dessen Geltungsbereich, Kosten oder Finanzstruktur" (im Bereich der Sozialpolitik) oder „grundlegender Aspekte (der) Strafrechtsordnung" (im Bereich der Innen- und Justizpolitik) eines Mitgliedstaates durch einen vorgeschlagenen europäischen Rechtsakt kann ein solcher Einwand zu einer Suspendierung des Mehrheitswahlverfahrens und einer Überweisung an den

Europäischen Rat führen, der einstimmig entscheidet. Im Bereich der GASP wird eine solche Notbremse fortgeschrieben (Art. 31 Abs. 2 EUV).

Die geschilderten Vorbehalte erfahren ihrerseits wiederum Einschränkungen. Der Einspruch einzelner Mitgliedstaaten in den genannten Bereichen kann demnach – so in der Innen- und Justizpolitik – von anderen Mitgliedstaaten zur Einleitung einer „verstärkten Zusammenarbeit" genutzt werden.[3] „Notbremse" und „Gashebel" sind somit eng verknüpft.

Zusätzlich bietet der Vertrag von Lissabon – wie auch schon seine Vorgänger – durch sogenannte Brückenregelungen („Passerelle-Klauseln") die Möglichkeit, eine Effizienzsteigerung der Verfahren durch die Einführung von Mehrheitsentscheidungen in Bereichen zu erreichen, in denen laut Vertrag Einstimmigkeit vorgesehen ist (Art. 48 EUV Abs. 7).

6.3 Einschränkungen und Variationen des Letztentscheidungs-vorbehalts? Die Regelungen zur qualifizierten Mehrheit im Rat

Während bei der Ausweitung der Anwendungsbereiche des qualifizierten Mehrheitswahlverfahrens im Unterschied zu vorangegangenen Regierungskonferenzen wenige Konflikte auftraten, erwiesen sich die Regeln für Mehrheitsabstimmungen im Rat als zentrale Kontoverse im Vorfeld der politischen Einigung zum Lissabonner Vertrag.

Im Zentrum der Auseinandersetzung stand die Suche nach einem Ausgleich zwischen der Effizienzsuche in der Beschlussfähigkeit des Organs und der Absicherung nationaler Letztentscheidungsvorbehalte.

Nach zähem Ringen einigte man sich schließlich auf eine Übernahme einer „doppelten Mehrheit", die die Bestimmungen des Verfassungsvertrags aufgreift. Als Kompromiss wurde jedoch beschlossen, die Einführung der doppelten Mehrheit bis zum 1. November 2014 hinauszuschieben (Art. 16 Abs. 4 EUV). Bis dahin gelten die Bestimmungen des Vertrags von Nizza mitsamt seinen gewichteten Stimmen und dem dreifachen Quorum (Tabelle 3).

Für einen Übergangszeitraum vom 1. November 2014 bis zum 31. März 2017 räumt das „Protokoll über die Übergangsbestimmungen" zudem die Möglichkeit ein, auf Antrag eines Mitgliedstaates weiterhin nach den Regeln von Nizza abzustimmen. Damit besteht für diesen Zeitraum von zweieinhalb Jahren eine Art Reserveoption.

---

[3] Siehe dazu auch den Beitrag von Janis Emmanouilidis in diesem Band.

Die doppelte Mehrheit setzt für das Zustandekommen eines Rechtsakts die Zustimmung von mindestens 55 Prozent der Mitglieder des Rats voraus, gebildet aus mindestens 15 Mitgliedern[4], sofern die von diesen vertretenen Mitgliedstaaten zusammen mindestens 65 Prozent der Bevölkerung der Union ausmachen (Art. 16 Abs. 4 EUV). Als eine Konzession an die bevölkerungsarmen Mitgliedstaaten setzt der zweite Unterabsatz voraus, dass für die Bildung einer Sperrminorität mindestens vier Mitglieder des Rates notwendig sind (das heißt also nicht nur drei große Mitgliedstaaten, die zusammen mehr als 35 Prozent der Bevölkerung repräsentieren) – andernfalls gilt die qualifizierte Mehrheit als erreicht. Dieses letzte Kriterium verleitet einige Kommentatoren dazu, hier eher von einer „dreifachen Mehrheit" zu sprechen (CEPS / EGMONT / EPC 2007: 63).

Analog zu den bestehenden Regelungen gilt zudem ein erhöhtes Quorum für diejenigen Rechtsakte, die nicht auf Vorschlag der Kommission oder des Hohen Vertreters zustande kommen. In diesen in 13 Vertragsartikeln vorgesehenen Fällen ist eine Zustimmung von 72 Prozent der Mitgliedstaaten bei gleichbleibendem Bevölkerungsquorum für eine Verabschiedung des Rechtsakts vonnöten.

Tabelle 3: Bestimmungen über die qualifizierte Mehrheit nach Nizza und Lissabon

Vertrag von Nizza (EU 27)	Vertrag von Lissabon
▪ Mehrheit der Mitgliedstaaten	▪ 55 Prozent der Mitgliedstaaten (mindestens 15)
▪ 255 der insgesamt 345 gewogenen Stimmen (ca. 74 Prozent)	▪ 65 Prozent der Bevölkerung
▪ 62 Prozent der Gesamtbevölkerung der Union (*Prüfung auf Antrag eines Mitgliedstaats*)	▪ Sperrminorität: mindestens vier Mitgliedstaaten

Quelle: eigene Darstellung.

Zur Ermöglichung eines Kompromisses sieht der Vertrag von Lissabon – insbesondere auf Drängen der polnischen Regierung – zudem in einer den so genannten Kompromiss von Ioannina (Rat der Europäischen Union 1994) aufgreifenden 7. Erklärung zur Schlussakte (Regierungskonferenz 2008: 338 ff.) die Möglichkeit einer Form des suspensiven Vetos vor. Nach dieser Formel können Mitglieder

---

[4] Dieser eigentlich überflüssige Zusatz ist wohl der Verhinderung mathematischer Spitzfindigkeiten geschuldet. Relevant könnte er im Falle eines nun legal möglichen Austritts eines Mitgliedstaates werden.

des Rates für die Übergangsperiode vom 1. November 2014 bis zum 31. März 2017 den Rat zu weitergehenden Verhandlungen auffordern, falls sie mindestens drei Viertel der Bevölkerung oder mindestens drei Viertel der Mitgliedstaaten vertreten, die für die Bildung einer Sperrminorität erforderlich sind. Der Rat soll laut 7. Erklärung zur Schlussakte „alles in seiner Macht Stehende" tun, um innerhalb einer „angemessenen Zeit" und unter Beachtung der vertraglich vorgesehenen zwingenden Fristen eine zufriedenstellende Lösung zu finden (Regierungskonferenz 2008: 338 ff.). Als Kompensation für den Wegfall der Reserveoption ab dem 1. April 2017 soll der Schwellenwert ab diesem Zeitpunkt dauerhaft auf 55 Prozent der Mitgliedstaten beziehungsweise 55 Prozent der Bevölkerung, die für die Bildung einer Sperrminorität erforderlich sind, gesenkt werden. Tabelle 4 präsentiert einen Überblick über die Kriterien der qualifizierten Mehrheit, die im Falle der Ratifikation des Lissabonner Vertrags sukzessive in Kraft treten werden und fasst den Ablauf der Regeländerungen zusammen.

Bei der Bewertung dieser Regelungen ist eine gewisse Nüchternheit geboten. Der verbesserten Handlungsfähigkeit des Rates (und damit der Union insgesamt) kommt in erster Linie die Ausweitung der Anwendungsfälle der qualifizierten Mehrheit zugute. Dieses Entscheidungsverfahren setzt – ungeachtet seiner spezifischen Regelungen – die Verhandlungen im Rat einer Dynamik aus, die die Beschlussfassung erleichtert (Hayes-Renshaw / Wallace 2006). Wo es angewandt wird, kann sich kein Mitgliedstaat darauf verlassen, seine Interessen durch Ausübung eines Vetorechts zu wahren.

Zunächst ist festzustellen, dass die qualifizierte Mehrheitswahl ein normales Phänomen im Leben des Rats darstellt, also vom Rat tatsächlich praktiziert wird. Entgegen der häufig geäußerten Darstellung, Konsens stelle im Rat die „angemessene" (March / Olsen 2004) Verhaltensnorm dar und verdränge daher die Relevanz von vertraglich vorgesehenen Mehrheitsentscheidungen, belegen empirische Studien die Akzeptanz der qualifizierten Mehrheitswahl. Von 2002 bis 2006 wurde demnach in 10 bis 22 Prozent der möglichen Fälle im Rat tatsächlich abgestimmt (Hagemann / Clerck-Sachsse 2007: 13). Die Verhaltensmuster von Ministern und Beamten mögen zwar eine deutliche Neigung zur Konsenssuche zeigen, sie wird jedoch durch das Risiko einer möglichen Überstimmung dynamisiert: Verhandlungen im Rat stehen – bei entsprechenden Vertragsregeln – nach Aussagen von beteiligten Akteuren immer im „Schatten" möglicher Abstimmungen (Hayes-Renshaw / Wallace 2006: 259).

Tabelle 4:   Vertragsregelungen zur Bestimmung der qualifizierten Mehrheit

Zeitablauf	Vertragsregelung
gegen-wärtig	Berechnung nach den Regelungen von *Nizza* (Artikel 205 EGV)
01. 01.2009	Berechnung nach den Regelungen von *Nizza* (Protokoll über die Übergangsbestim-mungen, Art. 3 Abs. 3)
01.11.2014	Berechnung nach der *doppelten Mehrheit* von Lissabon (Art. 16 Abs. 4 EUV)
	Auf Antrag eines Mitgliedstaats: Berechnung nach den Regelungen von *Nizza* (Proto-koll über die Übergangsbestimmungen, Art. 3 Abs. 2)
	Suspensives Veto (Beschluss des Rates über die Anwendung des Art. 16 Abs. 4 EUV, Art. 1) – 33,75 Prozent der Mitgliedstaaten (drei Viertel der Sperrminorität): 10 Mit-gliedstaaten, *oder* – 26,25 Prozent der Bevölkerung (drei Viertel der Sperrminorität): ca. 128 Mio.
01.04.2017	Berechnung nach der *doppelten Mehrheit* von Lissabon (Art. 16 Abs. 4 EUV)
	Suspensives Veto (Beschluss des Rates über die Anwendung des Art. 16 Abs 4 EUV, Art. 4): – 24,75 Prozent der Mitgliedstaaten (55 Prozent der Sperrminorität): 7 Mitglied-staaten, *oder* – 19,25 Prozent der Bevölkerung (55 Prozent der Sperrminorität): ca. 94 Mio.

Quelle: eigene Darstellung

Die Einschätzung über die Auswirkungen der neuen Bestimmungen auf die Handlungsfähigkeit des Rats variieren. Manche Analysen sehen in dem Senken der Schwelle für Mehrheitsbeschlüsse einen Gewinn an Entscheidungseffizienz, rechtlicher Sicherheit und demokratischer Verantwortlichkeit (CEPS / EGMONT / EPC 2007: 66). Dagegen lässt eine Auflistung möglicher Koalitionen für gestal-tende Mehrheiten beziehungsweise für Sperrminoritäten keine wesentliche Ver-besserung der Handlungsfähigkeit des Rats erkennen (Tabelle 5). Lediglich ge-ringfügige Veränderungen gegenüber dem gegenwärtig gültigen Regelwerk sind ersichtlich, so etwa der Verlust der Sperrminorität für die 2004 und 2007 beigetre-tenen Mitgliedstaaten und für die Ostseeanrainer. Auch weiterhin stellen die 23 kleinsten Mitgliedstaaten keine gestaltende Mehrheit, die größten 14 verlieren zudem aufgrund des neuen Staatenquorums ihre Gestaltungsmehrheit, obwohl sie 90 Prozent der Unionsbevölkerung stellen. Entgegen anders lautenden Bewertungen ist demnach in den neuen Regelungen weder eine Dominanz des Bevölkerungsquorums noch ein Übergewicht des Staatenkriteriums zu erkennen. Angesichts dieser Ergebnisse ist auch die häufig vorgenommene Analyse der Veränderungen in der jeweiligen relativen Entscheidungsmacht einzelner Staaten als wenig bedeutsam einzustufen (CEPS / EGMONT / EPC 2007: 67 ff.).

Tabelle 5: Koalitionen für qualifizierte Mehrheiten und Sperrminoritäten (EU 27)

	Zahl der Staaten	*Bevölkerungs-quote EU-27 (in Prozent)*	*gewogene Stimmen*	*gestaltende Mehrheit*		*Sperrminorität*	
				Nizza	*Lissabon*	*Nizza*	*Lissa-bon*
EU-6	6	46,77	116	Nein	Nein	Ja	Ja
EU-9	9	61,06	159	Nein	Nein	Ja	Ja
EU-12	12	74,50	210	Nein	Nein	Ja	Ja
EU-15	15	79,10	237	**Nein**	**Ja**	Ja	Ja
NATO-Staaten	21	94,30	304	Ja	Ja	Ja	Ja
3 größte MS	3	41,57	87	Nein	Nein	Ja/Nein*	Nein
14 größte MS	14	90.49	267	Ja	Nein	Ja	Ja
23 kleinste MS	23	46,51	229	Nein	Nein	Ja	Ja
EURO-Gruppe	15	64,60	202	Nein	Nein	Ja	Ja
Mittelmeerraum	7	38,01	116	Nein	Nein	Ja	Ja
Ostseeanrainer	8	30,02	95	Nein	Nein	Ja	Nein
Beitrittsländer 2004/2007	12	20,9	108	Nein	Nein	Ja	Nein
*alte Nettozahler***	11	64,8	179	Nein	Nein	Ja	Ja

* abhängig von einem Antrag auf Überprüfung des Anteils der Gesamtbevölkerung.
** Stand 2005/EU-25, Quelle: Eurostat 2006.
Quelle: eigene Berechnungen. Bevölkerungszahlen laut Eurostat–Schätzung für 01.01.2008.

6.4 Mehr abgeleitete Demokratie? Der Ausbau der Rechte nationaler Parlamente

Die möglichen Spannungen und Widersprüchlichkeiten des dreifachen Dilemmas schlagen sich erneut und nachhaltiger als in den bisherigen Vertragswerken in der Stärkung der Rolle der nationalen Parlamente nieder (Art. 12 EUV), wodurch die über die Mitgliedstaaten vermittelte Legitimation der Union ausgebaut werden soll.

Neben einem umfassenderen Anspruch auf Unterrichtung wird den nationalen Abgeordneten eine Reihe von Einspruchsrechten eingeräumt.[5] Im Rahmen eines Frühwarnsystems haben die nationalen Parlamente bis zu acht Wochen nach Vorlage eines Entwurfs für einen Gesetzgebungsakt Zeit, eine begründete Stellungnahme hinsichtlich der Übereinstimmung des Entwurfs mit den Grundsätzen der Subsidiarität abzugeben. Übersteigt die Anzahl der negativen Stellungnahmen ein bestimmtes Quorum, muss der Entwurf „überprüft" werden. Dieses Quorum beträgt im Falle von Vorlagen beim ordentlichen Gesetzgebungsverfahren die Mehrheit, im Bereich der polizeilichen und justiziellen Zusammenarbeit in Strafsachen ein Viertel und in allen übrigen Fällen ein Drittel aller Parlamente bzw. Parlamentskammern. Das Erreichen derartiger Schwellenwerte hat jedoch nur aufschiebende Wirkung. Die für die Vorlage des Entwurfs zuständige Institution – im Regelfall die Kommission – kann nach Prüfung der Einwände beschließen, „an dem Entwurf festzuhalten, ihn zu ändern oder ihn zurückzuziehen." Hält die Kommission bei einem Gesetzgebungssakt im Rahmen des ordentlichen Gesetzgebungsverfahrens an ihrem gerügten Entwurf fest, können der Rat mit einer Mehrheit von 55 Prozent seiner Mitglieder oder das Parlament mit der Mehrheit der abgegebenen Stimmen den Entwurf verwerfen. Die für die Ablehnung notwendigen Quoren führen innerhalb der EU-Architektur keine qualitativ neuen Verfahrensformen ein, da sie den Sperrminoritäten im Rechtsetzungsprozess weitgehend entsprechen.

Von nachhaltiger Relevanz könnte sich jedoch die Zuständigkeit des Gerichtshofs für die Befolgung des „Protokolls über die Anwendung der Grundsätze der Subsidiarität und der Verhältnismäßigkeit" erweisen (CEPS / EGMONT / EPC 2007: 85 f.). Nach dessen Art. 8 kann eine Klage wegen eines vermeintlichen

---

[5] Protokoll über die Rolle der nationalen Parlamente in der Union, in: Amtsblatt der Europäischen Union, 16.12.2004, S. 204 ff.; Protokoll über die Anwendung der Grundsätze der Subsidiarität und der Verhältnismäßigkeit, in: Amtsblatt der Europäischen Union, 16.12.2004, S. 207 ff.

Verstoßes gegen das Subsidiaritätsprinzip dem Gerichtshof „von einem Mitgliedstaat im Namen seines nationalen Parlaments oder einer Kammer dieses Parlaments übermittelt werden." Die Umsetzung dieser Vorgabe in der Bundesrepublik ermöglicht gemäß eines bereits beschlossenen, jedoch aufgrund einer anhängigen Verfassungsklage in Karlsruhe noch nicht verkündeten Gesetzes einem Viertel der Abgeordneten des Bundestages, eine derartige Subsidiaritätsklage einzuleiten. Der EuGH könnte so zum „Partner" einer Minderheit von nationalen Abgeordneten werden, die sich gegen eine qualifizierte Mehrheit der mitgliedstaatlichen Regierungen und der Abgeordneten des Europäischen Parlaments wenden.

7   Eine abschließende Antwort auf konstitutionelle Grundfragen?

Die Übersicht über die Kompetenzordnung, die institutionelle Architektur und die Verfahrensordnung der Union nach dem Vertrag von Lissabon hat die Schwierigkeiten der Mitgliedstaaten verdeutlicht, die gestiegenen legitimatorischen Anforderungen der Gemeinschaftspolitik mit der Wahrung nationalstaatlicher Souveränität unter einen Hut zu bringen. Ungeachtet des Schicksals des Vertragswerks bilden die jetzt vorliegenden Lösungen relevante Ausgangspunkte der künftigen Debatte um die konstitutionelle Fortentwicklung der Union, die sich den hier aufgeworfenen Grundfragen weiter stellen muss.

Das gegenwärtige Resultat ist erneut – wie nicht anders zu erwarten – gezeichnet von einer Kompromiss und Konsens ermöglichenden Komplexität. Die Komplexität des Textes ist dabei nicht redaktioneller Nachlässigkeit geschuldet, sondern dokumentiert die mühsame Suche nach politisch gangbaren Formulierungen. Das Ausbalancieren von Interessengegensätzen führt – wie bei allen Verfassungen föderaler Systeme – notwendigerweise zu Mehrdeutigkeiten, deren Tragfähigkeit sich erst in der gelebten Praxis erweisen wird.

An diesem Befund knüpft sich die eingangs gestellte Frage, ob die gefundenen Lösungen angesichts dieser mangelnden Struktur selbst im Falle der erfolgreichen Ratifikation von Dauer sein können. Bieten sie eine Grundlage, das geschilderte dreifache Dilemma der Integrationspolitik zu beheben? Je nach Betrachtungsperspektive gelangt man hier zu unterschiedlichen Bewertungen. Auf kurze Sicht lassen eine Reihe von Veränderungen des Regelwerks ein Mehr an Handlungsfähigkeit sowie demokratischer Mitwirkung und Kontrolle erwarten. Ob und wie die Institutionen und Verfahren auf die neuen Regeln reagieren, wird sich im Laufe einer Erprobungsphase herausstellen. Die Akteure werden vertraglich angelegte Spannungsfelder ausloten und die konkurrierenden Anforderungen in ein neues institutionelles Gleichgewicht zu überführen suchen. Die Hoffnungen der politischen Akteure dürften in erster Linie darin bestehen, die Institutionendebatte, die die Agenda der Vertragsreform im letzten Jahrzehnt dominiert hat, hinter sich zu lassen, um die Aufmerksamkeit stärker den inhaltlichen Fragen der Politikgestaltung zuzuwenden. Im Vordergrund steht der Wunsch nach einem „Europa der Projekte", wie er zuletzt u.a. vom amtierenden Kommissionspräsidenten Barroso ausgedrückt worden ist.

Betrachtet aus einer mittelfristigen Perspektive erscheint die Dauerhaftigkeit der Antworten des Lissabonner Vertrags auf das dreifache Dilemma fragwürdiger. Die Suche nach der optimalen Problemlösungsebene, den adäquaten Entscheidungsfindungsmechanismen und der legitimatorischen Basis wird unter dem Eindruck sich wandelnder externer und interner Kontextfaktoren (Rohstoffknappheit, Klimawandel, alternde Gesellschaft, Migration u.a.) zweifellos weitergehen. Neue oder sich verschärfende Probleme könnten die Frage nach der institutionellen Tragfähigkeit des Integrationskonstrukts schon bald wieder aufwerfen (ganz abgesehen davon, dass europäische Lösungen für globale Probleme ohnehin nicht mehr ausreichen).

Vollends grotesk mutet die Vorstellung einer stabilen konstitutionellen Lösung an, wenn man sie in einer langfristigen Perspektive betrachtet. Mit dem Vertrag von Lissabon ist eine gründliche Neujustierung des EU-Regierungssystems erfolgt, die sämtliche Ebenen der Politikgestaltung erfasst und zentrale Aspekte des demokratischen, nationalen Wohlfahrtsstaats berührt. Insofern markiert er eine weitere Etappe in der schrittweisen Transformation der Staatlichkeit in Europa. Eine Selbstverständigung der Regierenden und Regierten auf den Charakter des Integrationskonstrukts ist damit aber noch lange nicht erreicht. Auch wenn das „Verfassungskonzept" vom Europäischen Rat „aufgegeben" wird (Europäischer Rat 2007a: Ziffer 1), bleibt die Frage nach der Finalität des Integrationsprozesses im Raum, die eines solchen Fluchtpunktes offenbar bedarf. „Die Funktion des Verfassungstopos" erweist sich als „zeitlos auch im europäischen Kontext" (Müller-Graff 2007: 236). Früher oder später wird das Thema die EU von daher wieder einholen.

Literatur

Avery, Graham (2007): The New Architecture for EU Foreign Policy, in: European Policy Centre (Hg.): The People's Project?, Brüssel, S. 17-25.

Bartolini, Stefano (2005): Restructuring Europe. Centre Formation, System Building and Political Structuring between the Nation State and the EU, Oxford.

Braudel, Fernand (1980): On History, Chicago.

CEPS / EGMONT / EPC (2007): The Treaty of Lisbon. Implementing the Institutional Innovations. Joint Study, Brüssel.

Christiansen, Thomas (1998): Bringing Process Back in: The longue durée of European Integration, in: Journal of European Integration 21 (1), S. 99-121.

Europäischer Rat (2007a): Mandat für die Regierungskonferenz, 11218/07 POLGEN 74 23.06.2007, Brüssel.

Europäischer Rat (2007b): Schlussfolgerungen des Vorsitzes, 16616/1/07 REV 1 CONCL 3, 14.12.2007, Brüssel.

Europäischer Rat (2007c): Schlussfolgerungen des Vorsitzes, 11177/1/07 REV 1 CONCL 1, 21./22.06.2007, Brüssel.

Europäischer Rat (2001): Erklärung von Laeken zur Zukunft der Europäischen Union, 15.12.2001.

Goosmann, Timo (2007): Die „Berliner Erklärung" – Dokument europäischer Identität oder pragmatischer Zwischenschritt zum Reformvertrag?, in: Integration 30 (3), S. 251-263.

Hagemann, Sara / Julia De Clerck-Sachsse (2007): Old Rules, New Game. Decision-Making in the Council of Ministers after the 2004 Enlargement, CEPS Special Report, Brüssel.

Hallstein, Walter (1979): Die Europäische Gemeinschaft, 5. Aufl., Düsseldorf.

Hayes-Renshaw, Fiona / Helene Wallace (2006): The Council of Ministers, 2. Aufl., Houndmills.

Hesse, Konrad (1962): Der unitarische Bundesstaat, Karlsruhe.

Hofmann, Andreas / Wolfgang Wessels (2008): Der Vertrag von Lissabon – eine tragfähige und abschließende Antwort auf konstitutionelle Grundfragen?, in: Integration 31 (1), S. 3-20.

Höreth, Marcus / Jared Sonnicksen (2008): Making and Breaking Promises. The European Union under the Treaty of Lisbon, ZEI Discussion Paper C181, Bonn.

Hrbek, Rudolf / Wolfgang Wessels (1984): Das EG-System als Problemlösungsebene und Handlungsrahmen, in: dies. (Hg.): EG-Mitgliedschaft: ein vitales Interesse der Bundesrepublik Deutschland?, Bonn, S. 501-542.

Ipsen, Hans-Peter (1972): Europäisches Gemeinschaftsrecht, Tübingen.

Leinen, Jo / Justus Schönlau (2003): Auf dem Weg zur europäischen Demokratie – Politische Parteien auf EU-Ebene: neueste Entwicklungen, in: Integration 26 (3), S. 218-227.

Lequesne, Christian (2007): Towards a New Institutional Balance?, in: European Policy Centre (Hg.): The People's Project?, Brüssel, S. 10-16.

March, James G. / Johan P. Olsen (2004): The Logic of Appropriateness, ARENA Working Papers WP 04/09, Oslo.

Maurer, Andreas / Wolfgang Wessels (2003): Das Europäische Parlament nach Amsterdam und Nizza: Akteur, Arena oder Alibi?, Baden-Baden.

Mayer, Franz C. (2005): Europa als Rechtsgemeinschaft, in: Gunnar Folke Schuppert / Ingolf Pernice / Ulrich Haltern (Hg.): Europawissenschaften, Baden-Baden, S. 429-488.

Müller-Graff, Peter-Christian (2007): Die Zukunft des europäischen Verfassungstopos und Primärrechts nach der deutschen Ratspräsidentschaft, in: Integration 30 (3), S. 223-237.

Pinder, John (2000): Steps Towards a Parliamentary Democracy for Europe: The Development of the European Parliament from the Seventies to the Nineties, in: Fritz Breuss / Gerhart Fink / Stefan Griller (Hg.): Vom Schuman-Plan zum Vertrag von Amsterdam, Wien / New York, S. 193-227.

Quermonne, Jean-Louis (1992): Trois lectures du traité de Maastricht: essai d'analyse comparative, in: Revue française de science politique 42 (5), S. 802-818.

Rat der Europäischen Union (1994): Beschluss des Rates vom 29. März über die Beschlussfassung des Rates mit qualifizierter Mehrheit, Ioannina.

Regierungskonferenz (2008): Erklärungen zur Schlussakte der Regierungskonferenz, die den am 13. Dezember 2007 unterzeichneten Vertrag von Lissabon angenommen hat, Brüssel, Amtsblatt der Europäischen Union, C 115, S. 335-359.

Scharpf, Fritz W. (1985): Die Politikverflechtungs-Falle. Europäische Integration und deutscher Föderalismus im Vergleich, in: Politische Vierteljahresschrift 26 (4), S. 323-356.

Streinz, Rudolf (2003): Europarecht, 6. Aufl., Heidelberg.

Wessels, Wolfgang (2005a): The Constitutional Treaty. Three Readings from a Fusion Perspective, in: Journal of Common Market Studies 43 (1), S. 11-36.

Wessels, Wolfgang (2005b): Die institutionelle Architektur des Verfassungsvertrags: Ein Meilenstein in der Integrationskonstruktion, in: Mathias Jopp / Saskia Matl (Hg.): Der Vertrag über eine Verfassung für Europa, Baden-Baden, S. 45-85.

Wessels, Wolfgang (2008): Das politische System der Europäischen Union, Wiesbaden.

II. Institutionen und europäisches Regieren

Jenseits des Regulationsstaates. Warum die Europäische Union mehr politischen Wettbewerb braucht[*]

Simon Hix

1 Einleitung

Endlich ein wenig Politik in der EU! Jahrzehntelang kam es den politischen Führern Europas gelegen so zu tun, als gebe es in Brüssel keine Politik. Entweder wollten sie nicht zugeben, dass sie in den politischen Debatten manchmal auf der Verliererseite standen, oder sie befürchteten, dass bestimmte Diskussionen die Unterstützung der EU weiter untergraben würden. Nachdem jedoch der Verfassungsprozess ins Stocken geraten ist, scheinen sich die Fronten zu klären: Auf der einen Seite stehen die sogenannten „Neoliberalen", die vom Präsidenten der Kommission, José Manuel Barroso, angeführt werden. Sie werden von einigen Schwergewichten in der Kommission, einem Teil der im Europäischen Rat versammelten nationalen Regierungen und der größten Fraktion im EP – der Europäischen Volkspartei – unterstützt. Auf der anderen Seite befinden sich die Protagonisten eines „sozialen" Europas, die von den beiden politischen Lagern in Frankreich repräsentiert werden. Diese finden Rückhalt bei einer Minderheit der Kommissionsmitglieder, einer oder zwei Regierungen im Rat, den meisten Sozialisten und Grünen im EP sowie den organisierten Arbeitnehmerinteressen.

Solche Spannungen sind genau das, was Europa braucht. Viel zu lange wurde die EU von echten politischen Debatten abgeschirmt. Es mag sinnvoll gewesen sein, dass man unabhängige Institutionen eingesetzt hat, um die grundlegenden wirtschaftlichen und politischen Weichenstellungen für die EU vorzunehmen – die Einrichtung und Regulierung des gemeinsamen Marktes und die

---

[*] Zuerst erschienen als Notre Europe Policy Paper No. 19, Paris 2006. Verwendung mit freundlicher Genehmigung des Autors und des Verlags. Übersetzung von Christoph Bartmann, Romy Hennemann und Frank Decker.

Koordination der nationalen Politiken, die dessen Funktionsweise beeinflussen. Nun, da diese Strukturen geschaffen worden sind, sieht sich die EU jedoch zwei neuartigen Herausforderungen gegenüber.

Zum einen muss geklärt werden, wie der europaweite Markt ausgestaltet sein muss, um Arbeitsplätze zu schaffen, das Wachstum zu beschleunigen und die europäische Lebensweise zu bewahren. Dazu bedarf es Reformen des Arbeitsmarktes, des Dienstleistungssektors und der sozialen Sicherungssysteme, die schwierige Entscheidungen erwarten lassen. Diese sind ihrer Natur nach zutiefst politisch, da sie – zumindest kurzzeitig – Gewinner und Verlierer hervorbringen, die sich in den politischen Debatten verschiedenen Lagern anschließen werden. Zudem setzen die Entscheidungen politische Führungsqualitäten voraus, da sie innerhalb des Institutionensystems zumeist einen breiten Konsens erfordern.

Die zweite Herausforderung rührt aus dem Umstand, dass die öffentliche Zustimmung zur EU im letzten Jahrzehnt dramatisch gesunken ist. Wie Abbildung 1 zeigt, glauben derzeit nur noch rund die Hälfte der EU-Bürger, dass die EU-Mitgliedschaft des eigenen Landes eine „gute Sache" sei. Wenn dieser Trend im nächsten Jahrzehnt nicht gestoppt wird, ist die Überlebensfähigkeit der EU ernsthaft gefährdet. Ökonomische Reformen alleine werden nicht ausreichen, um die Zustimmung zu erhöhen. Die Gewinner solcher Reformen könnten sich für Europa stärker begeistern, doch würden sich die Verlierer im Gegenzug noch weiter abwenden. Es braucht einen Mechanismus, der es den europäischen Bürgern ermöglicht, politische Positionen zu identifizieren, in einer Debatte Partei zu ergreifen und heutige Verluste durch die Erwartung aufzuwiegen, dass sie morgen auf der Gewinnerseite des politischen Prozesses stehen werden. Dieses Ziel kann nur durch mehr Wettbewerb auf der europäischen Ebene erreicht werden, wobei aus dem Wettbewerb ein Mandat für den Politikwechsel hervorgehen muss.

Es geht also nicht um die Wahl zwischen einer Reform, die die politische Führungskraft und Effizienz der EU stärkt, oder einer Reform, die zu mehr Politik und Demokratie führt. Das eine funktioniert nicht ohne das andere. Ohne politischen Wettbewerb und die Bildung von Koalitionen wird es keine politischen Reformen geben. Eine verantwortliche und zugleich populäre Politik in der EU entsteht erst, wenn diese den Erwartungen und Interessen ihrer Bürger entsprechen kann.

Im folgenden möchte ich diese Ideen weiter ausführen. Im anschließenden zweiten Abschnitt werde ich erklären, warum Politik – gemeint sind ideologische Konflikte mit Gewinnern und Verlieren – in der EU notwendig ist und in Zukunft wahrscheinlich eine größere Rolle spielen wird. Im dritten Abschnitt soll gezeigt werden, warum ein stärkerer Parteienwettbewerb auf europäischer Ebene nicht nur unvermeidbar, sondern auch wünschenswert ist, um politischen Stillstand zu überwinden, Innovationen zu fördern und die Verantwortlichkeit und Legitimität der Gemeinschaft zu erhöhen. Im vierten Abschnitt werde ich deutlich machen, dass eine radikale Institutionenreform in der EU gar nicht nötig ist, weil diese schon heute über ein begrenztes Wettbewerbssystem verfügt. Wie im Rahmen dieses Systems Politik betrieben wird, erläutert Abschnitt fünf. Aus meiner Sicht liegt die Hauptaufgabe der EU darin, die Koordination zwischen den Institutionen zu verbessern und die politischen Streitfragen für den Bürger transparent zu machen. Entsprechend werde ich im sechsten Abschnitt ein paar behutsame Vorschläge unterbreiten. Diese sehen keine fundamentale Reform vor, setzen aber zumindest ein Bekenntnis seitens der politischen Führer zum politischen Wandel voraus.

Abbildung 1:   Prozentsatz der Bürger, die die EU-Mitgliedschaft ihres Landes für eine „gute Sache" halten

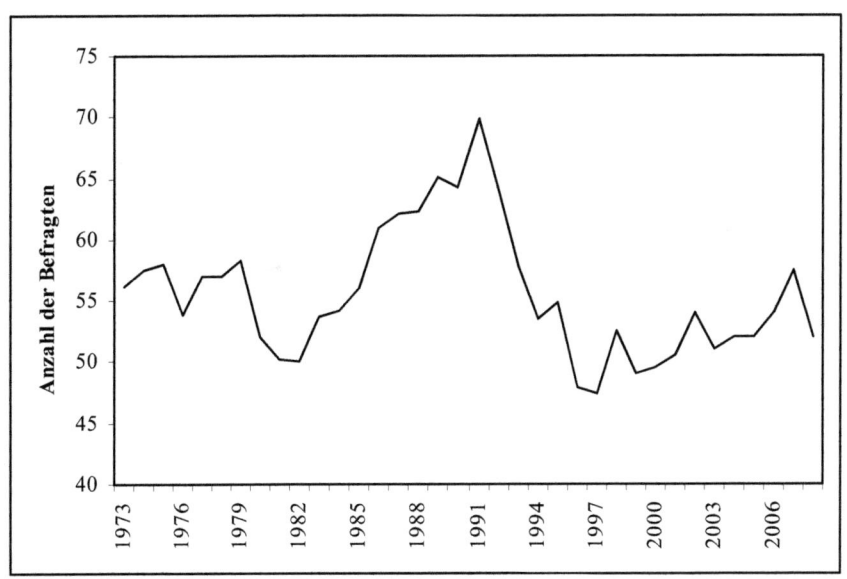

Quelle: Eurobarometer-Daten

2   Warum politischer Wettbewerb in der EU unabdingbar ist

In der Geschichte der europäischen Integration hat „Politik" im eigentlichen Sinne nur am Rande eine Rolle gespielt. Dies hängt zum Teil mit den Zielen der europäischen Gründerväter zusammen. Jean Monnet und seine Kollegen waren davon überzeugt, dass die Katastrophen des 20. Jahrhunderts ihre entscheidenden Wurzeln in nationalen Rivalitäten und ideologischen Konflikten hatten. Deshalb strebten sie auf der europäischen Ebene ein Regierungssystem an, das solche Konflikte vermeiden sollte. Ihr Modell sah zum einen vor, dass die politischen Entscheidungsprozesse von Technokraten beherrscht werden sollten und nicht von Abgeordneten oder einer gewählten Regierung. Zum anderen wollte man die Regeln der Entscheidungsfindung konsensuell ausgestalten, um offenen Auseinandersetzungen zu entgehen.

Auch in der zeitgenössischen Politikwissenschaft gibt es Stimmen, die diesem unpolitischen Regulationsansatz huldigen. Ihr führender Vertreter ist Giandomenico Majone (1996), der davon ausgeht, dass sich die Schaffung und Regulierung eines Marktes von Steuer- und Ausgabepolitiken grundlegend unterscheide. Regulative Politiken zielten darauf ab, Marktversagen zu korrigieren und seien somit der Gesellschaft als ganzes dienlich. So trügen z.B. Vorschriften zur Beschriftung und Verpackung von Produkten dazu bei, Informationsasymmetrien zwischen Produzenten und Konsumenten zu beseitigen, während Umweltvorschriften auf die Internalisierung negativer externer Effekte privatwirtschaftlicher Transaktionen abzielten (etwa bei der Regulierung von Autoabgasen, die auch Nicht-Automobilisten in Mitleidenschaft ziehen). Im Gegensatz dazu legten es Ausgabepolitiken in der Regel darauf an, Ressourcen zwischen verschiedenen gesellschaftlichen Gruppen umzuverteilen. Damit begünstigten sie die Herausbildung von Gewinnern und Verlierern.

Würde die Regulationspolitik von „majoritären" Institutionen betrieben, also von Parlamenten und gewählten Regierungen, könnten diese versucht sein, die Maßnahmen einseitig an den Interessen der eigenen Wählerklientel auszurichten. Den Anhängern des technokratischen Modells zufolge würde dies dem Ziel der unabhängigen Regulationspolitik zuwiderlaufen. Statt mögliche Marktungleichgewichte zu korrigieren, würde die Regulierung in den Dienst eines bestimmten ideologischen Ziels oder gesellschaftlichen Interesses gestellt. So könnten z.B. Umweltvorschriften den Interessen der Konsumenten oder der Produzenten in die Hände spielen, wenn sie von einer gewählten Regierung erlassen werden, statt die Interessen beider Seiten im Sinne des Gemeinwohls auszugleichen (wie es von einer unabhängigen Behörde zu erwarten wäre).

Majone spricht sich deshalb dafür aus, dass regulative Politik von unabhängigen Institutionen gemacht werden müsse. Seine Sichtweise ähnelt der Argumentation, die für die Unabhängigkeit der zentralen Notenbanken gewöhnlich ins Feld geführt wird. Diese soll die Regierungen daran hindern, die Geldpolitik für Maßnahmen der Konjunkturförderung vor den Wahlen zu missbrauchen. Nach derselben Logik sind unabhängige Gerichte besser geeignet als Regierungen oder Parlamente, die gesellschaftlichen und wirtschaftlichen Freiheitsrechte der Bürger zu schützen.

Die EU entspricht exakt dieser Logik, richtet sich doch der größte Teil ihrer Gesetzgebung auf die Schaffung und Regulierung des einheitlichen Binnenmarktes. Majone charakterisiert sie folgerichtig als Regulationsstaat, der sich von den „Wohlfahrtsstaaten" auf nationaler Ebene grundsätzlich unterscheide. Dass die Kommission (als wichtigster Regulator) dem politischen Wettbewerb enthoben ist, wird von Majone entsprechend begrüßt. Die Stimmbürger wählen ihre nationalen Parlamente, diese bestellen die Regierungen, die wiederum die Mitglieder der Kommission küren. Zwischen der Kommission und den europäischen Bürgern sind mithin mehrere Instanzen zwischengeschaltet.

Gäbe es in Europa eine „normale demokratische Politik", so würden die politischen Entscheidungen eher zugunsten bestimmter Mehrheiten getroffen werden. Statt eines Binnenmarkt-Programms, das die Deregulierung der nationalen Märkte durch gemeinsame ökonomische und soziale Standards auffängt, würde man dann wahrscheinlich ein neoliberales oder sozialistisches Integrationsprojekt verfolgen. Dies zöge auf der Verliererseite eine breite Opposition nach sich. Majone und anderen zufolge würde eine stärker politisierte EU aus diesem Grund das genaue Gegenteil von dem erreichen, was eigentlich beabsichtigt ist, nämlich die Legitimität der Gemeinschaft weiter untergraben (Dehousse 1995, Majone 2002, Moravcsik 2002).

Dennoch: Die Annahme, dass „regulative Politik" einfach nur das Allgemeinwohl fördere und weder Gewinner noch Verlierer hervorbringe, ist ein großer Trugschluss. In Wirklichkeit handelt es sich auch bei der regulativen Politik um ein Kontinuum, das von der ausschließlichen Gemeinwohlorientierung bis zur rein distributiven Politik reicht. In die erste Kategorie fallen z.B. technische Regulierungen wie Produktstandards oder Sicherheitsvorschriften, die den Verbraucher schützen. Danach folgen auf dem Kontinuum die Geld- und Wettbewerbspolitik. Hier dienen die unabhängigen Institutionen nicht primär der Korrektur des Marktversagens oder der Erzeugung eines Kollektivnutzens; vielmehr sollen sie der Verzerrung von Zeitpräferenzen entgegenwirken und dadurch ein Mindestmaß an Beständigkeit und Vertrauenswürdigkeit der Politik gewährleisten.

Weiter auf der Skala folgen diejenigen Politiken, die sich auf die Schaffung und Regulierung des Binnenmarktes beziehen. Ein größerer Wirtschaftsraum und harmonisierte nationale Standards, die die Integration der Märkte sichern, bringen der Allgemeinheit gewiss manche Vorteile. Soziale und umweltbezogene Regulierungen machen die Märkte effizienter, indem sie deren Mängel korrigieren. Die Ursachen des Marktversagens können z.b. in negativen Externalitäten der Produktion (Umweltverschmutzung), nachteiligen Handelsschranken oder asymmetrischen Vertragsbeziehungen liegen (Gesundheits- und Sicherheitsvorschriften am Arbeitsplatz).

Nichtsdestotrotz erzeugen die meisten regulativen Politiken in der EU unbeschadet ihrer Gemeinwohlorientierung handfeste Umverteilungswirkungen. Kleine Unternehmungen, die ausschließlich für den einheimischen Markt produzieren, sind die Verlierer der Handelsliberalisierung im gemeinsamen Binnenmarkt (Frieden / Rogowski 1996). Des weiteren sind es in der Regel die Produzenten, die die Kosten von Produktions- oder Umweltstandards zu tragen haben. Auf der anderen Seite profitieren manche Arbeitskräfte von regulativen Vorgaben der Sozialpolitik, etwa bei der Gleichbehandlung von Teilzeit- oder befristet Beschäftigten, während andere Gruppen (z.b. Arbeitslose) unter einem stärker regulierten Arbeitsmarkt zu leiden haben.

Selbst wenn man zugesteht, dass das technokratische Regulierungsmodell ein geeigneter Ansatz gewesen ist, um das Funktionieren des gemeinsamen Marktes sicherzustellen, so sieht sich die EU heute mit gänzlich anderen Herausforderungen konfrontiert. Die Reformen der Verträge in den achtziger und neunziger Jahren haben eine neue sozio-ökonomische und politische Architektur in Europa entstehen lassen. Es gibt einen kontinentalen Binnenmarkt, der auf europäischer Ebene reguliert wird, es gibt Steuer- und Ausgabepolitiken, die weiterhin im nationalen Rahmen betrieben werden, und es gibt nationale Politiken wie die Fiskal- und Asylpolitik, die sich auf die anderen Mitgliedstaaten auswirken und deshalb aufeinander abgestimmt werden müssen. Jetzt, da eine quasi-konstitutionelle Struktur in der EU existiert, stellt sich die Frage, was man mit dieser Struktur anfangen will. Soll der einheitliche Binnenmarkt liberalisiert oder stärker reguliert werden? Soll die makroökonomische und Geldpolitik eher klassisch oder keynesianisch ausgerichtet sein? Sollte man in der Zuwanderungspolitik eine offene oder restriktive Position vertreten? Die Schaffung des Binnenmarktes mag den meisten gesellschaftlichen Gruppen in der einen oder anderen Form genutzt haben (durch Größenvorteile und ein höheres Wirtschaftswachstum). Die politischen Fragen, die heute in der EU anstehen, werden demgegenüber beinahe unweigerlich zu Gewinnern und Verlieren führen – zumindest auf kurze Sicht. Die Theorie des Regulationsstaates zeigt gute Gründe auf, warum manche Politikfelder – etwa die Wettbewerbspolitik oder die Lebensmittelsicherheit – unabhängigen Behörden übertragen werden sollten. Für die meisten Bereiche der heutigen EU-Gesetzgebung greift diese Theorie allerdings nicht (mehr), da diese bereits heute Gewinner und Verlierer erzeugen und dies mit voranschreitendem Integrationsprozess in Zukunft noch sehr viel stärker tun werden. Es gibt keinen Grund, warum diese politische Gesetzgebung nicht den Regeln des demokratischen Wettbewerbs unterliegen sollte. Genau das Gegenteil ist der Fall. Die Existenz von Gewinnern und Verlieren führt im politischen Prozess zwangsläufig zu Konflikten. Politiken, die Gewinner und Verlierer hervorbringen, werden aber nicht unbedingt als legitim erachtet, wenn sie von einem unabhängigen Gremium getroffen werden, das sich in der Entscheidungsbildung von den Präferenzen der Entscheidungsbetroffenen abkoppelt. Stattdessen erfordern sie ein transparentes Verfahren, das den Politikern die Möglichkeit gibt, die Präferenzen ihrer Wählerschaft offen auszudrücken.

3 Argumente für mehr politischen Wettbewerb in der EU

3.1 Überwindung des Stillstandes

Die institutionelle Struktur der EU unterwirft die Kommission, die Ratsmehrheit und die Parlamentsmehrheit hohen Handlungsschranken. Dies macht die Umsetzung politischer Vorhaben von vornherein schwierig, wie ich im nächsten Abschnitt erläutern werde. Der Gesetzgebungsprozess ist besonders kompliziert, wenn bereits verabschiedete Gesetze verändert werden sollen. Stehen ganz neue Fragen zur Entscheidung an, zieht eine große Mehrheit der politischen Akteure (in der Kommission, im Rat und im Parlament) eine breite Palette möglicher Lösungen einer Nicht-Entscheidung normalerweise vor (wie es etwa bei der Schaffung des Binnenmarktes der Fall gewesen ist). Soll ein bereits beschlossenes Gesetz verändert werden, machen die komplizierten Entscheidungsstrukturen der EU das jedoch zu einem nahezu hoffnungslosen Unterfangen. Wenige Akteure reichen aus, um Reformvorhaben einer noch so großen Mehrheit zu Fall zu bringen. Im Rahmen des Mitentscheidungsverfahrens (dieses gilt in den Fragen, die den Binnenmarkt betreffen wie z.B. die Regulierung des Arbeitsmarktes) können Entscheidungen von einer Mehrheit der Kommission, einer Sperrminorität des Rates oder einer der großen Fraktionen im EP blockiert werden. Gilt das Einstimmigkeitsprinzip (wie bei Haushaltsfragen etwa im Bereich der Agrarausgaben), genügt sogar ein einziger Mitgliedstaat, um einen Beschluss des Rates zu vereiteln.

Würde man innerhalb und zwischen den Institutionen der EU mehr politischen Wettbewerb ermöglichen, ließen sich solche Blockaden leichter überwinden. Die Sozialdemokraten könnten z.b. gegen die Konservativen und Liberalen in Kommission, Rat und Parlament politisch Position beziehen. Sind die Schlachten erst einmal öffentlich und kann das Publikum erkennen, wer welche Position vertritt oder welcher Koalition angehört, würden die Kosten sehr hoch sein, wenn die Politiker von einer einmal getroffenen Festlegung wieder abrücken. Dadurch könnten die Koordination zwischen den Institutionen verbessert, Blockaden vermindert und die Entscheidungsfähigkeit des gesamten Systems erhöht werden.

Schon heute sind die führenden Vertreter der Mitgliedstaaten, die Parlamentsfraktionen und die Kommissare in gemeinsamen europäischen Parteien – wie der Europäischen Volkspartei (EVP) der Sozialdemokratischen Partei Europas (PSE) oder der Europäischen Liberalen, Demokratischen und Reformpartei (ELDR) – versammelt. Bei diesen handelt es sich jedoch um bloße Dachorganisationen, die keine nennenswerten Anreize entwickeln, die politischen Abläufe zwischen den Institutionen zu koordinieren. Ohne klare politische Fronten haben Wähler und Parteienvertreter keine Sanktionsmöglichkeit, wenn ein führender Politiker eines Mitgliedslandes ein transnationales Parteiabkommen unterzeichnet, in der Kommission, im Rat oder im Parlament davon aber später wieder Abstand nimmt. Würde es mehr politischen Wettbewerb geben, könnte er sich ein solches Verhalten nicht leisten. Dadurch würden die schon vorhandenen europäischen Parteienorganisationen gestärkt oder es zu einer Neuausrichtung dieser Organisationen und der Bildung neuer europaweit tätiger politischer Kräfte kommen.

3.2 Innovationen, Präferenzwandel und politische Themenverknüpfungen

Politischer Wettbewerb wirkt sich auch positiv auf die Politikgestaltung aus – und zwar in mehrerlei Hinsicht. Erstens fördern Anreize für unterschiedliche Politikkonzepte die Innovationskraft. Neue politische Ideen fallen natürlich nicht einfach vom Himmel. Manche Politiker sind von Natur aus begabt und glänzen mit brillanten Einfällen. Im allgemeinen sind unsere politischen Führungskräfte aber nicht innovationsbegabter als der Rest der Gesellschaft. Was sie über den Tellerrand hinausblicken lässt, ist die politische Auseinandersetzung. Im Scheinwerferlicht der Medien, unter politischem Handlungs- und Erfolgsdruck und in der direkten Konfrontation mit dem Gegner werden die Politiker zu innovativem Handeln regelrecht gezwungen. Darüber hinaus hält sie der Wettstreit an, ihre Konzepte klar zu formulieren und sie hinsichtlich ihrer Vereinbarkeit mit anderen politischen Zielen zu rechtfertigen. Wenn Europa also innovatives Gedankengut braucht, entsteht dieses eher durch politischen Wettbewerb als dadurch, dass man Technokraten von der Politik möglichst abschirmt.

Zweitens führen politische Debatten dazu, dass Bürger ihre Ansichten überdenken und gegebenenfalls verändern. Politikwissenschaftler sprechen in diesem Zusammenhang vom Präferenzwandel. In den meisten politischen Fragen sind die persönlichen Ansichten der Bürger in der Regel nur teilweise ausgebildet. Von den möglichen Konsequenzen eines Politikwechsels haben sie gewöhnlich nur eine begrenzte Ahnung. Entsprechend unsicher sind sie, wie ein bestimmter Vorschlag ihre eigenen Interessen tangieren könnte. Dies trifft insbesondere auf die komplizierten Fragen der Regulationspolitik zu, wenn es etwa um die Liberalisierung von Dienstleistungen oder des Arbeitsmarktes geht. Ohne eine offene politische Debatte könnten die Bürger hier durch Meinungsmacher in den Medien, populistische Parteien oder Aktivisten von Lobbygruppen leicht manipuliert werden. Gibt es eine solche Debatte zwischen den großen politischen Strömungen und deren Führungspersonen, so sind die Protagonisten gezwungen, ihre Positionen offenzulegen und ihre Gegner in den Medien und außerhalb der Mainstream-Politik anzugehen. Dies führt zu einem politischen Lernprozess, in dessen Verlauf die Ablehnung eines Vorschlags durch die Bürger in dezidierte Unterstützung umschlagen kann.

Die Diskussion um die Reform des Wohlfahrtsstaates in Deutschland liefert hierfür ein gutes Beispiel. In den späten neunziger Jahren gab es in der Bundesrepublik eine breite Opposition, die sich gegen jegliche Liberalisierung des Arbeitsmarktes und Reform des Rentensystems aussprach. Nach einer langen und intensiven Debatte zwischen den politischen Parteien, die im Bundestag wie in der Gesellschaft stattfand, kamen die Wähler mehrheitlich zu der Überzeugung, dass eine Reform tatsächlich unabwendbar sei. Ohne die Debatte hätten sie vermutlich an derselben ablehnenden Position festgehalten, die sie zehn Jahre zuvor vertreten hatten.

Nehmen wir die Diskussion um die sogenannte Dienstleistungsrichtlinie[1] in der EU als Beispiel. Als diese von der Kommission vorbereitet wurde, gab es eine breite Ablehnungsfront gegen die beabsichtigte Liberalisierung. Die Bürger wurden von Interessenvertretern und Zeitungen einseitig eingenommen, die Stimmung gegen das Vorhaben machten. Hätte eine offenere Debatte stattgefunden, wäre vermutlich deutlich geworden, dass die Konsequenzen der Richtline von den Gegnern völlig übertrieben dargestellt wurden. Dies gilt insbesondere mit Blick auf die befürchtete Vernichtung von Arbeitsplätzen. Die Debatte hätte also einen anderen Verlauf genommen und am Ende wahrscheinlich zu einem ausgewogeneren Kompromiss geführt.

Eine offenere politische Auseinandersetzung um ein Thema wie die Dienstleistungsrichtlinie würde die Politiker drittens dazu anhalten, die Konsequenzen ihrer Vorschläge hinsichtlich anderer politischer Maßnahmen zu beachten, also eine Verknüpfung verschiedener Themen vorzunehmen. Ohne eine Debatte wären der Anreiz, die Positionen über die unterschiedlichen Themenbereiche hinweg abzugleichen, vermutlich gering und die politischen Problemlösungen auf fahrlässige Weise voneinander separiert. Der Wettbewerb würde die rivalisierenden Parteien also nötigen, breitgefächerte Programme anzubieten, die Reformen in einem Bereich durch Maßnahmen in anderen Bereichen kompensatorisch auffangen. Die Dienstleistungsrichtlinie hätte man z.B. durch eine Reihe von flankiererenden Maßnahmen (wie Investitionen in Umschulung und Fortbildung) begleiten können, um die möglichen Negativfolgen der Marktliberalisierung ein Stückweit abzumildern.

---

[1] Der von Kommissar Fritz Bolkestein eingebrachte Kommissionsentwurf vom 13. Januar 2004 sah eine weitgehende Beseitigung von zwischenstaatlichen Hemmnissen für den freien Handel mit Dienstleistungen vor. Nach starken Protesten und einer zum Teil hochkontrovers geführten Debatte beschloss das EP zwei Jahre später ein von den beiden großen Fraktionen ausgehandeltes Kompromisspaket, das den ursprünglichen Entwurf in wesentlichen Teilen abänderte. Bereiche wie Gesundheit, Arbeitsschutz, Verkehr sowie das Arbeitskampf- und Sozialrecht wurden nun von der Richtlinie vollständig ausgenommen und der von der Kommission vorgesehene Vorrang vor anderen Rechtsvorschriften beim Internationalen Privatrecht und der Entsenderichtlinie in das Gegenteil verkehrt. Erhalten blieb dagegen das in der öffentlichen Debatte ebenfalls heftig umstrittene Herkunftslandprinzip, das im verabschiedeten Entwurf zwar nicht namentlich erwähnt wird, in der EU aber ohnehin geltendes Recht darstellt.

3.3 Verantwortlichkeit und Legitimität

Offene politische Debatten würden last but not least die Verantwortlichkeit und Legitimität der europäischen Politik erhöhen. Der Wettstreit zwischen rivalisierenden Eliten ist ein zentrales Merkmal der demokratischen Regierungsweise (Schumpeter 1950). Ein Wettbewerb darüber, wer die Kontrolle im Regierungsprozess übernehmen soll, hätte mindestens drei positive Nebeneffekte:

Erstens hilft der Wettbewerb den Bürgern zu verstehen, wer die politischen Protagonisten sind und welche Konsequenzen die Umsetzung der einen oder anderen Agenda für sie selbst und das Gemeinwesen hätte. Die Politik ist letztlich nichts anderes als eine höhere Form der „Seifenoper", in der geltungsbedürftige und bisweilen beschränkte Persönlichkeiten fortgesetzt Kontroversen austragen und Intrigen spinnen. Dies mag negativ klingen, ist in Wirklichkeit aber durchaus positiv. Persönlich ausgetragene Kontroversen wecken die Aufmerksamkeit der Medien, die wiederum die Aufmerksamkeit des Publikums hervorrufen. Ohne den Wettbewerb und die Möglichkeit des Verlierens könnten die Bürger nicht zwischen den Anführern der einander gegenüberstehenden Lager unterscheiden und für sich herausfinden, mit welchem von ihnen sie sympathisieren (in der Hoffnung, dass dieser gewinnen und der andere verlieren möge).

Zweitens erzeugt der Wettbewerb ein Mandat für den Gewinner. Geht eine Partei oder Koalition aus der Auseinandersetzung als Sieger hervor (indem sie z.B. in ein politisches Amt wie das des Kommissionspräsidenten gewählt wird), so können die Mitglieder der Partei oder Koalition für sich reklamieren, dass ihnen eine Chance gegeben wird, ihre politische Agenda zu erproben. Ohne ein solches Mandat würde ein Kurswechsel als hinterhältig und illegitim empfunden.

Genau diesem Problem sieht sich der derzeitige Kommissionspräsident Barroso gegenüber. Der Portugiese wurde zwar von einer qualifizierten Mehrheit des Europäischen Rates gewählt, allerdings gegen den Willen der französischen und deutschen Regierung. Außerdem hatte er das Wohlwollen einer Mehrheit des Mitte-Rechts-Lagers in der Kommission, im Rat und im EP. Deshalb ging er davon aus, dass er genügend Rückhalt haben würde, um eine Reihe von Liberalisierungsmaßnahmen durchzusetzen, die im Arbeitsprogramm der Kommission Anfang 2005 angekündigt wurden. Dabei sollte er sich jedoch gründlich täuschen. Im Auswahlprozess des Kommissionspräsidenten hatte es keine rivalisierenden Kandidaten gegeben, die ihre politischen Vorstellungen der Öffentlichkeit präsentiert hätten, und auch keine politischen Führer (Premierminister oder Parteivorsitzende auf nationaler oder europäischer Ebene), die ihre Unterstützung für den einen oder anderen Kandidaten ausgedrückt hätten. Als Barroso seine radikalen Reformvorhaben ankündigte, waren die Verlierer im Bestellungsverfahren deshalb nicht bereit, seine Vorschläge als legitim anzuerkennen. Nur wenn es im Vorfeld eine offene Debatte gegeben hätte, aus der Barroso als klarer Gewinner hervorgegangen wäre, hätte dieser auch über ein eindeutiges Mandat zur Umsetzung der Vorschläge verfügt.

Drittens – und damit zusammenhängend – führt eine offene politische Auseinandersetzung dazu, dass diejenigen, die aus der Auseinandersetzung als Verlierer hervorgegangen sind, ihre Niederlage dann akzeptieren, wenn sie die Erwartung hegen können, in nicht allzu langer Ferne selbst auf der Gewinnerseite zu stehen. So verhält es sich in der Regel im nationalstaatlichen Kontext. Stellt sich bei einem bestimmten Teil der Gesellschaft das Gefühl ein, dauerhaft zu den Verlierern zu gehören, werden die Betroffenen nicht nur die aktuelle Regierung ablehnen, sondern in zunehmenden Maße auch das gesamte politische System (Anderson u.a. 2005). Genau das ist in der EU der Fall. Wenn es eine offenere Debatte um die Besetzung des Amts des Kommissionspräsident gäbe, bei der Kandidaten mit unterschiedlichen Programmen gegeneinander antreten würden, dann könnten die Anhänger der unterlegenen Seite davon ausgehen, dass sie beim nächste Mal vielleicht gewinnen. Ohne eine solche Chance würden die Verlierer (die zur Zeit vor allem bei der Linken zu finden sind) ihre Ablehnungshaltung vermutlich auf die gesamte EU und ihre vermeintlich neoliberale Politik ausdehnen.

Wenn die aktive oder passive Teilnahme an einer politischen Debatte möglich wird und wenn die Politiker gezwungen sind, auf die Anliegen der Bürger einzugehen und voneinander unterscheidbare programmatische Positionen zu entwickeln, dann könnte auch die öffentliche Unterstützung der europäischen Politik schrittweise wieder hergestellt werden. Die rückläufige Zustimmung zur EU rührt vor allem aus der Wahrnehmung, dass der wirtschaftliche Integrationsprozess den Bürgern mehr Nachteile als Vorteile bringt oder in Zukunft bringen könnte. Diesem Gefühl kann man nur entgegenwirken, wenn die Bürger davon überzeugt werden, dass ihre Werte und Interessen in der europäischen Politik Berücksichtigung finden. Ohne eine offenere demokratische Politik auf europäischer Ebene lässt sich dieses Ziel nicht erreichen.

4 Das Institutionensystem der EU: für eine „begrenzte Politisierung" geeignet

Man könnte meinen, dass eine Verstärkung des politischen Wettbewerbs in der EU nur durch zusätzliche institutionelle Reformen möglich sei, so wie sie der Verfassungsvertrag angestrebt hat. Ich würde das nicht so sehen. Die EU besitzt bereits eine geeignete institutionelle Struktur, um zu einer „begrenzten Politisierung" zu gelangen. So garantiert das europäische System der *checks and balances*, dass ein höheres Maß an Politisierung nicht zu radikalen Politikwechseln oder der Dominanz einer politischen Mehrheit führt. Die Reform des Wahlverfahrens der Europäischen Kommission durch die Verträge von Maastricht, Amsterdam und Nizza hat jedoch die Tore für mehr Wettbewerb bei der Bestellung dieser für das Agenda-setting der Gemeinschaft so zentralen Institution zumindest einen Spalt breit geöffnet.[2]

Der Grad des politischen Wettbewerbs in einem System hängt davon ab, wieweit die Agenda-setting-Funktion (die Möglichkeit, Initiativen auf den Weg zu bringen) und die Veto-Kompetenz (die Möglichkeit, Politikwechsel zu blockieren) bei einem Akteur zentralisiert oder zwischen verschiedenen Akteuren aufgeteilt sind (Tsebelis 2002). Der eine Extremfall liegt in den klassischen Mehrheitssystemen mit Einparteienregierungen vor. Hier dominiert die Regierung das Parlament und verfügt die Zweite Kammer über keine gleichberechtigte legislative Position, sodass das System nur einen einzigen Agenda-setter und Vetospieler besitzt. Den anderen Extremfall verkörpert das Konsenssystem. Proportionale Repräsentation und Koalitionsregierungen und / oder eine strikte Gewaltentrennung zwischen Exekutive und Legislative führen hier zur Existenz mehrerer Agenda-setter und Vetospieler. In den Mehrheitsdemokratien besteht das Risiko, dass eine kleine Gruppe, die den politischen Entscheidungsprozess beherrscht, einer widerspenstigen Minderheit radikale Kurswechsel aufzwingen kann. Entsprechend viel steht bei den Wahlen auf dem Spiel. In den Konsenssystemen bedarf es im Gegensatz dazu der Unterstützung einer breiten Koalition, um einen Politikwechsel herbeizuführen. Für geographisch, kulturell und gesellschaftlich segmentierte Herrschaftsverbände wie die EU sind Konsenssysteme daher im allgemeinen besser geeignet als Mehrheitssysteme (Lijphart 1999).

Bei der Forderung nach mehr Wettbewerb in der EU muss bedacht werden, dass diese in ihrer institutionellen Struktur vermutlich konsensueller ausgestaltet ist als jedes andere politische System in der Geschichte des modernen Regierens.

---

[2] Siehe dazu auch den Beitrag von Frank Decker und Jared Sonnicksen in diesem Band.

Beginnen wir mit der Agenda-setting-Funktion, die sich die Kommission mit dem Europäischen Rat teilt. Der Rat bestimmt die mittelfristige Agenda, indem er die Kommission bevollmächtigt. Diese verfügt auf der anderen Seite über das Monopol der Gesetzesinitiative. Innerhalb der Kommission kann dem Kommissionspräsidenten wiederum eine wichtige Funktion als Agenda-setter zukommen. Bis zum 2003 in Kraft getretenen Nizza-Vertrag musste dieser jedoch von den Staats- und Regierungschefs einstimmig nominiert werden. Die Einstimmigkeitsregel ermöglichte es dem Staat, der am Status quo festhalten wollte (in der Regel der am wenigsten pro-europäische Staat), den Kommissionspräsidenten de facto zu bestimmen. In den achtziger und dem größten Teil der neunziger Jahre wurde diese Rolle von Großbritannien eingenommen. So legte Margaret Thatcher ihr Veto gegen Claude Cheysson ein und votierte stattdessen für Jacques Delors, von dem sie annahm, er sei eher ein Verfechter des freien Marktes als der politischen Union. John Major verhinderte Jean-Luc Dehaene zugunsten von Jacques Santer, und Tony Blair hob Romano Prodi auf den Schild.

Das Bestellungsverfahren der Kommission sorgt zusammen mit dem Proporzprinzip (jeder Mitgliedstaat stellt einen Kommissar) dafür, dass die Mehrheit der Kommission relativ moderat auftritt. Darüber hinaus muss berücksichtigt werden, dass die Kommission dort, wo sie im Rahmen bereits verabschiedeter Richtlinien agiert, keine Veränderungen vornehmen kann. Ihre Initiativfunktion erstreckt sich also nur auf solche Bereiche, in denen neuer Handlungsbedarf besteht.

Des weiteren wird die Gestaltungsmacht der Agenda-setter (Europäischer Rat und Kommission) durch die Regeln des europäischen Gesetzgebungsprozesses stark beschränkt. Unter der 1987 in Kraft getretenen Einheitlichen Europäischen Akte (EEA) konnte die Kommission noch einen großen Einfluss ausüben. Ein Großteil der Gesetze, die zur Schaffung des gemeinsamen Binnenmarktes notwendig waren, wurden vom Rat mit qualifizierter Mehrheit verabschiedet. Weil die Mehrheit des Rates eine Änderung dem Status quo in den meisten Fällen vorzog, gelang es der Kommission in der Regel, die am Ende gefundenen Lösungen ihren ursprünglichen Vorstellungen anzunähern.

Seit der Einführung des Mitentscheidungsverfahrens durch den Nizza-Vertrag im Jahre 1993 sieht sich die Kommission in ihrem Einfluss jedoch zunehmend geschwächt, da mit dem EP nun ein weiterer Vetospieler auf den Plan tritt. Das Mitentscheidungsverfahren sieht die Einberufung eines paritätisch zusammengesetzten Vermittlungsausschusses vor, falls Rat und Parlament nicht zu einer Einigung gelangen. Auch nach einem Vermittlungsverfahren kann das Parlament den Gesetzentwurf aber immer noch als ganzes ablehnen. Im Amster-

damer Vertrag von 1999 wurde die Rolle des Parlaments im Mitentscheidungsverfahren weiter gestärkt und das Verfahren selbst auf alle wesentlichen Regulie-
rungsfelder ausgedehnt. Im Nizza-Vertrag von 2003 erfuhr die Mitentscheidung
eine nochmalige Aufwertung, indem die Schwelle für einen qualifizierten Mehrheitsbeschluss im Rat angehoben wurde.

Im Ergebnis besitzt die EU damit ein legislatives Drei-Kammer-System, in
welchem die Kommission die Gesetze initiiert und diese von einer Mehrheit des
Parlaments und einer qualifizierten Mehrheit des Rates beschlossen werden. Das
Hinzutreten des EP als Vetospieler und die geringere Sperrminorität im Rat haben den Gesetzgebungsprozess erschwert, da sie den Bereich der für alle drei
Akteure konsensfähigen Lösungen verkleinern. Gleichzeitig wurde die Agenda-
setting-Macht der Kommission beschnitten (Tsebelis / Yataganas 2002). So gesehen ist es bemerkenswert, dass die EU überhaupt in der Lage ist, irgendwelche
politischen Ergebnisse zu produzieren.

Natürlich besitzt dieses ausgeprägte System der *checks and balances* große
Vorteile. Ohne einen breiten Konsens der wichtigsten Mitgliedstaaten, politischen
Parteien und Interessenvertreter kann in der EU nichts beschlossen werden. Im
starken Gegensatz zu einem reinen Mehrheitssystem, wie es in annähernder
Form z.B. in Großbritannien besteht, ist es auf der europäischen Ebene folglich
nicht möglich, dass ein einzelner Mitgliedstaat oder eine einzelne Partei gegen
die Interessen einer Minderheit regiert.

Der Hyper-Konsensualismus hat freilich auch negative Konsequenzen. Einzelne Gruppen können sich über die Interessen der Minderheit zwar nicht einfach
hinwegsetzen, doch fällt es ihnen umgekehrt leicht, Beschlüsse zu verhindern, die
eine durchaus breite Unterstützung erfahren. So wurden z.B. in den USA, deren
Regierungssystem allerdings nicht ganz so konsensuell ausgerichtet ist wie das
europäische, Reformen im Gesundheitswesen oder der Kontrolle des Waffenbe-
sitzes von partikularen Interessenvertretern wiederholt blockiert. Das spezifische
Problem in der EU besteht darin, dass in ihrem System der *checks and balances*
Einzelinteressen jedwede Änderung des Status quo abwenden können, nachdem
die Gesetze erst einmal beschlossen sind. Fritz Scharpf (1988) war der erste, der
dieses – von ihm als „Politikverflechtungsfalle" apostrophierte Phänomen – am
Beispiel der Agrarpolitik hellsichtig analysiert hat. Mittlerweile lässt sich das
Problem auf fast alle Bereiche der Gesetzgebung übertragen, sei es das Wettbe-
werbsrecht, die Regulierung des Arbeitsmarktes oder der EU-Haushalt. Ist eine
Rechtsgrundlage einmal verabschiedet, bleibt sie auf Dauer „unter Verschluss",
es sei denn, die Präferenzen der politischen Akteure ändern sich so dramatisch,
dass eine besonders breite Mehrheit für eine Abkehr vom Status quo eintritt.

Eine zweite Konsequenz der durch die hohen Hürden im Gesetzgebungsprozess und die fragmentierte Struktur des Rates (dessen Präsidentschaft alle
sechs Monate wechselt) hervorgerufenen Schwächung der Kommission liegt
darin, dass es der EU an politischer Führung mangelt. Jacques Delors war hier
eine Ausnahme. Obwohl er als Politiker geschickt aufzutreten wusste, profitierte
er auch von den institutionellen Regeln, die ihn umgaben. In Delors' Amtszeit fiel
es der Kommission – unter den Bestimmungen der EEA – noch relativ leicht, ihre
Gesetzesvorschläge im Rat durchzubringen. Darüber hinaus konzentrierte sich
die Arbeit der Delors-Kommission ganz auf das Binnenmarktprojekt, wo ihre
Vorschläge zur Gesetzesangleichung auf die überwiegende Zustimmung der
Mitgliedstaaten rechnen konnten.

Nach dem Scheitern der als (zu) schwach kritisierten Kommission unter
Jacques Santer haben die Staats- und Regierungschefs versucht, die Autorität des
Kommissionspräsidenten zu stärken, indem sie ihm das Recht zuerkannten, No-
minierungsvorschläge für die einzelnen Kommissare von Seiten der Mitgliedstaaten zurückzuweisen und über die Ressortverteilung innerhalb der Kommission
zu bestimmen. Die Stellung des Kommissionspräsidenten innerhalb der Kommission ist dadurch aufgewertet worden. An der geschwächten Agenda-setting-
Macht der Kommission selbst haben diese Reformen allerdings ebenso wenig
geändert wie an der Schwierigkeit, einmal beschlossene Gesetze aufzuheben oder
zu verändern.

Dennoch hat die Reform der „Wahl" des Kommissionspräsidenten in den
Verträgen von Maastricht, Amsterdam und Nizza die Möglichkeit eröffnet, den
Wettbewerb um die Besetzung dieses wichtigen Agenda-setters zu stärken. Der
Maastricht-Vertrag synchronisierte die Amtszeiten der Kommission und des
Parlaments und gewährte letzterem das Recht, im Bestellungsverfahren der
Kommissionsmitglieder „angehört" zu werden. Das Parlament interpretierte dies
als Befugnis, über die Kommission formell abzustimmen, und machte davon bei
der Bestätigung der Santer-Kommission 1994 erstmals Gebrauch (Hix 2002). Mit
dem Amsterdamer Vertrag sahen sich die Regierungen schließlich gezwungen,
dem Parlament ein förmliches Vetorecht bei der Kommissionsbestellung zuzugestehen, das in der Praxis ohnehin schon bestand. Die drei letzten Kommissionspräsidenten (Santer, Prodi und Barroso) sind somit formal von einer Mehrheit
des Europäischen Parlaments „eingesetzt" worden.

Die Erweiterung der Kompetenzen des Parlaments hat also ein Element des
Parteienwettbewerbs um die Wahl des Kommissionspräsidenten eingeführt.
Dieser Effekt wird durch die Reform des Nominierungsverfahrens (seitens des
Europäischen Rates) im Nizza-Vertrag noch maßgeblich verstärkt. Seit dieser

Reform erfolgt die Nominierung nicht mehr einstimmig, sondern mit einer quali-fizierten Mehrheit. Die Änderung erschien anfangs recht unverfänglich und ein-zig zu dem Zweck geschaffen, die Entscheidungsfähigkeit des Rates in der inzwi-schen auf 27 Mitgliedstaaten angewachsenen Gemeinschaft zu erhöhen. Ihre Konsequenzen reichten jedoch sehr viel weiter.

Die Senkung des Quorums sorgte erstens dafür, dass eine Reihe von Kandi-daten ihren Hut von sich aus in den Ring warfen. Diese konnten nämlich davon ausgehen, dass der Widerstand eines oder zweier Mitgliedstaaten nicht mehr ausreichen würde, ihre Wahl zu verhindern. Die qualifizierte Mehrheit nimmt den Staaten, die am Status quo festhalten wollen, mithin ihre Vetomacht. Genau das war bei der Wahl Barrosos der Fall. Obwohl Frankreich und Deutschland dem aus ihrer Sicht zu wirtschaftsliberalen Barroso ablehnend begegneten, muss-ten sie dessen Nominierung zähneknirschend mittragen. Die Nominierung durch die Staats- und Regierungschefs erfolgte also nur deshalb im Konsens, weil jedem bewusst war, dass Barroso bei einer förmlichen Abstimmung eine qualifizierte Mehrheit im Europäischen Rat errungen hätte. In Zukunft wird es vermutlich häufiger mehrere Kandidaten geben, die sich Chancen ausrechnen, eine solche Mehrheit zusammenzubekommen, wenn sie die Unterstützung wichtiger Mit-gliedstaaten hinter sich wissen.

Zweitens hat die Reform die Macht des Parlaments gestärkt. Indem das Quorum für die Nominierung gesenkt wurde, ist die Gewinnerkoalition der Regierungsparteien im Europäischen Rat nun nicht mehr ohne weiteres in der Lage, ihren Nominierungsvorschlag gegen eine widerspenstige Mehrheit im Parlament durchzusetzen, wie es bei der Wahl von Jacques Santer noch möglich war (Hix / Lord 1995). Für jedermann offenkundig wurde dies im Juni 2004, als die größte Fraktion des EP – die Europäische Volkspartei (EVP) – darauf beharrte, nur jemanden aus ihrer eigenen politischen Familie als Kandidaten zu unterstüt-zen. Im Oktober 2004 musste Barroso schließlich die gesamte Kommissionsmann-schaft zurückziehen, nachdem das Parlament angekündigt hatte, dieser (wegen der Nominierung des Italieners Rocco Buttiglione als Justizkommissar) die Zu-stimmung zu versagen.

Drittens könnte die Reform des Bestellungsverfahrens auf lange Sicht bedeu-ten, dass dieselbe politische Mehrheit (im Rat und im Parlament) den Kommissi-onspräsidenten wählt und dessen politische Agenda unterstützt. Genau das hat Barroso angestrebt. Er war dabei jedoch nicht so erfolgreich wie erhofft, da er kein wirkliches Mandat besitzt, auf diese Weise zu „regieren". Ein politischer Wettbewerb um das Amt des Kommissionspräsidenten böte jedoch die Chance, ein solches Mandat entstehen zu lassen und mit diesem einen Regierungsauftrag zu verbinden. Das EU-System würde sich damit fundamental verändern: weg vom extremen Konsensualismus hin zu einem Modell, das stärker in Richtung Mehrheitsdemokratie tendiert.

5   Die Entstehung einer Links-Rechts-Polarität in den europäischen Institutionen

5.1 Ein echtes Parteiensystem im Europäischen Parlament

Nachdem das Binnenmarktprojekt vollendet ist und die EU sich neuen Herausforderungen wie der Schaffung von sozialen und Umweltstandards, der Liberalisierung weiterer Wirtschaftsbereiche (wie dem Dienstleistungssektor) und der Deregulierung der Arbeitsmärkte zuwendet, sind in allen drei EU-Institutionen ideologische Konflikte um die Grundrichtung der europäischen Politik ausgebrochen, die sich am klassischen Links-Rechts-Schema orientieren.

Am deutlichsten zeichnet sich diese Entwicklung im Europäischen Parlament ab, wo ein hoch organisiertes und kompetitives Parteiensystem im Entstehen begriffen ist. Zusammen mit Abdul Noury und Gérard Roland (2006) habe ich die namentlichen Abstimmungen im EP im Zeitraum 1979 bis 2004 ausgewertet und dabei folgendes festgestellt:

Erstens richtet sich das Abstimmungsverhalten im EP zunehmend am Links-Rechts-Schema aus, wohingegen die nationalen Konfliktlinien an Bedeutung einbüßen. Die großen Fraktionen im EP treten in ihrem Abstimmungsverhalten wesentlich geschlossener auf als Demokraten und Republikaner im US-Kongress und stehen in dieser Hinsicht den Fraktionen in den nationalen Parlamenten kaum nach. Dieses Ergebnis ist insofern überraschend, als die Fraktionen im EP nicht von einer Regierungskoalition zur Disziplin angehalten werden können, indem diese mit vorgezogenen Neuwahlen droht. Die EU gleicht eher dem US-amerikanischen System der Gewaltentrennung, weil die Kommission das Parlament nicht auflösen kann und es keine „regierende Mehrheit" im Parlament gibt. Die Koalitionen im EP bilden sich deshalb (wie im US-Kongress) themenbezogen von Fall zu Fall.

Doch nicht nur die nationalen Grenzen verlieren an Bedeutung; auch die Unterscheidung zwischen pro- und anti-europäischen Positionen tritt im EP hinter der ideologischen Orientierung zunehmend zurück. Die Fraktionen stimmen eher mit den Parteien zusammen ab, die ihnen im Links-Rechts-Spektrum nahe stehen, als mit denjenigen, die ihnen fern stehen. Am Verhalten der beiden großen Fraktionen lässt sich das exemplarisch aufzeigen. Ein gemeinsames Abstimmungsverhalten von SPE und EVP war in den Jahren 1999 bis 2004 seltener zu verzeichnen als in den vorangegangenen Legislaturperioden. Besaßen beide Parteienfamilien in früheren Jahren ähnliche Vorstellungen in Fragen der europäischen Integration, haben sie sich zuletzt immer weiter voneinander entfernt. Je mehr sich die EU Themen zuwandte, die ideologischen Charakter tragen, um so unterschiedlicher wurden die Positionen, die sie vertreten. Dies hat auch dazu geführt, dass die Liberalen im EP in eine Scharnier-Position zwischen den beiden großen Fraktionen geraten sind; sie entscheiden darüber, ob sich eine Mitte-Links-Mehrheit (z.B. in der Umweltgesetzgebung oder Asylpolitik) oder eine Mitte-Rechts-Mehrheit herausbildet (z.B. bei der Deregulierung des Arbeitsmarktes oder der Liberalisierung des Dienstleistungssektors).

Abbildung 2:   Räumliche Darstellung des Parteiensystems im EP, 1999 bis 2004.

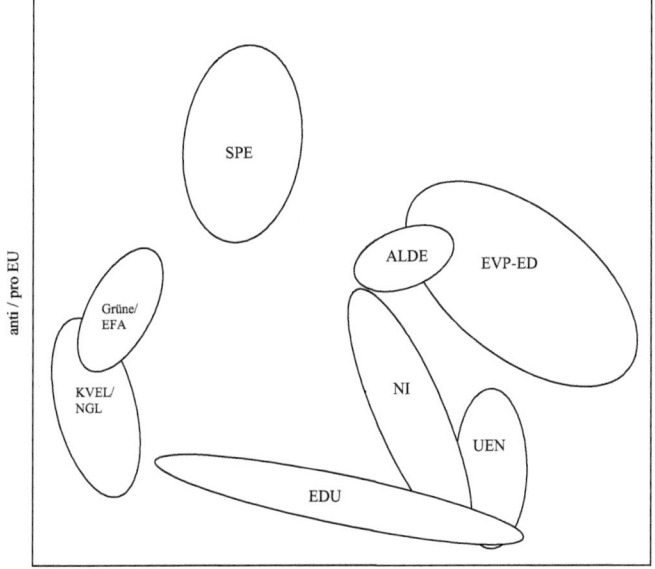

Quelle: Hix / Noury / Roland 2006, modifizierte Darstellung; SPE = Sozialdemokratische Fraktion im Europäischen Parlament, Grüne / EFA = Fraktion der Grünen / Freie Europäische Allianz, KVEL / NGL = Konföderale Fraktion der Vereinigten Europäischen Linken / Nordische Grüne Linke, EDU = Europa der Demokratien und Unterschiede, NI = Fraktionslos, UEN = Fraktion Unabhängigkeit / Demokratie, ALDE = Fraktion der Allianz der Liberalen und Demokraten für Europa, EVP-ED = Fraktion der Europäischen Volkspartei (Christdemokraten) und europäischen Demokraten.

Abbildung 2 stellt das Abstimmungsverhalten der Abgeordneten in einem zwei-
dimensionalen Schema graphisch dar. Dem Schaubild lassen sich drei Feststel-
lungen unmittelbar entnehmen. Erstens treten die Abgeordneten sehr geschlossen auf (ablesbar an der geringen Ausdehnung der Kreise bzw. Ellipsen, die das
Spektrum der innerhalb einer Fraktion vertretenen Positionen abbilden). Zweitens verläuft die Hauptkonfliktlinie innerhalb des Parteiensystems entlang des
ideologischen Links-Rechts-Schemas. Und drittens ist die Distanz der beiden
Hauptgruppierungen im Parteiensystem zueinander größer als ihre jeweilige
Distanz zu anderen Gruppierungen derselben politischen Orientierung (also etwa
der SPE zu den Grünen oder der EVP zu den Nationalen).

5.2 Zunehmende ideologische Auseinandersetzungen im Rat

Die Analyse des Abstimmungsverhaltens fällt beim Rat schwerer als beim EP.
Die Entscheidungsprozesse sind im Rat weniger transparent, und auch unter der
Geltung der qualifizierten Mehrheitsregel fallen die Beschlüsse oft einstimmig.
Nichtsdestotrotz belegt eine Auswertung der seit Mitte der neunziger Jahre auf-
gezeichneten Abstimmungsergebnisse, dass die ideologischen Konflikte im Rat
ebenfalls zugenommen haben.

Tabelle 1 führt die durchschnittliche Häufigkeit auf, mit der die Mitgliedsstaaten innerhalb eines halben Jahres im Zeitraum 1995 bis 2000 im Rat gegen
einen Beschluss votiert oder sich der Stimme enthalten haben. Die Daten zeigen,
dass Deutschland sich am häufigsten auf der Verliererseite befand, dicht gefolgt
von Schweden und Großbritannien. Betrachtet man die Abstimmungsergebnisse
genauer, stellt man jedoch fest, dass die drei Staaten der unterlegenen Gruppe
niemals gemeinsam angehörten. Tatsächlich waren Großbritannien und Deutschland die Staaten, deren Positionen am weitesten auseinanderklafften (Mattila /
Lane 2001). Dies ist nicht weiter überraschend, wenn man weiß, dass es in den
späten neunziger Jahren vor allem um die Frage ging, wieweit der Binnenmarkt
reguliert werden sollte – auch und gerade im Bereich der Sozialpolitik. Die britische Regierung sprach sich gegen eine weitere Sozialgesetzgebung aus, während
Deutschland im Gegenzug ablehnte, bestehende Regulierungen durch Ausnahmeregelungen für die Briten aufzuweichen. So stand Großbritannien z.B. auf der
Verliererseite, als es darum ging, Mindeststandards für Zeitarbeiter zu vereinbaren. Deutschland wiederum unterlag in der Frage, ob Großbritannien bei den
Arbeitsregelungen ein *opt out* zugestanden werden sollte.

Tabelle 1: Durchschnittliche Zahl der Ablehnungen und Stimmenthaltungen im Rat pro Halbjahr, 1995-2000.

	Ablehnungen	Ablehnungen + Enthaltungen
Deutschland	3,3	4,5
Schweden	4,1	4,1
Großbritannien	2,5	3,9
Italien	2,5	3,6
Niederlande	2,3	2,8
Dänemark	2,3	2,8
Frankreich	1,3	2,0
Portugal	1,1	1,9
Spanien	0,8	1,9
Belgien	0,8	1,8
Griechenland	1,1	1,3
Österreich	0,9	1,2
Irland	0,8	0,8
Finnland	0,6	0,7
Luxemburg	0,3	0,7

Quelle: Matilla 2004.

Folgt man der Analyse von Matilla (2004), war die Positionierung einer Regierung im Links-Rechts-Spektrum ausschlaggebend dafür, ob sie bei den Abstimmungen auf der Gewinner- oder Verliererseite stand. Linke Regierungen gehörten in der Tendenz eher zu den Gewinnern, wohingegen die Rechte häufige Abstimmungsniederlagen hinnehmen musste. Zurückzuführen ist dies darauf, dass in den späten neunziger Jahren 13 der 15 Regierungen dem Mitte-Links- und nur zwei dem Mitte-Rechts-Spektrum zuzurechnen waren. Seit 2004 haben sich die Mehrheitsverhältnisse jedoch umgekehrt. Noch fehlen die Daten um festzustellen, ob nun die Linke öfter auf der Verliererseite steht – was von ihren Wählern heute gewiss so empfunden wird. Mattila hat auch herausgefunden, dass es für das Abstimmungsverhalten im Rat so gut wie keine Rolle spielt, ob eine Regierung ein Nettozahler- oder -empfängerland vertritt oder ob sie einen eher proeuropäischen oder euro-skeptischen Kurs verfolgt (siehe auch Hayes-Renshaw / van Aken / Wallace 2005).

Es ist wahrscheinlich, dass in der auf 27 Mitglieder vergrößerten EU die i-
deologischen Konflikte noch anwachsen werden. Bei einer größeren Zahl von
Staaten gestaltet sich die Kompromissfindung schwieriger, sodass mehr Fragen
per Abstimmung entschieden werden müssen. Wollen die Regierungen Abstimmungsniederlagen vermeiden, müssen sie Allianzen schmieden, und die ideologische Nähe zueinander bildet dafür ein wesentliches Fundament. Der Rat würde
damit zunehmend in die Nähe des Parlaments rücken, in dem offen ausgetragene
Auseinandersetzungen mit wechselnden Mehrheitsbildungen, die sich an der
Links-Rechts-Dimension orientieren, schon heute an der Tagesordnung sind.

5.3 Parteipolitische Koalitionsbildung in der Kommission

Im Unterschied zu den Auseinandersetzungen im EP und im Rat wissen wir nur
wenig über die politischen Konflikte innerhalb der Kommission. Artikel 213 des
EU-Vertrages legt formal fest, dass die Kommissare „ihre Tätigkeit in voller Unabhängigkeit zum allgemeinen Wohl der Gemeinschaften aus[üben]." In der
Realität sieht es freilich etwas anders aus. Nahezu alle Kommissare sind Berufs-
politiker; als solche unterhalten sie Verbindungen zu ihren nationalen Parteien
und vertreten feste politische Grundüberzeugungen. Die Regelung, wonach jedes
Land einen Kommissar nominieren darf, stellt allerdings sicher, dass die parteipolitische Zusammensetzung des Gremiums insgesamt ausgewogen ist. Die Verträge garantieren zwar nicht die tatsächliche Unabhängigkeit der Kommission;
der Durchschnittskommissar dürfte in seiner politischen Ausrichtung aber zur
Mitte tendieren.

Seit Inkrafttreten des Nizza-Vertrages hat sich die Wahrscheinlichkeit einer
parteipolitisch einseitigeren Zusammensetzung der Kommission erhöht. Auf die
bevorstehende Osterweiterung reagierend, führte der Vertrag das Prinzip ein,
dass jedes Mitgliedsland nur noch einen Kommissar stellt. Bis dahin konnten die
großen Mitgliedstaaten zwei Kommissare nominieren, von denen in der Regel
einer aus dem rechten und der andere aus dem linken Lager rekrutiert wurde.
Die „Ein-Kommissar-pro-Land"-Regel hat zur Folge, dass die Regierungen mit
ziemlicher Sicherheit einen Vertreter aus den eigenen Reihen (der größten Regie-
rungspartei) benennen werden. Die parteipolitische Zusammensetzung der
Kommission entspricht somit derjenigen des Rates zum Zeitpunkt der Nominierung. Wird der Rat beispielsweise von der Linken dominiert, weist die Kommission ebenfalls eine mehrheitliche linke Orientierung auf.

In Verbindung mit dem geänderten Nominierungsverfahren im Europäischen Rat führt die „Ein-Kommissar-pro-Land"-Regel zu einer deutlich stärkeren

Parteipolitisierung der Kommission. Der Kommissionspräsident kann nun von einer schmaleren Mehrheit gewählt werden, und er sitzt einem Gremium vor, in dem die Vertreter seiner eigenen politischen Richtung dominieren. Tabelle 2 zeigt, wie sich die Reformen auf die parteipolitische Komposition der Kommission ausgewirkt haben. Dabei wird angenommen, dass die parteipolitische Position eines Kommissars identisch mit derjenigen seiner nationalen Herkunftspartei ist. Für die Bestimmung der Position wurden Expertenmeinungen aus den jeweiligen Ländern eingeholt, die die sozio-ökonomische und -kulturelle Konfliktdimension gleichermaßen berücksichtigen. Natürlich ist dies keine absolut sichere Methode, um die politischen Präferenzen der Kommissare zu messen. (In der Prodi-Kommission z.B. stand Michel Barnier, zumindest in wirtschaftlichen Fragen, weniger weit rechts als Fritz Bolkestein oder Ignacia Loyola de Palacio). Eine plausible Annäherung an deren ideologischen Standort liefern sie jedoch allemal.

Wie die Tabelle zeigt, lag das politische Gravitationszentrum der Santer- und Prodi-Kommissionen nahe bei der Mitte. Auch Santer und Prodi selbst, die im Rat einstimmig nominiert worden waren, standen für gemäßigte Positionen. Im Gefolge des Nizza-Vertrages sollte sich das Gravitationszentrum dann nach rechts verschieben. Der mit qualifizierter Mehrheit gewählte Portugiese Barroso trat deutlich weniger moderat auf als seine beiden Vorgänger. Die unter Barrosos Präsidentschaft entwickelten Gesetzesinitiativen wiesen entsprechend eine stärker wirtschaftsliberale Ausrichtung auf als die Initiativen der Santer- und Prodi-Kommissionen.

Das heißt aber: Die These, wonach „die EU" heute ein neoliberales Projekt darstellt, geht an der Wirklichkeit des Integrationsprozesses vorbei. Es ist nicht die institutionelle Struktur der Union als solche, die deren aktuelle Agenda bestimmt. Entscheidend ist vielmehr die parteipolitische Zusammensetzung der Kommission, die mit den derzeitigen Mitte-Rechts-Mehrheiten in Rat und Parlament korrespondiert.

Tabelle 2: Die parteipolitischen Kräfteverhältnisse in der Kommission

Kommission Santer		Kommission Prodi		Kommission Barroso	
Kommissionsmitglied (Mitgliedstaat, Partei)	Links-Rechts-Position	Kommissionsmitglied (Mitgliedstaat, Partei)	Links-Rechts-Position	Kommissionsmitglied (Mitgliedstaat, Partei)	Links-Rechts-Position
		M. Schreyer (D, Grüne)	0,30		
M. Wulf-Mathies (D, SPD)	0,31	P. Busquin (B, PS)	0,31		
M. Marin (E, PSOE)	0,33	P. Lamy (F, PS)	0,34		
E. Cresson (F, PS)	0,34	E. Liikanen (FIN, SDP)	0,34		
A. Gradin (S, SAP)	0,34	M. Wallström (S, SAP)	0,34	A. Piebalgs (LV, LC)	0,31
K. van Miert (B, SP)	0,36	A. Vitorino (P, PS)	0,36	L. Kovács (H, MSzP)	0,32
R. Bjerregaard (DK, SD)	0,36	P. Nielson (DK, SD)	0,37	V. Spidla (CZ, CSSD)	0,34
E. Liikanen (FIN, SDP)	0,38	G. Verheugen (D, SPD)	0,40	J. Almunia (E, PSOE)	0,38
N. Kinnock (GB, Labour)	0,38	P. Solbes Mira (E, PSOE)	0,41	M. Wallström (S, SAP)	0,38
C. Papoutsis (GR, PASOK)	0,40	R. Prodi (I, Democratici)	0,43	G. Verheugen (D, SPD)	0,39
E. Bonino (I, Radicali)	0,46	N. Kinnock (GB, Labour)	0,47	D. Hübner (PL, u-nabh./links)	0,40
M. Bangemann (D, FDP)	0,51	A. Diamantapoulou (GR, PASOK)	0,50	M. Kyprianou (CY, DIKO)	0,51
P. Flynn (IRL, FF)	0,53	V. Reding (L, PCS)	0,61	P. Mandelson (GB, Labour)	0,52
J. Santer (L, PCS)	0,56	F. Fischler (A, ÖVP)	0,62	J. Borg (M, PN)	0,57
H. van den Broek (NL, CDA)	0,59	D. Byrne (IRL, FF)	0,65	D. Grybauskaite (LT, unabh./Mitte)	0,57
J. de Deus Pinheiro (P, PSD)	0,60	L. de Palacio (E, PP)	0,66	O. Rehn (FIN, KESK)	0,58
F. Fischler (A, ÖVP)	0,61	M. Monti (I, FI)	0,68	L. Michel (B, MR)	0,62
M. Monti (I, FI)	0,68	F. Bolkestein (NL, VVD)	0,69	V. Reding (L, PCS)	0,64
M. Oreja (E, PP)	0,72	C. Patten (GB, Conservative)	0,69	C. McCreevy (IRL, FF)	0,65
L. Brittan (GB, Conservative)	0,74	M. Barnier (F, RPR)	0,72	J. Potocnik (SLO, unabh./Mitte)	0,65
Y.-T. de Silguy (F, RPR)	0,77			J. Manuel Barroso (P, PSD)	0,68
				B. Ferrero Waldner (A, ÖVP)	0,70
				J. Barrot (F, UMP)	0,70
				M. Fischer Boel (DK, V)	0,74
				S. Dimas (GR, ND)	0,77
				F. Frattini (I, FI)	0,77
				N. Kroes (NL, VVD)	0,81
				J. Figel (SK, KDH)	0,85
				S. Kallas (EST, Ref)	0,96

Quelle: Amtliche Angaben der EU-Kommision. Die Positionen der Kommissare im Links-Rechts-Spektrum entsprechen den Orientierungen ihrer nationalen Herkunftsparteien in der jeweiligen Periode, die anhand von Expertenbefragungen ermittelt wurden. Die verwendete Skala reicht von 0 – am weitesten links – bis 1 – am weitesten rechts (Benoit / Laver 2005).

6 Ein gradualistischer Reformansatz

Die Politik *innerhalb* der EU ist also zunehmend ideologisch bestimmt. Die Gründe dafür liegen einerseits in der grundsätzlichen Frage, ob der gemeinsame Markt mehr oder weniger reguliert werden soll, die sich heute unausweichlich stellt und zu Konflikten führt. Zum anderen sind aber auch die neuen Möglichkeiten des Wettbewerbs entscheidend, die durch die Vertragsreformen herbeigeführt wurden, das heißt die Stärkung des Parlaments im Gesetzgebungsprozess, die Ausweitung der qualifizierten Mehrheitsentscheidungen im Rat und das veränderte Bestellungsverfahren des Kommissionspräsidenten.

Die EU befindet sich mit anderen Worten an der Schwelle zur demokratischen Politik. Gleichwohl mangelt es ihr an zwei Schlüsselelementen: Erstens werden die politischen Positionen im Verhältnis der Institutionen untereinander nicht genügend koordiniert. Transnationale Parteien existieren zwar, doch entwickeln sie zu wenig Anreize, um die politischen Akteure auf gemeinsam vereinbarte Positionen tatsächlich zu verpflichten. Die entscheidenden Orientierungsmarken für die Europapolitiker – sei es im Parlament, im Rat oder in der Kommission – werden nach wie vor von den nationalen politischen Parteien gesetzt.

Zweitens gibt es nur eine schwache Verbindung zwischen den sich herausbildenden demokratischen Strukturen des Entscheidungssystems und den Einstellungen der europäischen Bürger. Diese erhalten so wenig Informationen über die in den Institutionen ablaufenden politischen Prozesse, dass sie die Protagonisten der EU-Politik und die von ihnen vertretenen Positionen nicht fassen können. Darüber hinaus sind die Arenen, in denen die Bürger ihre Sicht auf die EU entwickeln und ausdrücken könnten, kaum entwickelt. Wie die nationalen Wahlen, so werden auch die Wahlen zum EP überwiegend um nationale Themen geführt; sie dienen den Bürgern als „Zwischenwahlen", in denen die Leistungen der nationalen Parteien bewertet werden und nicht die Leistungen der Parteien im EP.

Angesichts der Widerstände gegen den Verfassungsvertrag in weiten Teilen der EU-Bevölkerung und der geringen Unterstützung für das Integrationsprojekt generell sind Vorschläge für eine radikale Reform der Institutionen fehl am Platze. Glücklicherweise ist jedoch eine solche Reform auch nicht notwendig. Es reichen kleinere Veränderungen aus, um die Europapolitiker dazu zu bringen, ihre Positionen untereinander besser zu koordinieren und sie stärker an den Präferenzen der europäischen Bürger auszurichten. Die im folgenden vorgeschlagenen Maßnahmen bedürfen keiner Veränderungen im Vertragstext. Indem sie die politischen Standpunkte und Konflikte in der EU transparenter machen, den Medien Gelegenheit geben, die europäische Politik den Bürgern besser zu erklären, und das Interesse der Bürger an den Entscheidungsprozessen wecken, würden sie aber dazu führen, dass in der europäischen Politik insgesamt mehr „auf dem Spiel steht."

Europäisches Parlament

- Die bestehende Regelung, nach der die Ausschusssitze und Berichterstatterposten nach Proporz verteilt werden, könnte durch ein System ersetzt werden, in dem der größten Partei oder einer Mehrheitskoalition mehr Macht eingeräumt wird, die parlamentarische Agenda zu bestimmen. Eine Möglichkeit wäre, dass die größte Fraktion die ersten fünf Ausschussvorsitzenden stellen darf, während die übrigen Vorsitze wie bisher nach dem d'Hondt-Verfahren verteilt werden.
- Der Präsident des EP sollte für die volle Legislaturperiode von fünf Jahren gewählt werden und nicht mehr nur für zweieinhalb Jahre. Dies würde zur Herausbildung einer Mehrheitskoalition beitragen, um den Präsidenten zu stellen, und den bisherigen Kuhhandel der beiden größten Fraktionen um die Besetzung des Amtes beenden.

Beide Maßnahmen würden die Agenda-setting-Macht der parlamentarischen Mehrheit erhöhen und das Parlament insgesamt stärker nach dem Mehrheitsprinzip strukturieren. Dies hätte eine Aufwertung der Europawahlen zur Folge, die von den Wählern und Parteien dann tatsächlich als europäische Wahlen und nicht mehr nur unter nationalen Gesichtspunkten betrachtet würden. Gleichzeitig würde die Mehrheitskoalition im Parlament angehalten, sich mit den Vertretern ihrer eigenen politischen Richtung im Rat und in der Kommission besser abzustimmen.

Rat

- Die Verhandlungen im Rat sollten transparenter sein. Dies setzt z.B. voraus, dass die Änderungsvorschläge der Präsidentschaft oder anderer Regierungen der Öffentlichkeit vorliegen, ehe sie im Ausschuss der Ständigen Vertreter der Mitgliedstaaten (AStV) beraten werden, und dass Öffentlichkeit und Medien Zugang zu den Plenarsitzungen des Rates erhalten.

- Alle Abstimmungsergebnisse im Rat sollten aufgezeichnet werden – auch jene, bei denen die Einstimmigkeit oder qualifizierte Mehrheit verfehlt wurde (was derzeit nicht der Fall ist).

Die Änderungen würden außenstehenden Akteuren – aus anderen EU-Institutionen, den nationalen Parlamenten oder der Presse – die Möglichkeit geben, die politischen Positionen und Allianzbildungen der Regierungsvertreter im Rat genauer zu verfolgen. Die Regierungen hätten dadurch einen Anreiz, ihre Positionen mit den Vertretern der anderen Institutionen besser abzustimmen; die Bürger könnten (über die Medien) Einblick gewinnen, wie sich ihre Regierung im Rat verhält.

Kommission

- Um die Besetzung des Amtes des Kommissionspräsidenten sollte offener gerungen werden. Dies müsste nicht auf eine richtiggehende „Wahl" des Kommissionspräsidenten durch das Volk oder das Parlament hinauslaufen. Voraussetzung wäre aber, dass a) die Kandidaten für das wichtigste Regierungsamt in der EU ihre Positionen in einem Wahlprogramm vorher offenlegen, b) eine öffentliche Debatte über die Kandidaten stattfindet, sei es im Parlament oder in den Medien, und c) die Regierungschefs und Fraktionsvorsitzenden im EP vor der Wahl deutlich machen, welchen Kandidaten sie favorisieren.
- Nachdem die Kommission im Amt ist, sollte sie ein jährliches Arbeitsprogramm vorlegen. Darin sollten zum einen die vor der Wahl gemachten Versprechungen des siegreichen Kandidaten einfließen, zum anderen die Koalitionskompromisse innerhalb der Kommissionsmehrheit.

Diese Reformen würden es der Öffentlichkeit leichter machen zu erkennen, wofür die Kommission und der Kommissionspräsident stehen. Zugleich hätten die Bürger als Wähler die Möglichkeit, die politischen Akteure im Rat und im Parlament dafür zu belohnen (oder zu bestrafen), dass sie eine gute (oder schlechte) Kommission unterstützen. Des Weiteren würden die Verlierer des Rennens um den Posten des Kommissionspräsidenten ermutigt, für die nächste Wahl einen Kandidaten neu aufzubauen und ein attraktives Programm vorzulegen, mit dem sie die Mehrheit im Rat und im Parlament hinter sich bringen könnten.

Die Reformen würden keine Veränderung der Verträge notwendig machen, da sie entweder nur die internen Verfahrensregeln der Institutionen berühren (wie im Parlament oder im Rat) oder innerhalb des bestehenden Vertragswerks realisiert werden könnten (Wahl des Kommissionspräsidenten). Was allerdings nötig wäre, um die Reformen zu betreiben, ist eine gemeinsame Anstrengung der zentralen europapolitischen Akteure, das heißt der Regierungsspitzen und der großen Fraktionen im EP.

7 Schlussbemerkung

Europa steht an einem kritischen Punkt seiner Geschichte. Die fünfzigjährige Periode der Schaffung einer neuartigen supranationalen Struktur ist an ihr Ende gelangt. Das Stocken des Verfassungsprozesses ist aus meiner Sicht kein Beleg für eine Krise dieser Struktur, sondern eher eine Bestätigung, dass die in der Einheitlichen Europäischen Akte und im Maastricht-Vertrag geschaffene Institutionenordnung ein hochgradig stabiles Gleichgewichtssystem darstellt.

Die Frage lautet deshalb nicht, ob wir in Zukunft mehr oder weniger Integration wollen, sondern was wir mit den politischen Strukturen anfangen, die auf der europäischen Ebene bereits existieren. Wie soll das europäische Regierungssystem funktionieren, welche politische Agenda sollte die EU verfolgen und wie kann gewährleistet werden, dass die Interessen der Bürger in den Entscheidungsprozessen Berücksichtigung finden? Die einzige mögliche Antwort auf diese Fragen liegt darin, dass in der EU mehr demokratischer Wettbewerb Einzug hält. Dadurch würde nicht nur die Effizienz und Koordinationsfähigkeit im europäischen System der *checks and balances* erhöht, sondern auch eine offenere Debatte darüber befördert, in welche politische Richtung sich die EU bewegen könnte und sollte. Die Bürger hätten damit die Möglichkeit, sich zu den schwierigen Problemen, denen die europäische Politik heute und in Zukunft gegenübersteht, selbst ein Urteil zu bilden.

Die Angst vor einer „Politisierung" der EU, die Autoren wie Majone (2002) und Moravcsik (2002) beschwören, ist überzogen. Das Institutionensystem der EU besitzt genügend Vorkehrungen, um die Interessen von Minderheiten zu schützen und eine breite konsensuelle Absicherung der Entscheidungen zu gewährleisten. Eine moderate Einführung von Wettbewerbselementen in die europäische Politik würde dieses System nicht gefährden. Das Risiko einer „Politisierung" der EU ist mithin gering. Ernstliche Gefahren drohen vielmehr, wenn man diese Politisierung nicht herbeiführt, denn die Bürger würden sich dann vermutlich noch stärker von einem System abwenden, das sie als Ausdruck eines bürokratischen „Despotismus" empfinden.

Literatur

Anderson, Christopher J. u.a. (2005): Losers' Consent: Elections and Democratic Legitimacy, Oxford.

Benoit, Kenneth R. / Michael J. Laver (2005): Party Policy in Modern Democracies, London.

Dehousse, Renaud (1995): Constitutional Reform in the European Community: Are There Alternatives to the Majoritarian Avenue?, in: Jack Hayward (Hg.): The Crisis of Representation in Europe, London.

Frieden, Jeffry A. / Ronald Rogowski (1996): The Impact of the International Political Economy on National Policies: An Overview, in: Robert O. Keohane / Helen V. Milner (Hg.): Internationalization and Domestic Politics, Cambridge.

Hayes-Renshaw, Fiona / Wim van Aken / Helen Wallace (2005): When and Why the Council of Ministers of the EU Votes Explicitly, European University Institute Working Papers 2005/25, Florence.

Hix, Simon (2002): Constitutional Agenda-Setting Through Discretion in Rule Interpretation: Why the European Parliament Won at Amsterdam, in: British Journal of Political Science 32 (2), S. 259-280.

Hix, Simon / Christopher Lord (1995): The Making of a President: The European Parliament and the Confirmation of Jacques Santer as President of the Commission, in: Government and Opposition 31 (1), S. 62-76.

Hix, Simon / Abdul Noury / Gérard Roland (2006): Democracy in the European Parliament, Cambridge.

Lijphart, Arend (1999): Patterns of Democracy: Government Forms and Performance in Thirty-Six Countries, New Haven.

Majone, Giandomenico (1996): Regulating Europe, London.

Majone, Giandomenico (2002): The European Commission: The Limits of Centralization and the Perils of Parliamentarization, in: Governance 15 (3), S. 375-392.

Mattila, Miko (2004): Contested Decisions: Empirical Analysis of Voting in the EU Council of Ministers, in: European Journal of Political Research 43 (1), S. 29-50.

Mattila, Miko / Jan-Eric Lane (2001): Why Unanimity in the Council? A Roll Call Analysis of Council Voting, in: European Union Politics 2 (1), S. 31-52.

Moravcsik, Andrew (2002): In Defense of the "Democratic Deficit": Reassessing the Legitimacy of the European Union, in: Journal of Common Market Studies 40 (4), S. 603-634.

Scharpf, Fritz (1988): The Joint-Decision Trap: Lessons from German Federalism and European Integration, in: Public Administration 66 (3), S. 277-304.

Schumpeter, Joseph (1950): Kapitalismus, Sozialismus und Demokratie, Bern.

Tsebelis, George (2002): Veto Players: How Political Institutions Work, Princeton.

Tsebelis, George / Xenophon A. Yataganas (2002): Veto Players and Decision-making in the EU After Nice: Policy Stability and Bureaucratic / Judicial Discretion, in: Journal of Common Market Studies 40 (2), S. 283-307.

Parlamentarisch oder präsidentiell? Die Europäische Union auf der Suche nach der geeigneten Regierungsform

Frank Decker / Jared Sonnicksen

1 Einleitung

Dass sich die Europäische Union mit der Demokratie nicht gerade leicht tut, gehört als Erkenntnis inzwischen zum Kanon der Europaforschung. Entsprechend fällt es auch der Politikwissenschaft schwer, die EU in demokratietheoretischen Kategorien zu analysieren bzw. allgemeingültige Urteile über die Lage und Notwendigkeit der Demokratie auf europäischer Ebene abzugeben. Dies steht mit vier wesentlichen, miteinander verquickten Faktoren in Zusammenhang: (1) der funktionalen und strukturellen Ambivalenz dieses *sui generis*-Gebildes, (2) der damit einhergehenden Unsicherheit bezüglich der geeigneten Kriterien zur Bewertung der Demokratiequalität europäischen Regierens, (3) den daraus resultierenden Meinungsverschiedenheiten, welches Demokratisierungsmodell für die EU am besten geeignet ist, und (4) der weiter bestehenden Uneinigkeit in der Frage, ob die EU aufgrund ihres eigentümlichen Charakters überhaupt demokratisiert werden kann bzw. soll. Gerade ihr präzedenzloser Charakter macht wiederum die Analyse und Bewertung der demokratischen Legitimation in der Europäischen Union zu einem schwierigen, wenn nicht sogar hoffnungslosen Unterfangen (Lord 2001).

Auf der einen Seite stellt die EU aufgrund der ihr übertragenen Zuständigkeitsbereiche und Kompetenzen mehr dar als eine internationale Organisation im herkömmlichen Sinne; auf der anderen Seite verfügt sie nur über einen Teil jener Eigenschaften, die normalerweise einen demokratischen Verfassungsstaat auszeichnen. Dennoch scheint sich die Einschätzung durchgesetzt zu haben, dass in den Europäischen Gemeinschaften *Politik* stattfindet, die Europäische Union deshalb als *Regierungssystem* betrachtet werden kann und sie mithin einen „Fall für die Vergleichende Regierungslehre" darstellt (so Knelangen 2005). Auch wenn die EU kein Staat ist, lässt sie sich doch mit anderen, staatlich verfassten politischen Systemen vergleichen, denn nur auf dieser Basis kann das Gemeinsame oder eben Einzigartige ihrer institutionellen Struktur und Funktionslogik erfasst werden. Ausgehend davon verfolgt die weitere Analyse zwei Absichten. Nach einer Erläuterung des demokratischen Bedarfs der EU soll zum einen untersucht werden, welches Regierungsmodell der Europäischen Union angemessen ist und etabliert werden sollte. Zum anderen werden Chancen und Anknüpfungspunkte eruiert, um ein solches Modell auf dem vorhandenen institutionellen Entwicklungspfad der Gemeinschaft zu realisieren.

2 Die Problematik demokratischen Regierens in der EU

2.1 Das „europäische" Demokratiedilemma

Die Europäische Union sieht sich mit einem immer komplexer werdenden Dilemma konfrontiert. In einer sich globalisierenden Weltordnung ist die EU für die Handlungsfähigkeit ihrer Mitgliedstaaten unverzichtbar geworden. Ihr haftet jedoch der Makel eines Demokratiedefizits an, weil mit der sukzessiven Stärkung ihrer Problemlösungsfähigkeit die Demokratisierung nie Schritt halten konnte. Das europäische Krisenbewusstsein belegt, dass eine grundsätzliche Reform des Regierens in der Europäischen Union dringend erforderlich ist – und dennoch bleibt das „Wohin" und „Wie" der europäischen Institutionenentwicklung ungewisser als je. Die Beschäftigung mit dem Thema ist mittlerweile ubiquitär geworden. Allein die Frage „Wie demokratisch ist die EU?" stellt den Beobachter vor eine komplexe Aufgabe, denn nach welchen Maßstäben Demokratie und Regieren in einem „multi-level governance-system" bewertet werden sollen, bleibt bis heute unklar. Hinzu kommt eine Verquickung der Problematik des Demokratiedefizits mit der parallel laufenden Debatte um das Wesen, die ultimativen Ziele und die *Finalité* des europäischen Integrationsprojekts, deren Ausgang ebenfalls völlig offen ist.

Dass die Diskussion von normativen Unterstellungen begleitet, ja angetrieben wird, lässt sich bereits am Begriff „Defizit" feststellen, der auf die Wahrnehmung eines „Mangels" und somit auf die Erwartung von *mehr* Demokratie hindeutet. Die EU leidet gemäß dieser Sichtweise an einer Legitimationslücke, die aus der Kluft zwischen ihrer durchaus wahrgenommenen Problembearbeitungskapazität einerseits und den vergleichsweise eingeschränkten Beteiligungsmöglichkeiten europäischer Bürger andererseits entsteht. Schwingt im Begriff des

Defizits die Vorstellung mit, dass diese Lücke durchaus geschlossen werden kann, so sprechen andere Autoren scheinbar realistischer von einem systembedingten „Demokratiedilemma" der europäischen Politik (z.b. Steffani 1995). Die grundsätzliche Krux liegt danach in der Institutionenstruktur und schieren Größe der auf 27 Mitglieder angewachsenen EU, in der auf Einstimmigkeit beruhende Entscheidungen, auch im Bereich der eigentlichen Gemeinschaftspolitiken, *de facto* unerreichbar geworden seien, die demokratischen Partizipationsmöglichkeiten, die zur Legitimation der Mehrheitsentscheidungen in den EU-Institutionen, insbesondere im Ministerrat, benötigt würden, aber weiterhin fehlten (Scharpf 2003).

Jede Demokratie steht vor der Herausforderung, ein ausgewogenes Verhältnis zwischen der Gewährung solcher Beteiligungsmöglichkeiten und der Herstellung von Systemeffektivität bei der Problembewältigung zu finden (Dahl 1994). In der Europaforschung dominierten lange Zeit die Stimmen, die der EU empfahlen, ihr Heil vorwiegend oder ausschließlich in der „Output"-Legitimierung zu suchen, also im problemlösenden und effizienten Regieren. Ihre Erwartungen gründeten dabei auch auf der Überlegung, dass die EU überwiegend regulative (marktschaffende) Politiken verfolge, deren legitimatorische Anforderungen generell gering seien (Majone 2005). Gegen diese Sichtweise lassen sich mindestens zwei gravierende Einwände vorbringen. Zum einen setzt die Output-Legitimation voraus, dass die EU in der offenen oder stillschweigenden Wahrnehmung der Bürger erfolgreich regiert. Genau dies ist aber nach der allmählichen Erosion des permissiven Konsenses der Europapolitik heute weniger denn je der Fall. Zum anderen – und damit zusammenhängend – ist die Annahme falsch, dass regulative und technokratische Entscheidungen per se geringere Umverteilungswirkungen erzeugten. Auch marktöffnende Politiken können Einkommensverluste oder den Abbau von Arbeitsplätzen nach sich ziehen, die die Bürger massiv betreffen (Papadopoulos 2003). Von daher benötigen sie eine Legitimationsgrundlage, die über die *for-the-people*-Dimension hinausgeht.

2.2 *Intergouvernementale versus supranationale Demokratisierungsstrategien*

Besteht über das Ungenügen einer reinen Output-Strategie heute zunehmend Einigkeit, so scheiden sich über die Richtung und Reichweite der notwendigen Input-Demokratisierung in der normativen Europadebatte bis heute die Geister. Je nachdem, ob die Autoren eher einem intergouvernementalen oder supranationalen Leitbild anhängen, lassen sich zwei institutionelle Grundrichtungen unterscheiden. Während die „Intergouvernementalisten" von einer Suprematie des Rates im europäischen Entscheidungssystem ausgehen und ihre Demokratisierungsstrategien entsprechend dort konzentrieren, postulieren die „Supranationalisten" ein annäherndes institutionelles Gleichgewicht von Kommission, Parlament und Ministerrat.

Innerhalb der intergouvernementalen Demokratisierungsstrategie muss wiederum zwischen einer defensiven und offensiven Variante differenziert werden. Die defensive Variante orientiert sich am sogenannten „Zwei-Säulen-Modell". Da sie die Voraussetzungen einer durchgreifenden Demokratisierung der supranationalen Institutionen in der EU für nicht gegeben ansieht, möchte sie das Demokratiedefizit durch eine stärkere Rückbindung der europäischen Entscheidungsabläufe an die nationalen Parlamente auffangen. Die defensive Strategie folgt der richtigen Einsicht, dass demokratische Prinzipien auch im intergouvernementalen Rahmen am Platze sind und zum Zwecke der „Legitimationszufuhr" ausgebaut werden sollten. Es stellt sich jedoch die Frage, ob eine solche Strategie tatsächlich ausreicht oder angesichts der Realität der europäischen Entscheidungsprozesse nicht zwangsläufig an Grenzen stoßen muss. Die dazu bisher vorliegenden Studien kommen zu ernüchternden Befunden. Sie zeigen, dass dort, wo im nationalen Rahmen parlamentarische EU-Ausschüsse eingerichtet worden sind, diese die Politik ihrer Regierungen nicht nennenswert beeinflussen konnten, sondern allenfalls eine „Placebo-Wirkung" entfaltet haben (Janowski 2005).

Die offensive Variante zieht daraus die Konsequenzen. Sie hält am intergouvernementalen Grundansatz fest, möchte diesen aber um supranationale Elemente erweitern. Eine Schlüsselrolle spielen hier die qualifizierten Mehrheitsentscheidungen im Europäischen und Ministerrat. Wird deren Anwendungsbereich ausgeweitet und das Quorum für das Zustandekommen der Mehrheit gesenkt, so bedeutet das insofern eine demokratische Aufwertung, als die Handlungsfähigkeit der Gemeinschaft zunimmt und Entscheidungen dann nicht mehr nur auf der Basis des kleinsten gemeinsamen Nenners getroffen werden können. Im Übrigen bleibt die verstärkte Anwendung der Mehrheitsregel aber prekär. Solange es der EU an einer belastbaren kollektiven Identität fehlt, die die überstimmten Minderheiten geneigt macht, solche Entscheidungen als Ausdruck der eigenen Selbstbestimmung unter allen Umständen zu akzeptieren, führt das Prinzip demokratiepolitisch in die Sackgasse. Dies dürfte sich vor allem dort auswirken, wo das kulturelle Selbstverständnis der Mitgliedstaaten berührt ist oder Entscheidungen aufgrund ihrer Umverteilungswirkungen und materiellen Kosten einen besonders hohen Legitimationsbedarf erzeugen (Scharpf 1997: 187 f.).

Sind der Anwendung der Mehrheitsregel von daher Grenzen gezogen, besteht auf der anderen Seite die Möglichkeit, den Ministerrat in struktureller Hinsicht zu „supranationalisieren". In diese Richtung weist z.b. die von Joschka
Fischer in einer Rede vor Studenten der Berliner Humboldt-Universität vorgetragene Idee, den Rat durch einen aus delegierten Vertretern der nationalen Parlamente zusammengesetzten Senat zu ersetzen, die zu Recht als revolutionär bezeichnet worden ist (Nickel 2000: 228). Ein noch konsequenteres Modell sieht vor,
die Vertreter der „Staatenkammer" direkt zu wählen. Als kollektives Organ legitimiert, würde deren Legitimationskette im Vergleich zum heutigen Rat damit
entscheidend verkürzt. Die nationalen Regierungen und die nationalen Vertreter
in der Staatenkammer müssten ihre Politiken dann getrennt voneinander in der
nationalen Öffentlichkeit rechtfertigen (Zürn 1996: 50 f.).

Das Vorbild für die letztgenannte Konstruktion sind natürlich die USA, wo
das territoriale Vertretungsorgan auf der Bundesebene – der Senat – seit 1913 in
direkter Volkswahl unabhängig von der Wahl der Legislativen und Gouverneure
der Einzelstaaten bestellt wird. Die Analogisierung geht allerdings an den unterschiedlichen Voraussetzungen der beiden Systeme vorbei (Sbragia 1992: 285 ff.).
Im dualföderalistischen System der USA bedarf es einer territorialen Interessen-
vertretung auf der Ebene des Bundes nur eingeschränkt, weil die Zuständigkeiten zwischen Bund und Einzelstaaten hier von vornherein getrennt sind. Dies gilt
sowohl unter materiellen Aspekten (für die einzelnen Politikfelder) als auch –
und noch wichtiger – in funktioneller Hinsicht, indem beide in ihren Kompetenzbereichen über je eigene Verwaltungen und Gerichte verfügen. Die föderalistischen Eigenschaften des amerikanischen Senats liegen folglich weniger in der
Funktion als in der formellen Zusammensetzung des Organs begründet, die allen
Staaten – unbeschadet der Bevölkerungsgröße – denselben Vertretungsanspruch
einräumt.

Die EU stellt demgegenüber den Extremfall eines verbundföderalistischen
Systems dar. Solche Systeme sind dadurch charakterisiert, dass die administrative Durchführung der zentral getroffenen Entscheidungen nicht durch die Zentrale selbst besorgt wird, sondern den einzelnen (Mit)gliedstaaten obliegt. In der EU
zeigt sich dieses Prinzip besonders ausgeprägt. Ein Teil der Entscheidungen – die
Richtlinien – bedürfen hier sogar der legislativen Umsetzung durch die Mitgliedstaaten, weshalb die europäischen Instanzen auf deren Kooperationsbereitschaft
in hohem Maße angewiesen bleiben. Allein aus diesem Grund (und nicht nur
aufgrund der strukturellen Heterogenität der Gemeinschaft) wird man die Vertreter der nationalen Regierungen von den zentralen Entscheidungsprozessen

nicht einfach ausschließen können, wie es bei einem direkt gewählten oder aus Abgeordneten der nationalen Parlamente rekrutierten Senat der Fall wäre. Die Europäische Union erinnert in ihrer diesbezüglichen Grundstruktur an die Bundesrepublik, wo die Länder ebenfalls über ein Exekutivorgan – den Bundesrat – an der Gesetzgebung der Zentrale beteiligt sind. Die Weisheit dieser Konstruktion wird von Politikwissenschaftlern und Verfassungsrechtlern bezweifelt, weil sie dem unitarischen Charakter des deutschen „Parteienbundesstaates" zuwiderläuft. Was in der Bundesrepublik Probleme aufwirft, muss für die EU allerdings noch nicht falsch sein. Der entscheidende Unterschied zur deutschen Situation liegt darin, dass es eine parlamentarisch verantwortliche Regierung, die zu den Ländervertretern in Widerstreit geraten könnte, auf der europäischen Ebene (noch) nicht gibt. Eine Entföderalisierung der Staatenkammer würde daher unter Legitimationsgesichtspunkten mehr schaden als nützen. Dabei spielt es nur am Rande eine Rolle, ob sich die Zusammensetzung des Ministerrats eher am föderativen oder demokratischen Gleichheitsprinzip orientiert.[1]

Damit wendet sich der Blick zu der supranationalen Strategie, deren Demokratisierungsbemühungen bei Parlament und Kommission ansetzen. Anstatt von einer natürlichen Suprematie des Rates in den Entscheidungsprozessen auszugehen, sollen beide Organe hier mit der Staatenkammer zusammen ein institutionelles Gleichgewicht bilden. Die Gleichgewichtsvorstellung liegt nahe, wenn man die Verteilung der legislativen Funktionen innerhalb der Gemeinschaft betrachtet. Diese werden in der EU – mehr noch als in den nationalen Regierungssystemen – von den drei Organen gemeinsam wahrgenommen (wobei als Mit- und Nebengesetzgeber außerdem noch der Europäische Gerichtshof mit einzubeziehen ist). Handelt es sich beim Ministerrat um das eigentliche legislative Beschlussorgan, so hat das Parlament seine gesetzgeberischen Mitwirkungsbefugnisse in der Vergangenheit stetig ausweiten können. Dadurch ist es zu einer dem Rat in weiten Teilen gleichgestellten Zweiten Kammer avanciert. Der Kommission obliegt wiederum die für Regierungen typische legislative Initiativfunktion;

---

[1] Mit dem Erfordernis der sogenannten doppelten Mehrheit (Staaten und Bevölkerung) im Ministerrat bewegt sich die im Verfassungsvertrag vorgesehene Stimmengewichtung in etwa dazwischen (Holzinger 2005: 107 ff.). Ob sie in Richtung einer stärker föderativen Gleichheit verändert werden kann, hängt davon ab, welche Fortschritte die EU bei der Demokratisierung ihrer supranationalen Institutionen (Parlament und Kommission) macht. Gelingt es ihr, eine demokratisch verantwortliche Regierung zu installieren, würde der Spielraum für eine Reföderalisierung der Staatenkammer zweifellos größer, deren Stimmverteilung sich dann entweder am deutschen oder amerikanischen Modell orientieren könnte. Siehe dazu auch den Beitrag von Peter Graf Kielmansegg in diesem Band.

hier verfügt sie – abweichend von den nationalen Regierungssystemen – im Bereich der Gemeinschaftspolitiken sogar über ein Monopol.[2]
Ein ähnliches Bild zeigt sich bei den exekutiven Funktionen. Diese werden in der EU nicht nur von der eigentlichen Regierung, also der Kommission, wahrgenommen, sondern auch von den nationalen Regierungsvertretern im Rat, die in ihren Ländern – wie gesehen – für die Umsetzung der europäischen Gesetze zu sorgen haben. Zusätzlich kommt dem Rat in Gestalt der jeweiligen Präsidentschaft eine wichtige Initiativfunktion zu, die ihn neben seinen repräsentativen Aufgaben ebenfalls als Teil der Regierung qualifiziert. Lediglich das Parlament bleibt in der exekutiven Domäne ganz außen vor. Knüpft man an die Funktionenverteilung an bzw. betrachtet man diese als Basis einer pfadabhängigen institutionellen Weiterentwicklung, so stellen sich unter Demokratiegesichtspunkten zwei Fragen. Zum einen geht es darum, ob das Verhältnis zwischen Kommission und Parlament, die als exekutive und legislative „Kerngewalten" der EU deren supranationalen Charakter zuallererst verkörpern, eher entlang dem parlamentarischen oder dem präsidentiellen Modell ausgestaltet werden sollte. Zum anderen muss nach der Machtverteilung innerhalb der Exekutive gefragt werden, die entweder auf ein klares Übergewicht der Kommission oder ein institutionelles Gleichgewicht zwischen Kommission und Rat abzielen kann.

Abbildung 1:   Funktionenverschränkung im europäischen Institutionensystem

	Kommission	Parlament	Rat (Präsidentschaft)	Europäischer Rat (Präsident)
Legislative	√	√	√	
Exekutive	√		√	√

---

[2] Innerhalb der Zweiten und Dritten Säule und den zur ersten Säule gehörenden Bereichen Visa, Asyl und Einwanderung teilt sich die Kommission das Gesetzesinitiativrecht mit den Mitgliedstaaten.

3 Die Präferenz für den parlamentarischen Demokratisierungsansatz

3.1 Vorzüge des parlamentarischen Reformleitbildes

Unter den akademischen Kritikern des EU-Demokratiedefizits, die eine institutionelle Demokratisierung als notwendigen Reformschritt betrachten, überwiegen die Befürworter eines parlamentarischen Demokratisierungsansatzes (z.b. Bogdanor 2007, Mittag 2006, Holzinger / Knill 2001). Dass sich die Verfassungsgeber bzw. etliche politische Akteure der EU in der übergroßen Mehrheit ebenfalls am parlamentarischen Modell orientieren, darf nicht verwundern, ist ihnen doch das parlamentarische System aus ihren Herkunftsländern bestens vertraut. Abgesehen von Zypern und der Schweiz, die bezeichnenderweise nicht zur EU gehört, sind alle europäischen Länder parlamentarisch verfasst.

Demokratisierung ist aus der Sicht des parlamentarischen Ansatzes gleichbedeutend mit einer Aufwertung der Stellung des Europäischen Parlaments (EP). Dies ist insofern schlüssig, als das EP als einziges Organ der Europäischen Union für sich reklamieren kann, über eine direktdemokratische Legitimation zu verfügen. Die Aufwertung des EP betrifft zwei Bereiche. Zum einen soll das EP weitere Kompetenzen im Gesetzgebungsverfahren erhalten und in dieser Hinsicht mit dem Rat gleichgestellt werden. Zum anderen soll es die Bestellung des Kommissionspräsidenten vornehmen. Letzeres wäre der eigentliche Schritt hin zu einem parlamentarischen System, das sich bekanntlich dadurch auszeichnet, dass die Regierung aus dem Parlament „hervortritt" und von dessen Vertrauen abhängt.

Die Übernahme des parlamentarischen Systems in der EU hätte zum einen den Vorteil, dass sie den politischen Traditionen der Mitgliedstaaten entsprechen würde. Das System wäre also für die Bürger leicht nachzuvollziehen. Zum anderen könnte man sich mit dessen Einführung aber auch die systemimmanenten Vorzüge zunutze machen, die dem parlamentarischen Modell nach Auffassung seiner Befürworter eignen (vgl. z.B. Linz 1990). Diese liegen vor allem in der Fusion von Exekutive und Legislative begründet, die ein hohes Maß an Flexibilität garantiert. Verliert die Regierung ihre Unterstützung im Parlament, so sorgen die Institutionen des Misstrauensvotums und der Parlamentsauflösung dafür, dass im Parlament selbst oder durch vorgezogene Neuwahlen eine neue regierungsfähige Mehrheit erzeugt werden kann. Beide Vorkehrungen sichern der Regierung zugleich ein hohes Maß an Handlungsmacht. Bei der Durchsetzung ihrer Programme kann sie auf die Zustimmung „ihrer" Mehrheit vertrauen, was

sich in einer entsprechend stark ausgeprägten Abstimmungsdisziplin niederschlägt, während die Opposition und das Parlament insgesamt durch ihre Kontrolle dafür Sorge tragen, dass die Regierung sich vom Parlaments- und Volkswil-
len nicht allzu weit entfernt. Insofern weist das parlamentarische System traditionell eine beachtliche Effizienz in der Politikgestaltung und eine hohe parteipro-
grammatische Durchsetzungsfähigkeit auf (Katznelson 1994).

Die Vorteile des parlamentarischen Demokratisierungsansatzes für die EU
lassen sich also aus Sicht der Befürworter wie folgt zusammenfassen. (1) Das
Modell entspricht dem Bedürfnis nach einer stärkeren demokratischen Legitimation des europäischen Regierungssystems; (2) es trägt den nationalen Traditionen
der Mitgliedstaaten Rechnung, und (3) es erhöht die Regierungsfähigkeit der EU.

3.2 Die „Defizite" der Parlamentarisierungsstrategie

Eine Reihe von Autoren stehen dem Vorschlag zur Parlamentarisierung der EU
eher skeptisch gegenüber. Ihr Hauptargument lautet, dass das parlamentarische
Modell zur hybriden Struktur der EU nicht passe, die durch eine Verbindung
supranationaler und intergouvernementaler Prinzipien gekennzeichnet sei. So
hänge z.B. die Stellung der Kommission im europäischen Regierungssystem
gerade von ihrer nationalen und parteipolitischen Neutralität ab, die bei einer
Bindung an den Mehrheitswillen des Parlaments gefährdet sei (Majone 2002).
Auch das EP verdanke seinen jetzigen Einfluss der institutionell unabhängigen
Position, die verloren ginge, wenn es eine europäische Regierung politisch tragen
müsste. Dass das europäische System geeignete Anknüpfungspunkte einer parlamentarischen Strategie bereithalte, wie manche Befürworter behaupten, lässt
sich ebenfalls hinterfragen. So werden z.B. die Kontrollmöglichkeiten über-
schätzt, die das Misstrauensvotum des Parlaments gegen die Kommission in
seiner derzeitigen Ausgestaltung eröffnet (z.B. Lenaerts / Verhoeven 2002); diese
sind von einem normalen parlamentarischen Verfahren weit entfernt (s.u.).

Andere Kritiker gehen noch weiter. Sie bezweifeln, ob die EU überhaupt die
strukturellen Voraussetzungen je erfüllen könnte, die an die Einführung eines
parlamentarischen Systems gebunden sind. Da parlamentarische Regierungen
auf voll ausgebildete Parteien angewiesen seien, um stabile Mehrheiten zur Stützung der Regierung zu organisieren, sehen sie insbesondere in der mangelnden
Konsolidierung des Parteiwesens auf EU-Ebene im Vergleich zu den nationalen
Parteiensystemen ein unüberwindbares Demokratisierungshindernis. Die Partei-
en ordneten sich im EP zwar entlang einer Links-Rechts-Dimension ein, doch
entspreche ihr Zusammenspiel nicht der Entgegensetzung von Regierung und

Opposition, wie sie in parlamentarischen Systemen üblich sei (Tsebelis / Garrett 2001).

Das strukturelle Ungenügen der parlamentarischen Strategie lässt sich an den Wahlen zum EP festmachen. Da es weder ein einheitliches Wahlsystem noch echte pan-europäische Parteien gibt, werden diese durch die nationale Politik nahezu vollständig überlagert, was der Begriff „second-order elections" treffend zum Ausdruck bringt. Damit ist zweierlei gemeint. Erstens bleiben die Wahlen zum EP in ihrer Bedeutung hinter den nationalen Parlamentswahlen zurück, denen nach wie vor das Hauptinteresse des Wählerpublikums gebührt, und zweitens – noch gravierender – werden sie von nationalen Parteien ganz überwiegend unter nationalen Gesichtspunkten geführt, ja zum Teil sogar als „Zwischenwahlen" regelrecht missbraucht (Blondel / Sinnott / Svensson 1998). Wie sich unter diesen Umständen ein klarer „Regierungsauftrag" aus den Wahlen kristallisieren sollte, bleibt rätselhaft. Überdies führt die nach dem Prinzip der degressiven Proportionalität vorgenommene Sitzverteilung im EP zu einer schwerwiegenden Verletzung des demokratischen Gleichheitsgrundsatzes, der sich mit dem Selbstverständnis des EP als „Bürgerkammer" nicht verträgt (Steffani 1995).

Auch das Argument, wonach die Parlamentarisierung der EU durch die heimischen Traditionen der Mitgliedstaaten vorgezeichnet sei, steht bei näherer Betrachtung auf tönernen Füßen (Gaupmann 2008: 289 ff.). Ob die EU tatsächlich eine Affinität zum parlamentarischen Modell aufweist, wie es von den Befürwortern des Ansatzes unterstellt wird, lässt sich nicht allein an den entsprechenden Präferenzen der politischen Akteure festmachen, denn deren Wahrnehmung könnte ja durchaus falsch sein. Dies beweisen im Übrigen auch Untersuchungen zu den Regierungssystemen in den Mitgliedsländern.[3] Selbst wenn die EU institutionell den Traditionen der Mitgliedstaaten folgen würde, bedeutet das nicht, dass ein von diesen Traditionen abweichender Entwicklungspfad politisch nicht legitimierbar wäre:

Erstens sind präsidentielle Elemente auch in den parlamentarischen Systemen in unterschiedlicher Beimischung vorhanden (Poguntke / Webb 2007). In einigen Ländern wird das Staatsoberhaupt direkt gewählt und von der Verfassung mit mehr oder weniger weitreichenden Befugnissen ausgestattet. Andere

---

[3] So hat zum Beispiel Werner Patzelt festgestellt, dass in der Bundesrepublik Deutschland die Funktionslogik des parlamentarischen Regierungssystems von der Mehrzahl der Bürger bis heute nicht durchschaut wird; eine beträchtliche Minderheit (18 Prozent) wähnt sich hierzulande sogar in einem präsidentiellen System, und immerhin ein Drittel wünscht sich ein solches herbei (Patzelt 1998).

Länder kennen das präsidentielle System zumindest unterhalb der staatlichen Ebene. So sind z.b. in der Bundesrepublik die Kommunen heute fast alle zur Direktwahl ihrer Bürgermeister übergegangen. Wenn die parlamentarischen Traditionen tatsächlich so wirkungsmächtig wären, müsste das die Bundesbürger eigentlich in heillose Verwirrung stürzen.

Zweitens weisen die politischen Systeme der Mitgliedstaaten innerhalb der parlamentarischen Regierungsform eine große Bandbreite von institutionellen Arrangements auf, von denen manche näher und manche ferner zur europäischen *Polity* stehen. Daraus Rückschlüsse zu ziehen, welche Regierungsform für die EU bevorzugt wird, wäre absurd. Ihr eigener mehrheitsdemokratischer Parlamentarismus hindert die Briten z.b. nicht daran, auf der europäischen Ebene das genaue Gegenteil anzustreben: ein extremes Konkordanzsystem, in dem der Konsens der nationalen Regierungen die entscheidende Legitimationsgrundlage bleibt (Decker 2000: 611 ff.). Auf der anderen Seite sind es gerade konsensdemokratisch verfasste Länder wie die Niederlande oder Belgien, die sich in der Vergangenheit dafür stark gemacht haben, das europäische Entscheidungssystem um Elemente der Mehrheitsdemokratie zu bereichern. Die institutionellen Vorlieben werden also in erster Linie durch die integrationspolitischen Leitbilder gespeist und nicht durch die heimischen Traditionen.

4   Die Affinität der EU zum Präsidentialismus

4.1 *Zur Unterscheidung parlamentarischer und präsidentieller Regierungssysteme*

Dass in der EU ein parlamentarisches Regierungssystem im Entstehen begriffen sei, wird man nach dem Gesagten kaum behaupten können. Dies gilt auch unter den Bedingungen des eben verabschiedeten, im Ratifizierungsstadium befindlichen Lissabon-Vertrages, der in dieser Hinsicht nur wenig Änderungen gebracht hat (Höreth / Sonnicksen 2008). Damit ist die Frage aber noch nicht beantwortet, um welches Regierungssystem es sich bei der EU eigentlich handelt. Geht man von der dichotomischen Unterscheidung zwischen der parlamentarischen und präsidentiellen Regierungsform aus, die vom britischen Parlamentarismustheoretiker Walter Bagehot (1867) in die Systemlehre eingeführt wurde, lassen sich alle Regierungsformen dem einen oder anderen Typus zuordnen – also auch die EU. Grundlage der Unterscheidung ist die Frage, wie das Verhältnis von Exekutive und Legislative in einem Regierungssystem geregelt ist – also jener Gewalten, die dessen demokratische Substanz in erster Linie ausmachen.

Umstritten ist, ob es neben den beiden reinen Typen auch Mischformen geben kann. Dies hängt von den Kriterien ab, die für die Unterscheidung als maßgeblich erachtet werden. Folgt man dem Vorschlag von Winfried Steffani (1992), der sich auf ein ausschlaggebendes (singuläres) Unterscheidungsmerkmal beschränkt, nämlich die Abberufbarkeit oder Nicht-Abberufbarkeit der Regierung aus politischen Gründen, ist die Existenz von Mischsystemen scheinbar ausgeschlossen. Legt man dagegen mehrere gleichberechtigte Unterscheidungsmerkmale zugrunde, wie es einige angelsächsische Autoren vorgeschlagen haben, können neben den parlamentarischen und präsidentiellen Reintypen weitere Typen unterschieden werden (z.b. Shugart / Carey 1992).

Die Diskussion um mögliche Mischformen oder „Hybride" hat sich insbesondere an dem „semi-präsidentiellen" Typus entzündet, der begrifflich auf Maurice Duverger (1980) zurückgeht. Dabei handelt es sich um ein in der Grundstruktur parlamentarisches System, in dem neben der vom Parlament abhängigen Regierung mit dem Premierminister an der Spitze ein – in der Regel – direktdemokratisch legitimierter Präsident über seine Aufgabe als Staatsoberhaupt hinaus ebenfalls Regierungsfunktionen wahrnimmt. Während für Steffani kein Grund besteht, diesen Typus aus der Dichotomie herauszunehmen, ist er für die Mehrzahl der Autoren von der parlamentarischen Regierungsform so weit entfernt, dass sie ihn als eigenständigen Systemtypus betrachten wollen (z.b. Kailitz 2006).

Selbst wenn man diese Sichtweise nicht teilt, bleibt die Frage, ob die Beschränkung auf das Kriterium der Abberufbarkeit / Nicht-Abberufbarkeit tatsächlich genügt, um Mischsysteme auszuschließen. Steffani nimmt an, dass das negative Kriterium der Abberufbarkeit / Nicht-Abberufbarkeit einen bestimmten Modus der Regierungsbestellung präjudiziert, weshalb dieser als gleichrangiges Primärmerkmal entbehrlich sei. Dabei übersieht er jedoch dreierlei: *Erstens* genügt ein präsidentielles System nur dann demokratischen Anforderungen, wenn auch der Präsident auf demokratische Weise ins Amt kommt. Die Nicht-Abberufbarkeit bedarf als Kriterium hier also in jedem Fall einer „positiven" Ergänzung. *Zweitens* müssen Bestellung und Abberufung in institutioneller Hinsicht nicht unbedingt symmetrisch sein. So wie eine nicht-abberufbare Regierung vom Parlament bestellt werden kann (Schweiz), so kann es auch einen direkt gewählten Regierungschef geben, der vom Vertrauen des Parlaments abhängig bleibt (Israel 1996 – 2001). Und *drittens* ist das Kriterium der Abberufbarkeit / Nicht-Abberufbarkeit aus politischen Gründen weniger eindeutig als vermutet.

Alle drei Punkte lassen sich am Beispiel der EU gut veranschaulichen. Im folgenden soll daher zunächst geprüft werden, wie die Bestellung und Abberuf-barkeit der „europäischen Regierung" in den Verträgen geregelt ist und in der Praxis bisher erfolgte. Um die EU als Regierungssystem einzuordnen, werden dabei auch die sekundären Merkmale der Parlamentarismus-Präsidentialismus-Typologie zu Rate gezogen. In einem weiteren Schritt wird schließlich die Struktur der Exekutive näher untersucht und gefragt, ob das EU-System hier die Merkmale einer semi-präsidentiellen Regierungsform erfüllt.

4.2 Die Bestellung der europäischen Regierung

Die Europäische Kommission nimmt die wichtigsten exekutiven Befugnisse der Gemeinschaft wahr und soll daher zum Zwecke der Analogisierung als europäi-sche Regierung bezeichnet werden. Ihre Bestellung erfolgt in einem komplizier-ten Verfahren. In den meisten politischen Systemen wird die politische Führung durch Wahlwettbewerb um die Regierungsämter mittelbar oder unmittelbar legitimiert. Der administrative Teil der Exekutivgewalt bleibt dagegen der Wahl- und Mehrheitskontrolle in der Regel enthoben, damit Bürokraten und Behörden dem „Gemeinwohl" dienen können, statt die Interessen einer partikularistischen politischen Mehrheit zu verfolgen (Majone 1994: 117 ff.). Die Kommission ver-bindet beide Aspekte der Regierung auf eigentümliche Weise. Als Verwaltungs-behörde verfügt sie einerseits über mehr Handlungsspielraum als die Verwaltun-gen in den nationalen politischen Systemen, was unter Legitimationsgesichts-punkten Probleme aufwirft. Andererseits reichen ihre politischen Kompetenzen an die einer nationalen Regierung nicht heran; hier stimmt die eingeschränkte Handlungsmacht mit der mangelnden demokratischen Legitimation überein (Sbragia 2002: 2 ff.).

Bis 1994 wurde der Kommissionspräsident „im gegenseitigen Einverneh-men" der mitgliedstaatlichen Regierungen vom Europäischen Rat ernannt. Seit-her ist das Verfahren an fünf Stellen verändert worden, um die demokratische Legitimation des Amtes zu stärken.[4] Zunächst führte man im Maastricht-Vertrag (1992) die Investiturabstimmung ein; die Benennung durch die Staats- und Regie-rungschef bedurfte fortan der Zustimmung des Europäischen Parlaments. Gleichzeitig wurde eine Regelung aufgenommen, welche die Amtsdauer des Kommissionspräsidenten, die bis dahin vier Jahre betragen hatte, mit der fünf-jährigen Wahlperiode des EP verknüpfte. Im Nizza-Vertrag (2001) wurde be-

---

[4] Siehe dazu auch den Beitrag von Simon Hix in diesem Band.

stimmt, dass die Nominierung des Kommissionspräsidenten durch den Europäischen Rat nicht mehr einstimmig erfolgen sollte, sondern mit qualifizierter Mehrheit. Dies gelangte bei der Installierung der Barroso-Kommission 2004 erstmals zur Anwendung. Im Lissabon-Vertrag wurde schließlich ein Passus neu aufgenommen, wonach bei der Nominierung die Ergebnisse der Wahlen zum Europäischen Parlament „zu berücksichtigen" seien. Außerdem wertete man die Investiturabstimmung zu einer förmlichen „Wahl" des Kommissionspräsidenten durch das Parlament auf (Art. 17 Abs. 7 EUV).[5]

Die Bestimmungen des Lissabon-Vertrages haben am Grundcharakter des Bestellungsverfahrens freilich nichts geändert. Weil die Nominierung des Kommissionspräsidenten durch den Europäischen Rat jetzt mit qualifizierter Mehrheit erfolgt, kann sich dieser auf eine höhere demokratische Legitimation stützen als zuvor. Dies macht es praktisch unmöglich, dass sich das Parlament dem vorgeschlagenen Kandidaten verweigert. Bei Lichte betrachtet handelt es sich also nicht um eine „Wahl", wie der Vertrag irrtümlich formuliert, sondern weiterhin nur um ein Bestätigungsrecht. Die eigentliche Bestellungsfunktion verbleibt bei den Staats- und Regierungschefs (Höreth 2004: 1269). Das lässt sich auch an den bisherigen Abstimmungsergebnissen ablesen, die den Kommissionspräsidenten im EP in der Regel eine breite, fraktionsübergreifende Mehrheit beschert haben.

Um die Bestätigung seines Kandidaten im Parlament sicherzustellen, ist der Europäische Rat natürlich gut beraten, das Parlament in den Nominierungsprozess vorsorglich einzubeziehen. Von einem nennenswerten Einfluss auf das Auswahlverfahren, der Vorbote eines positiven Bestellungsrechts sein könnte, bleibt die Straßburger Versammlung gleichwohl entfernt. Auch die Verdrängung des von Frankreich und Deutschland ursprünglich favorisierten belgischen Premierministers Guy Verhofstadt durch den konservativen portugiesischen Kandidaten José Manuel Barroso im Jahre 2004 spiegelte eher die veränderten Macht- und Mehrheitsverhältnisse im Europäischen Rat wider als die Ergebnisse der Wahlen zum EP. Um den Rat zu präjudizieren, wäre es den großen Fraktionen ja unbenommen gewesen, mit eigenen Spitzenkandidaten für das Präsidentenamt in die Wahl zu ziehen, worauf sie aber wie bei allen vorangegangenen Wahlen wohlweislich verzichteten. Voraussetzung für eine echte Parlamentarisierung des Bestellungsverfahrens ist also, dass die Europawahlen tatsächlich um europäi-

---

[5] Der Lissabonner Vertrag besteht aus dem „Vertrag über die Europäische Union" (EUV) und dem „Vertrag über die Arbeitsweise der Europäischen Union" (AEUV), die zusammen anstelle des bisherigen „Vertrages zur Gründung der Europäischen Gemeinschaft" (EGV) treten.

sche Themen und Personen geführt werden. Wäre dies der Fall, dann könnten Rat und Parlament ihre heutigen Rollen bei der Bestellung tauschen. Der bestehende Vertragstext müsste dazu nicht einmal geändert werden.

Der Bestellungsvorgang ist mit der Inthronisierung des Kommissionspräsidenten noch nicht beendet. Nachdem dieser im Einvernehmen mit den mitgliedstaatlichen Regierungen seine Mannschaft zusammengestellt hat, muss sich die Kommission als ganze einem abschließenden Zustimmungsvotum des Parlaments unterwerfen, bevor sie ihr Amt antreten kann (Art. 17 Abs. 7 EUV). Ein Verfassungsvergleich zeigt, dass ein solches Bestätigungsrecht der gesamten Regierung in parlamentarischen Systemen durchaus vorgesehen ist (so in Finnland, Irland, Schweden und Spanien sowie in der Bundesrepublik in einigen Länderverfassungen), wenn es auch nicht die Regel darstellt (Ismayr 2006: 18 ff.). Im präsidentiellen System gehört es demgegenüber zu den üblichen *checks and balances*, mit denen die Übermacht einer Regierungsgewalt verhindert werden soll. Im US-amerikanischen Fall erstreckt sich das Zustimmungsvotum im Senat allerdings nur auf die einzelnen Regierungsmitglieder. Dies hat auch seinen guten Sinn, da eine Ablehnung des Gesamtkabinetts einer Desavouierung des Präsidenten gleichkäme. Anders in der EU: Hier soll das Zustimmungsvotum der Abgeordneten zur Gesamtkommission offenbar einen Ausgleich für das fehlende positive Bestellungsrecht schaffen. Die im ersten Anlauf gescheiterte Bestätigung der Barroso-Kommission hat deutlich gemacht, dass diese Regelung wenig zweckmäßig ist. Praktikabel wäre sie nur dann, wenn der Kommissionspräsident bei der Zusammenstellung seines Teams über einen größeren Spielraum verfügen würde, wie es der Verfassungsentwurf des Konvents ursprünglich vorgesehen hatte.[6] In diesem Falle könnte er die Vorstellungen des Parlaments vorab berücksichtigen und bräuchte um dessen Zustimmung nicht zu bangen. So aber sind ihm durch die Vorschläge der einzelnen Mitgliedsstaaten weitgehend die Hände gebunden. Die erstmalige Ablehnung einer Kommission durch das Parlament (Oktober 2004) hat sich insofern nur vorderhand gegen die für ungeeignet befundenen Kommissare gerichtet; ihr eigentlicher Adressat waren die Suprematieansprüche der Staats- und Regierungschefs.

---

[6] Geplant war, dass der Kommissionspräsident bei den einzelnen Posten unter drei Vorschlägen der Mitgliedstaaten auswählen können sollte. Dies wurde von den Staats- und Regierungschefs später fallen gelassen (Höreth 2004: 1267).

4.3 Das Misstrauensvotum gegen die Kommission

Das Aufbegehren des Parlaments ist zu Recht als „Zeichen für ein Mehr an Parlamentarismus in Europa" gedeutet worden. Dass die Äußerung ausgerechnet vom seinerzeitigen Vorsitzenden der EVP-Fraktion, Hans-Gert Pöttering, stammt, zeugt freilich von einer bemerkenswerten Schizophrenie, denn es waren ja die Christdemokraten und Konservativen, die Barroso bis zuletzt ihre Unterstützung zugesagt hatten. Dies zeigt noch einmal deutlich, dass ein Mehr an Parlamentarismus nicht dem Übergang zu einem parlamentarischen Regierungssystem gleichgesetzt werden kann. Das Europäische Parlament befindet sich vielmehr in einer institutionellen Zwitterstellung zwischen parlamentarischem und präsidentiellem System, wobei die Beziehungen zwischen Parlament und Kommission im Zweifel auf eine größere Nähe zum Präsidentialismus schließen lassen. Letzteres kann man zugleich an den Regelungen zum Misstrauensvotum (Art. 234 AEUV) ablesen, die mit dem Bestellungsverfahren in engem Zusammenhang stehen.

Die Formulierung im Lissabon-Vertrag, wonach die Kommission dem Europäischen Parlament „als Kollegium verantwortlich" ist (Art. 17 Abs. 8 EUV), deutet auch hier zunächst auf ein parlamentarisches System. Gegen die Annahme eines normalen parlamentarischen Abberufungsrechts spricht jedoch mindestens zweierlei: *Erstens* ist für ein erfolgreiches Votum eine Zwei-Drittel-Mehrheit vorgeschrieben, die nur überparteilich erreicht werden kann, während für die Investitur der Kommission bereits die absolute Mehrheit genügt. Eine solche Asymmetrie von Bestellungs- und Abberufungsregeln ist unter den parlamentarischen Demokratien ohne Beispiel. *Zweitens* – und damit zusammenhängend – folgt die Abberufbarkeit nicht primär politischen Gründen; stattdessen dient sie der Sanktionierung eines rechtlichen oder moralischen Fehlverhaltens, wie man am (gescheiterten) Misstrauensantrag gegen die Santer-Kommission im Januar 1999 sehen konnte (Lautz 1999). Symptomatisch dafür ist das bislang vergebliche Bemühen des Parlaments, das Misstrauensvotum von der gesamten Kommission auf die einzelnen Kommissionsmitglieder auszudehnen. Dessen bedürfte es nicht, wenn es sich bei der Abberufbarkeit tatsächlich um ein politisches Prinzip handeln würde.[7] In der Europäischen Union beschreibt sie jedoch eher ein rechtliches Prinzip (im Gewand eines politischen Verfahrens), das an das US-amerikanische *impeachment* erinnert und besser mit „Absetzung" oder „Amtsenthebung" über-

---

[7] Aus diesem Grund ist das Prinzip der Ministerverantwortlichkeit in der Verfassungspraxis der parlamentarischen Systeme heute weitgehend obsolet geworden.

setzt werden sollte. So wie beim Bestätigungsrecht handelt es sich auch hier um ein typisches Merkmal des präsidentiellen Systems.

Das Bild komplettiert sich, wenn man die weiteren (sekundären) Kriterien der Parlamentarismus-Präsidentialismus-Typologie anwendet. So verfügen Kommission und Rat z.b. nicht über die Möglichkeit, das Parlament aufzulösen, die im parlamentarischen System als Pendant zur Abberufbarkeit der Regierung normalerweise gegeben ist. Die Einführung einer solchen Auflösungsbefugnis war vom französischen Premierminister Lionel Jospin 2001 angeregt worden (Jospin 2001), dessen Idee im Verfassungskonvent aber keinen Widerhall fand. Für eine größere Affinität zum präsidentiellen System spricht des weiteren die (faktische) Inkompatibilität von exekutiven Ämtern (in Rat und Kommission) und Abgeordnetenmandat, obwohl dies rechtlich nicht ausdrücklich vorgeschrieben ist. Da Inkompatibilitätsregelungen auch in parlamentarischen Systemen anzutreffen sind, handelt es sich hier freilich um kein zwingendes Unterscheidungsmerkmal.

Ein differenziertes Bild ergibt sich bei den Gesetzgebungsbefugnissen (Gaupmann 2008: 245 ff.). Während das Gesetzesinitiativrecht der Kommission hier eher auf ein parlamentarisches Regierungssystem hindeutet, verfügt die Kommission andererseits über ein – an die präsidentielle (und semi-präsidentielle) Regierungsform erinnerndes Quasi-Veto, indem sie ihre Vorschläge im Gesetzgebungsprozess jederzeit abändern oder zurückziehen kann. Dieses Recht bleibt auch im neuen Vertrag erhalten (Art. 293 Abs. 2 AEUV). Mit ihm soll dafür Sorge getragen werden, dass sich die legislativen Organe Ministerrat und Parlament nicht nach Belieben von den Kommissionsvorschlägen entfernen. Um seinen Einfluss in der Gesetzgebung zu stärken, würde das Parlament der Kommission dieses Recht deshalb am liebsten entziehen bzw. es auf das Anfangsstadium des Gesetzesprozesses beschränken.

Das Rücknahmerecht steht in engem Zusammenhang mit der Bestimmung, dass alle Verordnungen, Richtlinien und Beschlüsse, die Rat und Parlament treffen, auf einen Vorschlag der Kommission zurückgehen müssen (Art. 289 Abs. 1 AEUV). Das Initiativmonopol ist eine unparlamentarische Besonderheit der EU, die auf die institutionelle Verquickung von supranationalen und intergouvernementalen Integrationsformen zurückverweist. Es führt dazu, dass der Rat selbst im Falle der Einstimmigkeit nicht unabhängig von der Kommission entscheiden kann. Damit soll verhindert werden, dass spätere Regierungen auf dem Weg der normalen Gesetzgebung hinter den erreichten Integrationsstand zurückfallen. Ob die Sorge mit derselben Berechtigung auf das EP zutrifft, lässt sich zwar bezweifeln. Gestünde man diesem das Initiativrecht zu, wäre allerdings offen, wie man die Kommission im Gesetzgebungsprozess weiter angemessen beteiligt.[8] In einem parlamentarischen System (das die EU nicht ist) würde sich eine solche Frage erübrigen. Das Manko der fehlenden Gesetzesinitiative wird die Straßburger Versammlung daher wohl länger begleiten als die anderen Besonderheiten, die sie von einem normalen demokratischen Parlament unterscheiden – von der Verletzung des Gleichheitsprinzips bei der Sitzzuweisung über das uneinheitliche Wahlverfahren bis hin zu der noch nicht ganz erreichten legislativen Gleichstellung mit dem Rat.

4.4 Bikameralismus

Letzteres verweist auf ein anderes Sekundärmerkmal, das für die Unterscheidung der parlamentarischen und präsidentiellen Systeme herangezogen werden kann. Charakteristisch für das parlamentarische System ist die „Gewaltenfusion" zwischen Exekutive und Legislative in Gestalt der regierenden Mehrheit, der die Opposition als parlamentarische Minderheit gegenüber steht. Diesem Gegenüber von Mehrheit und Minderheit würde es zuwiderlaufen, wenn erstere ihre legislative Handlungsmacht mit einer zweiten parlamentarischen Kammer teilen müsste, in denen die Oppositionsparteien womöglich die Mehrheit stellen. Gleichberechtigte oder annähernd gleichberechtigte zweite Kammern stellen daher in den parlamentarischen Systemen die Ausnahme dar (so in Deutschland oder Australien).

Im präsidentiellen System fügen sie sich demgegenüber in dessen Gewaltentrennungslogik und das Fehlen einer institutionalisierten Regierungsmehrheit gut ein. Um der von ihnen befürchteten natürlichen Übermacht der Legislative im Regierungssystem entgegenzuwirken, haben sich die Gründerväter der USA bewusst für ein gleichberechtigtes Zweikammerparlament entschieden, in dem Senat und Repräsentantenhaus einander in Schach halten. Dies bedeutet nicht, dass der Präsidentialismus auf eine solche Gleichgewichtsstruktur zwingend angewiesen wäre. Tatsächlich kommen etwa die Hälfte der (fast ausschließlich in Lateinamerika beheimateten) präsidentiellen Systeme mit einem Einkammerparlament aus (Kailitz 2008). Wo sie eine zweite Kammer vorsehen, steht diese der ersten Kammer aber nahezu immer gleichberechtigt gegenüber, während in den

---

[8] Als Alternative böte sich eine Aufwertung des bereits bestehenden mittelbaren Vorschlagsrechts des Parlaments an (Art. 225 AEUV). Aufforderungen an die Kommission, in einer bestimmten Angelegenheit gesetzgeberisch tätig zu werden, könnten z.B. für diese verpflichtend gemacht werden.

parlamentarischen Systemen die nach dem demokratischen Gleichheitsprinzip zusammengesetzte erste Kammer über ein klares Prä verfügt. Dieser Unterschied lässt sich auch daran ablesen, dass der Sprachgebrauch erste und / oder zweite Kammer in bezug auf den Präsidentialismus generell ungebräuchlich ist.

In der EU wird die bikamerale Logik durch das leichte legislative Übergewicht, über das die nicht nach dem Gleichheitsprinzip zusammengesetzte Kammer im Gesetzgebungsprozess verfügt, sogar noch verstärkt. Dies zeigt sich u.a. daran, dass der Gesetzesbeschluss stets vom Rat ausgeht und nicht vom Europäischen Parlament. Selbst wenn es eine Gewaltenfusion zwischen der Kommission und dem Parlament gäbe, die erstere also von einer parteipolitisch festgefügten Mehrheit bestellt und im Amt gehalten würde, könnte der Rat als eigenständige Institution im Gesetzgebungsprozess weiter eine so starke Rolle spielen, dass gegen seinen Willen nichts durchgesetzt werden kann. Das Institutionensystem der EU ist von der gewaltenfusionierenden Logik der parlamentarischen Regierungsform also auch in dieser Hinsicht denkbar weit entfernt (Bogdanor 1986: 174).

4.5 Die geteilte europäische Exekutive als semi-präsidentielles Arrangement

Bisher haben wir unterstellt, dass die Regierungsfunktion in der EU hauptsächlich von der Kommission und die Gesetzgebungsfunktion von den diversen Ratsformationen ausgeübt werden. Die Realität gibt diese Darstellung natürlich nur unzureichend wider. So wie die Kommission im legislativen Prozess mitwirkt, so stellt der Rat in funktioneller wie struktureller Hinsicht zugleich ein exekutives Organ dar (s.o.). Dass seine exekutiven Befugnisse durch den Lissabon-Vertrag weiter ausgebaut wurden, entspricht der für die EU charakteristischen Wechselbeziehung von supranationaler und intergouvernementaler Institutionenbildung (Decker 2002: 614 ff.). Zu den Neuerungen des Lissabon-Vertrages gehört *erstens*, dass der Europäische Rat der Staats- und Regierungschefs, der in die Verträge als Organ bisher nicht inkorporiert war, nun mit der ausdrücklichen Funktion eines Richtliniengebers betraut wird, der die „allgemeinen politischen Zielvorstellungen und Prioritäten" der Gemeinschaft festlegt (Art. 15 Abs. 1 EUV). *Zweitens* wurde das Amt eines Präsidenten (des Europäischen Rates) eingeführt, der von den Staats- und Regierungschefs mit qualifizierter Mehrheit – bei einmaliger Wiederwahlmöglichkeit – für zweieinhalb Jahre gewählt wird (Art. 15 Abs. 5 EUV). Im Unterschied zur heutigen Ratspräsidentschaft darf der künftige Präsident kein einzelstaatliches Amt ausüben. Er kann also nur von außerhalb rekrutiert werden (und nicht mehr aus dem Kreis der amtierenden Staats- und Regierungschefs selbst). *Drittens* wurde das Amt des Hohen Vertreters institutionell aufgewertet, auch wenn man auf den bereits verabredeten Titel „Außenminister" am Ende verzichtete. Gemäß der „Doppelhut"-Lösung ist der Hohe Vertreter einerseits Mitglied der Kommission (als einer ihrer Vizepräsidenten), andererseits sitzt er – in Abweichung vom Prinzip der rotierenden Ratspräsidentschaft – dem Rat für Auswärtige Angelegenheiten vor (Art. 18 EUV).

Die doppelte (zweigeteilte oder dualistische) Exekutive ist ein typisches Kennzeichen der parlamentarischen Regierungsform (Steffani 1992). Während im präsidentiellen System die Funktionen des Staatsoberhaupts und Regierungschefs in einem Amt zusammengeführt werden, bleiben sie im parlamentarischen System institutionell getrennt. Wie die parlamentarischen Systeme der deutschen Bundesländer und – auf nationaler Ebene – Südafrikas beweisen, kann es allerdings Ausnahmen geben. Umgekehrt wäre auch ein präsidentielles System mit doppelter Exekutive theoretisch durchaus vorstellbar. Das Unterscheidungsmerkmal ist also nicht funktionslogisch zwingend, sondern nur empirisch – aus der historischen Genese der beiden Systemtypen – erklärbar.

Bei den Systemen mit dualer Exekutive stellt sich aus politikwissenschaftlicher Sicht vor allem die Frage, wie die Macht zwischen beiden Organen verteilt ist. In den meisten parlamentarischen Systemen liegt die Hegemonie beim Regierungschef, während Präsident (oder Monarch) auf die zeremoniell-notariellen Aufgaben eines Staatsoberhauptes beschränkt bleiben. In anderen Fällen verfügt der Präsident selber über handfeste politische Kompetenzen, die ihn zu einem potenziellen Teil der Regierung machen. Wer der eigentliche „Chef der Exekutive" ist, lässt sich hier nicht immer eindeutig beantworten. Es hängt zum einen von den verfassungsrechtlichen Bestimmungen und deren Auslegung in der Praxis, zum anderen von den parteipolitischen Mehrheitsverhältnissen ab. Exemplarisch verkörpert wird der semi-präsidentielle Systemtypus von der V. Französischen Republik.

Die Parallelen zur europäischen Politik scheinen auf der Hand zu liegen. Im Exekutivbereich wird die Regierungsverantwortung hier ebenfalls von zwei Teilen übernommen – der Kommission und dem Rat. Mit Ausnahme des neu gestalteten Amtes des Hohen Vertreters sind beide Regierungszweige an der politischen Spitze institutionell getrennt. Im Rahmen dieser Struktur weisen sie freilich eine Reihe von Funktionsüberschneidungen auf, die den nationalstaatlichen Systemen mit doppelter Exekutive fremd sind. So verfügt z.B. die Kommission durch das Monopol der Gesetzesinitiative über ein starkes Führungsinstrument, das die Rolle des Europäischen Rates als Richtliniengeber beschneidet. Ihre

Funktionen beschränken sich also keineswegs nur auf die klassischen Regierungsaufgaben der Überwachung und Implementierung.

Innerhalb des Rates teilen sich die Staats- und Regierungschefs die Führungsrolle wiederum mit der halbjährlich rotierenden Ratspräsidentschaft. Diese ist in der Vergangenheit immer mehr zu einem Agenda-Setter geworden, dessen Arbeitsprogramm über Stagnation oder Fortschritt der europäischen Politik entscheidet (Schout / van Schaik 2008). Und als ob das der Komplexität noch nicht genug ist, hat man dem neu geschaffenen Präsidenten des Europäischen Rates ebenfalls Regierungsfunktionen zugedacht. Einerseits soll er dem Rat Impulse geben und dessen Zusammenhalt fördern, andererseits die Außenvertretung der EU in Angelegenheiten der Gemeinsamen Außen- und Sicherheitspolitik wahrnehmen – „unbeschadet der Befugnisse des Hohen Vertreters", wie es in Art. 15 Abs. 6 EUV heißt. Dies bedeutet zugleich, dass der Präsident in die Rolle eines repräsentativen „Oberhaupts" der Europäischen Union hineinwächst, die bisher überwiegend vom Kommissionspräsidenten ausgeübt wurde (Staeglich 2007).

Abbildung 2:   Struktur der EU-Exekutive

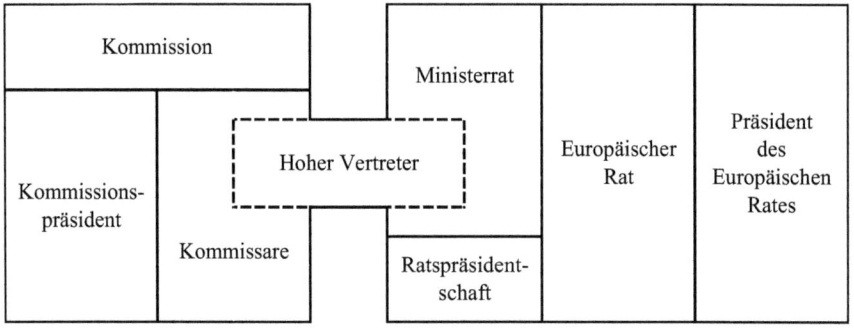

Nachdem der EU – wie gesehen – die zentralen Merkmale eines parlamentarischen Systems fehlen, sollte man die Analogie allerdings nicht überstrapazieren (Knelangen 2005). Dies gilt umso mehr, als auch ein anderes, von Duverger für systemnotwendig betrachtetes Element des Semi-Präsidentialismus – die Volkswahl des Präsidenten – in Europa nicht erfüllt ist. Die Vergleichbarkeit reduziert sich insofern auf die Macht- und Kompetenzverteilung innerhalb der Exekutive, wo Kommission und Rat bzw. Kommissionspräsident und der Präsident des Europäischen Rates miteinander rivalisieren. Ob mit der Perpetuierung dieser Struktur durch den Lissabon-Vertrag zusätzliche Blockadetendenzen heraufbeschworen werden, die die Funktionsfähigkeit des Institutionensystems gefährden, bleibt abzuwarten (Kurpas u.a. 2007).[9] Wenn solche Gefahren drohen, dann dürften sie in erster Linie vom Rat als ganzem ausgehen und weniger von den neu geschaffenen Ämtern des europäischen Präsidenten und Außenministers. Hier liegt auch der Grund dafür, warum eine Direktwahl des europäischen Präsidenten[10] demokratiepolitisch in die Sackgasse führen würde. Will man einer weiteren Gewichtsverlagerung in Richtung Intergouvernementalismus vorbeugen, müssen die Demokratisierungsbemühungen bei den supranationalen Institutionen, also Parlament und Kommission, ansetzen. Im fünften Abschnitt möchten wir diskutieren, ob die Direktwahl des Kommissionspräsidenten dafür einen geeigneten Ansatz verspricht. Zunächst stellt eine Abbildung die parlamentarischen und präsidentiellen Merkmale des europäischen Regierungssystems nochmals dar.

Abbildung 3:   Parlamentarische und präsidentielle Merkmale des EU-Regierungssystems

		parlamentarisch	quasi-präsidentiell	präsidentiell
primäre Merkmale	Bestellung		X	
	Abberufung		X	
sekundäre Merkmale	Auflösbarkeit			X
	Kompatibilität / Inkompatibilität			X
	Gesetzesinitiativrecht	X		
	Vetorecht		X	
	Bikameralismus			X
	geschlossene / doppelte Exekutive	X		

---

[9] Siehe dazu auch den Beitrag von Andreas Hofmann und Wolfgang Wessels in diesem Band.
[10] Ein solcher Vorschlag wurde jüngst von dem deutschen Innenminister Wolfgang Schäuble gemacht.

4.6 Zwischenfazit und eine Analogie

Als Zwischenergebnis der bisherigen Überlegungen lässt sich festhalten, dass die heutige institutionelle Struktur der EU eine Gemengelage zwischen dem parlamentarischen und präsidentiellen Modell bildet. Die Beziehungen zwischen Parlament und Regierung weisen dabei in der Summe eine stärkere Affinität zum präsidentiellen System auf, die auch unter dem Lissabon-Vertrag erhalten bleibt. Trotz des Vorhandenseins parlamentarischer Elemente ist das EU-System in seiner Gesamtlogik also eher gewaltentrennend als gewaltenverschränkend. Gleichzeitig – und in scheinbarem Widerspruch dazu – erinnert es im exekutiven Bereich an die semi-präsidentielle Variante eines parlamentarischen Systems, in welchem sich Rat und Kommission die Regierungsbefugnisse teilen.

Sucht man unter den historischen und gegenwärtigen Regierungssystemen nach Vergleichsbeispielen für eine solche Struktur, so könnte einem leicht das Deutsche Kaiserreich in den Sinn kommen. Steffani (1992: 292 f.) betrachtet die Reichsverfassung von 1871 als ein präsidentielles System der monarchischen Form, weil Regierung bzw. Reichkanzler hier nicht dem Parlament, sondern allein dem Kaiser gegenüber verantwortlich gewesen seien. Die an der Nicht-Abberufbarkeit der Regierung festgemachte Zuordnung schafft einen nützlichen Zugang, um das Zusammenspiel der Institutionen im Kaiserreich zu verstehen. Dies gilt insbesondere mit Blick auf die Rolle des aufstrebenden Reichstages, dessen Bestellung (nach dem allgemeinen Männerwahlrecht) und legislative Mitregierungsfunktion die Charakterisierung der konstitutionellen Monarchie als „semi-demokratisch" rechtfertigt.

Die Analogien zur europäischen Politik liegen auf der Hand. Auch dort hat das getrennt von der Exekutive bestellte Parlament seine institutionelle Position nach und nach verbessert. Zwar sieht es sich – wie ehedem der Reichstag – immer noch einer schier übermächtigen Exekutive (bestehend aus der Kommission und dem Rat) gegenüber, doch bleibt diese in zentralen Bereichen der Politik auf die parlamentarische Zustimmung angewiesen. Die fehlende Gewaltenverschränkung sorgt dafür, dass diese nicht automatisch durch eine regierende Mehrheit erteilt wird, sondern immer wieder neu besorgt werden muss. So wie die Reichskanzler im Kaiserreich vor der Notwendigkeit standen, ihre Politik im Reichstag durch gegebenenfalls wechselnde Koalitionsbildungen abzusichern, so gilt in der EU dasselbe für die Kommission und den Rat. In der faktischen Funktionsweise des Parlamentarismus finden sich hier zwischen beiden Systemen markante Übereinstimmungen.

Wenig überzeugend ist, dass Steffani (ebd.) dem Kaiserreich sogar das präsidentielle Merkmal einer geschlossenen Exekutive zubilligen will. Zwar oblag es ausschließlich dem Kaiser, den Kanzler zu ernennen und zu entlassen, doch bestimmte letzterer die Richtlinien der inneren und äußeren Politik weitgehend selbständig. Dies galt zumindest bis zur Entlassung Bismarcks im Jahre 1890, als Wilhelm II. die Ära der Persönlichen Monarchie einleitete. Nachdem diese ihren Höhepunkt überschritten hatte (ab etwa 1900), waren dem Monarchen nicht nur in der Regierungsführung, sondern auch bei der Auswahl des Kanzlers zunehmend die Hände gebunden, konnte er keinen Kandidaten ernennen und im Amt belassen, der außerstande war, im Reichstag die notwendige Unterstützung zu organisieren.[11] Die semi-präsidentielle Struktur des Kaiserreichs nahm insofern die spätere Parlamentarisierung durch die Weimarer Reichsverfassung vorweg (Jäckel 1996: 23 ff.).

Auch in der EU sind die Staats- und Regierungschefs bei der Bestellung des Kommissionspräsidenten im Verhältnis zum Parlament nicht (mehr) völlig frei. Gleichzeitig wird ihre Funktion als Richtliniengeber gegenüber der Kommission dadurch beschnitten, dass letztere über das Monopol der Gesetzesinitiative verfügt. Eine starke Einschränkung erfährt die Kommission dagegen durch die Mitregierungsfunktion des Rates, der als Vertretungsorgan der mitgliedstaatlichen Regierungen an die Konstruktion des Bismarck'schen Bundesrates erinnert. Dieser war vom Reichsgründer einerseits als Gegengewicht zum Reichstag konzipiert worden; zum anderen trug er dem Charakter des Reichs als (historisch verspäteter) Zusammenschluss souveräner und überwiegend monarchisch verfasster Staaten Rechnung. So wie Rat und Parlament in der heutigen EU bildeten Bundesrat und Reichstag im Kaiserreich ein annähernd gleichberechtigtes Zweikammersystem in der Gesetzgebung, dessen Symmetrie allerdings durch die hegemoniale Stellung Preußens empfindlich gestört wurde.

Letzteres bedeutet zugleich, dass die autoritären Züge des Systems im Kaiserreich sehr viel stärker ausgeprägt waren, als sie es in der EU jemals sein könnten. Während diese sich auf die demokratische Legitimität ihrer Mitgliedstaaten zu stützen vermag, kam es in Deutschland erst nach dem verlorenen Weltkrieg 1918 zu einer durchgreifenden Demokratisierung in Reich und Ländern, indem das allgemeine und gleiche Wahlrecht durchgesetzt und die parlamentarische

---

[11] Im Unterschied zur EU und gegen die präsidentielle Logik sah die Reichverfassung die Möglichkeit der Parlamentsauflösung durch Beschluss des Bundesrates mit Zustimmung des Kaisers vor. Der Regierung nutzte dies allerdings wenig, da sie damit rechnen musste, nach vorzeitigen Neuwahlen einen aus ihrer Sicht noch ungünstiger zusammengesetzten Reichstag vorzufinden.

Regierungsform eingeführt wurden. Ob die am Merkmal der Nicht-Abberufbarkeit festgemachte Charakterisierung des Kaiserreichs als präsidentielles System vor diesem Hintergrund überhaupt Sinn macht, lässt sich – wie oben gesehen – bezweifeln. Auch im Falle der EU bleibt eine solche Charakterisierung zumindest unvollständig, solange es beim derzeitigen Bestellungsverfahren der europäischen Regierung bleibt.

5   Die Direktwahl des Kommissionspräsidenten als Demokratisierungsansatz

5.1 *Direktwahl und präsidentielle Funktionslogik*

Angesichts der Affinität des EU-Institutionensystems zum Präsidentialismus ist es erstaunlich, dass sich die Befürworter einer präsidentiellen Demokratisierungsstrategie in der Europadiskussion nach wie vor in der Minderheit befinden. In manchen Überblicksdarstellungen zum Demokratiedefizit wird die Möglichkeit einer Direktwahl des Kommissionspräsidenten nicht einmal in Erwägung gezogen (z.B. Kohler-Koch / Rittberger 2007). Dabei kann die Präsidentialismusthese in der Forschung inzwischen auf eine mehr als zwei Jahrzehnte lange Geschichte zurückblicken. Vom britischen Politikwissenschaftler und Verfassungsrechtler Vernon Bogdanor (1986) aus Anlass der ersten größeren Reform des EU-Institutionensystems – der Einführung der Einheitlichen Europäischen Akte – entwickelt, wurde sie in den neunziger Jahren von Simon Hix (1998) fortgeschrieben und später auch in der deutschsprachigen Diskussion aufgegriffen (Decker 2000). Im Umfeld der EU-Verfassungsdebatte ist der Vorschlag dann u.a. vom deutschen Außenminister Joschka Fischer (2000) sowie vom früheren irischen Premierminister John Bruton (2003) lanciert worden.

Bemerkenswerter als die Kehrtwende von Fischer, der in den späteren Konventsberatungen auf das Modell der „Parlamentaristen" umschwenken sollte, ist der Umstand, dass auch der intellektuelle Urheber des Präsidentialismuskonzepts, Vernon Bogdanor, von seiner ursprünglichen Idee mittlerweile Abstand genommen hat. Nicht nur, dass Bogdanor (2007) jetzt ausdrücklich das parlamentarische System als geeignete Regierungsform und Demokratisierungsstrategie empfiehlt; er nimmt dabei sogar auf das britische Modell Bezug, das in seiner extremen mehrheitsdemokratischen Ausrichtung mit den konsenslastigen Strukturen des europäischen Entscheidungssystems schwerlich in Einklang zu bringen sein dürfte. Bogdanor möchte diesen Einklang dennoch herstellen. Deshalb geht er weiter als die Mainstream-Parlamentaristen, indem er über die Anbindung der Bestellung des Kommissionspräsidenten an die Europawahlen hinaus vorschlägt, dass die gesamte Kommission in ihrer parteipolitischen Zusammensetzung vom Mehrheitswillen des Parlaments getragen sein müsste. Weil dies – so Bogdanor – durch das Parlament selbst erzwungen werden könne, erfordere die Demokratisierung entlang des parlamentarischen Entwicklungspfades keine Änderung der bestehenden Verträge. Darin liege ihr Hauptvorzug gegenüber dem präsidentiellen Direktwahlkonzept.

Selbst wenn das letztgenannte Argument zuträfe[12], bleibt aber die Frage, weshalb das Parlament und die in ihm vertretenen Parteien sich zu einer solchen Veränderung ihres Verhaltens durchringen sollten, das sie ja bereits in der Vergangenheit an den Tag hätten legen können. Dazu müssten sich die institutionellen Anreizstrukturen der europäischen Politik grundlegend gewandelt haben, was offenkundig nicht der Fall ist. Wichtiger als die förmlichen sind also die materiellen Voraussetzungen der Systemverträglichkeit. Eine Schlüsselrolle spielt hier das Parteiensystem. Holzinger und Knill (2001: 1006 ff.) weisen zu Recht darauf hin, dass die Tauglichkeit der Demokratisierungskonzepte maßgeblich davon abhängt, welche Anforderungen sie an eine Europäisierung der Parteien stellen. Ein Vergleich der Funktionslogiken des parlamentarischen und präsidentiellen Modells zeigt, dass diese im parlamentarischen Modell deutlich höher wären. Die politische Verbindung von Regierung und Parlamentsmehrheit, auf der das parlamentarische System beruht, lässt sich nur herstellen, wenn die Parteien ein hohes Maß an ideologischem und organisatorischem Zusammenhalt aufweisen. Das heutige europäische Parteiensystem gewährleistet das allenfalls bruchstückhaft. Im präsidentiellen System verfügt der Regierungschef dagegen durch die Direktwahl über eine vom Parlament unabhängige Legitimation, bleibt er auch ohne dessen Zustimmung im Amt. Das Parlament kann der Regierung daher vergleichsweise unbefangen gegenübertreten. Ein politischer Gleichklang zwischen den Organen, der die Abgeordneten zur Einhaltung der Partei- und Fraktionsdisziplin verpflichtet, ist nicht erforderlich. Ein präsidentielles System kommt demnach auch ohne fest gefügte Parteistrukturen aus.

---

[12] Dies ließe sich z.B. mit Blick auf die (in der EU nicht vorgesehene) Möglichkeit einer vorzeitigen Parlamentsauflösung bestreiten, die mit Ausnahme Norwegens in allen parlamentarischen Systemen gegeben ist. Bogdanor geht auf diesen Punkt nicht ein.

Das Beispiel des amerikanischen Kongresses zeigt, dass Parlamente gerade dort mächtig sind, wo sie auf die Funktion einer Legislative beschränkt bleiben.[13] Hier liegt auch der Grund für die – gemessen an den nationalen Parlamenten – schon heute „starke" Position des Europäischen Parlaments im Gesetzgebungsprozess. Das EP verfügt zwar noch nicht in allen Bereichen über ein dem Rat gleichberechtigtes Mitentscheidungsrecht; wo es mitentscheiden kann, besitzt es aber häufig größeren Einfluss als die nationalen Parlamente, denen die Regierungen als Gesetzgeber weitgehend den Rang abgelaufen haben. Weil die einen (die Vertreter der parlamentarischen Mehrheit) nicht regieren „dürfen" und die anderen (die Vertreter der Opposition) nicht regieren „können", wirkt das parlamentarische Regierungssystem auf die Abgeordneten zuweilen frustrierend. Als Kreationsorgan einer europäischen Regierung würde es den Straßburger Abgeordneten vermutlich ähnlich ergehen. Welches Interesse sollten sie also daran haben, sich auf ein solches Verlustgeschäft einzulassen?

Die präsidentielle Funktionslogik der europäischen Legislative lässt sich am Abstimmungsverhalten der Abgeordneten ablesen. Wie die Untersuchungen von Simon Hix u.a. gezeigt haben, ist die Partei- und Fraktionsdisziplin im Europaparlament deutlich schwächer ausgeprägt als in den nationalen parlamentarischen Systemen (Hix / Noury / Roland 2005). Fraktionsübergreifende Abstimmungskoalitionen für spezifische Interessen, etwa in der Agrar- oder Regionalpolitik, bilden keine Seltenheit. Gleichzeitig liegt die Geschlossenheit jedoch höher als im US-amerikanischen Kongress, was auf die europäischen Parteitraditionen zurückverweist und eine Entwicklung in Richtung parlamentarisches System zumindest nicht ausschließen würde. Gänzlich der präsidentiellen Logik gehorcht demgegenüber die Koalitionsbildung, die ad hoc und mit wechselnden Mehrheiten erfolgt. Dabei zeigen sich – je nach Politikbereich und Abstimmungsregel – unterschiedliche Muster. Wurden in der 3. Wahlperiode (1989 – 1994) noch über 70 Prozent der namentlich abgestimmten Entscheidungen zwischen den beiden großen Parteienfamilien (PES und EPP) einvernehmlich getroffen, so zeichnet sich seither ein konfrontativeres Abstimmungsverhalten ab, das der ideologischen Rechts-Links-Unterscheidung folgt. Neben die Zusammenarbeit der Großen treten nun sich abwechselnde Mitte-Links- und Mitte-Rechts-

---

[13] Die Bezeichnungen „parlamentarisch" und „präsidentiell" besagen also nichts über die tatsächliche Machtverteilung zwischen den Gewalten. Die Vorstellung, dass im ersten Falle das Parlament und im letzten Fall der Präsident die einflussreichere Institution sei, übersieht, dass die Legislativen gerade in den parlamentarisch genannten Regierungssystemen an eigenständiger Gestaltungsmacht eingebüßt haben

Allianzen, deren Mehrheiten in der Regel durch die nach beiden Seiten offenen Liberalen (ELDR) sichergestellt werden. Grundlage und Triebfeder des flexiblen Abstimmungsverhaltens ist die Vielparteienstruktur des EP, dem seit der letzten Wahl (2004) nicht weniger als acht Fraktionen angehören. Das Vielparteiensystem schafft einen funktionalen Ausgleich für die vergleichsweise große interne Geschlossenheit der Fraktionen, die der präsidentiellen Funktionslogik ansonsten abträglich wäre. Beides sind aus institutioneller Sicht also Seiten derselben Medaille. Eine Direktwahl des Kommissionspräsidenten würde daran nichts ändern, sondern auf der parlamentarischen Seite alles beim Alten belassen: Das EP könnte sich als Volksvertretung weiter demokratisieren (durch ein einheitliches und gleiches Wahlrecht), seine Gesetzgebungsbefugnisse im Verhältnis zum Ministerrat ausbauen und auch seine bisherigen Kontrollrechte gegenüber der Kommission behalten (einschließlich des Rechts, die Kommissionsmitglieder vor ihrer Ernennung zu bestätigen). Die Kommission wiederum würde durch die Direktwahl zwar stärker politisiert; ihre Neutralität und Unabhängigkeit, auf der die Gemeinschaftsmethode letztlich basiert, wäre aber dadurch noch nicht in Frage gestellt. Diese Unabhängigkeit stellt ja nicht nur gegenüber den Mitgliedsstaaten ein hohes Gut dar. Auch gegenüber dem Parlament sollte sich die Kommission vor ideologischer und parteipolitischer Einseitigkeit tunlichst hüten, wenn sie eine breite Zustimmung zu ihren Vorhaben erreichen will (Höreth 1999: 206 ff.). Der Kommissionspräsident ist deshalb gut beraten, schon bei der Zusammenstellung seines Teams auf die nötige Ausgewogenheit zu achten.

Während das parlamentarische Modell eine Neuordnung des Verhältnisses von Parlament und Kommission erforderlich machen würde, könnte man die Einführung der Direktwahl des Kommissionspräsidenten in das bestehende Institutionensystem integrieren, ohne die bisherige Verfassungspraxis zu ändern. Außer der Einführung der Direktwahl bedürfte es auch keiner weiteren förmlichen Eingriffe in die vorhandene, vom Lissabon-Vertrag fortgeschriebene Institutionenstruktur. Zu überdenken wäre allenfalls, ob man das neu geschaffene Amt des Präsidenten des Europäischen Rates dann noch bräuchte, da ein direkt gewählter Kommissionspräsident neben seinen exekutiven Befugnissen zweifellos auch repräsentative Aufgaben übernehmen würde. Dies wäre aber kein Schaden, da dieses zusätzliche Amt – wie oben gesehen – aus funktioneller Sicht ohnehin wenig Sinn macht.

Was das Verfahren der Direktwahl selbst anbetrifft, sind zwei Varianten vorstellbar. Zum einen könnte die relative Mehrheit entscheiden, zum anderen – gemäß romanischer Tradition – die absolute Mehrheit. Die romanische Mehr-

heitswahl erfordert in der Regel einen zweiten Wahlgang, in dem die beiden
Bestplatzierten des ersten Wahlgangs gegeneinander antreten. Die meisten präsidentiellen und semi-präsidentiellen Demokratien favorisieren diese – aus demokratischer Sicht überlegene – Variante. Aufgrund der starken Fragmentierung des
Parteiensystems wäre sie auch für die Europäische Union vorzuziehen. Für die-
sen Fall müsste geklärt werden, welcher der beiden Wahlgänge zeitgleich mit den
Parlamentswahlen stattfindet. Alternativ könnte man die Präsidenten- und Parlamentswahlen ganz voneinander abkoppeln und in Kauf nehmen, dass die Bürger dann in einem Zeitraum von fünf Jahren gleich dreimal zu den europäischen
Urnen schreiten müssten. Dieses Modell hätte den Nachteil, dass es mit höherer
Wahrscheinlichkeit abweichende Mehrheitsverhältnisse zwischen Exekutive und
Legislative erzeugen würde. Der Kommissionspräsident hätte es damit also
schwerer, die notwendigen Parlamentsmehrheiten hinter sich und seiner Politik
zu versammeln, was bekanntlich zu den größten Herausforderungen (und potenziellen Schwachstellen) des präsidentiellen Systems gehört.

5.2 Einwände gegenüber der Direktwahl und mögliche Gegenargumente

Kritiker wenden gegen den Direktwahlvorschlag vor allem ein, dass er die bestehenden Legitimitätsstrukturen der europäischen Politik, die auf dem konsensua-
len Zusammenwirken der Mitgliedstaaten beruhten, überfordern würde. Dabei
wird insbesondere auf das Problem einer strukturellen Majorisierung der kleinen
Mitgliedstaaten hingewiesen (Höreth 1999: 272 ff.). Richtig ist, dass die Einführung der Direktwahl das europäische Konsenssystem um ein majoritäres Element
bereichern und es damit ein Stückweit in Richtung Mehrheitsdemokratie verschieben würde. Eine solche Verschiebung ist aber zwingend notwendig, wenn
das europäische Regierungssystem als ganzes demokratisiert werden soll. Die
von Lijphart (1999) in die Demokratietheorie eingeführte dichotomische Unterscheidung von Mehrheits- und Konsenssystem nährt bis heute das Missverständnis, beide Demokratieformen schlössen einander aus. Tatsächlich kommt aber
eine Mehrheitsdemokratie ohne einen Mindestbestand an Konsensstrukturen und
-praktiken ebenso wenig aus wie umgekehrt die Konsensdemokratie ohne einen
Mindestbestand an Mehrheitsstrukturen. Letzteres schlägt sich u.a. darin nieder,
dass bei der Bestellung und Abberufung der Regierung sowie bei der Gesetzgebung mit (einfacher bzw. absoluter) Mehrheit entschieden wird. In den nationalstaatlichen Konsensdemokratien, zu denen Lijphart beispielsweise die Schweiz,
Österreich, die Benelux-Länder und Skandinavien rechnet, ist diese Bedingung
ausnahmslos erfüllt. In der supranationalen Europäischen Union gilt das reine

Mehrheitsprinzip demgegenüber nur bei der Investiturabstimmung über die Kommission und den Gesetzesbeschlüssen im Parlament. Für ein Misstrauensvotum gegen die Kommission bedarf es einer Zweidrittelmehrheit der Abgeordneten, für die Bestellung des Kommissionspräsidenten im Europäischen Rat und die Gesetzesbeschlüsse im Ministerrat einer qualifizierten Mehrheit.

Es liegt in der Logik des Direktwahlvorschlags, dass er am konsensuellen Gesamtcharakter der europäischen *Polity* nicht rütteln würde. Die Gefahr, dass ein mit Mehrheit gewählter Kommissionspräsident Politik nur für einen Teil der europäischen Bevölkerung betreibt, bleibt gering, weil die Kommission ihre Gesetzesvorschläge ja nur mit Zustimmung des Ministerrats und des Parlaments durchsetzen kann; in den Aushandlungsprozessen würde dabei insbesondere das Parlament von seiner unabhängigen Position profitieren. Auch der Verweis auf eine drohende Benachteiligung der kleinen Staaten geht an der Sache vorbei. Gegen Simon Hix' (2002: 7) Befürchtung, wonach sich die Kandidaten bei einer solchen Wahl im Kampf um die Stimmen ausschließlich auf die großen, bevölkerungsstarken Staaten konzentrieren würden, steht bereits der Umstand, dass infolge der Vielsprachigkeit Europas ein Wahlkampf ohne die Hilfsdienste der nationalen Parteiorganisationen gar nicht machbar wäre, da nur diese die Kandidaten in die jeweiligen Öffentlichkeiten hinein vermitteln können. Europäische Wahlkämpfe werden also immer einen dezentralen Charakter behalten und den kleinen Ländern dadurch genügend Mitspracherechte sichern.

Was für die Wahl selbst gilt, gilt auch für die Nominierung der Spitzenkandidaten durch die europäischen Parteiorganisationen. Deren vorrangiges Interesse muss es naturgemäß sein, einen EU-weit bekannten und geschätzten Kandidaten aufzubieten, der in der Lage ist, die Mehrheit der europäischen Wahlbevölkerung hinter sich zu vereinigen. Nirgendwo steht geschrieben, dass solche Kandidaten automatisch bessere Chancen haben, wenn sie aus einem der großen Länder stammen. Dass auch kleine Länder imstande sind, namhafte und ausgewiesene Kandidaten hervorzubringen, lässt sich an Politikern wie Guy Verhofstadt, Wolfgang Schüssel oder Jean-Claude Juncker ablesen, die wiederholt für höchste europäische Ämter gehandelt wurden. Auch die Nominierungsregeln sprechen nicht für eine automatische Bevorzugung der Großen. Hier könnte womöglich das genaue Gegenteil eintreten und ein Kandidat aus einem kleinen Land lachender Dritter sein, wenn sich die nationalen Parteiorganisationen der großen Länder im parteiinternen Auswahlverfahren wechselseitig blockieren.

Das wichtigste Argument gegen die behauptete majoritäre Überforderung ergibt sich aus dem Vergleich mit der parlamentarischen Demokratisierungsstrategie. Wenn die Wahl zum Europäischen Parlament zu einer Vorentscheidung über die Person des Kommissionspräsidenten gemacht werden soll, wie es den Befürwortern der parlamentarischen Strategie vorschwebt, stellen sich bei der Nominierung der Spitzenkandidaten die gleichen Probleme wie bei der Direktwahl. Mit Blick auf den majoritären Charakter der Regierungsbestellung gibt es somit zwischen den beiden Strategien im Prinzip keinen Unterschied.

Anders verhält es sich, wenn man das Regieren selbst betrachtet, das sich in der Europäischen Union wie in den Nationalstaaten primär im Medium der Gesetzgebung vollzieht. Hier würde ein vom Parlament bestellter Kommissionspräsident den Regeln einer Mehrheitsdemokratie sehr viel stärker unterworfen sein als sein direkt gewähltes Pendant. Er müsste eine dauerhafte Abstimmungskoalition mit der ihn tragenden Parlamentsmehrheit eingehen, die ihrer Logik nach polarisierend wirkt und damit auch im Verhältnis zum Ministerrat Konflikte provozieren könnte. Die gewaltentrennende Struktur des Präsidentialismus ist demgegenüber auf Einbeziehung ausgelegt. Anstelle einer dauerhaften Koalition treten hier wechselnde Abstimmungsmehrheiten, die in Richtung Konsensualismus wirken. Was das Parlament betrifft, macht das Fehlen einer festen Mehrheit das „Regieren" für den Kommissionspräsidenten gewiss schwieriger. Im Verhältnis zum Rat dürften sich die präsidentiellen Strukturen indes vorteilhaft auswirken, da sie die Kompromissfindung begünstigen. Insofern entsprechen sie der Heterogenität der europäischen Politik, die aus der Verbindung von intergouvernementalen und supranationalen Integrationsformen rührt, eher als das auf Gewaltenverschränkung angelegte parlamentarische System.

Die Vorteile des präsidentiellen Systems liegen im Falle der EU aber auch auf der mehrheitsdemokratischen Seite. Zum einen hätte eine unmittelbar legitimierte Kommission bessere Voraussetzungen als heute, die Initiative in der Gesetzgebung zu behaupten. Dadurch könnte sie drohenden Blockaden im Entscheidungsprozess entgegenwirken, die dem Präsidentialismus in der Literatur häufig als Schwäche angekreidet werden (Linz 1990). Zum anderen würde von einer präsidentiellen Demokratisierung ein bedeutender Legitimationsschub für die europäische Politik ausgehen. Indem sie den Bürgern die Möglichkeit gibt, mit der Wahl einer Person zugleich eine politische Richtungsentscheidung zu treffen, könnte die Direktwahl des Kommissionspräsidenten das institutionelle Demokratieproblem der Gemeinschaft im Kern beseitigen.

So wie es sich derzeit darstellt, ist das Institutionensystem der EU nur begrenzt in der Lage, im Regierungsprozess programmatische Alternativen zu entwickeln oder andere als zwischenstaatliche Konflikte abzubilden. Genau hierin besteht aber die Krux einer demokratischen Wahl: dass für die Wähler etwas

auf dem Spiel stehen muss, um das sich politisch zu ringen lohnt.[14] Die Direktwahl würde dem Rechnung tragen. Ein vom Volk ins Amt getragener Regierungschef hätte das Vorrecht und die Bürde der politische Initiative, könnte sich
also nicht mehr ohne weiteres hinter seinen Beamten oder den Vertretern des
Ministerrats verstecken; des Weiteren wäre er derjenige, der die Einheit der Gemeinschaft institutionell verkörpert, ihre politischen Ziele nach innen und außen
vertritt. Gleichzeitig würde die Direktwahl mit dem bisherigen „second order"-
Charakter der Europawahlen Schluss machen. Nicht nur, dass die Wahl nach
einem europaweit einheitlichen Verfahren durchgeführt werden müsste, was bei
den Wahlen zum Europäischen Parlament bis heute nicht der Fall ist. Auch der
Kampf um die Stimmen selbst würde europäisiert: Die Parteien wären gezwungen, sich nationenübergreifend auf einen gemeinsamen Kandidaten zu einigen
und mit einem personellen und programmatischen Gesamtangebot in die Wahl
zu ziehen. Bei den Kandidaten könnte es sich z. B. um amtierende oder ehemalige
Regierungschefs handeln, die auch über die Grenzen ihres Heimatlandes hinaus
zugkräftig wären. Die europäische Politik bekäme dadurch endlich ein Gesicht.
Allein die Bedeutung des zu besetzenden Amtes würde dafür sorgen, dass die
Wahl des Kommissionspräsidenten tatsächlich um europäische Themen geführt
wird, statt wie bisher um nationale Themen. Die Folge wäre ein höherer Mobili-
sierungsdruck, der das Zusammengehörigkeitsgefühl der Unionsbürger stärken,
die Herausbildung eines europaweiten Parteiensystems unterstützen und sich
natürlich auch auf die weiterhin stattfindenden Wahlen zum Europäischen Parlament auswirken würde.

---

[14] Gewiss würden die nachfolgend beschriebenen Demokratisierungswirkungen auch bei
einer Anbindung der Kommissionsbestellung an die Parlamentswahlen eintreten, wie sie
die parlamentarische Strategie intendiert. Ob sie jenen der Direktwahl vergleichbar wären,
bleibt jedoch fraglich. Dies würde voraussetzen, dass sich die kleinen Parteien schon im
Vorfeld auf einen der beiden Kandidaten der großen (sozial- und christdemokratischen)
Parteienfamilien festlegen, die wahrscheinlich allein mehrheitsfähig wären. Angesichts der
Fragmentierung des europäischen Parteiensystems erscheint dies kaum vorstellbar. Der
Zusammenhang zwischen Parlamentswahlen und Regierungsbestellung wäre deshalb
vermutlich nicht so eng, dass die Bürger das Gefühl bekommen könnten, mit ihrer Wahl
zugleich eine Richtungsentscheidung zu treffen.

6   Schlussbemerkung

Angesichts dieser Vorteile ist es schade, dass die Direktwahl in der Verfassungs-
debatte als alternativer Demokratisierungsvorschlag nur wenig Beachtung gefunden hat. Die Gründe dafür dürften zum einen in den parlamentarischen Traditionen der Mitgliedstaaten liegen, die das präsidentielle Modell als institutionellen Fremdkörper erscheinen lassen; zum anderen hängen sie mit dem Ver-
dacht zusammen, dass eine Volkswahl des Kommissionspräsidenten die konsensuellen Strukturen der EU noch stärker belasten würde als eine Wahl durch das
Parlament. Obwohl beide Einwände – wie gesehen – einer genaueren Überprüfung nicht standhalten, haben sie sich in der politischen und wissenschaftlichen
Debatte als äußerst wirkungsmächtig erwiesen. Das Direktwahlkonzept hatte
deshalb niemals eine wirkliche Chance, realisiert zu werden, auch wenn Politiker
wie Fischer, Bruton oder Verhofstadt mit der Idee zeitweise sympathisierten.

Ob eine Fortentwicklung des EU-Regierungssystems entlang des präsidentiellen Pfades damit endgültig außer Reichweite ist, steht jedoch keineswegs fest.
Mit dem Lissabon-Vertrag ist die Chance zu einer echten Demokratisierung des
europäischen Entscheidungssystems verpasst worden. Demokratie heißt, dass
eine europäische Regierung, wo immer sie institutionell angesiedelt ist, sich vor
den Wählern verantworten muss. In der EU kann davon weder mit Blick auf den
Ministerrat noch mit Blick auf die Kommission die Rede sein. Was den Ministerrat betrifft, konnte zwar eine stärkere Berücksichtigung der Bevölkerungsgröße
bei der Stimmengewichtung erreicht werden[15]; dies ändert aber nichts daran,
dass die dortigen Regierungsvertreter nach wie vor über eine nur mittelbare
Legitimation verfügen. Bei der Kommission wiederum besteht das Problem darin, dass ihre heutige parlamentarische Bestellung kaum als nachvollziehbarer
demokratischer Wahlakt begriffen werden kann. Der neue Vertrag hat hier bestenfalls marginale Verbesserungen gebracht.

Die Zeiten, da sich Europa auf die bloße Output-Legitimation eines „permissiven Konsenses" verlassen konnte, sind passé. Dass das wenige Mehr an Demokratie, auf das sich die europäischen Staatenlenker jetzt verständigt haben, nicht
ausreicht, das Legitimationsdefizit auszugleichen, hat das ablehnende Votum der
Iren zum Lissabon-Vertrag erneut deutlich gemacht. Ein Rückblick auf die Geschichte der Demokratisierung zeigt, dass sich die Eliten häufig nur unter Druck
zu den nötigen Reformen bereit finden. Warum sollte das ausgerechnet in der EU

---

[15] Auch das gelang freilich nur mit Mühe und Not, indem eine Reihe von Ausnahmeregelungen vereinbart wurden.

anders sein? Das Problem der Gemeinschaft liegt ja gerade in ihrer elitenzentrierten Struktur, die dem europäischen Bürger bislang allenfalls eine Nebenrolle zugebilligt hat. Der unfertige Zustand der europäischen Demokratie gebietet es also, sich über die institutionellen Strukturen der EU weiter Gedanken zu machen. Tut sich das Reformfenster irgendwann wieder auf, müssen die Umbaupläne bereit liegen. Der Beitrag der Politikwissenschaft ist dazu gerade bei der Frage „parlamentarisches oder präsidentielles System?" gefordert.

Literatur

Bagehot, Walter (1867): The English Constitution. With an Introduction by Gavin Phillipson, Brighton 1997.

Blondel, Jean / Richard Sinnott / Palle Svensson (1998): People and Parliament in the European Union: Participation, Democracy, and Legitimacy, Oxford.

Bogdanor, Vernon (1986): The Future of the European Community: Two Models of Democracy, in: Government and Opposition 21 (2), S. 161-176.

Bogdanor, Vernon (2007): Legitimacy, Accountability and Democracy in the European Union. A Federal Trust Report, London.

Bruton, John (2003): A Proposal for the Appointment of the President of the Commission as Provided for in Article 18.bis of the Draft Constitutional Treaty. Contribution from John Bruton T.D., Member on the Convention on the Future of Europe, for Consideration by the Convention, January 6th, 2003 (CONV 476/03).

Dahl, Robert (1994): A Democratic Dilemma: System Effectiveness versus Citizen Participation, in: Political Science Quarterly 109 (1), S. 23-34.

Decker, Frank (2000): Demokratie und Demokratisierung jenseits des Nationalstaates: Das Beispiel der Europäischen Union, in: Zeitschrift für Politikwissenschaft 10 (2), S. 585-629.

Decker, Frank (2002): Institutionelle Entwicklungspfade im europäischen Integrationsprozess. Eine Antwort auf Katharina Holzinger und Christoph Knill, in: Zeitschrift für Politikwissenschaft 12 (2), S. 611-636.

Duverger, Maurice (1980): A New Political System Model: Semi-Presidential Government, in: European Journal of Political Research 8 (2), S. 165-188.

Fischer, Joschka (2000): Vom Staatenbund zur Föderation. Rede am 12. Mai 2000 in der Humboldt-Universität in Berlin am 12. Mai 2000, abgedruckt in: Christian Joerges / Yves Mény / Joseph H.H. Weiler (Hg.): What Kind of Constitution for What Kind of Polity? Responses to Joschka Fischer, San Domenico, S. 5-17.

Gaupmann, Gloria (2008): Präsidentialismus als Leitmotiv für Europa? Eine neue Perspektive für die institutionele Weiterentwicklung der Europäischen Union, Marburg.

Hix, Simon (1998): Elections, Parties, and Institutional Design. A Comparative Perspective on European Union Democracy, in: West European Politics 21 (3), S. 19-52.

Hix, Simon (2002): Why the EU Should have a Single President, and How She Should Be Elected, London (Paper for the Working Group on Democracy in the EU for the UK Cabinet Office).

Hix, Simon / Abdul Noury / Gérard Roland (2005): Power to the Parties: Cohesion and Competition in the European Parliament, 1979-2001, in: British Journal of Political Science 35 (2), S. 209-234.

Höreth, Marcus (1999): Die Europäische Union im Legitimationstrilemma. Zur Rechtfertigung des Regierens jenseits der Staatlichkeit, Baden-Baden.

Höreth, Marcus (2004): Kontinuität oder Pfadsprung? Das institutionelle Dreieck in Europa nach dem Verfassungsvertrag, in: Zeitschrift für Politikwissenschaft 14 (4), S. 1257-1296.

Höreth, Marcus / Jared Sonnicksen (2008): Making and Breaking Promises. The European Union under the Treaty of Lisbon, Bonn (ZEI Discussion Paper, C 181).

Holzinger, Katharina (2005): Institutionen und Entscheidungsprozesse der EU, in: dies. u.a.: Die Europäische Union. Theorien und Analysekonzepten, Paderborn, S. 81-152.

Holzinger, Katharina / Christoph Knill (2001): Institutionelle Entwicklungspfade im Europäischen Integrationsprozess: Eine konstruktive Kritik an Joschka Fischers Reformvorschlägen, in: Zeitschrift für Politikwissenschaft 11 (3), S. 987-1010.

Ismayr, Wolfgang (2006): Die politischen Systeme Westeuropas im Vergleich, in: ders. (Hg.): Die politischen Systeme Westeuropas, 3. Aufl., Wiesbaden, S. 9-52.

Jäckel, Eberhard (1996), Das deutsche Jahrhundert. Eine historische Bilanz, Stuttgart.

Janowski, Cordula (2005): Die nationalen Parlamente und ihre Europa-Gremien. Legitimationsgarant der EU?, Baden-Baden.

Jospin, Lionel (2001): Europa schaffen, ohne Frankreich abzuschaffen. Rede zur Zukunft des erweiterten Europas vom 28. Mai 2001, abgedruckt in: Blätter für deutsche und internationale Politik 46 (7), S. 889-896.

Kailitz, Steffen (2006): Parlamentarische, semipräsidentielle und präsidentielle Demokratie – idealtypische und reale Unterschiede der politischen Strukturen und Prozesse, in: Uwe Backes / Eckhard Jesse (Hg.): Jahrbuch Extremismus & Demokratie (E&D), 18. Jahrgang, Baden-Baden, S. 34-56.

Kailitz, Steffen (2008): Zwei Seiten der gleichen Medaille? Zum theoretischen und empirischen Zusammenhang zwischen der Regierungsform und der Ausgestaltung von Zweikammersystemen, in: Zeitschrift für Parlamentsfragen 39 (2), S. 387-414.

Katznelson, Ira (1994): British Parliamentary Democracy: Discussion, in: Political Science Quarterly 109 (3), S. 498-512.

Knelangen, Wilhelm (2005): Regierungssystem *sui Generis*? Die institutionelle Ordnung der EU in vergleichender Sicht, in: Zeitschrift für Staats- und Europawissenschaften 3 (1), S. 7-33.

Kohler-Koch, Beate / Berthold Rittberger, Hg. (2007): Debating the Democratic Legitimacy of the European Union, Plymouth.

Kurpas, Sebastian u.a. (2007): The Treaty of Lisbon: Implementing the Institutional Innovations, Brüssel (Egmont / European Policy Centre / Centre for European Policy Studies).

Lautz, Andreas (1999): Das erste Misstrauensvotum des Europäischen Parlaments gegen die Europäische Kommission, in: Zeitschrift für Politikwissenschaft 9 (2), S. 439-459.

Lenaerts, Koen / Amaryllis Verhoeven (2002): Institutional Balance as a Guarantee for Democracy in EU Governance, in: Christian Joerges / Renaud Dehousse (Hg.): Good Governance in Europe's Integrated Market, Oxford, S. 89-108.

Lijphart, Arend (1999): Patterns of Democracy. Government Forms and Performance in Thirty-Six Countries, New Haven / London.

Linz, Juan (1990): The Perils of Presidentialism, in: Journal of Democracy 1 (1), S. 51-69.

Lord, Christopher (2001): Assessing Democracy in a Contested Polity, in: Journal of Common Market Studies 39 (4), S. 641-661.

Majone, Giandomenico (1994): Independence versus Accountability? Non-Majoritarian Institutions and Democratic Government in Europe, in: Joachim Jens Hesse / Theo Toonen (Hg.): The European Yearbook of Comparative Government and Public Administration, Vol. I, Baden-Baden, S. 117-140.

Majone, Giandomenico (2002): The European Commission: The Limits of Centralization and the Perils of Parliamentarization, in: Governance 15 (3), S. 375-392.

Majone, Giandomenico (2005): Dilemmas of European Integration, Oxford.

Mittag, Jürgen (2006): Wegmarke für die Parlamentarisierung der Europäischen Union: Die finanziellen Neuregelungen des europäischen Abgeordnetenstatuts, in: Zeitschrift für Parlamentsfragen 37 (4), S. 713-728.

Nickel, Dietmar (2000): Maintaining and Improving the Institutional Capacities of the Enlarged European Union, in: Christian Joerges / Yves Mény / Joseph H.H. Weiler (Hg.): What Kind of Constitution for What Kind of Polity? Responses to Joschka Fischer, San Domenico, S. 223-233.

Papadopoulos, Yannis (2003): Cooperative Forms of Governance: Problems of Democratic Accountability in Complex Environments, in: European Journal of Political Research 42 (4), S. 473-501.

Patzelt, Werner J. (1998): Ein latenter Verfassungskonflikt? Die Deutschen und ihr parlamentarisches Regierungssystem, in: Politische Vierteljahresschrift 39 (4), S. 725 - 757.

Poguntke, Thomas / Paul Webb, Hg. (2007): The Presidentialization of Politics. A Comparative Study of Modern Democracies, Oxford.

Sbragia, Alberta (1992): Thinking about the European Future: The Uses of Comparison, in: dies. (Hg.): Euro-Politics, Washington D.C., S. 257-291.

Sbragia, Alberta (2002): The Dilemma of Governance with Government, Cambridge (Harvard University / Jean Monnet Working Paper 3/02).

Scharpf, Fritz W. (1997): Konsequenzen der Globalisierung für die nationale Politik, in: Internationale Politik und Gesellschaft / International Politics and Society Nr. 2, S. 184-192.

Scharpf, Fritz W. (2003): Was man von einer europäischen Verfassung erwarten und nicht erwarten sollte, in: Blätter für Deutsche und Internationale Politik 1 (3), S. 49-59.

Schout, Adriaan / Louise van Schaik (2008): Reforming the EU Presidency?, in: Zeitschrift für Staats- und Europawissenschaften 6 (1), S. 36-56.

Shugart, Matthew Soberg / John M. Carey (1992): Presidents and Assemblies. Constitutional Design and Electoral Dynamics, New York.

Staeglich, Simone (2007): Der Kommissionspräsident als Oberhaupt der Europäischen Union. Vom primus inter pares zur europäischen Leitfigur, Berlin.

Steffani, Winfried (1992): Parlamentarisches und präsidentielles Regierungssystem, in: Manfred G. Schmidt (Hg.): Die westlichen Länder, München (Lexikon der Politik. Band 3, hgg. von Dieter Nohlen), S. 288-295.

Steffani, Winfried (1995): Das Demokratie-Dilemma der Europäischen Union. Die Rolle der Parlamente nach dem Urteil des Bundesverfassungsgerichts vom 12. Oktober 1993, in: ders./ Uwe Thaysen (Hg.): Demokratie in Europa. Opladen, S. 33-49.

Zürn, Michael (1996): Über den Staat und die Demokratie im europäischen Mehrebenensystem, in: Politische Vierteljahresschrift 37 (1), S. 27-55.

Der Europäische Gerichtshof: Verfassungsgericht oder nur ein „Agent" der Mitgliedstaaten?

Marcus Höreth

1 Einleitung

Die in den letzten Jahren intensiv geführte Diskussion um eine europäische Verfassung erweckte oft den Eindruck, als würde es der EU einer konstitutionellen Grundlage ermangeln, die ihr nun „endlich" gegeben werden sollte. Dabei wird unterschlagen, dass die EU im Grunde schon längst eine Verfassung besitzt und ihr gerade in punkto Rechts- und Verfassungsstaatlichkeit kaum Defizite vorzuwerfen sind (Rittberger / Schimmelfennig 2006). Diese Entwicklung ist maßgeblich auf den Europäischen Gerichtshof (EuGH) zurückzuführen, der schon sehr früh begonnen hat, die Konstitutionalisierung der europäischen Verträge voranzutreiben. In diesem Sinne hat der EuGH seitdem als echtes Verfassungsgericht gewirkt, weil er auf dieser Basis Gesetze und Verfassungsbestimmungen der Mitgliedstaaten mittels selbst gesetzter europaverfassungsrechtlicher Maßstäbe überprüfen und gegebenenfalls verwerfen konnte. Dennoch wird in der Politikwissenschaft noch immer die Auffassung vertreten, der EuGH sei lediglich ein „Agent" der Mitgliedstaaten, der sich in seiner Rechtsprechung darauf beschränkt, den politischen Willen der mächtigsten EU-Mitgliedstaaten richterrechtlich zu konkretisieren. In diesem Beitrag wird diese Theorie auf den Prüfstand gestellt. Hierzu werden zunächst einige wichtige Verfassungsentscheidungen des EuGH vorgestellt, die illustrieren, wie stark die Rechtsprechung des EuGH die Gemeinschaft konstitutionell geprägt hat (2). Anschließend gehe ich der Frage nach, warum die Mitgliedstaaten dem EuGH überhaupt ein derart weit reichendes Rechtsprechungsmandat erteilt haben (3). Abschließend überprüfe ich die Prämisse der Agenturtheorie, wonach die mitgliedstaatlichen Regierungen dieses Mandat jederzeit zurückziehen könnten, wenn sie denn nur wollten. Dabei wird zu zeigen sein, dass die relative Macht des EuGH in der relativen Ohnmacht der Mitgliedstaaten als zusammengesetzter Prinzipal begründet liegt. Diese können der Selbstautorisierung des EuGH als Verfassungsgericht im gewaltenteiligen System der EU nur wenig entgegensetzen (4).

2   Verfassungsentscheidungen des EuGH

2.1 Die Direktwirkung des Gemeinschaftsrechts

Es gehört zu den faszinierendsten Merkmalen der europäischen Integration, dass es dem EuGH gelang, die europäischen Verträge – gewissermaßen als europäisches Grundgesetz – zu konstitutionalisieren und sie hierdurch aus dem allgemeinen Völkerrecht herauszulösen. Am Anfang stand das Prinzip der unmittelbaren Anwendbarkeit des EG-Rechts. Zwar wurde der Vorschlag, dass die vertraglichen Bestimmungen eine unmittelbare Wirkung haben sollten, sofern sie aufgrund ihrer hinreichenden inhaltlichen Bestimmtheit keiner weiteren Umsetzung bedürfen, bereits zuvor vom Juristischen Dienst der Kommission diskutiert (Alter 2001: 19 f.); es bedurfte jedoch der Initiative des EuGH, damit dieses Prinzip tatsächlich rechtswirksam werden konnte. Ausgehend von der Erkenntnis, dass den Normen des Gemeinschaftsrechts eine möglichst optimale Wirkungskraft verliehen werden müsste („effet utile"), entwickelte der EuGH den Grundsatz der „unmittelbaren Wirkung" bereits im Jahre 1963. Im Urteil *„Van Gend & Loos"* stellten die Richter fest, „dass nach dem Geist, der Systematik und dem Wortlaut des Vertrages" europäisches Primärrecht unmittelbare Wirkungen erzeugt und individuelle Rechte begründet, welche die staatlichen Gerichte zu beachten haben (EuGH 1963). Das bedeutet, dass sich jedermann auf die in dem Vertrag enthaltenen Rechte berufen kann und die innerstaatlichen Gerichte deren Schutz – wie bei innerstaatlichem Recht auch – gewährleisten müssen. Zudem wurde klargestellt, dass es sich bei der Gemeinschaft um eine Rechtsordnung eigener Art handele und es somit nicht mehr in der vollständigen Souveränität der Mitgliedstaaten begründet liege, ob und wie sie Gemeinschaftsentscheidungen umsetzen. Kraft der auf die Gemeinschaften übertragenen Hoheitsrechte könnten die Gemeinschaftsorgane somit Regelungen erlassen, die unmittelbar für Einzelne Rechte und Pflichten begründen.

In *„Van Gend & Loos"* wurden einige konstitutionelle Weichenstellungen vorgenommen, die dem Nichtjuristen in ihrer fundamentalen verfassungspolitischen Bedeutung nicht gleich sichtbar werden. Der EuGH betonte zunächst, dass der Geltungsgrund für die Unmittelbarkeit der Anwendbarkeit europäischen Rechts nicht bei den Mitgliedstaaten, sondern in der Gemeinschaftsrechtsordnung selbst liegt. Die auf dieser Basis aufgestellte Doktrin der Direktwirkung stellte klar, dass es nicht mehr in der vollständigen Souveränität der Mitgliedstaaten begründet liegt, ob und wie sie Gemeinschaftsentscheidungen umsetzen. Im Gegensatz zu herkömmlichem internationalen Recht gilt die europäische „Verfassung" aus Sicht der Richter nicht nur für die Staaten der Vertragsgemeinschaft, sondern für alle ihre Bürger, die sich demzufolge auf ihre aus der Verfassung erwachsenden Rechte berufen können. Der EuGH erkannte damit den Gemeinschaftsbürger als Subjekt der Gemeinschaftsrechtsordnung an und stellte somit ein unmittelbares Verhältnis des Marktbürgers zur Gemeinschaft her (Wolf-Niedermaier 1997: 94). Ohne dass es einer Vermittlung der Mitgliedstaaten bedarf, besitzt das Gemeinschaftsrecht damit eine „Durchgriffswirkung" (Herdegen 2003: 63). Darin liegt der wesentliche Unterschied zwischen den Regelungsbefugnissen der Gemeinschaften und den Beschlüssen anderer internationaler Organisationen: „Mit der Ausnahme von Richtlinien erzeugt das EG-Recht sowohl in vertikaler Hinsicht, also im Verhältnis zwischen Staat und Bürgern, als auch in horizontaler Hinsicht, also in den Beziehungen der Bürger untereinander, gerichtlich durchsetzbare Rechte und Pflichten. Innerstaatliche Gerichte sind verpflichtet, dieses Recht durchzusetzen und Schutz zu gewährleisten, als ob es sich um innerstaatliches Recht handele" (Haltern 2005: 402).

Die bahnbrechende EuGH-Entscheidung, dass Vertragsbestimmungen eine unmittelbare Wirkung entfalten können, welche von nationalen Gerichten zu schützende individuelle Rechte kreieren, offenbart, dass die Richter „une certaine idée de l'Europe" (Pescatore 1993: 157) hatten. Diese Idee basierte, in den Worten der Richter, sowohl auf dem „Geist" als auch auf dem „Wortlaut" der Verträge. Aber entsprach die Doktrin der Direktwirkung tatsächlich den Intentionen der Gründerstaaten der EWG und haben diese dementsprechend bei Vertragsschluss tatsächlich gewusst, auf welche Verpflichtungen sie sich eingelassen haben? Interessanterweise haben zumindest drei Regierungen der ehemaligen „Gemeinschaft der Sechs" – und damit immerhin die Hälfte aller damaligen Mitgliedstaaten – gegen diese Doktrin nachdrücklich protestiert; sie wiesen dezidiert darauf hin, dass sie die richterliche Interpretation des Vertragswerkes als viel zu weitreichend empfanden (Craig / de Burca 1998: 165; Granger 2004). Vor allem die Passage, wonach die Gemeinschaft eine „neue Rechtsordnung des Völkerrechts darstellt, zu deren Gunsten die Staaten ihre Souveränität eingeschränkt haben", erschien vielen umstritten, bedeutete sie doch, dass das Gericht selber eine souveräne Autorität über den EWG-Vertrag beanspruchte – und diese in gleichem Maße den Mitgliedstaaten als den eigentlichen „Herren der Verträge" absprach. Der EuGH stellte folgerichtig dazu fest, dass die Grundlage der Gemeinschaftskompetenzen nicht mehr als eine lediglich von den Mitgliedstaaten abgeleitete definiert werden kann – vielmehr ist sie autonom und hat sich gewissermaßen von ihrer mitgliedstaatlichen Herkunft und Bestimmung befreit (Chalmers 1998: 275). Im Grunde war damit klargestellt, was der EuGH später explizit bestätigte, dass nämlich der damalige EWG-Vertrag, auch wenn er als internationales Abkommen formuliert wurde, nicht weniger als die „Verfassungscharta" der Gemeinschaft darstellte (EuGH 1991: Rn. 21).

2.2 Der Vorrang des Gemeinschaftsrechts

Mit der *„Van Gend & Loos"*-Entscheidung hatten die Luxemburger Richter einen Pfad eingeschlagen, auf dem sie nicht stehen bleiben konnten, sondern weiter voranschreiten mussten. Die Doktrin der Direktwirkung als Grundstein der „Konstitutionalisierung" der Verträge bedurfte eines weiteren Prinzips, um wirksam zu werden: dem Vorrang des Gemeinschaftsrechts. Das Vorrangprinzip, welches im nationalen Rahmen die Verfassung als Vorrangordnung auszeichnet (Wahl 2003: 121 ff.), verlangt im europäischen Kontext, dass Gemeinschaftsrecht, sowohl das primäre als auch das sekundäre, Vorrang gegenüber nationalem Recht genießt – unabhängig davon, ob dieses einfachgesetzlichen oder verfassungsrechtlichen Ursprungs ist. Es hätte wenig Sinn, dem europäischen Recht die Qualität der Direktwirkung einzuräumen, wenn es nicht zugleich Vorrang gegenüber entgegenstehendem nationalem Recht genießt (Arnull 2000: 95, Joerges 2003: 188). Rechte, die durch Gemeinschaftsrecht Individuen verliehen werden, müssen von nationalen Gerichten auch dann geschützt werden, wenn diesen Rechten europäischen Ursprungs nationales Recht entgegensteht. Dieser juristischen Logik stand auch die Tatsache nicht im Weg, dass in den Verträgen eine Vorrangklausel nirgendwo enthalten ist.

Im Fall *„Costa-ENEL"* (EuGH 1964) ging es vordergründig betrachtet lediglich um einen Streitwert in Höhe von einigen wenigen Euro. Der italienische Rechtsanwalt Costa klagte als Stromverbraucher und Aktionär eines Elektrizitätsunternehmens gegen die Verstaatlichung der Erzeugung und Verteilung elektrischen Stroms in Italien, da dies gegen EU-Recht verstoße. Nachdem der EuGH durch das Friedensgericht in Mailand um Vorabentscheidung ersucht wurde, hat er die Gelegenheit genutzt, wiederum unter Zuhilfenahme des „Wortlautes" und des „Geistes des Vertrages", das Verhältnis zwischen dem Gemeinschaftsrecht und dem nationalen Recht der Mitgliedstaaten zu präzisieren. Der EuGH wiederholte zunächst das Dogma der Direktwirkung europäischen Rechts, um es im Anschluss durch die Doktrin des Anwendungsvorranges europäischen

Rechts gegenüber nationalem Recht zu ergänzen: „Aus alledem folgt, dass dem vom Vertrag geschaffenen, somit aus einer autonomen Rechtsquelle fließenden Recht (…) keine wie immer gearteten innerstaatlichen Rechtsvorschriften vorgehen können, wenn ihm nicht sein Charakter als Gemeinschaftsrecht aberkannt und wenn nicht die Rechtsgrundlage der Gemeinschaft selbst in Frage gestellt werden soll" (EuGH 1964: 1269).

In radikaler Abkehr vom hergebrachten Völkerrecht haben sich die Richter damit für ein klassisches föderales Konstitutionsprinzip entschieden: So wie im Föderalstaat Bundesrecht Landesrecht bricht – mustergültig formuliert etwa in Art. 31 des deutschen Grundgesetzes –, muss auch das nationale Recht, selbst das Verfassungsrecht, das Feld räumen, wenn ihm anderslautendes europäisches Recht entgegensteht. Der Anwendungsvorrang des primären und sekundären Gemeinschaftsrechts auch gegenüber später ergangenem nationalen Recht wurde damit ausdrücklich garantiert. Institutionenpolitisch hatte die Entscheidung „Costa/ENEL" und die ihr folgende Rechtsprechungslinie zwei weitere – häufig übersehene – Implikationen, die dem institutionellen Eigeninteresse des EuGH aufs Trefflichste entsprachen: Zum einen hat der EuGH mit der richterlichen Entscheidung, dass europäisches Recht aus autonomen und eben nicht nur von den Mitgliedstaaten abgeleiteten Quellen fließt, den Grundstein dafür gelegt, dass die Gemeinschaft insgesamt einen eigenständigen, von den nationalen Prärogativen unabhängigen Handlungsspielraum gewonnen hat. Zum anderen macht es die von den Luxemburger Richtern unterstrichene Notwendigkeit, dass dem Gemeinschaftsrecht in allen Mitgliedstaaten die gleiche „Geltung" zukommen müsse, zwingend erforderlich, dass die Kompetenz zur Interpretation der Geltungsansprüche dieses Rechts exklusiv beim EuGH liegt. Hier sind es wieder rechtslogische Prinzipien, die dem EuGH in die Hände spielten: Wer, wenn nicht das Gericht in Luxemburg, sollte denn sonst die Instanz sein, welche die Grenzen der Anwendung von Europarecht und die Grenzen zwischen der europäischen und den nationalen Rechtsordnungen absteckt?

Dass die auf der Basis des EG-Vertrages ergangenen Normen vor dem nationalen Recht Anwendungsvorrang genießen, wurde in der „Simmenthal II"-Entscheidung noch einmal ausdrücklich wiederholt (EuGH 1978a). Diesem Fall kam vor allem deshalb eine besondere Bedeutung zu, weil die rechtstheoretisch-abstrakte Frage nach dem Verhältnis zwischen Gemeinschaftsrecht und nationalem Recht sich hier in einem konkreten Institutionenkonflikt zwischen zwei Gerichten manifestierte, in dem es um handfeste Machtfragen ging. Hintergrund dieses Streits war die jüngere Rechtsprechung des italienischen Verfassungsgerichtshofs (*Corte Constituzionale*), der sich ein „Verwerfungsmonopol" gegenüber europäischem Recht (und europäischer Rechtsprechung) vorbehalten wollte. Der *Corte Constituzionale* wollte daher die Frage der Gemeinschaftsrechtswidrigkeit eines später ergangenen nationalen Gesetzes wegen Unvereinbarkeit mit Art. 11 der italienischen Verfassung selbst entscheiden, womit zumindest zeitweilig die volle Geltung des Gemeinschaftsrechts verhindert worden wäre. Demgegenüber hat der EuGH nicht nur erneut den Vorrang des Gemeinschaftsrechts betont, sondern auch die italienische Gerichtsbarkeit (und damit en passant auch jene der Mitgliedstaaten) ausdrücklich für die europäische Sache in die Pflicht genommen. Im vierten Leitsatz des Urteils heißt es unmissverständlich: „Das staatliche Gericht, das im Rahmen seiner Zuständigkeit die Bestimmungen des Gemeinschaftsrechts anzuwenden hat, ist gehalten, für die volle Wirksamkeit dieser Normen Sorge zu tragen, indem es erforderlichenfalls jede – auch spätere – entgegenstehende Bestimmung des nationalen Rechts aus eigener Entscheidungsbefugnis unangewendet lässt, ohne dass es die vorige Beseitigung dieser Bestimmung auf gesetzgeberischem Wege oder durch irgendein anderes verfassungsrechtliches Verfahren beantragen oder abwarten müsste" (EuGH 1978a: 629). Dieses „in die Pflicht nehmen" nationaler Gerichte zum Zwecke der Durchsetzung und zum Schutz des europäischen Rechtes stellt eine bemerkenswerte Intervention der EuGH-Richter in die Rechtsordnungen der Mitgliedstaaten dar. Der EuGH hat hier begonnen, nationale Gerichte für sich einzusetzen. In der Sprache der Agenturtheorie hat hier eine Art „Delegationsakt" stattgefunden: Der EuGH verhielt sich wie ein „Prinzipal", der mit den nationalen Gerichten seine „Agenten" – die nationalen Gerichte – einsetzt und ihnen ein Mandat zuschreibt, dem sie zu folgen haben. Selbst die Höchst- bzw. Verfassungsgerichte der Mitgliedstaaten wurden in dieses richterrechtliche Regime Luxemburgs eingebunden, indem sie prinzipiell als „Gemeinschaftsgerichte" betrachtet wurden, die sich in allen das europäische Recht berührenden Fällen der Jurisdiktion des EuGH unterstellen müssten (Iglesias 2002).

2.3   Grundrechte als legitimatorische Stütze des Vorrangprinzips

Als Folgeproblem des „incomplete contracting" (Milgrom / Roberts 1992: 127) bilden die Gemeinschaftsverträge in weiten Bereichen eine lückenhafte Ordnung, die nach richterrechtlicher Ergänzung verlangt. Um diese Lücken zu schließen, hat der EuGH nach der Durchsetzung der Verfassungsdoktrinen der Direktwirkung und des Vorrangs die allgemeinen Rechtsgrundsätze des Gemeinschaftsrechts entwickelt. Zur Gewinnung dieser Rechtsgrundsätze hat sich der EuGH an den Rechtsordnungen der Mitgliedstaaten orientiert, um über eine an den Besonderheiten des Gemeinschaftsrechts orientierten Rechtsvergleichung einen Grundbestand übereinstimmender Rechtsprinzipien herauszufiltern (Peters 2001: 404 ff.). Die Notwendigkeit der Entwicklung ungeschriebener Regeln besteht schon deshalb, weil diese als richterrechtliche Ergänzung des primären Gemeinschaftsrechts die Funktionsfähigkeit der Gemeinschaft aufrechterhalten. Problematisch an dieser Entwicklung von (ungeschriebenen) allgemeinen Rechtsgrundsätzen ist jedoch, dass ihre Auswahl, inhaltliche Konkretisierung und Wirkung letztlich autonome richterrechtliche Schöpfungen sind – mithin Resultat eines Prozesses, der kaum als hinreichend demokratisch legitimiert bezeichnet werden kann. Insbesondere der Selektionsprozess hinsichtlich der Rechtsgrundsätze, die speziell für die Gemeinschaft gelten sollen, stellt einen – wenn auch normativ nicht ungebundenen – politischen Akt dar, da den Richtern mehrere Optionen zur Verfügung stehen, aus denen sie im Sinne ihrer eigenen Präferenzen frei wählen können.

Von herausragender Bedeutung unter den allgemeinen Rechtsgrundsätzen als Teil des primären Gemeinschaftsrechts sind die Grundsätze zum Schutz des Einzelnen gegenüber der Gemeinschaftsgewalt, weil die Verträge selbst hier nur wenige materielle Schranken setzen. Durch die Schaffung eines ungeschriebenen Grundrechtsstandards unter Rückgriff auf die gemeinsamen Verfassungsüberlieferungen der Mitgliedstaaten sowie der Gewährleistungen der Europäischen Menschrechtskonvention (EMRK) hat der EuGH nach Auffassung vieler Experten entscheidend zur „Vervollkommnung" (Herdegen 2003: 135) des Gemeinschaftssystems beigetragen. Für den ehemaligen Richter Mancini ist dies der beeindruckendste Beitrag des Gerichts zur europäischen Verfassungsentwicklung (Mancini 1989: 611). Tatsächlich betrachtete der EuGH bereits seit Ende der sechziger Jahre Grundrechte als generelle Prinzipien und integralen Bestandteil des Gemeinschaftsrechts (EuGH 1969) und hat selbstständig eine Art ungeschriebene „Bill of Rights" der Europäischen Gemeinschaft entwickelt (Cappelletti / Golay 1986: 278), obwohl doch in den Gemeinschaftsverträgen der fünfziger Jahre kein Grundrechtsschutz gegen Akte der Gemeinschaftsorgane existierte (Craig / de Burca 1998: 296 ff.).

Der EuGH entwickelte die Grundrechte aber auch deshalb, um der Kritik des italienischen und deutschen Verfassungsgerichts den Wind aus den Segeln zu nehmen, die vor allem die verfassungsmäßigen Konsequenzen des vom EuGH entwickelten Vorrangprinzips monierten. Da es z.B. in Deutschland formal zunächst nicht möglich war, wegen Verletzung von Grundrechten durch hoheitliche europäische Akte beim Bundesverfassungsgericht Verfassungsbeschwerde einzulegen (BVerfG 1967, 1971), hat das Bundesverfassungsgericht in seiner einflussreichen „*Solange I*"-Entscheidung (BVerfG 1974) den EuGH indirekt dazu aufgefordert, den europäischen Grundrechtsschutz auszubauen. Denn, so lautete der Tenor des Urteils, *solange* kein adäquater Grundrechtsstandard auf Gemeinschaftsebene existiere, müsse es sich das Gericht in Karlsruhe vorbehalten, gegebenenfalls zumindest sekundäres Gemeinschaftsrecht am Maßstab der Grundrechte des GG zu überprüfen und im Falle der Kollision einer Vorschrift des Gemeinschaftsrechts mit einer Grundrechtsvorschrift erstere für nicht anwendbar zu erklären. Der Aufforderung, den europäischen Grundrechtsschutz weiter auszubauen, sind die Luxemburger Richter sicher gerne nachgekommen, weil auf diese Weise der verfassungsgerichtliche Charakter ihrer Institution nochmals gestärkt werden konnte. 12 Jahre nach „*Solange I*" lenkte Karlsruhe in seiner „*Solange II*"-Entscheidung (BVerfG 1986) ein und gab seinen Prüfungsanspruch wieder auf: Da der gemeinschaftsrechtliche Grundrechtsschutz inzwischen ein Maß erreicht habe, das nach Konzeption, Inhalt und Wirkungsweise dem Grundrechtsstandard des Grundgesetzes im wesentlichen gleichzuachten sei, „wird das Bundesverfassungsgericht seine Gerichtsbarkeit über die Anwendbarkeit von abgeleitetem Gemeinschaftsrecht (...) nicht mehr ausüben und dieses Recht mithin nicht mehr am Maßstab der Grundrechte des Grundgesetzes überprüfen" (BVerfG 1986: 378).[1]

Das wichtigste Motiv der EuGH-Richter zum Aufbau eines effektiven Grundrechtsschutzes in Europa dürfte gewesen sein, dass die formale Verteidigung des Vorrangs europäischen Rechts auch gegenüber nationalem Verfassungsrecht letztlich nicht überzeugend begründet werden könnte, wenn man nicht auch die Gemeinschaft zur Achtung von Grund- und Menschenrechten verpflichtet und das von daher geforderte grundrechtskonforme Verhalten durch den EuGH streng überwachen lässt. Über eine solche Sichtweise bestand jedoch nicht von Anfang an Konsens. Zur Zeit der Gründungsverträge glaubte man noch, dass die drei Europäischen Gemeinschaften als auf rein wirtschaftliche Zusammenarbeit angelegte Organisationen Grundrechtsverbürgungen entbehren konnten. Dass der neu geschaffenen supranationalen Hoheitsgewalt grundrechtliche Relevanz zukommen könnte, war den Schöpfern der Verträge nicht bewusst, da sie die Dynamik des Integrationsprozesses nicht vorausahnten (Weber 1989: 966). Zudem kann angenommen werden, dass die Gründerstaaten fürchte-

---

[1] Mit der nur wenige Jahre später ergangenen „*Maastricht*"-Entscheidung (BVerfG 1993) erklärte das Gericht jedoch wieder den Rückzug vom Rückzug. In Abkehr zu „*Solange II*" behalten sich die Karlsruher Richter seitdem erneut vor, mögliche Grundrechtsverletzungen durch europäische Akte zu überprüfen. Siehe dazu auch den Beitrag von Dennis-Jonathan Mann in diesem Band.

ten, ein auf europäischer Ebene verankerter und vertraglich festgelegter Grundrechtsschutz könne als Einladung missverstanden werden, die begrenzten Gemeinschaftskompetenzen deutlich auszuweiten (Weiler 1986: 1112). Nach der richterrechtlichen Etablierung des Vorrangs des Gemeinschaftsrechts gegenüber nationalem Recht in den sechziger und Anfang der siebziger Jahre schien es aber auch nicht mehr möglich, EG-Hoheitsakte – Verordnungen, Richtlinien, Entscheidungen – am Maßstab grundrechtlicher Standards der mitgliedstaatlichen Verfassungsordnungen zu überprüfen. Gemeinschaftsgrundrechte konnten also nicht direkt und unvermittelt aus den nationalen Verfassungsordnungen hergeleitet werden, denn dies hätte den Eindruck erweckt, als unterwerfe sich die europäische Rechtsordnung den allgemeinen Rechtsprinzipien und Werten der Mitgliedstaaten. Folgerichtig verneinte der EuGH die Möglichkeit einer Berufung auf nationale Grundrechte (EuGH 1970).

Diese Situation konnte normativ nicht befriedigen, denn es ist unabdingbar, dass sich bei fortschreitendem Kompetenzzuwachs der Gemeinschaft ein effektiver Grundrechtsschutz auch auf Gemeinschaftsebene herausbildet (Haratsch / Steiner 2005). In dem Maße, wie sich die EG von einem rein ökonomisch ausgerichteten Zweckverband in Richtung einer politischen Gemeinschaft fortentwickelte, bedurfte sie auch der verfassungspolitischen Legitimation ihrer Hoheitsgewalt durch europäische Grundrechte (Schwarze 1993: 161). Im Fall *„Internationale Handelsgesellschaft"* (EuGH 1970) sah sich der EuGH deshalb veranlasst, erstmals die Möglichkeit anzuerkennen, dass auch die Beachtung von Grundrechten zu jenen vom EuGH zu schützenden Prinzipien des Gemeinschaftsrechts gehört. Außerdem konnte der EuGH mit dieser Rechtsprechung drei Probleme konstruktiv angehen, deren Lösung in seinem institutionellen Eigeninteresse lag: Durch den Verweis auf – nirgendwo in den Verträgen niedergeschriebene – Grundrechte als integralen Bestandteilen des Gemeinschaftsrechts konnte der EuGH erstens das Problem umgehen, Rechtsakte der Gemeinschaft aufgrund des zuvor noch festgestellten Vorrangs europäischen Rechts nicht am Maßstab nationaler Grundrechte messen zu können; zweitens konnte der EuGH durch den von ihm entwickelten Grundrechtsschutz speziell das Vorrangprinzip legitimatorisch absichern und, da auf die Anerkennung dieses Prinzip fundamental angewiesen, generell die rechtliche Integration weiter vorantreiben; und drittens hat sich der EuGH durch die Feststellung der Existenz europäischer Grundrechte ein traditionell wichtiges Anwendungsfeld echter Verfassungsgerichte angeeignet.

In der Folge entwickelte der EuGH trotz des Fehlens einschlägiger Bestimmungen in den Verträgen einen beachtlichen Grundrechtsschutz, der die Meinungs- und Veröffentlichungsfreiheit, den Schutz des Eigentums, die Berufs(ausübungs)freiheit, die Vereinigungsfreiheit, die Achtung des Familienlebens und der Privatsphäre, die Unverletzlichkeit der Wohnung, die Religionsfreiheit, den Anspruch auf gerichtlichen Rechtsschutz sowie weitere rechtsstaatliche Grundsätze enthält (Arnull 2000: 190 ff., Alston 1999). Die Forderung nach dem Beitritt der EU zur EMRK lehnte der EuGH in einem Gutachten jedoch ab, da die Beitrittsvoraussetzungen derzeit nicht erfüllbar seien. Hierzu wäre eine entsprechende Vertragsänderung nötig (EuGH 1996). Bei dieser Ablehnung spielte sicher auch das machtpolitische Kalkül der Richter eine wichtige Rolle, denn mit dem Beitritt der EU in die EMRK müsste sich der EuGH in Menschenrechtsfragen dem Europäischen Gerichtshof für Menschenrechte (EGMR) in Straßburg unterstellen (Schimmelfennig 2006: 219). Stattdessen entwickelte der EuGH seine eigene Grundrechtsjudikatur kontinuierlich weiter, die insbesondere im Bereich der Gleichstellung von Mann und Frau besonders folgenreich war, wie das wegweisende Grundsatzurteil *„Defrenne v. Sabena"* (EuGH 1978b, Ellis 1991) und das *„Kreil"*-Urteil (EuGH 2000) eindrucksvoll gezeigt haben.

Bei allen Bemühungen um einen europäischen Grundrechtsschutz bleiben manche Aussagen des EuGH allerdings nebulös. Es gestaltet sich als außerordentlich schwierig, aus den Verfassungen der Mitgliedstaaten, ihren „Überlieferungen" sowie aus der EMRK „rechtsvergleichend" jene Rechtsquellen herauszufiltern, die verbindlich ein gemeineuropäisches Grundrecht definieren und inhaltlich konkretisieren. Letztlich liegt hier doch ein dezisionistisches Element in der Rechtsprechung des EuGH, das von umso größerer Tragweite ist, als das Grundrechtsverständnis der EuGH-Richter massive Rückwirkungen auf die nationalen Verfassungsordnungen hat. Da die Konkretisierung des Gemeinschaftsrechts insgesamt – jetzt auch unter Einschließung der Grundrechte – in erheblichem Maße vom EuGH ausgeht, unterliegen die Rechts- und Verfassungsordnungen der Mitgliedstaaten einem hohen Anpassungsdruck (Hitzel-Cassagnes 2000: 29). In dem Maße, wie sich der gemeinschaftliche – aber in der Folge eben auch die mitgliedstaatlichen – Gesetzgeber in seiner Rechtsetzung an die gleichen vom EuGH herausgearbeiteten europäischen Grundrechtsstandards halten müssen, ist mit der zu erwartenden, sich allmählich herausbildenden Konvergenz nationaler Rechtsordnungen eine Stärkung der supranationalen Gemeinschaftsaspekte verbunden. Deutschland hat bereits auf Verfassungsebene darauf reagiert: In Folge des Maastrichter Vertrages hat es dem supranationalen Grundrechtsschutz im neu gefassten Art. 23 GG von sich aus Verfassungsrang verliehen. Durch diese Interaktionen zwischen europäischem und nationalem Verfassungsrecht entsteht allmählich eine europäische Verfassungsordnung (Schwarze 2000).

2.4 Zwischenfazit

Mit der Konstitutionalisierung der Verträge haben die Luxemburger Richter der Gemeinschaft nicht nur eine in Teilen föderalstaatsähnliche Struktur verliehen, sondern auch sich selbst ermächtigt, die Rolle eines EU-Verfassungsgerichts zu spielen. Der EuGH hat – hierin ganz ähnlich den mächtigen Verfassungsgerichten in westlichen Demokratien – Kompetenzen für sich in Anspruch genommen, die sich nicht unmittelbar aus den Verträgen herleiten ließen. Zur juristischen Begründung führte das Gericht immer wieder an, dass es sich selbst als Rechtsschutzinstanz sehe, die bestehende Rechtslücken im Interesse eines umfassenden Rechtsschutzsystems schließen müsse. Im Sinne dieser Selbstbeschreibung als Hüter der neuartigen, „eigenen Rechtsordnung" der Gemeinschaft hat der EuGH daher von Anfang an versucht, ein ebenso eigenständiges, gemeinschaftsspezifisches und kohärentes Verfassungs- und Streitschlichtungssystem zu entwickeln, ohne das – nicht nur in den Augen der Richter – die Funktionsfähigkeit der Gemeinschaft nicht hätte gewährleistet werden können. Aus dieser grundsätzlichen Notwendigkeit aber leiteten sich alle weiteren Ansprüche auf umfassende autonome richterliche Rechtsfortbildung ab. Es ist vor dem Hintergrund der Selbstbeschreibung des EuGH nicht überraschend, dass das Gericht gerade in jenen Bereichen besonders aktiv war, in denen eindeutige, in den Verträgen positivierte Regelungen fehlten.

Im Grunde war und ist der EuGH daher aber auch mehr als eine reine Rechtsschutzinstanz, sogar seinem Selbstverständnis nach mehr als ein Verfassungsgericht, erfüllt er doch zugleich die Funktion einer gewissermaßen permanent tagenden verfassungsgebenden Versammlung. Ausgehend von einem bestimmten Vorverständnis von Integration hat der EuGH seine Kompetenzen eigenmächtig ausgelegt, frei über seine Auslegungsmethoden entschieden, und es sich selbst ermöglicht, die eigene Rechtsprechung prinzipiell auf jede Rechtssphäre auszudehnen. Stellvertretend für die EuGH-Richter hat der frühere Präsident des Gerichtshofs, Hans Kutscher, dieses Selbstverständnis mustergültig zum Ausdruck gebracht: „Aus der Schilderung des durch die Gründungsverträge geschaffenen Rechtsschutzsystems ergibt sich, dass dem Gerichtshof als Verfassungs- und Verwaltungsgericht die Aufgabe zugewiesen ist, die gemeinschaftliche Rechtsordnung nicht nur auszulegen und anzuwenden, sondern diese Rechtsordnung auch fortzubilden und zu festigen" (Kutscher 1981: 399 f.). Im Grunde kann hier von einem Akt der Selbstautorisierung gesprochen werden (Höreth 2008): Der EuGH erhob erfolgreich den Anspruch, die Macht eines Verfassungsgerichts in der Grauzone zwischen Rechtsanwendung und Rechtssetzung zu besitzen. Nicht nur reklamierte das Gericht das letzte Wort bei der Auslegung der Verfassung, sondern auch darüber, ob Gesetzgebungsakte sowohl der Gemeinschaft als auch der Mitgliedstaaten mit dieser Verfassung konform gehen. Man kann dies sogar dahingehend interpretieren, dass mit der Behauptung der autonomen und quasi-souveränen Qualitäten der europäischen Rechtsordnung auch der Anspruch des Gerichtes auf eine „Kompetenz-Kompetenz" verbunden war, mit der sich die Luxemburger Richter das Letztentscheidungsrecht über die Reichweite und Natur der europäischen Rechtsgemeinschaft zubilligten. So gesehen hat sich der EuGH selbst vom „Hüter" zum „Herren" der Verträge aufgeschwungen (Kielmansegg 2003: 80).

3   Der EuGH als „Agent" der Mitgliedstaaten?

Der EuGH hat die sich ihm bietenden Gelegenheiten genutzt, um seine Macht als EU-Verfassungsgericht auf der Basis der europäischen Verträge zu konsolidieren und auszubauen – auch auf Kosten der Souveränität der Mitgliedstaaten. Dieser Befund wird jedoch insbesondere von der neorealistischen Schule mit dem Hinweis bezweifelt, dass es die mitgliedstaatlichen Regierungen als „Prinzipale" seien, die das supranationale Gericht eingesetzt hätten und ihm dieses Mandat als europäisches Verfassungsgericht prinzipiell jederzeit wieder entziehen könnten (Moravcsik 1998, Garrett 1995). Nach dieser Lesart sind die Mitgliedstaaten die allmächtigen Konstituenten europäischer Institutionen, während letztere lediglich als „Agenten" fungierten, die ausschließlich dem Interesse ihrer Konstituenten verpflichtet seien – von einer von echter Autonomie getragenen Handlungsmotivation im Sinne institutioneller Eigeninteressen könne also mit Blick auf die „Agenten" keine Rede sein. Allein die Tatsache, dass eine Rücknahme des Mandats für den EuGH bisher nicht erfolgte und noch nicht einmal ernsthaft in Erwägung gezogen worden ist, wird als Beleg dafür angeführt, dass eine prinzipielle Konvergenz zwischen den Interessen vor allem der mächtigen Mitgliedstaaten mit jenen des EuGH tatsächlich existiere. Warum sonst sollten die Mitgliedstaaten dem Treiben der Luxemburger Richter tatenlos zuschauen, wenn nicht aus ureigenem Interesse?

Die Realität stellt sich freilich etwas komplexer dar. Zwar hat die Einsetzung des EuGH zweifellos dem Interesse der Mitgliedstaaten entsprochen, denn ansonsten wäre die Delegation von richterlicher Macht schlicht unterblieben. Auch liegt die – ultimative – verfassungspolitische Macht in der EU weiterhin bei den Mitgliedstaaten. Doch das Verhältnis zwischen Prinzipalen und Agenten ist nicht eines, das auf dem Code "Befehl und Gehorsam" basiert, denn die Delegation bestimmter Aufgaben an Agenten ist nur dann sinnvoll, wenn die Agenten mit einem gewissen Maß an Autonomie und diskretionärem Entscheidungsspielraum ausgestattet sind. Daraus wiederum kann jedoch für den Prinzipal das Dilemma entstehen, dass der eingesetzte Agent mit der ihm zur Verfügung stehenden Entscheidungsmacht eigene Interessen verfolgt, die nicht immer mit den Interessen des Prinzipalen konvergieren müssen. Delegationsakte implizieren daher neben den erwarteten Vorzügen auch Kosten für den delegierenden Akteur, die kalkuliert werden müssen, bevor es zur Delegation kommt (Tallberg 2002: 26). Die Berücksichtigung der Delegationskosten ist besonders dann notwendig, wenn a) es das Mandat des Agenten sogar ausdrücklich zulässt, Prinzipale für Fehlverhalten (im Falle des EuGH für den Verstoß gegen die vertraglichen Verpflichtungen) zu bestrafen und b) die nachträgliche politische Korrektur höchstgerichtlicher Entscheidungen faktisch so gut wie unmöglich ist. Unter diesen Bedingungen kann kaum angenommen werden, dass ein rationaler Agent, der in der Lage ist, seine institutionellen Eigeninteressen zu erkennen und zu verfolgen, gegenüber seinem Prinzipal weiterhin eine nur dienende Rolle spielen will. Exakt dies wird aber von den meisten Neorealisten pauschal unterstellt.

3.1 Motive für Delegation

Zunächst stellt sich die Frage, warum sich die Mitgliedstaaten als Prinzipale überhaupt dazu entschließen, bestimmte Handlungsbefugnisse an supranationale Agenten zu übertragen. Theoretisch stehen die EU-Mitgliedstaaten als Prinzipale bei jedem zu regelnden Politikfeld vor der Alternative, die geforderten Aufgaben selbst, sprich: in intergouvernementaler Zusammenarbeit, zu übernehmen, sich für eine Mischform aus zwischenstaatlicher Zusammenarbeit und supranationaler Delegation zu entscheiden, oder aber die Problembearbeitung komplett an supranationale Institutionen zu übertragen. Mit der Delegation von Handlungsbefugnissen und Entscheidungsmacht an Agenten versprechen sich die Prinzipale vor allem eine Reduktion der Transaktionskosten (Hall / Taylor 1996: 945 f.). So können von langfristiger Kooperation alle beteiligten Akteure nur dann profitieren, wenn die grundsätzlichen Probleme kollektiven Handelns vermieden werden (Axelrod 1984). Aus diesem Grund muss vor allem die Befolgung – „compliance" – der gemeinsamen Vereinbarungen durch alle Vertragsparteien überwacht werden. Im Einzelnen lassen sich speziell bei der EU drei Hauptmotive für die Delegation von Entscheidungsmacht an die supranationalen Agenten Kommission und EuGH ausmachen:

Regeleinhaltung und Glaubwürdigkeitsproblem. Die Mitgliedstaaten, die sich in einem Akt der Selbstverpflichtung und Selbstbindung in einer Gemeinschaft zusammengeschlossen haben, profitieren von dieser Gemeinschaft nur, wenn sie sich alle an die gemeinsam vereinbarten Spielregeln halten. Von daher ist es rational, mit Sanktionsmacht ausgestattete Agenten einzusetzen, die dafür sorgen, dass Verstöße gegen die gemeinsamen Verpflichtungen geahndet werden (Stone Sweet 2004: 8). Diese Erkenntnisse dürften bei den Mitgliedstaaten bei der Einsetzung des EuGH eine wichtige Rolle gespielt haben, gerade weil alle Vertragsparteien als rationale Akteure *abstrakt* die Richtigkeit dieser Überlegungen anerkennen können, ohne schon *konkret* durch für sie negative Urteile betroffen zu sein oder auch sich nur vorstellen zu können, welche konkreten Kosten bei derartigen Urteilen für sie später anfallen würden, wenn sie sich einer machtvollen Gerichtsbarkeit unterstellen. Eben dies ist die segensreiche Wirkung des Schleiers der Ungewissheit, von der John Rawls (1993) in seiner Theorie der Gerechtigkeit spricht. Daher hat die Kommission – eingesetzt als „Hüterin der Verträge" – die Macht erhalten, Verfahren gegen Staaten einleiten zu können, die sich nicht an die vertraglichen und sekundärrechtlichen Vorgaben halten. In diesen Verfahren hat der EuGH das letzte Wort, er entscheidet darüber, ob Staaten sich vertragswidriges Verhalten haben zu Schulden kommen lassen. In Fällen, in denen die Urteile des EuGH missachtet werden, haben beide Organe gemeinsam sogar die Macht, dieses Verhalten der Regierungen durch finanzielle Strafen zu sanktionieren (Art. 228 EGV). Hinzu kommt noch die – von den damaligen Gründerstaaten so nicht intendierte – dezentralisierte „compliance"-Kontrolle durch die Vorabentscheidungsverfahren, in denen die Beachtung europarechtlicher Vorgaben von den Mitgliedstaaten über deren eigene Bürger durch die nationalen Gerichte erzwungen werden kann (Art. 234 EGV).

Policy-Expertise zur Entlastung politischer Entscheidungsträger. Die Mitgliedstaaten haben an die Kommission ein Initiativmonopol bei der Gemeinschaftsgesetzgebung delegiert, weil – gewissermaßen im Vorfeld der formalen Rechtsetzung – der Bedarf der Mitgliedstaaten an europapolitischer Policy-Expertise am besten durch eine weitgehend unabhängige Institution wie die Kommission befriedigt werden kann, in der die expertenbasierte Vorbereitung der Gesetzgebung durch hierfür spezialisierte Generaldirektionen geleistet wird. Für die Implementierung europäischen Rechts hat die Kommission die Befugnis erhalten, mittels Verordnungen die Umsetzung des europäischen Rechts zu unterstützen. In diesem Stadium obliegt es der Kommission, mit Hilfe ihrer Policy-Expertise schwierige gesetzes- und verwaltungstechnische Detailprobleme gemeinsam mit den mitgliedstaatlichen Verwaltungsexperten zu lösen, mit denen sich die Politiker

nicht auseinandersetzen wollen. Es sind vor allem diese technischen Kompetenzen der Kommission, die sie zu einer besonderen Form der europäischen Exekutive machen (Matláry 1997). Ihre Expertise wird auch während der Verhandlungen im Rat genutzt, wenn geklärt werden soll, wie sich die dort verhandelten
möglichen Veränderungen der Kommissionsvorschläge im Einzelnen auswirken
könnten, wenn sie zu europäischem Recht werden.

Expertise wird auch vom EuGH bereit gestellt, wenn dieser politische Entscheidungen in das Recht „übersetzt" und dabei rechtlich verbindliche technische
Detaillösungen zu diversen Sachverhalten liefert, mit denen sich die politischen
Akteure nicht weiter befassen wollen, nachdem sie politisch grundsätzlich schon
darüber entschieden haben. Unter dem Begriff der Policy-Expertise lassen sich
auch die rechtlichen Gutachten fassen, die der EuGH zu diversen Problemen des
europäischen Rechts regelmäßig verfasst, an denen sich die politischen Entscheidungsträger orientieren können. Die extensive Beteiligung der Kommission und
des EuGH am europäischen Entscheidungsprozess hat schließlich noch den für
die mitgliedstaatlichen Regierungen erwünschten Nebeneffekt, dass sie ein
„Schwarze Peter"-Spiel betreiben können, um die politische Verantwortung für
unerwünschte Entwicklungen auf die Kommission oder gegebenenfalls auch den
EuGH abzuwälzen (Höreth 1999: 50, Moravcsik 1994). Umgekehrt können politische Entscheidungsträger aufgrund ihres privilegierten Zugangs zu exklusiven
Informationen über EU-Entscheidungsprozesse Lob einheimsen für erfolgreiche
Entwicklungen, die weniger durch eigene Maßnahmen verursacht wurden, son-
dern vielmehr auf die supranationalen Institutionen zurückzuführen sind.

Effizienzsteigerung und das Problem der unvollständigen Vereinbarungen. Den
beiden Organen Kommission und EuGH wurde Entscheidungsmacht übertragen,
um das EU-Entscheidungssystem insgesamt effizienter zu machen. Ohne die
Kommission kann der europäische Rechtsetzungsprozess nicht in Gang kommen.
Die Kommission nutzt ihre relative Unabhängigkeit im Entscheidungssystem als
„power broker" dazu, sich am gesamteuropäischen Interesse zu orientieren und
konsultiert daher Experten aus allen Mitgliedstaaten, um die besonderen Interessen und Sensibilitäten aller Mitgliedstaaten schon während der von ihr dominierten Vorschlagsphase des EU-Rechtsetzungsprozesses zu berücksichtigen. Mit
Hilfe ihrer weitreichenden „Definitionsmacht" (Bach 1999: 118) gelingt es der
Kommission, als neutraler und deshalb glaubwürdiger Sachwalter sachgerechte,
im Gemeinschaftsinteresse liegende Problemlösungen zu finden, die für die
Mehrheit der politischen Akteure im europäischen Verhandlungssystem akzeptabel sind (Nugent 1997: 3). Dies gilt auch und gerade im Hinblick auf ihre Media-
torenrolle bei Verhandlungen im Rat. Die Geltung der qualifizierten Mehrheits-

regel in den meisten Entscheidungsbereichen kommt hier der Kommission zusätzlich entgegen. Sie führt dazu, dass nicht jeder Mitgliedstaat von der Richtigkeit eines Kommissionsvorschlages überzeugt werden muss, sondern die Kommission bereits im Vorfeld der Ratsverhandlungen eine Koalition bilden kann,
die ihren Vorschlag unterstützt (Schmidt 2001).

Häufig wird übersehen, dass auch der EuGH in vielfältiger Weise zur Effizienzsteigerung der Entscheidungsfindung beiträgt und keineswegs vorrangig
als „Veto-Spieler" in Erscheinung tritt (z.b. Wagschal 2006: 576 ff.). Sein Mandat
der Verfassungsauslegung scheint insbesondere in den Entscheidungsbereichen
unverzichtbar, in denen die politischen Akteure zu keiner Einigung gelangen
können oder wollen. Dieses Problem der „unvollständigen Vereinbarungen"
(*incomplete contracting*) stellt sich sowohl auf der einfachgesetzlichen Ebene als
auch bei der Verfassungsgebung (Pollack 2003: 157). Sich bei der Formulierung
von verfassungsmäßigen Bestimmungen auf deutungsoffene Formelkompromisse zu einigen, stellt oft die einzige Möglichkeit dar, schwierige Verhandlungen zu
einem erfolgreichen Ende zu führen (Stone Sweet 2004: 8). Dem EuGH obliegt
daher – wie jedem Verfassungsgericht – die Aufgabe, die unvermeidlichen Auf-
fassungsunterschiede, die nach Inkrafttreten eines Vertrags über dessen Inhalt
und die in ihm geregelten Rechte und Pflichten zu erwarten sind, verbindlich zu
entscheiden.

3.2 Das institutionelle Arrangement zwischen Prinzipal und Agenten

Bevor es zu einem Delegationsakt kommt, ist davon auszugehen, dass die Prinzipale eine nüchterne Kosten/Nutzen-Analyse vornehmen. Im Zentrum steht dabei
die Frage, für welche institutionelle Ausgestaltung ihres Agenten sich die Prinzipale entscheiden und wie sie die Beziehung zu ihrem Agenten organisieren sollen, um einerseits die mit der Zielerreichung verbundenen und erwarteten Vorteile der Delegation zu genießen, andererseits unerwünschtes Verhalten ihres
Agenten von vornherein möglichst auszuschließen. Das handlungsleitende Kalkül des Prinzipalen bei der Ausgestaltung seiner Beziehung zum Agenten lässt
sich daher kontraktualistisch beschreiben. Zwischen beiden Akteuren besteht die
vertragliche Vereinbarung, nach der der Prinzipal sich dazu entschieden hat,
bestimmte Funktionen an einen Agenten zu delegieren – und zwar in der Erwartung, dass der Agent Ergebnisse produziert, die den Interessen des Prinzipalen
entsprechen (Eggertsson 1990: 40). Bevor es zur Übertragung von Zuständigkeiten an den Agenten kommt, müssen die Prinzipale jedoch zwei entscheidende
Fragen beantworten. Erstens müssen sie das Problem lösen, mit welchen und wie

weit reichenden Machtmitteln der Agent ex ante ausgestattet werden soll, damit dieser die erwarteten Ergebnisse produziert. Zweitens müssen die Prinzipale auf die Kontrolle ihres Agenten zielende Vorkehrungen treffen, damit sie im Falle eines „unerwünschten Verhaltens" ihres Agenten die Möglichkeit besitzen, ihn nachträglich zu überstimmen bzw. seine Entscheidungen zu revidieren. Zwischen diesen beiden Zielsetzungen besteht jedoch ein Spannungsverhältnis: Wird der Agent mit zu wenig eigenen Machtmitteln und Unabhängigkeit ausgestattet, kann er die von ihm erwarteten Funktionen nicht zur Zufriedenheit der Prinzipale erfüllen. Wird er hingegen mit zu viel Macht ausgestattet, kann er diese nutzen, um seine eigenen, mit den Prinzipalen möglicherweise divergierenden Interessen zu verfolgen (Tallberg 2002: 28, Moe 1984).

Dem EuGH wurde jedenfalls ein Ausmaß an richterlichen Prüfungsrechten zugebilligt, wie es in manchen EU-Staaten zur damaligen Zeit noch unbekannt war. Inwieweit sich der EuGH aus Sicht der Prinzipale unerwünscht verhalten hat, könnte daran fest gemacht werden, ob die Mitgliedstaaten sich im Verlaufe der europäischen Integration veranlasst gesehen haben, das Mandat für ihr Gemeinschaftsgericht zu korrigieren. Die bisherige Integrationsgeschichte ist insgesamt jedoch dadurch gekennzeichnet, dass den supranationalen Institutionen in jedem neuen Vertrag eher mehr als weniger Entscheidungsmacht von den Mitgliedstaaten zugestanden wurde.

Diese Erkenntnis bedarf freilich der Einschränkung, dass jene Beibehaltung bzw. partielle Ausweitung des Mandats beim EuGH auf die erste Säule der eigentlichen Gemeinschaftspolitiken beschränkt geblieben ist, während die wichtigsten Integrationsfortschritte seit Maastricht ja durch die Hinzufügung der zweiten und dritten Säule erzielt wurden. Mehr noch als für die Kommission gilt hier aber für den EuGH, dass ihm in den im Maastrichter Vertrag hinzugekommenen und seither inkremental weiter ausgebauten Bereichen „Justiz und Inneres" und „GASP/ESVP" nicht jene Rolle zugedacht worden ist, die er in der ersten Säule tatsächlich bereits ausgeübt hat. Bei der vertraglichen Konzeption jener neuen, den Kernbestand nationaler Souveränität berührenden Handlungsfelder der EU ist es offensichtlich, dass die Mitgliedstaaten von dem Motiv geleitet waren, sich nicht in einen von ihnen kaum mehr zu kontrollierenden Gemeinschaftssog durch Rechtsprechung hineinziehen zu lassen, weshalb der EuGH als Integrationsmotor „gezähmt" werden musste (Arnull 1999). Daher kann lediglich für die erste Säule davon ausgegangen werden, dass die Mitgliedstaaten als Prinzipale mit dem Auftreten ihrer supranationalen Agenten zufrieden waren, weil diese ihr Mandat im Sinne der mitgliedstaatlichen Exekutiven ausgeführt haben und nicht aus ihm „ausgebrochen" sind. Speziell in Bezug auf den EuGH könnte daher weiter mit Blick auf die klassischen Gemeinschaftspolitiken angenommen werden, dass sich das Gericht bei seiner Rechtsprechung tatsächlich primär an den mitgliedstaatlichen Präferenzen orientiert hat und weiter orientiert.

Wer so argumentiert, greift jedoch zu kurz und argumentiert vor allem unhistorisch. Wie bereits am Beispiel der wichtigsten Verfassungsentscheidungen des EuGH und den diesen vorausgehenden, sich mit den späteren Urteilen nicht deckenden und sehr kritischen Stellungnahmen der Mitgliedstaaten gezeigt, lässt sich die These, wonach der EuGH quasi permanent im nationalen Interesse der mächtigsten Mitgliedstaaten entscheidet, kaum halten. Von einer „Konvergenz" der EuGH-Urteile mit den Interessen zumindest der mächtigsten Mitgliedstaaten kann insbesondere mit Blick auf die in den sechziger Jahren ergangenen Grundsatzurteile des EuGH keine Rede sein, da diese von den meisten mitgliedstaatlichen Regierungen klar abgelehnt wurden (Stein 1981). In der Folgezeit ist der EuGH seinem Kurs durchaus treu geblieben und hat sich auch von den mächtigsten Mitgliedstaaten nicht sonderlich beeindrucken lassen. In empirischen Studien wurde sogar nachgewiesen, dass in der Binnenmarktrechtsprechung des EuGH die drei größten Mitgliedstaaten Deutschland, Frankreich und Großbritannien überdurchschnittlich häufiger verurteilt wurden als die kleineren und mittelgroßen Mitgliedstaaten (Stone Sweet / Brunell 1998). Jedenfalls ist es angesichts der Faktenlage unmöglich nachzuweisen, dass der EuGH seine Rechtsprechung an den Präferenzen der (mächtigsten) Mitgliedstaaten orientiert. Neorealistisch inspirierte Studien, die dies dennoch versuchen (z.B. Garrett 1995), sind schon deshalb methodisch fragwürdig, da sie sich zur Stützung ihrer These bei der Auswertung der EuGH-Rechtsprechung selektiv nur bestimmte Urteile herausgreifen, andere, ihrer „Konvergenzthese" widersprechende Urteile jedoch weitgehend ignorieren. Ebenfalls fragwürdig ist, dass bei jenen Urteilen, die mit den Interessen der mächtigsten Mitgliedstaaten konvergieren, gerne pauschal unterstellt wird, dass hier der EuGH dem politischen Druck nachgegeben hat. Dass zu den Gründen für jenes vermeintliche „Nachgeben" die schlichte Überzeugung der Richter zählen könnte, dass auch die politisch mächtigsten Mitgliedstaaten der EU bei Streitigkeiten bisweilen die gemeinschaftsrechtlich überzeugendste Position einnehmen und der EuGH sich vor allem deshalb gegebenenfalls veranlasst sehen könnte, deren Position in seinem Urteil zu bestätigen, wird völlig übersehen.

Plausibler ist es anzunehmen, dass die Mitgliedstaaten den EuGH zwar als Agenten eingesetzt haben, denn die ihm vertraglich zugewiesenen Rechtsprechungsfunktionen entsprechen recht exakt den Annahmen der Agenturtheorie. Damit der EuGH diese Funktionen zur Zufriedenheit aller erfüllen konnte, musste er jedoch mit weitreichenden Rechtsprechungsbefugnissen und institutioneller Autonomie ausgestattet werden. Hierin lag das Dilemma des Prinzipalen bei der Einsetzung des EuGH als Agenten, denn eine stärkere Einschränkung sowohl der Rechtsprechungskompetenzen als auch der damit einhergehenden Autonomie hätte die Wahrscheinlichkeit *„unerwünschten* Verhaltens" vielleicht auf Null reduziert, gleichzeitig aber auch die *gewünschte* Funktionswahrnehmung durch den EuGH verhindert, seine Einsetzung also praktisch von vornherein sinnlos gemacht. Als Agent hat aber auch der EuGH institutionelle Eigeninteressen entwickelt und sich im Zuge der von ihm vorangetriebenen Konstitutionalisierung der Verträge in einem Akt der Selbstautorisierung zum Verfassungsgericht aufgeschwungen, indem er aus dem ihm ursprünglich verliehenen Mandat eines auf völkerrechtlicher Grundlage beruhenden internationalen Gerichtshofs ausgebrochen ist. Nicht in einem revolutionären Akt gewissermaßen „auf einen Schlag", sondern eher schleichend im Sinne einer stillen Revolution (Weiler 1994, Höreth 2000). Gleichwohl wurde dieser Vorgang von den Mitgliedstaaten *cum grano salis* akzeptiert und nicht mit einer Zurücknahme oder Reformulierung des EuGH-Mandats bestraft. Aus welchen Gründen das so war, gilt es abschließend zu erörtern.

4 Warum sich der EuGH der mitgliedstaatlichen Kontrolle wirksam entziehen kann

Je nachdem, wie effektiv die Möglichkeiten zur Kontrolle des EuGH sind, können sie den Entscheidungsspielraum der Richter spürbar einschränken. Daher ist es von besonderer Relevanz zu ermitteln, welchen Bedingungen und Restriktionen die Mitgliedstaaten ihrerseits beim Einsatz dieser Kontrollinstrumente unterworfen sind. Davon hängt es letztlich ab, wie glaubwürdig die potenzielle Bedrohung für den EuGH ist, und wie sehr die Richter dies in das eigene Entscheidungskalkül einbeziehen müssen. Die den Mitgliedstaaten zur Verfügung stehenden Kontrollmöglichkeiten lassen sich in zwei Kategorien einteilen. Zum einen haben die Mitgliedstaaten direkte Kontrollmöglichkeiten. Durch Vertragsrevision und sekundäre Rechtsetzung können sie unerwünschtes Richterrecht revidieren. Diese Kontrollmöglichkeiten stehen den Mitgliedstaaten expressis verbis in den Verträgen zur Verfügung. Zum anderen bestehen indirekte Möglichkeiten der Kontrolle, z.B. durch die Nominierung der Richter, durch Richterschelte sowie durch diverse indirekte Eindämmungsstrategien gegen das EuGH-Richterrecht.

4.1 *Direkte Kontrollen: Die (verfassungs-)gesetzgeberische Revision von Richterrecht*

Als „Herren der Verträge" besitzen die Mitgliedstaaten das Recht, das Mandat des EuGH und seine Urteile in jeder nur erdenklichen Form zu verändern, zu beschneiden oder gar aufzuheben. Was also liegt näher als die Forderung, den EuGH zu „stoppen"[2], um einer weiteren Aushöhlung der mitgliedstaatlichen Kompetenzen durch dessen „fragwürdige" Rechtsprechung entgegenzutreten. Allerdings unterliegen Politiker in der EU institutionellen Restriktionen, die das Korrigieren von höchstrichterlichen Entscheidungen auf gesetzgeberischem Weg bzw. durch Vertragsänderung erschweren. Spieltheoretisch kann man von folgender Annahme ausgehen: Je realistischer die Drohung der Politik ist, gegebenenfalls die Rechtsprechung des Gerichts rückgängig zu machen bzw. zu korrigieren, desto weniger neigt das Gericht zu Entscheidungen, die den Präferenzen der herrschenden Mehrheitsmeinung in der Politik widersprechen. Umgekehrt gilt: Je weniger wahrscheinlich die Revision bzw. Korrektur eines Urteils ist, desto wahrscheinlicher ist es, dass Urteile gefällt werden, die sich von den Präferenzen der Politik entfernen (Cooter / Ginsberg 1996: 295).

Wie wirkungsvoll jene Drohung politischer Akteure ist, hängt erstens davon ab, wie viele potenzielle institutionelle Vetospieler von einer vom Urteil abweichenden Gesetzgebung bzw. Vertragsänderung überzeugt werden müssten. Je mehr „Vetospieler" (Tsebelis 2002) überwunden werden müssen, desto unwahrscheinlicher ist die Revision eines Urteils und dementsprechend unglaubwürdig auch die Drohung einer Urteilsrevision auf gesetzgeberischem Weg. Dementsprechend groß ist in diesem Fall dann die Autonomie und Unabhängigkeit des Gerichts. Zweitens kommt es für die Drohwirkung darauf an, wie hoch die Transaktionskosten für die Bildung einer Koalition der „Urteilsrevisionisten" sind: Es muss eine Initiative zur Vertragsänderung erfolgen oder aber zumindest – wie in der EU bei lediglich das sekundäre Recht betreffenden Urteilen – eine Gesetzesinitiative gestartet werden; es muss ein einstimmiger Konsens bzw. eine qualifizierte Mehrheit zur Unterstützung dieser Vorlage gewonnen werden. Und schließlich muss eventuell die Zustimmung der Gegner eines derartigen Vorhabens durch Zugeständnisse an anderer Stelle abgekauft werden.

---

[2] So die Forderung von Roman Herzog und Lüder Gerken: „Stoppt den Europäischen Gerichtshof", in: Frankfurter Allgemeine Zeitung vom 8. September 2008, S. 8.

4.1.1 Potenzielle Vetospieler gegen eine Koalition der „Urteilsrevisionisten"

Wie glaubwürdig die Drohung der Politik ist, unliebsame Urteile zu überstimmen, das heißt rückgängig zu machen bzw. zu korrigieren, hängt davon ab, wie viele institutionelle Vetospieler von einem solchen Vorhaben überzeugt werden müssten. Wenn nur ein Vetospieler nicht überzeugt werden kann, ist die Drohung nicht mehr glaubhaft und die Richter müssen nicht befürchten, überstimmt zu werden. Mit der Anzahl an potenziellen Vetospielern steigt die Wahrscheinlichkeit, dass zumindest einer nicht überzeugt werden kann (Tsebelis 1995). In der EU existieren für die *sekundärrechtliche* Revision von unliebsamen Gerichtsentscheidungen prinzipiell drei institutionelle Vetospieler: die Kommission, ohne deren Initiative die europäische Gesetzgebung nicht in Gang kommen kann, der Ministerrat und schließlich, seit Einführung des Mitentscheidungsverfahrens, das in der Gesetzgebung in den meisten Politikfeldern der ersten Säule gleichberechtigte Europäische Parlament. Für *primärrechtliche* Vertragsänderungen gibt es in der heutigen EU-27 theoretisch 28 institutionelle Veto-Spieler: den Europäischen Rat und die 27 nationalen Parlamente, die mit ihrer jeweiligen – meistens qualifizierten – Mehrheit die Vertragsänderung ratifizieren müssen. Im Sinne der Vetospieler-Theorie von Tsebelis (2002: 65 ff.) sind es jedoch sogar noch deutlich mehr Vetospieler, da in einigen Mitgliedstaaten die Parlamente als symmetrische Zwei-Kammern-Systeme klassifiziert werden können, hier also jeweils zwei nationale institutionelle Vetospieler bei der Vertragsrevision „überwunden" werden müssen. Hinzu kommen in einigen Mitgliedstaaten noch die für eine erfolgreiche Ratifizierung obligatorischen Referenda, die dort das Volk zum Veto-Spieler machen. Bereits die Anzahl der potenziellen institutionellen Veto-Spieler stärkt daher die Autonomie des EuGH.

4.1.2 Die Kosten für die Bildung einer Koalition der „Urteilsrevisionisten"

Der Versuch, ein Urteil durch gesetzgeberische Revision zu korrigieren, dürfte angesichts der hohen Transaktionskosten nur dann gestartet werden, wenn das Urteil in einem starken Gegensatz zu den Präferenzen der das Urteil kritisierenden Politiker steht und daher die Bildung einer für das Revisionsvorhaben erforderlichen Mehrheit bzw. gar Einstimmigkeit aussichtsreich ist. Zwar hat es in der EU einige Versuche gegeben, die Konsequenzen der Rechtsprechung durch Vertragsrevisionen wieder rückgängig zu machen (Pescatore 1993: 155). Allerdings blieben solche Versuche mit einer Ausnahme erfolglos: Mit ihrem „Barber-Protokoll" (2002), durch Art. 311 EGV wie die anderen Protokolle auch integraler Bestandteil des Vertrags, ist es den Mitgliedstaaten erstmals – und einmalig – gelungen, ein „konstitutionelles" EuGH-Urteil partiell zu revidieren (Arnull 2000: 474 ff.).

Betrachtet man das Problem noch etwas genauer aus einer komparatistischen Perspektive, stellt man fest, dass etwa der US-Supreme Court zwar einen großen Spielraum und ein hohes Maß an Unabhängigkeit für seine Entscheidungen genießt, weil die Revision seiner Entscheidungen außerordentlich schwierig zu organisieren ist. Für den EuGH stellt sich die Situation jedoch noch komfortabler dar als für den Supreme Court: Für Revisionsvorhaben im Bereich des primären Rechts müssten alle 28 Vetospieler überwunden werden; wenn nur einer sein Veto einlegt, ist das Unterfangen zum Scheitern verurteilt. Nicht viel besser stehen die Chancen für die Revision politisch unliebsamer sekundärrechtlicher Interpretationen: Für neue, die Rechtsprechung revidierende Gesetzgebung bzw. die Aufhebung bereits ergangener sekundärrechtlicher Richtlinien und Verordnungen, die in unerwünschter Weise vom EuGH interpretiert wurden, werden qualifizierte Mehrheiten verlangt, die weit schwieriger zu erreichen sind als einfache gesetzgeberische Mehrheiten in parlamentarischen oder präsidentiellen Demokratien.[3] Im Rat müssen in der EU-27 derzeit in der Regel eine Mehrheit der Mitgliedstaaten zustimmen, die gemeinsam mindestens 255 von 345 Stimmen vereinen und – auf Antrag – mindestens 62 Prozent der gesamten EU-Bevölkerung vertreten. Und im Parlament ist entweder ein Zusammengehen von einer der beiden großen Fraktionen mit mehreren kleinen Fraktionen oder eine gemeinsame Zustimmung der beiden großen Fraktionen notwendig, um eine Mehrheit herbeizuführen. Es ist unter diesen Bedingungen daher für eine Koalition der „Urteilsrevisionisten" fast genauso schwierig, neues sekundäres und EuGH-Urteile korrigierendes Recht zu setzen, wie es in den USA den daran Interessierten schwer fällt, nach unerwünschter Verfassungsinterpretation durch die Supreme Court-Richter die Verfassung zu ändern.

Noch durch einen weiteren Umstand wird die Autonomie des EuGH in besonderer Weise gestärkt: Da der potenzielle Interessenkonflikt in zentralen Angelegenheiten der Gemeinschaftsentwicklung zwischen dem supranationalen Agenten EuGH und den Mitgliedstaaten als Prinzipalen sich meistens entlang der Dichotomie „supranationale Autonomie und Gemeinschaftsbildung vs. nationale

---

[3] Siehe dazu den Beitrag von Frank Decker und Jared Sonnicksen in diesem Band.

Autonomie und Kontrolle der Integration" abbildet, ist davon auszugehen, dass die institutionellen Veto-Spieler Parlament und Kommission sich in der Regel auf die Seite des Gerichtshofs schlagen, da sie in ihrem eigenen institutionellen Interesse selbst eine möglichst weitreichende supranationale Integration präferieren (Jachtenfuchs 2002: 49).

Zusammenfassend kann daher festgehalten werden, dass es für einzelne Mitgliedstaaten äußerst schwierig ist, unliebsame EuGH-Entscheidungen auf dem Wege der primär- oder sekundärrechtlichen Rechtsetzung wieder rückgängig zu machen, da der politische Aufwand in beiden Fällen sehr hoch ist. Eine generelle und grundsätzlich ansetzende Änderung der in den Verträgen enthaltenen primärrechtlichen Rechtsgrundlagen des EuGH mit dem Ziel, den EuGH zu entmachten, ist nahezu unmöglich, da die Verträge nur einstimmig verändert werden können und von den nationalen Parlamenten ratifiziert werden müssen. Aus diesem Grund dürfte die Drohung einer Vertragsänderung bzw. Ergänzung durch Anfügen eines die Rechtsprechung korrigierenden Protokolls bei den Richtern kaum Angst vor Autonomie- und Machtverlusten auslösen, wissen diese doch, dass auch die Mitgliedstaaten das Risiko scheuen, sich in einem derartigen, hinsichtlich seines Erfolges ungewissen Unterfangen zu engagieren. In Bezug auf die sekundärrechtliche Revision von Urteilen ist die Situation für die Mitgliedstaaten auch nicht viel besser. Selbst wenn es gelingt, eine qualifizierte Mehrheit von Mitgliedstaaten für ein entsprechendes Vorhaben zu organisieren, dürfte der politische Preis dafür sehr hoch sein. Dies liegt daran, dass die Mitgliedstaaten ihre Zustimmung in einer sie politisch nur wenig tangierenden Frage in der Regel nicht „kostenlos" erteilen. Vielmehr ist es unter diesen Umständen üblich, sich diese Zustimmung von demjenigen, der ein besonderes Interesse an der Urteilsrevision hat, durch Zugeständnisse auf anderen Gebieten abkaufen zu lassen.

Bei der Beschneidung des richterlichen Mandats durch sekundär- bzw. primärrechtliche Korrekturen stehen die Mitgliedstaaten als „Herren der Verträge" vor ähnlichen Problemen wie der Kongress gegenüber dem Supreme Court. Der Vergleich der gesetzgeberischen Möglichkeiten in den USA und in der EU zur nachträglichen Korrektur von höchstgerichtlichen Entscheidungen macht sogar deutlich, dass der EuGH weniger als sein amerikanisches Pendant befürchten muss, vom einfachen bzw. verfassungsändernden Gesetzgeber überstimmt zu werden. In der EU gibt es ähnlich viele institutionelle Vetospieler, die einer entsprechenden Gesetzgebung im Wege stehen könnten wie in den USA – jedoch sind zwei unter ihnen, Europäisches Parlament und Kommission auch supranationale Agenten, die ähnliche integrationspolitische Präferenzen teilen wie der EuGH (Pollack 2003: 20 ff.). Diese beiden Organe für eine „große Koalition der

Urteilsrevisionisten" zu gewinnen, dürfte für die daran interessierten mitgliedstaatlichen Regierungen außerordentlich problematisch sein.

Da die den Mitgliedstaaten zur Verfügung stehenden direkten Kontrollmöglichkeiten somit insgesamt recht schwach sind bzw. ihr Einsatz nicht glaubwürdig angedroht werden kann, muss davon ausgegangen werden, dass sich der EuGH von den Mitgliedstaaten weder eingeschränkt noch bedroht fühlt, wenn er seine Entscheidungsmacht nutzt, um den Vertrag in der von ihm als richtig erachteten Weise zu interpretieren – und zwar unabhängig von mitgliedstaatlichen Präferenzen, von denen er aufgrund seiner gut geschützten institutionellen Stellung gefahrlos abweichen kann.

4.2 Indirekte Kontrollen und Einflussnahmen

Insgesamt sind – wie gesehen – die Möglichkeiten der Mitgliedstaaten, den EuGH direkt zu kontrollieren, äußerst limitiert. Daher sind die Mitgliedstaaten im Wesentlichen auf indirekte Kontrollmöglichkeiten verwiesen. Den politischen Akteuren in der EU stehen folgende indirekte politische Einflussmöglichkeiten auf ihre Gerichte zur Verfügung: Bei der Ernennung können die Mitgliedstaaten erstens darauf achten, dass die politischen Präferenzen des von ihnen entsendeten Richters mit ihren eigenen möglichst konvergieren. Nach den in den jeweiligen Mitgliedstaaten geltenden Verfahren können sich die maßgeblichen politischen Akteure auf einen Kandidaten einigen, der ihre eigenen bzw. die nationalen Interessen im Gerichtshof mutmaßlich vertreten wird. Zweitens kann durch Richterschelte versucht werden, politischen Druck auf den EuGH auszuüben. Ständig um seine Legitimität besorgt, kann auf diese Weise das Gericht zu richterlicher Zurückhaltung veranlasst werden. Und drittens können politische Akteure sowie andere Gerichte mit dem Boykott der höchstrichterlichen Urteile drohen („non-compliance"). Im Umgang mit unerwünschten Urteilen stehen den zur Umsetzung dieser Urteile verpflichteten Akteuren zudem bestimmte Ausweichstrategien zur Verfügung, um die Wirkung der Rechtsprechung zumindest einzudämmen, wenn sie schon nicht ganz verhindert werden kann.

4.2.1 Die Ernennung der Richter

Die Verfahren zur Ernennung von EuGH-Richtern sind dem Art. 223 Abs. 1 EGV zu entnehmen: „Zu Richtern und Generalanwälten des Gerichtshofs sind Persönlichkeiten auszuwählen, die jede Gewähr für Unabhängigkeit bieten und in ihrem Staat die für die höchsten richterlichen Ämter erforderlichen Voraussetzungen erfüllen oder Juristen von anerkannt hervorragender Befähigung sind; sie werden von den Regierungen der Mitgliedstaaten im gegenseitigen Einvernehmen auf sechs Jahre ernannt." Die Mitgliedstaaten verfügen nicht über die Möglichkeit, einen oder mehrere Richter zum Rücktritt zu zwingen. Weitere Bestimmungen zum Verfahren der Richterernennung bzw. zur Amtsenthebung lassen sich weder dem Vertrag noch der Satzung des Gerichtshofs entnehmen. Aus diesem Grund richtet sich die Frage, von wem und wie die Kandidaten für den EuGH ausgewählt werden sollen, ausschließlich nach dem jeweiligen nationalen Recht. Von der theoretisch gegebenen Möglichkeit, dass eine mitgliedstaatliche Regierung einen von einem anderen Mitgliedstaat nominierten Kandidaten ablehnen könnte, ist noch nicht Gebrauch gemacht worden (Karpenstein / Langner 2007: 3). Welchen Richter die Mitgliedstaaten nach Luxemburg entsenden, steht ihnen weitgehend frei und wird auf europäischer Ebene nicht in Frage gestellt – weder von den EU-Institutionen noch von den anderen Regierungen. Damit ist das gegenseitige „Einvernehmen" bei der Ernennung der Richter durch einen „uneigentlichen Ratsbeschluss" eine bloße Formalie, die verdeutlicht, dass die eigentliche Auswahl eines geeigneten Kandidaten für den EuGH eine rein innerstaatliche Angelegenheit ist. Im Gegensatz zu den USA, wo sich die Richter strengen öffentlichen Anhörungen unterziehen und durch den Senat bestätigen lassen müssen (Höreth 2006), wird die Auswahl der EuGH-Richter damit weitgehend unter Ausschluss der Öffentlichkeit autonom von den Regierungen der Mitgliedstaaten und mit Ausnahme Österreichs (Karpenstein / Langner 2007: 3) auch ohne parlamentarische Beteiligung vorgenommen.

Diese von den nationalen Regierungen dominierten Ernennungsprozeduren könnten zunächst den Schluss nahe legen, dass die EuGH-Richter über weniger Autonomie verfügen als ihre nationalen Kollegen in den Verfassungsgerichten. Verglichen mit dem Supreme Court, wo die Amtszeit der Richter unbefristet ist, könnte die Unabhängigkeit der Richter am EuGH zudem dadurch gefährdet sein, dass sie – bei einmaliger Wiederwahlmöglichkeit – nur für eine beschränkte Zeit im Amt bleiben. Doch selbst wenn die mitgliedstaatlichen Regierungen der Versuchung erlägen, „ihren" Richter zu instruieren, wie er seine Entscheidungen zu fällen hat – die mit sechs Jahren relativ kurz bemessene Amtszeit der EuGH-Richter stellt bei genauerer Betrachtung keine echte Beeinflussungsmöglichkeit für die Mitgliedstaaten dar. Die Schwächung der Autonomie der EuGH-Richter, die man in der relativ kurzen Amtszeit ausmachen kann, wird durch eine Reihe von Faktoren wieder wettgemacht: Für eine Stärkung der Autonomie der EuGH-Richter sorgt zunächst die Bestimmung, dass das Richterkollegium des EuGH als Ganzes hinter den Urteilen stehen muss, konkurrierende oder ablehnende Sondervoten daher nicht zulässig sind. Dies steht in einem starken Gegensatz zu den USA, wo abweichende Minderheitsvoten üblich sind und veröffentlicht werden. Während in den USA die einzelnen Richtervoten offen gelegt und offen debattiert werden können, bleibt die richterliche Entscheidungsfindung im EuGH komplett im Verborgenen. Zusätzlich sind die Richter per Eid dazu verpflichtet, das Beratungsgeheimnis zu wahren (Art. 2 Satzung des Gerichtshofs). Es ist unter diesen Bedingungen in der Regel unmöglich für die mitgliedstaatlichen Regierungen, einzelne Richter bzw. „ihren" Richter für ihr Abstimmungsverhalten im Nachhinein verantwortlich zu machen. Die Regierungen können oft noch nicht einmal nachvollziehen, ob die von ihnen bestellten Richter in einem konkreten, sie besonders betreffenden Fall nationale Interessen eingebracht haben, dann aber der davon abweichenden mehrheitlichen Rechtsauffassung der anderen Richterkollegen nachgeben mussten, oder ob sie in Verkennung bzw. Missachtung dieser Interessen von Anfang an eine dezidiert gemeinschaftsfreundliche Position vertraten. Insofern ist auch für die mitgliedstaatlichen Regierungen der EuGH und die in ihm ablaufende Willensbildung eine „black box".

Hinzu kommt, dass das dezentralisierte Verfahren der Richterernennung durch 27 Mitgliedstaaten mit unterschiedlichen europapolitischen Präferenzen es für die Regierungen praktisch unmöglich macht, sich untereinander auf einen bestimmten, das Gericht dominierenden Richter-Typus zu einigen, der nationale Interessen im Zweifel höher bewertet als Gemeinschaftsinteressen. Es ist höchstens theoretisch denkbar, dass einzelne Mitgliedstaaten europakritische Richter ernennen, die dann jedoch im Kollegium durch die anderen tendenziell europafreundlichen Richter, die durch „europafreundliche" Mitgliedstaaten entsendet werden, ausbalanciert, wenn nicht gar marginalisiert würden. Ein weiteres kommt hinzu: Selbst wenn die mitgliedstaatlichen Regierungen Richter ernennen, die als gemeinschaftskritisch gelten, können sie nicht sicher sein, dass sie diese Grundansichten während ihrer Amtszeit behalten. Der wichtigste Grund hierfür dürfte der starke Sozialisierungseffekt durch den von der Gemeinschaftsorthodoxie geprägten „esprit de corps" im Gericht sein (Hartley 1998: 54 f., Chalmers 1997: 168 ff.). Dieses Phänomen ist auch in den USA mehrfach empirisch bestätigt worden. Zuweilen entpuppen sich die vom US-Präsidenten nominierten Höchstrichter als herbe Enttäuschung, weil diese sich, einmal im Amt, ganz anders verhalten als erwartet (vgl. Epstein / Segal 2005: 119 f.).

Zusammenfassend zeigt sich, dass der EuGH als Verfassungsgericht durch die Ernennungsprozeduren nicht in signifikantem Maß an institutioneller Unabhängigkeit verliert, da die Einflussmöglichkeiten der mitgliedstaatlichen Politik trotz der im Vergleich etwa zu den Supreme Court-Richtern deutlich geringeren

Amtsdauer der EuGH-Richter sehr eingeschränkt sind. In der Summe ist der Einfluss der Mitgliedstaaten bei der Neubesetzung des Gerichts in der EU sogar geringer als der Einfluss des Präsidenten und des Senats in den USA bei der Richterbestellung zum Supreme Court. Schon *eine* politisch ganz gezielt herbeigeführte Richterernennung kann beim obersten amerikanischen Bundesgericht einen dramatischen Schwenk der Rechtsprechung für die nächsten Jahrzehnte bewirken, da viele zentrale Supreme Court-Entscheidungen auf knappen 5:4-Mehrheiten beruhen.

4.2.2 Richter- und Urteilsschelte

Für Verfassungsgerichte ist es von höchster Bedeutung, dass sie eine hohe Akzeptanz durch das juristische Schrifttum, durch die von ihren Urteilen betroffenen politischen Akteure sowie durch die öffentliche Meinung erfahren. Richter- und Urteilsschelte könnte daher von Politikern strategisch eingesetzt werden, um die Richter zu einer Korrektur ihrer Rechtsprechung zu bewegen. Tatsächlich steht auch der EuGH inzwischen unter kritischer Beobachtung nicht nur der mitgliedstaatlichen Regierungen, sondern auch der Wissenschaft und der nationalen Gerichte, die vom EuGH über die Vorabentscheidungsverfahren als Partner – bzw. besser: „Agenten" – zur europarechtlichen Durchdringung der nationalen Rechtsordnungen auserkoren worden sind. Um einen Ansehensverlust bei diesen Akteuren zu vermeiden, muss das Gericht darauf achten, sich mit seinen Urteilen nicht allzu weit von den politischen Präferenzen dieser Akteure zu entfernen.

In diesem Zusammenhang sprechen Mattli und Slaughter (1998: 197) etwas ungenau von einem Minimum demokratischer Verantwortlichkeit des Gerichts und der damit verbundenen Notwendigkeit, Mehrheitsmeinungen nicht zu missachten. In den USA entspricht es dem „common sense", dass sich die Supreme Court-Richter möglichst nicht jenseits des „Mainstreams" (Monaghan 1988: 1207) der öffentlichen Meinung bewegen sollten, wollen sie massive Kritik vermeiden, die die Institution des Supreme Court auf Dauer gefährden könnte. Dies ist jedoch mit der Situation, in der der EuGH steckt, nur sehr bedingt vergleichbar. Im Vorfeld eines Urteils ist es für den EuGH kaum möglich, genauer zu ermitteln, welche Mehrheiten (der Völker, der Regierungen?) welche politischen Präferenzen haben, die er dann gegebenenfalls zu beachten hätte. Ein „Mainstream" existiert in der EU ebenso wenig wie eine europaweite öffentliche Meinung (Höreth 1999: 59 ff.).[4] Auf etwas, das nicht existiert, muss der EuGH aber auch keine

---

[4] Siehe dazu auch den Beitrag von Thomas Meyer in diesem Band.

Rücksicht nehmen. Im Gegensatz zu den USA lässt sich keine europäische Öffentlichkeit mobilisieren, in deren „Schatten" der EuGH operiert und unter deren Druck er gegebenenfalls opportunistisch nachgeben würde, wenn ansonsten sein Ansehen auf dem Spiel stünde.

Der EuGH ist gegen öffentlichkeitswirksame Urteils- und Richterschelte mithin besser geschützt als sein amerikanisches Pendant, weil Kritik höchstens von einzelnen Mitgliedstaaten geübt wird, die von bestimmten Urteilen negativ betroffen sind, während andere Mitgliedstaaten das Urteil in der Regel eher begrüßen werden oder aber sich zumindest indifferent verhalten. Das Spektrum europapolitischer Präferenzen unter den Mitgliedstaaten ist so breit, dass der EuGH fast immer damit rechnen kann, dass er unter den Mitgliedstaaten Verbündete findet, die seine Rechtsprechung verteidigen. In der Regel ist daher kaum eine Situation vorstellbar, in der diese Kritik an Urteilen des EuGH europaweit organisiert werden könnte und von allen Mitgliedstaaten geteilt wird.

4.2.3 (Die Drohung mit) Urteilsboykott

Wie vorhin festgestellt, erweist sich die Drohung an den EuGH, Urteile über den Gesetzesweg bzw. durch Vertragsänderung zu revidieren, als ein eher stumpfes Schwert. Im europäischen Kontext von weit größerer Bedeutung ist die implizite oder gar explizite Drohung der Mitgliedstaaten mit Urteilsboykott. Freilich ist die supranationale Ordnung der EU so konstruiert, dass die Nichtbefolgung von Urteilen für die Mitgliedstaaten mit erheblichen Kosten und Risiken verbunden ist. Ganz offensichtlich wird dies in den Verfahren wegen Vertragsverletzung (Art. 226 EGV) und in den Verfahren wegen Nichtbefolgung von EuGH-Urteilen (Art. 228 Abs. 2 EGV), das es dem EuGH auf Vorschlag der Kommission ermöglicht, die Zahlung eines „Pauschalbetrags oder Zwangsgelds" zu verhängen. Gemeinsam mit dem EuGH kann die Kommission diese Instrumente effektiv nutzen, um dafür zu sorgen, dass die Mitgliedstaaten ihren primär- und sekundärrechtlichen Verpflichtungen tatsächlich nachkommen. Versteckter, aber mindestens ebenso wirksam ist die gerichtliche Kontrolle der Regelbefolgung durch Vorabentscheidungsverfahren, da hier die Urteile des EuGH letztlich durch ein nationales Gericht, eventuell sogar durch ein Höchstgericht, gesprochen werden und damit die Nichtanerkennung des (nationalen) Richterspruchs als Verstoß der Regierung gegen *innerstaatlich* gültige rechtsstaatliche Prinzipien identifiziert werden kann. Die betroffene nationale Regierung muss in diesem Fall nicht nur einen Ansehens- und Glaubwürdigkeitsverlust bei ihren europäischen Partnern befürchten, sondern auch gegenüber ihrer eigenen Bevölkerung. Diese innenpolitischen Kosten der „non-compliance" für den betreffenden Mitgliedstaat bzw. seine Regierung stellen deshalb von vornherein wichtige Anreize für die Befolgung der sich auf EuGH-Vorabentscheidungen stützenden Urteile der nationalen Gerichte dar. Die Europäische Kommission kann darüber hinaus in Wahrnehmung ihrer mit dem EuGH geteilten Funktion als Wächter über die Einhaltung der Verträge die boykottwilligen mitgliedstaatlichen Regierungen zusätzlich unter Druck setzen, indem sie parallel zum laufenden Vorabentscheidungsverfahren noch ein Vertragsverletzungsverfahren einleitet.

Trotz dieser politischen Kosten kann die Nichtbefolgung bzw. das Unterlaufen von Richterrecht für verschiedene nationale Akteure dennoch rational sein, da nicht nur die Nichtbefolgung, sondern auch die Befolgung von Urteilen mit hohen Kosten verbunden sein kann. Umgekehrt ist theoretisch in extremen Fällen sogar vorstellbar, dass bei in der nationalen Bevölkerung unbeliebten Urteilen ein Popularitätsgewinn lockt, wenn die Regierung sich weigert, das Urteil konsequent zu befolgen und die entsprechenden administrativen und gesetzgeberischen Konsequenzen daraus zu ziehen. So genannte „offene non-compliance" ist auf Seiten der mitgliedstaatlichen Regierungen und Verwaltungen aber auch dann nicht zu erwarten. Stattdessen setzen sie häufiger auf Strategien der „Justice contained" (Conant 2002), mit deren Hilfe sie z.B. die Reichweite eines oder mehrer ihnen unliebsamer Urteile beschränken können. Diese Eindämmungsstrategien sind durchaus wirkungsvoll. Sowohl bei der fristgerechten Umsetzung von Richtlinien als auch bei der vollständigen Umsetzung von EuGH-Entscheidungen muss hinreichender politischer Druck durch zivilgesellschaftliche Akteure, Interessenverbände oder durch die öffentliche Meinung auf die politisch Verantwortlichen bestehen. Existiert dieser nicht, ist der Anreiz für die Nichteinhaltung von Gemeinschaftsregeln sowie Urteilen generell groß, zumal dann, wenn man dabei die Unterstützung der Bevölkerung hinter sich weiß. Ähnliche Erfahrungen machten die USA mit einigen grundlegenden Entscheidungen des Supreme Court. Die Rechtsprechung alleine reichte auch dort häufig nicht aus, um Regierung und Gesetzgeber auf den Plan zu rufen (Fisher 1988: 221 ff.). Nur wenn im Gefolge dieser Entscheidungen durch Interessenverbände, politische Parteien und soziale Bewegungen – oder durch außergewöhnliche Ereignisse – hinreichend Druck auf die Regierung ausgeübt wurde, sah sich diese zum Gegensteuern veranlasst.

Im europäischen Kontext kann es vorkommen, dass die kurzfristig orientierte Politik innenpolitisch unbequeme Urteile nicht mit all ihren für sie negativen Implikationen konsequent umsetzt. Daher wird die Auswirkung eines EuGH-Urteils oft auf den konkreten Fall beschränkt, während das einschlägige nationale

Recht nicht geändert wird. Regierungen, nationale Gesetzgeber und Verwaltungen nehmen damit die Unvereinbarkeit nationalen Rechts mit europäischem Recht also ganz bewusst in Kauf, da der Anwendungsvorrang europäischen Rechts erst dann wieder greifen kann, wenn es zu einem weiteren nationalen Gerichtsverfahren kommt und das entsprechende Gericht diesen konkreten Fall wieder dem EuGH zur Prüfung vorlegt. Steht eine von gut organisierten Interessenvertretern initiierte Prozesslawine nicht zu erwarten, kann dies wiederum viele Jahre dauern und ein mögliches negatives Urteil könnte erst wieder eine neue Regierung in der Zukunft betreffen, den aktuell das Gemeinschaftsrecht missachtenden Regierenden also noch gar nicht negativ angerechnet werden. Es kann sogar sein, dass eine Regierung ganz bewusst das Risiko in Kauf nimmt, dass die Kommission ein Vertragsverletzungsverfahren einleitet. Da die Verfahren aber sehr lange andauern und mehrere „Eskalationsstufen" vorsehen, können die mitgliedstaatlichen Regierungen auf Zeit spielen und gegebenenfalls noch immer rechtzeitig einlenken oder aber, falls sie in der Zwischenzeit abgewählt worden sind, das Problem auf die Nachfolgeregierung abwälzen. Der EuGH muss all dies in seinem Entscheidungskalkül berücksichtigen und wird daher in der Regel versuchen, die Zumutbarkeitsgrenzen der Mitgliedstaaten nicht allzu sehr und vor allem: nicht allzu oft zu verletzen. Darin unterscheidet sich der EuGH von anderen Verfassungsgerichten jedoch kaum, da auch diese die Folgebereitschaft der Adressaten ihrer Urteile – zumeist mächtige politische Akteure – nicht überstrapazieren dürfen.

5   Fazit

Mag die Macht des EuGH schon von Anfang an groß gewesen sein, so hat er sich doch erst durch Selbstautorisierung jene Kompetenzen angeeignet, die ihn in die Lage versetzten, die ihm von den Mitgliedstaaten ursprünglich zugedachte Rolle deutlich zu überschreiten. Die Frage lautet also nicht nur, aufgrund welcher funktionalen Erwägungen heraus die Mitgliedstaaten dem EuGH so weitreichende Befugnisse übertragen haben, sondern auch, warum sie nicht willens oder nicht in der Lage waren, der Selbstautorisierung des Gerichts und dessen stetigem Machtzuwachs Grenzen zu setzen.

Die Möglichkeiten der EU-Mitgliedstaaten, die Rechtsprechung des EuGH zu revidieren oder zu korrigieren, sind – wie die hier vorgenommene Überprüfung ergeben hat – wenig effektiv. Die These, wonach der EuGH ein bloßer Diener der mitgliedstaatlichen Regierungen sei (Garrett 1995), ist nicht mehr haltbar, nachdem das Gericht über vergleichbare Chancen verfügt, sich der Kontrolle politischer Akteure zu entziehen wie der amerikanische Supreme Court – immerhin für viele politikwissenschaftliche Experten das mächtigste Verfassungsgericht der Welt (Walker / Epstein 1997: 21 f.). Die Chancen des EuGH, eigene verfassungspolitische Präferenzen durch Rechtsprechung zu verfolgen, übersteigen die Möglichkeiten des Supreme Court sogar, da dieser unter den Bedingungen einer wachsamen, kritischen und politisch mobilisierbaren politischen Öffentlichkeit operiert, die ihn in seinem Spielraum einschränkt. Spätestens hier aber entlarvt sich die neorealistische Konzeption des EuGH als „Agent" der mächtigsten Mitgliedstaaten als reine Chimäre: Bei Betrachtung des Supreme Court würde wohl kein US-Verfassungsexperte ernsthaft die Behauptung aufstellen, er diene lediglich den Interessen der US-Regierung oder anderer mächtiger politischer Akteure. Mit Blick auf den EuGH ist jedenfalls eine solche Behauptung erst recht unhaltbar. Sowohl für den EuGH als auch für den Supreme Court gilt: In einem hochgradig gewaltenteiligen System der wechselseitigen „checks and balances" liegt die relative Macht eines Verfassungsgerichts in der relativen Ohnmacht seiner „counter-vailing powers", also Exekutive und Legislative, begründet.

Diese These findet gerade mit Blick auf die Entwicklung der Gemeinschaft in den sechziger und siebziger Jahren Bestätigung. Weil sich die Entscheidungsfindung unter den Mitgliedstaaten aufgrund der hohen Hürden des Einstimmigkeits- und qualifizierten Mehrheitsprinzips äußerst schwierig gestaltete, musste und konnte der EuGH, wenn wichtige Ziele der EU auf dem Spiel standen, für den sich selbst paralysierenden Gemeinschaftsgesetzgeber immer wieder in die Bresche springen (Pescatore 1974: 89). Auch dort, wo eine Einigung zustande kam, blieb die Notwendigkeit nachträglicher richterlicher Intervention bestehen, weil es sich oft genug nur um „dilatorische Formelkompromisse" handelte, die der Konkretisierung bedurften. Alle diese Faktoren – die Interessenheterogenität der Mitgliedstaaten, ihre kollektive Entscheidungsunfähigkeit und schließlich ihre deutungsoffenen zwischenstaatlichen Vereinbarungen – stellten Einfallstore für den richterlichen Aktivismus dar, der "funktionell" gut begründet und gerechtfertigt werden konnte, letztlich aber vor allem den institutionellen Eigeninteressen des EuGH diente.

Die Ironie liegt nun gerade darin, dass die Revision unerwünschter Urteile durch die politischen Akteure durch eben jene Faktoren verhindert wird, die auch die „positive Gesetzgebung" durch die europäische Politik erschweren – und damit erst den richterlichen Aktivismus begründen. Die Revision von Vertragsinterpretationen des EuGH bedarf nicht nur der Einstimmigkeit aller mitgliedstaatlichen Regierungen, sondern auch der Ratifizierung durch alle nationalen Parlamente. Das ist so gut wie unmöglich zu organisieren. Nicht viel anders verhält es sich mit der Revision sekundärrechtlicher Interpretationen des EuGH: Diese bedürfen zwar „nur" der qualifizierten Mehrheit, die jedoch schon bei „positiver Gesetzgebung" schwer zu erreichen ist. Eine sekundärrechtliche Interpretationen des EuGH revidierende Neugesetzgebung ist jedoch noch viel schwieriger zu organisieren, denn zusätzlich zu einer qualifizierten Mehrheit der Mitgliedstaaten im Rat muss hier auch noch die Kommission mitspielen, ohne deren Initiative die Mitgliedstaaten keine „Revisionsgesetze" verabschieden können. In den meisten Fällen muss inzwischen auch das Europäische Parlament gleichberechtigt mitentscheiden. Beide Organe, Kommission und Parlament, sind aber bedeutsame Verbündete des EuGH, die wichtige institutionelle Eigeninteressen miteinander teilen, weil sie beide von der Stärkung des Prinzips der Supranationalität profitieren. Sie haben daher kaum ein Interesse daran, ihr „supranationales Bündnis" mit dem EuGH zu gefährden, indem sie bei der Revision seiner Urteile auf Seiten der Mitgliedstaaten mitspielen.

Ein systematischer Vergleich mit dem US-Supreme Court zeigt, dass sich der EuGH gegenüber seinen institutionellen Gegenspielern – im Wesentlichen sind dies ja „nur" die mitgliedstaatlichen Regierungen – sogar in einer komfortableren Position befindet als das Oberste Bundesgericht der USA gegenüber dem Kongress (Höreth 2008: 354 ff.). Da es kaum glaubwürdige Drohungen gibt, dass die europäische Politik ihr unliebsame richterliche Entscheidungen rückgängig machen kann, besitzt der EuGH ein Höchstmaß an Entscheidungsmacht und -autonomie, die er nicht zuletzt zur Verfolgung seiner eigenen institutionellen Interessen nutzt. Deshalb muss der EuGH heute als ein unabhängig operierendes Verfassungsgericht betrachtet werden. Ein bloßer „Agent" der Mitgliedstaaten ist er jedenfalls nie gewesen, schon deshalb nicht, weil es sich die Luxemburger Richter gefahrlos leisten konnten, mehr sein zu wollen.

Gerichtsentscheidungen

BVerfG (1993): BVerfGE 89, S. 155 („Maastricht"), Urteil vom 12.10.
BVerfG (1986): BVerfGE 73, S. 339 („Solange II"), Urteil vom 22.10.
BVerfG (1974): BVerfGE 37, S. 271 („Solange I"), Urteil vom 29.05.
BVerfG (1971): BVerfGE 31, S. 145 („Milchpulver"), Urteil vom 09.06.
BVerfG (1967): BVerfGE 22, S. 293 („EWG-Verordnungen"), Urteil vom 18.10.
EuGH (1963): Rs. 26/62, Slg. 1963, S. I-1 („Van Gend & Loos v. Niederländische Finanzverwaltung"), Urteil vom 5.2.

EuGH (1964): Rs. 6/64, Slg. 1964, S. I-1251 („Flaminio Costa v. ENEL"), Urteil vom 15.7.

EuGH (1969): Rs. 29/69, Slg. 1969, S. I-419 („Erich Stauder v. Stadt Ulm"), Urteil vom 12.11.

EuGH (1970): Rs. 11/70, Slg. 1970, S. 1125 („Internationale Handelsgesellschaft mbH v. Einfuhr- und Vorratsstelle für Getreide und Futtermittel"), Urteil vom 17.12.

EuGH (1978a): Rs. 106/77, Slg. 1978, S. 629 („Staatliche Finanzverwaltung v. S.p.A. Simmenthal"), Urteil vom 9.3.

EuGH (1978b): Rs. C-149/77, Slg. 1978, S. I-1365 („Gabrielle Defrenne v. Societe Anonyme Belge de Navigation Aérienne Sabena"), Urteil vom 15.6.

EuGH (1991): Gutachten 1/91, Slg. 1991, S. I-6079, („Entwurf eines Abkommens zwischen der Gemeinschaft einerseits und den Ländern der Europäischen Freihandelsassoziation andererseits über die Schaffung des Europäischen Wirtschaftsraums"), Gutachten vom 14.12.

EuGH (1996): Gutachten 2/94 nach Art. 228 Abs. 6 EGV, Slg. 1996, S. 1759 („Beitritt der Gemeinschaft zur Konvention zum Schutze der Menschenrechte und Grundfreiheiten"), Gutachten vom 28.3.

EuGH (2000): Rs. C-285/98, Slg. 2000, S. I-69 („Tanja Kreil v. Bundesrepublik Deutschland"), Urteil vom 11.1.

Literatur

Alston, Philip (1999): The EU and Human Rights, Oxford.

Alter, Karen J. (2001): Establishing the Supremacy of European Law. The Making of an International Rule of Law, Oxford.

Arnull, Anthony (2000): The European Union and its Court of Justice, Oxford.

Arnull, Anthony (1999): Taming the Beast? The Treaty of Amsterdam and the Court of Justice, in: David O'Keefe / Patrick Twomey (Hg.): Legal Issues of the Amsterdam Treaty, Oxford, S. 109-121.

Axelrod, Robert (1984): The Evolution of Cooperation, New York.

Bach, Maurizio (1999): Die Bürokratisierung Europas: Verwaltungseliten, Experten und politische Legitimation in Europa, Frankfurt a. M. / New York.

Barber-Protokoll (2002): "Protokoll zu Art. 119 des Vertrags zur Gründung der Europäischen Gemeinschaft", in: Vertrag von Nizza. Texte des EU-Vertrages und des EG-Vertrages, Charta der Grundrechte der Europäischen Union, deutsche Begleitgesetze, hgg. von Thomas Läufer, Bonn, S. 257.

Cappelletti, Mauro / David Golay (1986): The Judicial Branch in the Federal and Transnational Union: Its Impact on Integration, in: Mauro Cappelletti / Monica Secombe / Joseph H. H. Weiler (Hg.): Integration Through Law. Band 2, Berlin / New York, S. 261-351.

Chalmers, Damian (1997): Judicial Preferences and the Community Legal Order, in: Modern Law Review 60 (2), S. 164-199.

Chalmers, Damian (1998): European Union Law. Vol. 1: Law and EU Government, Aldershot.

Conant, Lisa (2002): Justice Contained. Law and Politics in the European Union, Ithaca / New York.

Cooter, Robert D. / Tom Ginsburg (1996): Comparative Judicial Discretion. An Empirical Test of Economic Models, in: International Review of Law and Economics 16 (3), S. 295-313.

Craig, Paul / Grainne de Burca (1998): EU Law. Text, Cases and Materials, 2. Aufl., Oxford.

Eggertsson, Thraninn (1990): Economic Behavior and Institutions, Cambridge.

Ellis, Evelyn (1991): European Community Sex Equality Law, Oxford.

Epstein, Lee / Jeffrey Segal (2005): Advice and Consent. The Politics of Judicial Appointments, Oxford.

Fisher, Louis (1988): Constitutional Dialogues: Interpretation as Political Process, Princeton.

Garrett, Geoffrey (1995): The Politics of Legal Integration in the European Union, in: International Organization 49 (1), S. 171-181.

Granger, Marie-Pierre F. (2004): When Governments Go to Luxembourg ... : The Influence of Governments on the Court of Justice, in: European Law Review 29 (1), S. 3-31.

Hall, Peter A. / Rosemary C.R. Taylor (1996): Political Science and the Three New Institutionalisms, in: Political Studies 44 (5), S. 936-957.

Haltern, Ulrich (2005): Integration durch Recht, in: Hans-Jürgen Bieling / Marika Lerch (Hg.): Theorien der europäischen Integration, Wiesbaden, S. 399-423.

Haratsch, Andreas / Ulrike Steiner (2005): Titel II: Grundrechte und Unionsbürgerschaft, in: Marcus Höreth / Cordula Janowski / Ludger Kühnhardt (Hg.): Die Europäische Verfassung, Baden-Baden, S. 73-91.

Hartley, Trevor C. (1998): Foundations of European Community Law, 4. Aufl., Oxford.

Herdegen, Matthias (2003): Europarecht, 5. Aufl., München.

Hitzel-Cassagnes, Tanja (2000): Der Europäische Gerichtshof: Ein europäisches „Verfassungsgericht"?, in: Aus Politik und Zeitgeschichte B 52-53, S. 22-30.

Höreth, Marcus (2008): Die Selbstautorisierung des Agenten. Der Europäische Gerichtshof im Vergleich zum U.S. Supreme Court, Baden-Baden.

Höreth, Marcus (2006): Öffentliche Anhörungen bei Richterernennungen zum U.S. Supreme Court: Vorbild für Deutschland?, in: Der Staat 45 (2), S. 269-288.

Höreth, Marcus (2000): Stille Revolution im Namen des Rechts? Zur Rolle des Europäischen Gerichtshofes im Prozess der europäischen Integration, Bonn (ZEI-Discussion Paper, C 78).

Höreth, Marcus (1999): Die Europäische Union im Legitimationstrilemma. Zur Rechtfertigung des Regierens jenseits der Staatlichkeit, Baden-Baden.

Iglesias, Gil Carlos Rodriguez (2002): Verfassungsgerichte als Gemeinschaftsgerichte?, in: Ludwig K. Adamovich / Bernd C. Funk (Hg.): Der Rechtsstaat vor neuen Herausforderungen, Wien, S. 681-692.

Jachtenfuchs, Markus (2002): Die Konstruktion Europas. Verfassungsideen und institutionelle Entwicklung, Baden-Baden.

Joerges, Christian (2003): Recht, Wirtschaft und Politik im Prozess der Konstitutionalisierung Europas, in: Markus Jachtenfuchs / Beate Kohler-Koch (Hg.): Europäische Integration, 2. Aufl., Opladen, S. 183-218.

Karpenstein, Ulrich / Johannes Langner (2007): Art. 223, in: Eberhard Grabitz / Meinhard Hilf (Hg.): Das Recht der Europäischen Union – Kommentar, München.

Kielmansegg, Peter Graf (2003): Integration und Demokratie, in: Markus Jachtenfuchs / Beate Kohler-Koch (Hg.): Europäische Integration, 2. Aufl., Opladen, S. 49-76.

Kutscher, Hans (1981): Über den Gerichtshof der Europäischen Gemeinschaft, in: Europarecht 16, S. 392-413.

Mancini, Federico G. (1989): The Making of a Constitution for Europe, in: Common Market Law Review 26 (4), S. 595-614.

Matláry, Janne Haaland (1997): The Role of the Commission – a Theoretical Discussion, in: Neill Nugent (Hg.): At the Heart of the Union, New York, S. 265-282.

Mattli, Walter / Anne-Marie Slaughter (1998): Revisiting the European Court of Justice, in: International Organization 52 (1), S. 177-209.

Milgrom, Paul / John R. Roberts (1992): Economics, Organization and Management, Englewood Cliffs.

Moe, Terry M. (1984): The New Economics of Organization, in: American Journal of Political Science 28 (4), S. 739-777.

Monaghan, Henry Paul (1988): The Confirmation Process: Law or Politics?, in: Harvard Law Review 101 (6), S. 1202-1212.

Moravcsik, Andrew (1998): The Choice for Europe. Social Purpose and State Power from Messina to Maastricht, London.

Moravcsik, Andrew (1994): Why the European Community Strengthens the State: Domestic Politics and International Cooperation, Cambridge (Harvard University Working Paper Series, No. 52).

Nugent, Neill (1997): At the Heart of the Union, in: ders. (Hg.): At the Heart of the Union, New York, S. 1-26.

Pescatore, Pierre (1993): The Doctrine of Direct Effect: an Infant Disease of Community Law, in: European Law Review 8 (2), S. 155-163.

Pescatore, Pierre (1974): The Law of Integration, Leiden.

Peters, Anne (2001): Elemente einer Theorie der Verfassung Europas, Berlin.

Pollack, Mark A. (2003): The Engines of European Integration. Delegation, Agency and Agenda-Setting in the EU, Oxford.

Rawls, John (1993): Eine Theorie der Gerechtigkeit, 7. Aufl., Frankfurt a.M.

Rittberger, Berthold / Frank Schimmelfennig, Hg. (2006): Die Europäische Union auf dem Weg in den Verfassungsstaat, Frankfurt a.M. / New York.

Schimmelfennig, Frank (2006): Konkurrenz und Gemeinschaft. Verfassungsgerichte, rhetorisches Handeln und die Institutionalisierung von Menschenrechten in der Europäischen Union, in: Berthold Rittberger / ders. (Hg.): Die Europäische Union auf dem Weg in den Verfassungsstaat, Frankfurt a.M. / New York, S. 195-220.

Schmidt, Susanne K. (2001): Die Einflussmöglichkeiten der Europäischen Kommission auf die europäische Politik, in: Politische Vierteljahresschrift 42 (1), S. 173-192.

Schwarze, Jürgen, Hg. (2000): The Birth of a European Constitutional Order. The Interaction of National and European Constitutional Law, Baden-Baden.

Schwarze, Jürgen (1993): Probleme des europäischen Grundrechtsschutzes, in: Ulrich Everling / Karl H. Narjes / Joachim Sedemund (Hg.): Europarecht, Kartellrecht, Wirtschaftsrecht. Festschrift für Arved Deringer, Baden-Baden, S. 160-174.

Stein, Eric (1981): Lawyers, Judges, and the Making of a Transnational Constitution, in: American Journal of International Law 75 (1), S. 1-24.

Stone Sweet, Alec (2004): The Judicial Construction of Europe, Oxford.

Stone Sweet, Alec / Thomas L. Brunell (1998): Constructing a Supranational Constitution: Dispute Resolution and Governance in the European Community, in: American Political Science Review 92 (1), S. 63-81.

Tallberg, Jonas (2002): Delegation to Supranational Institutions: Why, How, and with What Consequences?, in: West European Politics 25 (1), S. 23-46.

Tsebelis, George (2002): Veto Players. How Political Institutions Work, Princeton.

Tsebelis, George (1995): Decision Making in Political Systems: Veto Players in Presidentialism, Parliamentarism, Multicameralism, and Multipartyism, in: British Journal of Political Science 25 (3), S. 289-326.

Wagschal, Uwe (2006): Verfassungsgerichte als Vetospieler in der Steuerpolitik, in: Michael Becker / Ruth Zimmerling (Hg.): Politik und Recht, Wiesbaden, S. 559-584 (PVS-Sonderheft 36).

Wahl, Rainer (2003): Verfassungsstaat, Europäisierung, Internationalisierung, Frankfurt a.M.

Walker, Thomas / Lee Epstein (1997): The Supreme Court of the United States. An Introduction, New York.

Weber, Albrecht (1989): Die Grundrechte im Integrationsprozess der Gemeinschaft in vergleichender Perspektive, in: Juristenzeitung 44 (21), S. 965-973.

Weiler, Joseph H.H. (1994): A Quiet Revolution. The European Court of Justice and its Interlocutors, in: Comparative Political Studies 26 (4), S. 510-534.

Weiler, Joseph H.H. (1986): Eurocracy and Distrust: Some Questions Concerning the Role of the European Court of Justice in the Protection of Fundamental Human Rights within the Legal Order of the European Communities, in: Washington Law Review 61 (3), S. 1103-1112.

Wolf-Niedermaier, Anita (1997): Der Europäische Gerichtshof zwischen Recht und Politik. Der Einfluss des EuGH auf die föderale Machtbalance zwischen der Europäischen Gemeinschaft und ihren Mitgliedstaaten, Baden-Baden.

Die Europäisierung der Steuerpolitik[*]

Philipp Genschel

1 Die EU und die Steuern

Geld regiert die Welt, was umgekehrt bedeutet, dass man Geld braucht, um regieren zu können. Laut Joseph Schumpeter, einem der Ahnväter der modernen Finanzsoziologie, ist das Steuersystem von erheblicher kausaler und symptomatischer Bedeutung für den Staat, denn was der Staat ist, was er kann und was er seinem Anspruch nach sein möchte, hängt wesentlich davon ab, wie und wie viel Geld er mobilisiert (Schumpeter 1918). Deshalb, so Schumpeter weiter, eröffnet die Steuer- und Finanzpolitik einen der besten Ansatzpunkte zur Analyse politischer Institutionen. Dies gelte insbesondere für Zeiten historischer Umbrüche, in denen alte institutionelle Formen absterben und neue sich entwickeln, denn das Absterben des Alten und der Charakter des Neuen finde regelmäßig in veränderten Finanzstrukturen seinen Niederschlag und oft auch seine Ursache.

Gilt das auch für die Europäische Union? Die EU ist zweifellos eine neue politische Form. Manche meinen sogar, sie stelle die einzige wirklich grundlegende institutionelle Innovation seit dem Aufstieg des demokratischen Wohlfahrtsstaates im 20. Jahrhunderts dar (Moravcsik 2005: 376). Aber kann die Finanzsoziologie wirklich zu ihrem besseren Verständnis beitragen? Auf den ersten Blick eher nicht, denn das spezifisch Neue dieser institutionellen Form sehen viele Beobachter gerade in ihrer finanzpolitischen Enthaltsamkeit. Die EU regierte nicht in erster Linie durch Geld, sondern durch Regeln. Sie sei eine Gemeinschaft des Rechts und nicht der Finanzen, ein „regulativer Staat", kein Steuerstaat (Majone 1996). Zwar hat es an Vorschlägen, die EU mit eigenen Steuern auszustatten nie gefehlt. Die historische Entwicklung geht aber in eine andere Richtung. Wie ich im nächsten Abschnitt zu begründen versuche, ist die EU heute von eigenen Steuern weiter entfernt als jemals zuvor. Dies bedeutet jedoch nicht, dass die

[*] Dieser Artikel ist aus einem gemeinsamen Forschungsprojekt mit Markus Jachtenfuchs hervorgegangen. Ich danke ihm für viele gute Hinweise und Diskussionen.

Steuerpolitik eine weitgehend nationale Angelegenheit bliebe. In der politikwissenschaftlichen Literatur ist diese Ansicht zwar weit verbreitet (Keohane / Hoffmann 1991: 27, Börzel 2005: 224, Moravcsik 2005: 365, Newton / Deth 2005: 332, Caporaso / Tarrow 2007: 20). Sie ist aber falsch, wie ich im dritten Abschnitt zeigen werde. Tatsächlich übt die EU erheblichen steuerpolitischen Einfluss aus. Nur geschieht dies eben nicht auf fiskalischem Wege durch eigene Steuern, sondern auf regulativem Wege – durch die Strukturierung und Überformung nationaler Steuern durch europäisches Recht. Die EU ist kein Steuerstaat. Aber sie ist ein Steuerregulierungsstaat, der die Modalitäten der Steuererhebung in den Mitgliedstaaten zunehmend regelt und überwacht. Ihre regulative Gewalt reicht weiter, als den Vertretern der Regulierungsstaatsthese selbst bewusst zu sein scheint. Der letzte Abschnitt fasst meine Befunde zusammen und kommt auf die Frage zurück, worin eigentlich das spezifisch Neue der EU besteht.

2 Die EU ist kein Steuerstaat

Die EU hat keine eigenen Steuern. Die Einführung solcher Steuern ist zwar seit der Gründung der Gemeinschaft immer wieder gefordert worden (Neumark Report 1963, Europäische Kommission 2004). Schaut man sich die Entwicklung der Gemeinschaftsfinanzen an, so geht der Trend aber in die entgegengesetzte Richtung. Statt auf eine eigenständige supranationale Besteuerungsgewalt der EU-Institutionen läuft er auf ein intergouvernementales System nationaler Finanzierungsbeiträge zu, wie wir es von „normalen" internationalen Institutionen kennen.

Die historische Entwicklung der EU-Finanzen verläuft – ganz schematisch ausgedrückt – in vier Schritten (Strasser 1991, Laffan 1997, Le Cacheux 2007). Der erste Schritt ist der Gründungsvertrag der Montanunion aus dem Jahre 1951, durch den die Hohe Behörde, die Vorgängerorganisation der heutigen Kommission, ermächtigt wurde, den Finanzbedarf der Gemeinschaft durch die Erhebung *allgemeiner Umlagen* auf die Produktion von Kohle und Stahl zu decken. Diese Umlagen wurden von der Hohen Behörde aus eigenem Recht, zum Zwecke der Einnahmegewinnung und in eigener Verwaltung direkt bei europäischen Kohle- und Stahlproduzenten eingetrieben. Das Finanzsystem der Montanunion trug also durchaus steuerähnliche und proto-föderale Züge.

Den zweiten Entwicklungsschritt bildet die Einführung des so genannten Eigenmittelsystems der EWG Anfang der siebziger Jahre. Die Vertragsgrundlage für dieses System war bereits mit den Römischen Verträgen 1957 gelegt worden.

Auf dieser Grundlage überschrieben die Mitgliedstaaten der Gemeinschaft 1971 die ersten beiden Eigenmittel: Zölle und Agrarabschöpfungen. Auch diese *traditionellen Eigenmittel* sind Zwangsabgaben, die die Gemeinschaft aus eigenem Recht individuellen Marktteilnehmern auferlegt. Im Unterschied zu den Montanumlagen werden sie aber nicht in eigenständiger europäischer Gemeinschaftsverwaltung erhoben, sondern in Auftragsverwaltung durch die Mitgliedstaaten. Die traditionellen Eigenmittel dienen auch nicht in erster Linie der Einnahmegewinnung, sondern nicht-fiskalischen Zielsetzungen handels- und landwirtschaftspolitischer Art. Bereits zum Zeitpunkt der Einführung war deshalb absehbar, dass sie nur eine unzureichende und unsichere Finanzbasis für die Gemeinschaft abgeben würden und deshalb durch weitere Eigenmittel ergänzt werden müssten.

Die Einführung der so genannten *Mehrwertsteuereigenmittel* Ende der siebziger Jahre markiert den dritten Entwicklungsschritt. Ursprünglich sollte diese Finanzquelle zur ersten Massensteuer ausgebaut werden, die die Gemeinschaft aus eigenem Recht unmittelbar vom Gemeinschaftsbürger erhebt. Dazu war geplant, sie direkt und für den Endverbraucher sichtbar von dessen nationaler Mehrwertsteuerzahlung abzuziehen (so genannte fiskalische Methode). Tatsächlich kam es aber anders. Weil der direkte Abzug beim Endverbraucher zu kompliziert erschien, entschieden die Mitgliedstaaten, die Mehrwertsteuereigenmittel lieber auf der Grundlage vereinheitlichter Statistiken des volkswirtschaftlichen Konsums zu ermitteln und der Gemeinschaft in monatlichen Raten aus ihrem allgemeinen Steueraufkommen zu überweisen (statistische Methode). Das war verwaltungstechnisch komfortabel, änderte aber den grundsätzlichen Charakter der Zahlung: Aus Zwangszahlungen von Individuen an die Gemeinschaft wurde ein Zwangsbeitrag der Mitgliedstaaten. Mit der vom Endverbraucher gezahlten Mehrwertsteuer haben die Mehrwertsteuereigenmittel trotz ihres Namens nichts gemein. Die von der Kommission erhoffte direkte fiskalische Verbindung zum Unionsbürger schufen sie nicht, sondern durchtrennten sie. Kritiker sehen in ihnen deshalb lediglich „als Eigenmittel verkleidete Beiträge" aber keine „echten" Eigenmittel (Strasser 1991: 90)

Die vorerst letzte Station in der Entwicklung des Eigenmittelsystems bildet die Einführung der so genannten *vierten Einnahme* Ende der achtziger Jahre. Diese neue Einnahmequelle brachte die Entwicklung weg von individuellen Zahlungsverpflichtungen der Gemeinschaftsbürger hin zu nationalen Zahlungsverpflichtungen der Mitgliedstaaten zum Abschluss, denn sie wird auf der Grundlage vereinheitlichter Statistiken über das Bruttonationaleinkommen (BNE) errechnet und von den Mitgliedstaaten aus ihrem allgemeinen Steueraufkommen finanziert. Es gibt noch nicht einmal mehr einen symbolischen Bezug zu einzelwirt-

schaftlichen Transaktionen und individuellen Steuerpflichtigen. Der Anknüp-
fungspunkt ist vielmehr die Volkswirtschaft als Ganze und die nationale Leistungsfähigkeit und eben nicht – wie bei Steuern – der einzelne Bürger oder das
einzelne Unternehmen und deren individuelle Leistungsfähigkeit.

Schaubild 1:   Anteil verschiedener Eigenmittel an den Gesamteinnahmen der EU,
1971-2007

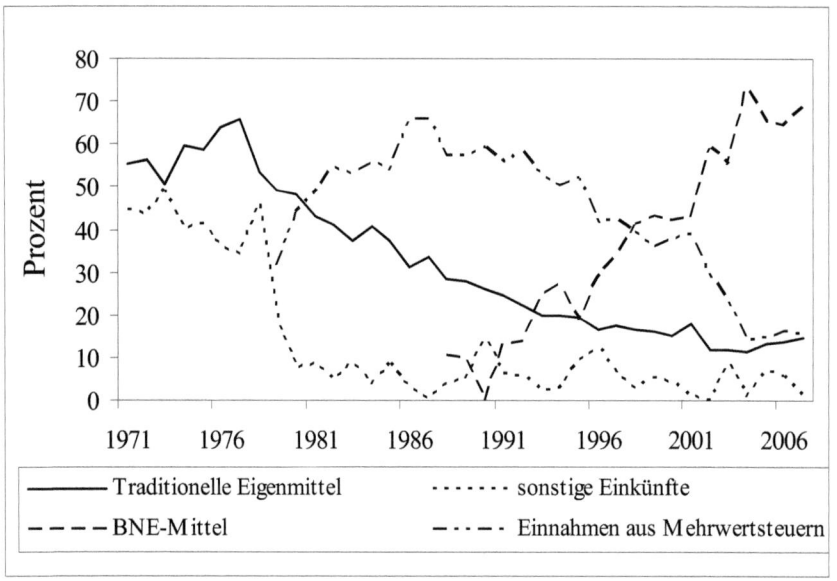

Quelle: Europäische Kommission, eigene Berechnungen

Wenn man sich die Entwicklung der Finanzierungsanteile der einzelnen Eigen-
mittelarten an den Gesamteinnahmen der EG seit den siebziger Jahren anschaut
(Schaubild 1), dann fällt auf, dass die Anteile der steuerähnlichen traditionellen
Eigenmittel (also Zölle und Agrarabgaben) stetig fallen, die der beitragsähnlichen
Mehrwertsteuer- und BNE-Mittel dagegen stetig steigen. Während Zölle und
Agrarabgaben Mitte der siebziger Jahre über 60 Prozent der Gemeinschaftsein-
nahmen erwirtschafteten, ist ihr Beitrag seitdem stetig gefallen und beläuft sich
gegenwärtig (2007) nur noch auf rund 15 Prozent. Die BNE-Abgabe dagegen ist
seit ihrer Einführung sprunghaft gestiegen und deckt heute fast 70 Prozent der
Gesamteinnahmen. Zählt man die Mehrwertsteuermittel hinzu, so werden fast 85
Prozent aller Einnahmen durch beitragsähnliche Zahlungen der Mitgliedstaaten

finanziert. Starke Reformtendenzen gehen sogar dahin, die Finanzierung auf ein reines Beitragssystem umzustellen. Damit entfielen auch die letzten symbolischen Anklänge an eine supranationale Steuererhebung. Die Transition zur intergouvernementalen Gemeinschaftsfinanzierung wäre perfekt.

Fazit: Allen Beschwörungen der praktischen und symbolischen Vorteile echter Europasteuern zum Trotz entwickelt sich das Eigenmittelsystem nicht in Richtung einer eigenständigen supranationalen europäischen Steuergewalt. Eher trifft das Gegenteil zu: Sie driftet auf ein intergouvernementales System nationaler Finanzierungsbeiträge zu. Die EU ist kein Steuerstaat und nichts deutet darauf hin, dass sie bald einer werden könnte.

3 Die EU als Steuerregulierungsstaat

Dass die EU selbst keine Steuern hat, hindert sie freilich nicht, die Steuern ihrer Mitgliedstaaten zu regulieren. Die dazu notwendige Kompetenz ergibt sich aus ihrer Zuständigkeit für den Binnenmarkt. Der EG-Vertrag definiert den Binnenmarkt als „Raum ohne Binnengrenzen, in dem der freie Verkehr von Waren, Personen, Dienstleistungen und Kapital ... gewährleistet ist" (Art. 14 Abs. 2). Da Waren, Personen, Dienstleistungen und Kapital aber auch die Haupteinnahmequellen des Steuerstaates sind, ergibt sich aus der Gemeinschaftskompetenz für die Vollendung des Binnenmarktes ein potenziell sehr weit reichendes Mandat zur Regulierung nationaler Steuern. Wie ich in diesem Abschnitt zeigen will, hat die EU dieses Mandat genutzt, um erheblichen Einfluss auf die Steuerpolitik der Mitgliedstaaten auszuüben. Die Steuergewalt bleibt ein nationales Privileg, aber ihre Ausübung wird in beachtlichem Maße europäisch geregelt und überwacht.

Liest man den EG-Vertrag, dann fallen die steuerpolitischen Implikationen des Binnenmarktprojektes kaum ins Auge. Im Gegenteil, es ist auffällig, wie viel Mühe die Väter des Vertrages darauf verwendet haben, die gemeinschaftliche Entscheidungskompetenz in der Steuerpolitik zu begrenzen. *Inhaltlich* beschränkt der Vertrag die Gemeinschaftskompetenzen in diesem Bereich auf das zur Vollendung des Binnenmarktes Notwendige (Art. 93 und 94): Die EU darf nur tätig werden, um steuerliche Hindernisse und Verzerrungen im Binnenmarkt abzubauen, nicht aber um beispielsweise die Besteuerung gerechter zu gestalten oder die Steuereinnahmen zu steigern. Die meisten Erwägungsgründe, die die nationale Steuerpolitik prägen, werden dadurch systematisch aus dem europäischen Entscheidungskalkül ausgeschlossen. *Prozedural* beschränkt der Vertrag die europäische Entscheidungsautorität durch die Einstimmigkeitsregel: Steuerpolitische Entscheidungen bedürfen der Zustimmung aller Mitgliedstaaten im Ministerrat. Wo diese Zustimmung fehlt, kann der Rat kein Sekundärrecht erlassen, und zwar selbst dann nicht, wenn dies für die Vollendung des Binnenmarktes notwendig und wünschenswert wäre.

Bemerkenswert ist, dass keine der zahlreichen Vertragsrevisionen seit der Einheitlichen Europäischen Akte zu einer Aufweichung der inhaltlichen und prozeduralen Beschränkungen geführt hat (Börzel 2005). Jeder Versuch der Lockerung etwa durch Einführung von Mehrheitsabstimmungen im Ministerrat hat bisher wütenden Widerstand provoziert. Die Steuerpolitik ist deshalb einer der wenigen Politikbereiche der ersten Säule, die immer noch uneingeschränkt der Einstimmigkeitsregel unterliegen. Die Beschränkungen der steuerpolitischen Autorität der EU sind also offenbar nicht nur strikt formuliert, sondern auch so gemeint. Trotzdem ist es zu einer beständigen Zunahme europarechtlicher Regeln für die Steuerpolitik gekommen. Zwei Kanäle haben dabei eine zentrale Rolle gespielt, einerseits das Sekundärrecht von Kommission und Ministerrat und andererseits die Steuerrechtsprechung des EuGH.

Tabelle 1 bietet einen summarischen Überblick über die Sekundärrechtsproduktion der EU in der Steuerpolitik. Sie zeigt vier bemerkenswerte Trends. Erstens, die absolute Zahl steuerpolitischer Rechtsakte steigt kontinuierlich an. Erließ der Rat zwischen 1958 und 1967 lediglich zwei verbindliche Steuerrechtsregeln, so waren es zwischen 1998 und 2007 fast 200. Trotz Einstimmigkeitsregel und zunehmender Größe und Heterogenität des Ministerrates ist die Steuerrechtsetzung zu einer Routinehandlung der europäischen Politik geworden.

Zweitens steigt die Zahl von Steuerrechtsgebieten ständig an, die von Rechtsakten der EG betroffen sind (Genschel 2002). In den sechziger Jahren beschränkte sich die europäische Steuerrechtsetzung ausschließlich auf die Umsatzbesteuerung. In den siebziger und achtziger Jahren wurde sie auf die speziellen Verbrauchsteuern und die administrative Zusammenarbeit ausgeweitet. In den neunziger Jahren griff sie erstmals auf die Körperschaftsbesteuerung über und seit 2000, im Gefolge der sogenannten Zinssteuerrichtlinie, auch auf die persönliche Einkommensteuer. Die Regelungsdichte variiert allerdings sehr stark zwischen den verschiedenen Steuerrechtsgebieten. Bei den indirekten Steuern ist sie sehr hoch, bei den direkten Steuern immer noch sehr niedrig.

Tabelle 1: Die sekundäre Steuergesetzgebung* der EU, 1958-2007

	1958-1967	1968-1977	1978-1987	1988-1997	1998-2007
nach Steuerbereichen					
Mehrwertsteuer	2	6,5**	24	79	94,5
Verbrauchsteuer	0	7,5	15	30	65,5
Körperschaftsteuer	0	0	0	2	3
Einkommensteuer	0	0	0	0	11
Verwaltungsteuer / sonstige	0	6	2	9	25
nach Rechtsinstrument					
Verordnungen	0	0	0	8	13
Richtlinien	2	19	35	35	39
Entscheidungen	0	1	6	77	147
nach Institutionen					
Rat	2	20	41	109	179
Kommission	0	0	0	11	20
Steuergesetzgebung insgesamt	**2**	**20**	**41**	**120**	**199**

*Der Begriff „sekundäre Steuergesetzgebung" bezieht sich auf verbindliche Rechtsakte des Rates oder der Kommission, die die nationale Steuerpolitik der Mitgliedstaaten betreffen. Rechtlich nicht verbindliche Vorschläge, Stellungnahmen etc. sind nicht erfasst. Ausgeschlossen aus der Berechnung wurden auch verbindliche Rechtsakte, die den Zollkodex, staatliche Beihilfen oder Eigenmittel betreffen.
**Einige Richtlinien betreffen sowohl Mehrwert- als auch Verbrauchssteuern, beispielsweise Richtlinien zu Steuerfreibeträgen für Reisende. Solche Fälle wurden mit 0,5 in beiden Steuerkategorien hinzugerechnet.
Quelle: EUR-Lex (2008), eigene Berechnungen.

Drittens steigt die Vielfalt der Rechtsformen. Anfänglich beschränkte sich die Steuergesetzgebung der EG ausschließlich auf das Instrument der *Richtlinie*. Die Richtlinie ist auch nach wie vor die Rechtsform, der sich der Ministerrat für alle grundlegenden Akte der Steuerharmonisierung bedient. In den neunziger Jahren begann die Zahl steuerpolitischer *Entscheidungen* sprunghaft zu wachsen. Die Entscheidung ist heute mit weitem Abstand das am häufigsten genutzte Instrument der europäischen Steuerpolitik. In der Regel dient sie dazu, einzelnen (Gruppen von) Mitgliedstaaten Ausnahmegenehmigungen von allgemeinen Harmonisierungsvorschriften des europäischen Steuerrechts zu erteilen. Seit den neunziger Jahren steigt auch die Anzahl steuerpolitischer *Verordnungen*, auch

wenn diese bei weitem noch nicht das quantitative Niveau von Richtlinien oder
gar Entscheidungen erreicht hat. In diesen Verordnungen werden üblicherweise
Ausführungsbestimmungen zur administrativen Umsetzung von Harmonisie-
rungsrichtlinien erlassen.

Viertens schließlich lässt sich ein milder Trend zur Delegation von Rechtset-
zungskompetenzen an die Kommission beobachten. War bis in die neunziger
Jahre hinein die Steuergesetzgebung eine exklusive Domäne des Ministerrats, so
steigt seitdem die Zahl von Rechtsakten, die direkt von der Kommission auf der
Grundlage delegierter Rechtsetzungsbefugnisse erlassen werden. Das absolute
Niveau solcher Kommissionsakte ist freilich nach wie vor sehr gering.

Die in Tabelle 1 zusammengestellten Daten deuten also auf einen Anstieg
der Menge, der Reichweite und der Differenzierung der europäischen Sekundärrechtsproduktion im Steuerbereich hin. Aber lässt sich daraus auf eine Beschränkung des nationalen Entscheidungsspielraums in der Steuerpolitik schließen?
Immerhin haben die Regierungen der Mitgliedstaaten den Rechtsakten ja einhellig zugestimmt. Bei genauerer Betrachtung zeigt sich jedoch, dass die Einstimmigkeit keine Garantie dafür bietet, dass einmal verabschiedete Rechtsregeln im
Zeitverlauf nicht doch erhebliche Beschränkungswirkungen entwickeln können.
Verschiedene Mechanismen tragen dazu bei, die Mitgliedstaaten immer enger im
Netz ihrer selbst erlassenen Steuerrechtsregeln zu fesseln.

Erweiterung: Nicht alle Mitgliedstaaten, die eine europäische Steuerrechtsre-
gel anwenden müssen, waren zum Zeitpunkt ihrer Verabschiedung bereits Mitglied der Gemeinschaft und stimmberechtigt im Rat. Sie haben deshalb keine
Garantie, dass die Regel ihren speziellen Politikpräferenzen genügt. Estland
wurde z.B. vor seinem Beitritt von der Kommission informiert, dass die Aus-
schüttungssteuer, die es anstelle einer konventionellen Körperschaftsteuer erhebt,
mit den Bestimmungen der so genannten Mutter-Tochter-Richtlinie zur Konzern-
besteuerung nicht vereinbar sei. Deshalb musste es sich verpflichten, sein Unter-
nehmenssteuersystem an diese Richtlinie anzupassen (Lätt / Eidemiller 2006).

Delegation: In dem Maße, in dem Rechtsregeln Rechtsetzungsbefugnisse an
die Kommission delegieren, legen sie den Keim für spätere Konflikte. Denn die
Kommission kann auf Grundlage dieser Befugnisse auch Regeln gegen den Widerstand einzelner Mitgliedstaaten erlassen. Die an die Kommission delegierten
steuerpolitischen Rechtsetzungsbefugnisse sind bisher allerdings inhaltlich so
eng begrenzt, dass das Konfliktpotenzial sehr gering erscheint. Es gibt aber

durchaus Fälle, in denen die Kommission gegen die Präferenzen einzelner Mitgliedstaaten entscheidet.[1]

Nicht-intendierte Effekte: Oft strahlen europäische Harmonisierungsbestimmungen auf nicht-harmonisierte Bereiche aus und entwickeln dadurch beschränkende Wirkungen an Stellen des Steuersystems, wo sie ursprünglich niemand vermutet hätte. So räumt beispielsweise das europäische Mehrwert- und Verbrauchssteuerrecht den Mitgliedstaaten ausdrücklich das Recht ein, zusätzlich auch andere indirekte Steuern zu erheben. Trotzdem kommt es immer wieder zu Gerichtsverfahren wegen derartiger Steuern. So sind bereits Steuern wie die dänische Arbeitsmarktabgabe oder die schwedische Umweltsteuer auf Flugbenzin als mit dem europäischen Mehrwert- und Verbrauchssteuerrecht unvereinbar erklärt und verboten worden (Terra / Wattel 2005: 420 f.). In anderen Fällen, wie etwa der italienischen regionalen Wertschöpfungssteuer, erklärte der Gerichtshof die Abgabe zwar am Ende für europarechtskonform. Die erheblichen Unsicherheiten des Verfahrens (die beiden verfahrensbeteiligten Generalanwälte hatten die Wertschöpfungssteuer für nicht europarechtskonform erklärt) und der drohende fiskalische Schaden (angeblich bis zu 100 Milliarden Euro Rückzahlungsforderungen an den italienischen Staat) zeigen aber dennoch, dass die europäische Steuerharmonisierung indirekt auch die Möglichkeiten zur Erhebung nichtharmonisierter Steuern beschränkt. Die Mitgliedstaaten sind in der Steuerfindung nicht mehr vollkommen frei.

Politikverflechtungsfalle: Die Einstimmigkeitsregel stellt sicher, dass europäische Rechtsregeln den Politikpräferenzen der Mitgliedstaaten zum Zeitpunkt ihrer Verabschiedung nicht zuwiderlaufen. Sie erschwert aber gleichzeitig auch die Anpassung einmal bestehender Regeln an neue Präferenzlagen. Wenn Präferenzen sich ändern, bedarf es eines erneuten einstimmigen Beschlusses des Rates, um das europäische Recht anzupassen. Solange diese Einstimmigkeit nicht zustande kommt, müssen die Mitgliedstaaten weiterhin das alte Recht anwenden, selbst wenn es ihren Präferenzen längst nicht mehr entspricht (Scharpf 1985, 2006). Diese Erfahrung musste jüngst auch der französische Präsident Nicolas Sarkozy machen, als er dafür plädierte, einen reduzierten Mehrwertsteuersatz auf Mineralöl anzuwenden, um die steigenden Benzinpreise abzufedern. Da die Struktur der Mehrwertsteuersätze europarechtlich fixiert ist, braucht er dafür die

---

[1] Ein Beispiel ist die Entscheidung der Kommission vom 21. Oktober 1998 zur Verweigerung der von der italienischen Regierung beantragten Ermächtigung, die Steuerbefreiung für bestimmte Erzeugnisse zu versagen, die gemäß der Richtlinie 92/83/EWG des Rates zur Harmonisierung der Struktur der Verbrauchsteuern auf Alkohol und alkoholische Getränke von der Verbrauchsteuer befreit sind, Az. K 1998/3154, 98/617/EC, Brüssel.

Zustimmung der anderen Mitgliedstaaten. Manche Mitgliedstaaten weigern sich jedoch, ihre Zustimmung zu erteilen. Frankreich kann deshalb den Mehrwertsteuersatz nicht ändern, so sehr sich die Regierung in Paris das auch wünschen würde. Die nationale Reform scheitert an der Rigidität des europäischen Rechts.

Rechtsprechung: Einstimmigkeit lässt sich im Ministerrat oft nur durch Formelkompromisse erreichen. Formelkompromisse führen aber zu Uneindeutigkeiten und treiben dadurch den Bedarf an gerichtlicher Klärung in die Höhe.[2] Das Sekundärsteuerrecht ist deshalb regelmäßig Gegenstand von Gerichtsverfahren vor dem EuGH. Allein die sechste Umsatzsteuerrichtlinie von 1977 war Gegenstand von 256 Verfahren. Dabei ist keineswegs gewährleistet, dass die Richter die durch die Regierungen der Mitgliedstaaten ursprünglich eingegangenen Formelkompromisse in ihrer Deutungsoffenheit unangetastet lassen. Im Gegenteil: Die Entscheidungen des EuGH verengen durch richterrechtliche Konkretisierung die Interpretationsspielräume und erhöhen dadurch die beschränkende Wirkung der Rechtsakte.

Tabelle 2 bietet einen Überblick über die Steuerrechtsprechung des EuGH. Sie zeigt erstens, dass die Zahl der Urteile von lediglich vier zwischen 1958 und 1967 auf 417 zwischen 1998 und 2007 kontinuierlich angestiegen ist. Die Parallelität zum Anstieg der Sekundärrechtsproduktion ist offensichtlich (Tabelle 1). Zweitens wird deutlich, dass die Zahl der Steuerrechtsbereiche, die Gegenstand von EuGH-Urteilen werden, im Laufe der Zeit ebenfalls zugenommen hat. Beschränkte sich die Rechtsprechung bis Ende der achtziger Jahre fast ausschließlich auf die indirekten Steuern (insbesondere Mehrwertsteuer und spezielle Verbrauchssteuern), hat sie seitdem auf die Steuerverwaltung und die direkten Steuern (insbesondere Körperschaftsteuer, persönliche Einkommensteuer, Erbschaftsteuer und Vermögensteuer) übergegriffen. Ähnlich wie im Sekundärrecht liegt auch in der Rechtsprechung das Schwergewicht nach wie vor auf den indirekten Steuern. Aber der Anteil der Entscheidungen zu direkten Steuern steigt rasch an. Inzwischen hat fast jeder vierte Steuerfall vor dem EuGH mit Körperschafts- oder persönlichen Einkommensteuern zu tun.

---

[2] Siehe dazu auch den Beitrag von Marcus Höreth in diesem Band.

Tabelle 2: Steuerrechtliche Entscheidungen* des EuGH, 1985-2007

	1958-1967	1968-1977	1978-1987	1988-1997	1998-2007
nach Steuergebiet					
Mehrwertsteuer	1	17	33,5**	116	208
Verbrauchsteuer / sonstige	2	19	49,5**	68	102
Körperschaftsteuer	0	1	2	8	46,5****
Personensteuer***	1	2	2	12	54,5****
Verwaltungsteuer /sonstige	0	0	1	5	6
nach Rechtsart					
Primärrecht	4	29	56	68	124,5*****
Sekundärrecht	0	10	32	141	292,5*****
nach Verfahrensart					
Vorabentscheidung	3	32	64	158	340
Vertragsverletzung	1	5	24	49	68
andere	0	2	0	2	9
Steuerrechtsprechung insgesamt	4	39	88	209	417

*Der Begriff „steuerrechtliche Entscheidungen" bezieht sich auf Entscheidungen des EuGH über die Vereinbarkeit von nationalem Steuerrecht mit Gemeinschaftsrecht.
** Einige Entscheidungen betreffen sowohl Mehrwert- als auch Verbrauchsteuer. Solche Fälle wurden mit 0,5 in beiden Steuerkategorien hinzugerechnet.
*** Personensteuer umfasst Einkommen-, Vermögen- und Erbschaftsteuer.
**** Einige Entscheidungen betreffen sowohl Körperschaft- als auch Personensteuern. Solche Fälle wurden mit 0,5 in beiden Steuerkategorien hinzugerechnet.
***** Einige Entscheidungen betreffen sowohl das primäre als auch das sekundäre Recht. Solche Fälle wurden mit 0,5 in beiden Rechtskategorien hinzugerechnet.
Quelle: EUR-Lex (2008), eigene Berechnungen.

Die Tabelle zeigt drittens, dass auch der Anteil von Urteilen, die die Interpretation von Sekundärrecht betreffen, kontinuierlich gestiegen ist. Bezogen sich zwischen 1958 und 1967 noch alle Rechtsentscheidungen auf das Primärrecht, so waren es zwischen 1998 und 2007 nur noch rund 40 Prozent. Im Bereich der sekundärrechtlich stark verregelten indirekten Steuern liegt dieser Anteil sogar noch einmal deutlich niedriger, im sekundärrechtlich wenig erschlossenen Bereich der direkten Steuern deutlich darüber.

Die Tabelle macht schließlich viertens sichtbar, dass der weitaus größte Teil der Verfahren den EuGH auf dem Wege des Vorabentscheidungsersuchens nationaler Gerichte erreicht: Sie beginnen mit der Klage eines Steuerzahlers vor einem nationalen Gericht, durch die die Vereinbarkeit nationaler Steuervorschriften mit europäischem Recht in Zweifel gezogen wird. Im Bereich der indirekten Steuern beziehen sich diese Zweifel in der Regel auf sekundärrechtliche Harmonisierungsvorschriften, im Bereich der direkten Steuern auf das primärrechtliche Diskriminierungsverbot bzw. die ebenfalls primärrechtlichen vier Grundfreiheiten. Das nationale Gericht wendet sich dann an den EuGH mit der Bitte um Klärung der relevanten europarechtlichen Vorschriften. Auf der Grundlage des EuGH-Urteils entscheidet das nationale Gericht dann schließlich den Fall.

Die Dominanz des Vorabentscheidungsverfahrens gibt den Steuerrechtsfällen des EuGH einen systematischen Steuersenkungsdrall. Denn schließlich wird ein Steuerpflichtiger nur dann vor Gericht ziehen, wenn er sich davon einen steuerlichen Vorteil erwartet, wenn er also davon ausgeht, dass die Durchsetzung des Europarechts seine Steuerlast senkt. Das beste Ergebnis, welches ein beklagter Mitgliedstaat in einem solchen Verfahren erreichen kann, ist deshalb die Verteidigung des steuerpolitischen Status quo: Er verliert keine Einnahmen. Dies ist umgekehrt aber auch schon das Schlimmste, was dem Klageführer passieren kann: Er gewinnt keine Steuervorteile (Graetz / Warren 2007: 293). Diese Asymmetrie der Prozessrisiken wird von einer ganzen Industrie von Anwaltskanzleien ausgebeutet, die sich darauf spezialisiert haben, die Steuerlast ihrer Klienten dadurch zu reduzieren, dass sie die Europarechtskonformität kostenträchtiger nationaler Besteuerungsregeln gerichtlich anfechten. Besonders augenfällig ist dies im Bereich der Unternehmensbesteuerung, wo die Vorabentscheidungsverfahren vor allem dem Zweck dienten, außensteuerrechtliche Barrieren gegen grenzüberschreitende Gewinn- und Verlustverlagerungen im Konzern zu Fall zu bringen, um die internationale Steuerplanung zu erleichtern und den Steuerwettbewerbsdruck auf die nationalen Regierungen zu erhöhen (Uhl 2008: 72). Der Steuersenkungsdrall wird weiter dadurch verschärft, dass der EuGH den Finanzbedarf der Mitgliedstaaten nicht als zwingendes Erfordernis des Gemeininteresses anerkennt, welches im Zweifelsfall die Beschränkung der vier Freiheiten rechtfertigen kann. Anders ausgedrückt: Der EuGH erlaubt den Mitgliedstaaten nicht, an restriktiven, die vier Freiheiten behindernden Regeln festzuhalten, nur weil deren Beseitigung mit Einnahmeverlusten verbunden sind. Wenn Steuerpflichtige die vier Freiheiten ausnutzen, um durch „tax jurisdiction shopping" ihre Steuerlast zu senken, so ist das nach Meinung des EuGH kein Missstand, den es zu unterbinden gelte, sondern ein legitimes Recht, welches geschützt werden müsse (Terra / Wattel 2005: 146).

Natürlich können die Mitgliedstaaten die Steuerrechtsentscheide des EuGH auch nachträglich durch neue Sekundärrechtsakte des Ministerrates revidieren. Sie können sie aber nicht ungeschehen machen. Sie können europäisches Richterrecht durch europäisches Gesetzesrecht ersetzen, aber nicht den „Urzustand" rein nationaler Regelung wiederherstellen. Über die Rechtsprechung des EuGH kann die europäische Steuerregulierung deshalb auch in Bereiche vordringen, aus denen die Regierungen der Mitgliedstaaten sie aus politischen Erwägungen gerne heraushalten würden. Im Bereich der Unternehmensbesteuerung ist dies geschehen. Während sich die Mitgliedstaaten bis in die neunziger Jahre allen Vorschlägen der Kommission konsequent verweigerten, die Steuersysteme und Bemessungsgrundlagen im Interesse der Marktintegration anzugleichen, konnten sie die Entwicklung einer weitreichenden Rechtsprechung des EuGH zu Systemen und Bemessungsgrundlagen seit den neunziger Jahren nicht verhindern. Der EuGH rutschte damit – gewollt oder ungewollt – „in die Rolle des Gesetzgebers in wichtigen Fragen europäischer Steuerpolitik."[3] Den Mitgliedstaaten bleibt lediglich die Wahl, sich entweder diesem Gesetzgeber zu unterwerfen oder ihn durch gemeinsames Handeln im Ministerrat kollektiv zu übertrumpfen, etwa indem sie sich den Vorschlag der Kommission zur Einführung einer gemeinsamen konsolidierten Körperschaftsteuerbemessungsgrundlage zu eigen machen (Europäische Kommission 2007). Ihre regulative Autonomie verlieren sie aber so oder so.

Fazit: die Steuerpolitik im Binnenmarkt unterliegt zunehmend europäischer Regulierung. Diese Regulierungen heben die nationale Steuerautonomie nicht vollkommen auf, aber sie schränken sie ein. Die beschränkende Wirkung variiert zwischen verschiedenen Steuerarten: im Bereich der indirekten Steuern ist sie am stärksten, bei der persönlichen Einkommensteuer am schwächsten und bei der Unternehmensbesteuerung irgendwo dazwischen. Die Beschränkungswirkung schwankt auch zwischen verschiedenen Besteuerungsvariablen: Steuersysteme und Steuerbemessungsgrundlagen unterliegen in der Regel stärkeren Beschränkungen als Steuersätze. Insbesondere gibt es bisher keine europarechtlichen Beschränkungen für Höchstsätze (für Mindestsätze aber durchaus). Die Mitgliedstaaten behalten erhebliche Freiheit, selbst zu entscheiden, *wie viel* sie besteuern wollen, sind aber zunehmend eingeengt bei der Entscheidung, *wie* sie besteuern wollen.

---

[3] Frits Bolkestein, in: The Economist vom 17. Januar 2004, S. 28.

4   Was ist *neu* an der EU?

In diesem Aufsatz habe ich gezeigt, dass die EU ein Steuerregulierungsstaat, aber kein Steuerstaat ist. Sie erhebt selbst keine Steuern, reguliert aber in beachtlichem Maße, wie auf nationaler Ebene besteuert wird. Es gibt keinen Reservatsbereich nationaler Steuerpolitik, der vor europäischem Eingriff prinzipiell geschützt wäre. Das eigentlich Neue der EU liegt deshalb nicht darin, dass sie keine Steuerpolitik macht, sondern wie sie sie macht, nämlich rein regulativ. Sie belässt den Mitgliedstaaten das Privileg der Steuergewalt und beschränkt sich darauf, die Bedingungen ihrer Wahrnehmung zu definieren.

Vieles spricht dafür, dass diese spezifische steuerpolitische Kompetenzteilung langfristig stabil ist. Es gibt keine Anzeichen dafür, dass sich die EU bald zu einem voll ausgebildeten fiskalföderalen Steuerstaat fortentwickeln könnte, der neben erheblicher regulativer Gewalt über die nationalen Steuern der Mitgliedstaaten auch über aufkommensstarke eigene Steuerquellen verfügt. Die Entwicklung des Eigenmittelsystems weist vielmehr in die entgegengesetzte Richtung einer rein intergouvernementalen Beitragsfinanzierung. Der europäische Einigungsprozess führt nicht zu einer Neuauflage der finanzpolitischen Zentralisierung à la Popitz, wie sie die Föderalstaatentwicklung des 19. und 20. Jahrhunderts geprägt hat (Diaz-Cayeros 2004). Es gibt andererseits aber auch keine Anzeichen dafür, dass der europäische Steuerregulierungsstaat sich zurückbilden und die Mitgliedstaaten neben der Steuergewalt auch die regulative Gewalt über die Gestalt ihrer Steuern vollständig zurückerhalten könnten. Denn dazu müssten die Mitgliedstaaten das Binnenmarktprojekt, zumindest in seiner gegenwärtigen Radikalität zur Disposition stellen und würden dabei das einzige riskieren, was sie alle miteinander teilen. Die anderen wichtigen Integrationsprojekte, Geld, Verteidigung, innere Sicherheit, folgen de facto dem Muster differenzierter Integration. Nur am Binnenmarkt nehmen wirklich alle teil. Er bleibt deshalb der Kitt, der die Gemeinschaft zusammenhält und auf den man umso weniger verzichten kann, je heterogener die Gemeinschaft wird.

Zu den normativen Implikationen meiner Befunde abschließend nur zwei Bemerkungen. Zum einen scheinen sie Moravcsiks Beruhigungsformel den Boden zu entziehen, nach der die EU keiner eigenständigen demokratischen Legitimationsgrundlage bedarf, weil sie lediglich effizienzsteigernde und sich dadurch selbst legitimierende Politiken betreibe (Moravcsik 2002). Die Steuerpolitik ist die Umverteilungspolitik par excellence. Über ihre Regulierung verstrickt sich die EU indirekt auch in die mit ihr verknüpften Verteilungskonflikte. Zum anderen stehen die Befunde in deutlichem Kontrast zu den in Eurobarometer-

Umfragen erhobenen politischen Präferenzen der EU-Bürger. 65 Prozent der von Eurobarometer Befragten meinen, dass steuerpolitische Entscheidungen besser auf nationaler als auf europäischer Ebene getroffen werden sollten. Es gibt nur einen Bereich, in dem die Zustimmung für gemeinsame europäische Regeln noch geringer ist, nämlich die Rentenpolitik.[4] Kurz: es gibt da ein Problem.

Literatur

Börzel, Tanja A. (2005): Mind the Gap! European Integration between Level and Scope, in: Journal of European Public Policy 12 (2), S. 217-236.

Caporaso, James / Sidney Tarrow (2007): Polanyi in Brussels. European Institutions and the Embedding of Markets in Society, Ithaca.

Diaz-Cayeros, Alberto (2004): The Centralization of Fiscal Authority. An Empirical Investigation of Popitz's Law. Paper Presented at the Annual Meeting of the American Political Science Association, September 2-5, Chicago.

EUR-Lex (2008), Datenbank zu den Rechtsvorschriften der Europäischen Union, abrufbar unter: http://europa.eu.int/eur-lex/lex/de/index.htm

Europäische Kommission (2007): Umsetzung des Programms der Gemeinschaft für mehr Wachstum und Beschäftigung und eine Steigerung der Wettbewerbsfähigkeit von EU-Unternehmen: Weitere Fortschritte im Jahr 2006 und nächste Schritte zu einem Vorschlag einer gemeinsamen konsolidierten Körperschaftsteuer-Bemessungsgrundlage (GKKB), KOM 2007/223, Brüssel.

Europäische Kommission (2004): Finanzierung der Europäischen Union. Bericht der Kommission über das Funktionieren des Eigenmittelsystems, KOM 2004/505, Brüssel.

Genschel, Philipp (2002): Steuerharmonisierung und Steuerwettbewerb in der Europäischen Union, Frankfurt a.M.

Graetz, Michael J. / Alvin C. Warren (2007): Income Tax Discrimination and the Political and Economic Integration of Europe, in: Reuven S. Avi-Yonah / James R. Hines / Michael Lang (Hg.): Comparative Fiscal Federalism, Alphen aan den Rijn, S. 263-320.

Keohane, Robert O. / Stanley Hoffmann (1991): Institutional Change in Europe in the 1980s, in: dies. (Hg.): The New European Community, Boulder, S. 1-39.

Laffan, Brigid (1997): The Finances of the European Union, Houndmills.

Lätt, Priit / Rainer Eidemiller (2006): Estonia: The Year 2009 and Estonian Corporate Taxation System, in: Offshore Business 1 (9), S. 60-61 (www.magverlag.com).

Le Cacheux, Jacques (2007): Funding the EU Budget with a Genuine Own Ressource: The Case for a European Tax. Notre Europe Studies, No. 57, Paris.

Majone, Giandomenico (1996): The European Community as a Regulatory State, in: Collected Courses of the Academy of European Law 5 (1), S. 321-419.

---

[4] Eurobarometer 68, Dezember 2007.

Moravcsik, Andrew (2005): The European Constitutional Compromise and the Neofunctionalist Legacy, in: Journal of European Public Policy 12 (2), S. 349-386.

Moravcsik, Andrew (2002): In Defence of the 'Democratic Deficit': Reassessing Legitimacy in the European Union, in: Journal of Common Market Studies 40 (4), S. 603-624.

Neumark Report (1963): The EEC Reports on Tax Harmonization. The Report of the Fiscal and Financial Committee and the Reports of the Sub-Groups A, B and C, Amsterdam.

Newton, Ken / Jan W. v. Deth (2005): Foundations of Comparative Politics, Cambridge.

Scharpf, Fritz W. (2006): The Joint-Decision Trap Revisited, in: Journal of Common Market Studies 44 (4), S. 845-864.

Scharpf, Fritz W. (1985): Die Politikverflechtungs-Falle: Europäische Integration und deutscher Föderalismus im Vergleich. Politische Vierteljahresschrift 26 (4), S. 323-256.

Schumpeter, Joseph (1918): Die Krise des Steuerstaats, Graz.

Strasser, Daniel (1991): Die Finanzen Europas, Amt für amtliche Veröffentlichungen der Europäischen Gemeinschaften, Luxemburg.

Terra, Ben / Peter Wattel (2005): European Tax Law, London.

Uhl, Susanne (2008): Die Transformation nationaler Steuersysteme in der Europäischen Union, Frankfurt a.M.

III. Demokratie und Identität

Lässt sich die Europäische Union demokratisch verfassen?[*]

Peter Graf Kielmansegg

1   Die europäische Legitimitätsfrage

Sozialwissenschaftler, die sich als Zeitdiagnostiker betätigen, reden gern von Krisen. Das macht sie und ihre Diagnosen interessanter. Vielleicht ist es deshalb klüger, nicht mit dem Satz zu beginnen, die Europäische Union sei in eine Akzeptanzkrise geraten. Aber dass von Enthusiasmus für das europäische Projekt kaum noch etwas zu spüren ist, dass es viel Misstrauen, jedenfalls Zurückhaltung gegenüber diesem Projekt gibt – und zwar in fast allen Ländern der Gemeinschaft, das ist nicht zu übersehen. Das Scheitern des Verfassungsentwurfs in den Volksentscheiden in Frankreich und den Niederlanden im Frühsommer 2005 hat es dramatisch sichtbar gemacht. Das „Nein" zum Vertrag von Lissabon drei Jahre später in Irland, dem Land, das als einziges unter den Mitgliedstaaten das Volk über den Vertrag entscheiden ließ, hat es bekräftigt. Und die Befunde der Demoskopie – die Daten des Eurobarometers beispielsweise – bestätigen es: Es sind in den meisten Ländern, wenn überhaupt, nur knappe Mehrheiten, die die Mitgliedschaft ihres Landes in der EU vorbehaltlos positiv einschätzen.[1]

Wie immer man solche Daten interpretiert, es ist offensichtlich, dass der Idee des Zusammenschlusses der europäischen Staaten und Völker nicht mehr gleichsam von selbst jenes Maß an Zustimmung zuwächst, das sie braucht, um politische Wirklichkeit zu werden. Was hat sich verändert? In den ersten Jahrzehnten war es für jedermann offenkundig, dass das Projekt Europa die fälligen Konse-

---

[*] Der Vortrag knüpft an meinen Aufsatz „Integration und Demokratie" an (2003). Er führt die dort entwickelten Überlegungen fort. Die Vortragsform wurde im Wesentlichen beibehalten, auf detaillierte Nachweise folglich verzichtet. Einige Hinweise auf neuere Literatur zu zwei zentralen Stichworten des Textes (Legitimität und Identität) werden am Ende des Textes angefügt.
[1] Siehe dazu auch den Beitrag von Bernhard Weßels in diesem Band.

quenzen aus einer leidvollen Vergangenheit, einer Katastrophengeschichte zog. Niemand stellte den historischen Sinn der Einigungsbemühungen in Frage – sie hatten eine moralische Dignität. Zwar trat das Urmotiv, das Friedensmotiv in dem Maß, in dem die Schaffung eines gemeinsamen Marktes zum Kern des Projektes wurde, allmählich zurück. Es wurde ergänzt und überlagert durch die Überzeugung, die europäische Integration fördere den europäischen Wohlstand – ja, sie sei seine wichtigste Bedingung. Die Selbstverständlichkeit der Akzeptanz litt aber zunächst einmal keinen Schaden. Auch der Ost-West-Konflikt trug natürlich das Seine dazu bei, dass dem europäischen Einigungsprozess eine evidente historische Vernünftigkeit zugeschrieben wurde.

Damit waren den Eliten – und sie waren es, die den Prozess im Wesentlichen trugen und vorwärts trieben – weite Handlungsspielräume eröffnet. Sie konnten sich auf einen, wie es in der politikwissenschaftlichen Literatur hieß, „permissiven Konsens" der Öffentlichkeit stützen, eine allgemeine, wenn auch nicht sonderlich engagierte Europafreundlichkeit, die das Thema weitgehend den Politikern überließ.

Dass davon nichts geblieben sei, mag zu scharf formuliert sein. Aber die Zeiten sind andere geworden. Und vor allem: Das Projekt selbst ist ein anderes geworden. Es hat sich räumlich stetig ausgeweitet – aus den sechs Ländern der ersten Stunde sind inzwischen 27 geworden. Und es hat sich, von seinem ökonomischen Ansatz her in immer mehr Lebensbereiche hineingreifend, ebenso stetig vertieft. Beide Prozesse haben, wie der Wandel der Nachkriegswelt im allgemeinen, dazu beigetragen, dass wir inzwischen ganz offensichtlich an einem Punkt angekommen sind, an dem die alten, beinahe schon mythischen Begründungen das Projekt allein nicht mehr zu tragen vermögen.

Warum ist das Projekt durch die stetige Erweiterung ein anderes geworden? Die erste und einfachste Antwort lautet: Je größer die Zahl der Mitglieder, desto geringer der Einfluss eines jeden einzelnen Mitgliedes. Das gilt gleichermaßen, wenn auch nicht in ganz gleicher Weise, für große und kleine Mitglieder. Für alle sind die Bedingungen, unter denen mitgliedstaatliche Interessen in europäische Entscheidungen übersetzt werden müssen, ganz andere als sie es in der kleinen Ursprungsgemeinschaft waren. Ein zweiter Gesichtspunkt: Mit der Zahl der Mitglieder ist auch das Wohlstandsgefälle in der EU dramatisch gewachsen. Und das wachsende Wohlstandsgefälle hatte zur Folge, dass umverteilende Regionalpolitik immer stärker ins Zentrum der Aktivitäten der EU rückte. Schließlich: Was für die Gründungsmitglieder im ersten Jahrzehnt, über dem noch der Schatten des Zweiten Weltkrieges lag, galt – die Evidenz eines pathetischen historischen Sinnes der europäischen Integration –, gilt für die später Hinzugekommenen umso weniger, je später sie kamen. Sie kamen und kommen mit sehr bestimmten Interessen des Zugangs zu einem großen Markt, der Teilhabe an einem System der Umverteilung, der Mitsprache in einem Club. Das alles hat tiefgreifende Konsequenzen für die Funktionsweise der Europäischen Gemeinschaft. Wer das nüchtern feststellt, zieht deshalb nicht die Notwendigkeit der Erweiterungen in Zweifel.

Und wie hat die Vertiefung das Projekt verändert? Tatsächlich ist die Geschichte der europäischen Integration eine Geschichte ständiger Ausweitung und Intensivierung der Kompetenzen der Gemeinschaft. Nie hat es verlässlich stabile Kompetenzgrenzen gegeben. Der Auftrag, einen gemeinsamen Markt zu schaffen, zog und zieht sie jedenfalls nicht. Im Gegenteil. Es hat sich gezeigt, dass ihm eine ganz außerordentliche Dynamik innewohnt. Er hat als ein starker „Kompetenzakquisitionsmotor" gewirkt und wirkt noch immer so. Es gibt ja kaum eine Rechtssetzungskompetenz, die sich nicht als auf Marktintegration bezogen verstehen lässt.

Irgendwann musste dieser Prozess die Schwelle überschreiten, jenseits derer der Bürger, möglicherweise schmerzhaft, die Erfahrung macht, dass die europäische Integration nicht nur ein fernes Projekt der Eliten ist, sondern politische Strukturen hervorgebracht hat, die Regierungsgewalt über ihn ausüben. Wir haben diese Schwelle inzwischen überschritten – daran kann es keine Zweifel geben, auch wenn es ein Recht der EU Steuern zu erheben, das die Schwellenüberschreitung selbst dem Letzten deutlich machen würde, noch nicht gibt.[2] Es handelt sich eben nicht einfach um den administrativen Vollzug des von der Politik vorgegebenen Auftrags der Marktintegration, um die Vereinheitlichung von Maßen und Gewichten sozusagen. Die europäische Gesetzgebung läuft vielmehr auf den Aufbau einer umfassenden, tief in viele, wenn auch nicht in alle Lebensbereiche hineinwirkenden Rechtsordnung hinaus. Wie tief und wie weit, kann man wahrscheinlich am deutlichsten an der Negativfolie des europäischen Rechts ablesen, an dem Ausmaß der Eingrenzung der gesetzgeberischen Handlungsfreiheit der Mitgliedsländer.

Dass die alten Rechtfertigungsmythen, die das Projekt in seinen Anfängen trugen, für neue Generationen und in einer erweiterten Gemeinschaft verblasst sind, und dass die EU – erstaunlich spät, könnte man sagen – mit ihrer Regierungsmacht gewissermaßen den Bürger erreicht hat, heißt nun aber nichts anderes, als dass sich, in der Sprache der politischen Theorie formuliert, die Legitimitätsfrage ganz neu stellt. Vielleicht stellt sie sich überhaupt erst jetzt – in dem

---

[2] Siehe dazu auch den Beitrag von Philipp Genschel in diesem Band.

Sinn nämlich, dass die die Mitgliedstaaten überwölbende europäische politische Ordnung, die im Lauf der Jahrzehnte entstanden ist, nicht mehr einfach von dem historischen Impuls, der diese Ordnung hervorgebracht hat, getragen wird.

In ihrer empirischen Fassung lautet die aktuell gewordene Legitimitätsfrage: Wie ist es um die bürgerschaftliche Loyalität der Europäer gegenüber der EU als einer politischen Ordnung, die Regierungsmacht über sie ausübt, bestellt? Ins Normative und Grundsätzliche gewendet lautet die Frage: Mit welchen guten, zustimmungsfähigen Gründen lässt sich rechtfertigen, dass die EU Rechtsetzungsmacht über derzeit fast 500 Millionen Europäer ausübt? Die beiden Fragen sind nicht unabhängig voneinander zu beantworten. Verlässliche, in den Wechselfällen der Geschichte stabile bürgerschaftliche Loyalität, dies unterstellt die hier vorgetragene Argumentation, setzt voraus, dass ein Gemeinwesen eine überzeugende Antwort auf die zweite, die normative Frage gibt, mögen auch die Beantwortung der normativen Legitimitätsfrage durch den politischen Theoretiker und die Gemengelage der Loyalitätsmotive der Bürger sich nicht einfach decken. Im Folgenden werden denn auch im Begriff Legitimität beide Komponenten zusammengefasst: die Anerkennungswürdigkeit der politischen Ordnung Europas und ihre tatsächliche Anerkennung durch die Bürger.

2   Worauf gründet sich die Legitimität europäischen Regierens?

Die EU, so lautet der Befund nach dem ersten Überlegungsschritt, hat inzwischen eine Rechtfertigungslast zu tragen, die durch den traditionellen Verweis auf die politisch-moralische Dignität und die praktische Nützlichkeit des Integrationsprojekts nicht mehr aufgefangen werden kann. Die EU befindet sich damit, jedenfalls grundsätzlich, in der Lage eines jeden freiheitlich verfassten Gemeinwesens, das seine Legitimität nicht gerade von Tag zu Tag – so kurzatmig werden Legitimitätsfragen nicht entschieden –, aber doch im Zeitablauf durch seine Regierungspraxis gewinnen und behaupten muss; es besitzt sie nicht ein für alle Mal. Worauf gründet sich die Legitimität eines Gemeinwesens, das in der Freiheits- und Rechtstradition unseres Kulturkreises steht?

Legitimität nach den Standards eines freiheitlich verfassten Gemeinwesens verlangt an erster Stelle, dass der politische Prozess den Anforderungen des demokratischen Prinzips genügt.

Was das bedeutet, braucht hier nur andeutungsweise ausgeführt zu werden. Das demokratische Prinzip begreift die Gesamtheit der Bürger bei gleichem Mitentscheidungsrecht eines jeden einzelnen als letzte politische Entscheidungsinstanz; als Instanz insbesondere, die regelmäßig wiederkehrend die Möglichkeit haben muss, die Regierungsgewalt zuzuweisen und zu entziehen und damit zu kontrollieren. Dabei setzt das demokratische Prinzip voraus – dies ist eine konstitutive Bedingung seiner Verwirklichung, von der gleich noch genauer zu reden sein wird –, dass die Bürger des Gemeinwesens sich als an einer ihnen allen gemeinsamen politischen Identität teilhabend begreifen. Es setzt, etwas anders formuliert, ein Selbstverständnis der Bürger voraus, das es ihnen möglich macht, das Gemeinwesen gemeinsam als das ihre anzusehen.

Legitimität nach den Standards eines verfassungsstaatlich verfassten Gemeinwesens verlangt ferner, dass alle öffentliche Gewalt beschränkt ist und rechtsgebunden handelt. Schranken der Macht ergeben sich aus ihrer rechtlichen Verfasstheit und ihrer Verteilung auf verschiedene einander kontrollierende Träger. Die Beschränkung und Rechtsgebundenheit aller öffentlichen Gewalt dient dem Schutz des Einzelnen und seiner Lebenswelt vor der überlegenen Macht des Staates. Unerlässlich sind Verfahren, durch die der Bürger den Staat auch tatsächlich wirksam in seine Schranken weisen kann.

Schließlich ist die Gemeinwohlorientierung des politischen Handelns, um es in der uns etwas fremd gewordenen traditionellen Sprache der politischen Philosophie zu formulieren, eine Bedingung der Legitimität einer politischen Ordnung. Man kann es auch profaner ausdrücken: Das Gemeinwesen muss einigermaßen verlässlich Leistungen erbringen, die von den Bürgern als ihren eigenen Lebensplänen und zugleich der Gesamtheit dienlich wahrgenommen und anerkannt werden. Dabei wird jeder in aller Regel vor allem auf den Nutzen sehen, der ihm selbst aus den Leistungen des Gemeinwesens erwächst. Aber da jeder andere mit dem gleichen Recht seine Erwartungen auf das Gemeinwesen richtet, müssen alle Erwartungen unter den Vorbehalt der Allgemeinverträglichkeit gestellt werden, gilt, umgekehrt formuliert, für jede Leistung des Gemeinwesens der Maßstab der Allgemeinwohldienlichkeit.

Eine systematische Erörterung müsste auch an die EU die Legitimitätsfrage in dieser dreifachen Auffächerung stellen. Das kann hier nicht geschehen. Die Auffächerung wird uns vielmehr dazu dienen, unser Untersuchungsfeld einzugrenzen. Ob die EU, orientiert an der Idee eines europäischen Gemeinwohls, Leistungen erbringt, die von den Europäern als solche wahrgenommen und anerkannt werden, ist nicht Gegenstand dieser Betrachtungen. Schon gar nicht soll die verlässlich schwer zu beantwortende Frage diskutiert werden, welche Bedeutung die wahrgenommenen Leistungen für die Einstellung zur EU haben. Aber anzumerken ist doch, dass die Projektideen „Frieden durch Integration" und

„Wohlstand durch Integration", die den Integrationsprozess in seiner Anfangs-
phase getragen haben und natürlich weiterhin wirken, sehr stark – im Grunde
ganz und gar – auf Leistungslegitimität setzten. Am Anfang stand die Gewiss-
heit, dass sich das europäische Projekt durch seine historische Leistung legitimieren werde; dadurch, dass es Europa nach Jahrhunderten der Selbstzerfleischung
den Frieden bringen werde.

Was das Stichwort Beschränkung und Rechtsgebundenheit der öffentlichen
Gewalt, die die EU ausübt, angeht, soll nur dies gesagt werden: Natürlich gibt es
kritische Anmerkungen zu der Frage, wie die Herrschaft des Rechts im politischen System der EU und für das politische System der EU verwirklicht sei; zur
Gewaltenteilung in der EU; zu den Kontrollmechanismen. Aber dass die EU, alles
in allem, vor diesem Legitimitätskriterium bestehen kann, wird nicht ernstlich
bestritten.

Es bleibt die demokratische Verfahrenslegitimität. Auf eben sie zielt die Frage, die über diesen Überlegungen steht. Wenn im Folgenden nur noch von demokratischer Verfahrenslegitimität die Rede sein wird, so darf dabei nicht in
Vergessenheit geraten, dass wir damit nur eine Komponente einer Legitimitäts-
trias im Visier haben. Es muss auch bedacht werden, dass die Gewichtung der
Komponenten in ihrem Verhältnis zueinander nicht als ein für allemal festgeschrieben verstanden werden darf. Sie kann für die Staatenföderation EU durchaus anders aussehen als für einen Staat. Und in einer Entwicklungsphase der EU
anders als in einer anderen. Zudem sind kompensatorische Wirkungen durchaus
denkbar. Aber was immer man an Relativierungen für möglich ansehen mag –
für unsere Zwecke genügt es festzuhalten, dass jenseits einer bestimmten Schwelle der Intensität von Herrschaft ohne die Komponente demokratische Verfahrenslegitimität von Legitimität gemäß den Standards der westlichen Moderne nicht
mehr die Rede sein kann.

3   Warum leidet die EU an einem Demokratiedefizit?

Eine letzte Vorfrage stellt sich freilich immer noch: Unsere Themenfrage, ob sich
die EU demokratisch verfassen lasse, setzt die Annahme voraus, dass sie es noch
nicht ist. Aber trifft diese Annahme denn überhaupt zu? Das Demokratiedefizit
der EU ist zwar in aller Munde, aber so evident, wie es manchem erscheint, ist es
auch wieder nicht.

Die Verträge sind, und zwar auf jeder Stufe ihrer Fortentwicklung, durch
Ratifikationsverfahren in Kraft gesetzt worden, parlamentarische wie plebiszitä-

re, die demokratischen Anforderungen genügten. Das immer noch zentrale Verfassungsorgan der EU, der Ministerrat, kann sich darauf berufen, dass jede Regierung, die im Ministerrat mitentscheidet, über ein demokratisches Mandat verfügt. Das Parlament geht direkt aus demokratischen Wahlen hervor. Und für die Kommission gilt immerhin, dass sie von demokratisch legitimierten Regierungen unter Mitwirkung des Europäischen Parlaments (EP) eingesetzt und vom EP kontrolliert wird. Reicht das nicht?

Was den Ministerrat angeht, so ist er in der Tat das Schlüsselgremium für den Legitimitätstransfer von den Mitgliedstaaten auf die Union. Aber davon, dass dieser Transfer der Regierungsmacht der EU demokratische Legitimität verleihen könnte, kann allenfalls rudimentär die Rede sein. Die Regierungen der Mitgliedstaaten, die im Ministerrat handeln, werden in Wahlen bestellt, die nicht auf europäische Politik ausgerichtet sind, in Wahlen, heißt das, die der Wähler nicht als Entscheidungen über konkurrierende Programme und Strategien europäischer Politik wahrnimmt, wahrnehmen kann. Europa spielt allenfalls am Rand und gelegentlich mit hinein. Im ganzen aber gilt: Das hauptsächliche europäische Gesetzgebungsorgan geht aus einer stetigen Sequenz mitgliedstaatlicher Wahlen hervor, die niemals die Bestellung dieses Gesetzgebungsorgans zum eigentlichen Gegenstand haben. Dem Legitimitätstransfer sind deshalb Grenzen gezogen. Außerdem ist zu bedenken: Je mehr Entscheidungen im Ministerrat nach der Mehrheitsregel fallen, desto weniger kann von einem Transfer demokratischer Legitimität durch den Ministerrat die Rede sein. Mehrheitsentscheidung im Ministerrat heißt ja: Eine Mehrheit von Staaten verfügt über eine Minderheit von Staaten – Staaten können aber nicht für andere Staaten deren demokratische Legitimität übertragen.

Die Kommission, die mit ihrem Initiativmonopol der Hauptmotor der Integration ist, ist weit weg von jedem Wählervotum platziert, weiter weg jedenfalls als jede Regierung in einem parlamentarischen System. Daran ändert auch das Recht des EP, die Kommission abzuberufen, nichts. Denn für den Wähler haben die Parlamentswahlen keinen erkennbaren und berechenbaren Bezug zur Kommission. Das Parlament muss sich entgegenhalten lassen, dass eine Steuerung europäischer Politik durch den Wähler über die Wahlen zum EP faktisch unmöglich ist, weil es kein System europäischer Parteien gibt, über das das Wählervotum die europäische Politik in die eine oder die andere Richtung zu lenken vermöchte. Welche Frage europäischer Politik oder auch nur europäischer Gesetzgebung wäre bisher durch die Wahlen zum EP entschieden worden? In manchen Mitgliedstaaten, gerade auch in Deutschland, sind die Europawahlen unter dem Gesichtspunkt der Politiksteuerung nahezu bedeutungsleere Rituale, weil der

Wähler niemals zwischen verschiedenen europapolitischen Positionen wählen konnte. Die Parteien präsentieren sich in diesem Ritual regelmäßig als eine europapolitische Einheitsfront. Wahlen aber, von denen politiksteuernde Effekte nicht ausgehen können, können keine demokratische Legitimität vermitteln.[3]

Man kann den Befund auf eine kurze Formel bringen: Die europäische Wählerschaft kann die europäische Legislativ- und Exekutivgewalt nicht wirklich zur Verantwortung ziehen. Die EU besteht also den elementarsten Demokratietest nicht, der nur die Frage stellt: Können die Bürger als Wähler ihre Regierung abberufen? Etwas anspruchsvoller formuliert: Der Einfluss, den die Bürger Europas als Wähler auf den Gang der europäischen Politik haben, ist marginal. Andere Formen der Teilnahme, etwa die Aktivitäten organisierter Interessen, mögen wichtig sein. Aber sie können in der Demokratie niemals den konstitutiven Akt ersetzen, in dem alle Bürger als Freie und Gleiche die Vollmacht, das Gemeinwesen zu regieren, übertragen oder auch entziehen.

Man mag gegen diesen bewusst krass formulierten Befund einwenden, die Schlichtheit der Kriterien, die ihm zugrunde lägen, ignoriere den Gestaltenreichtum der Demokratie. Das Urteil über die EU falle anders aus, wenn man einen ihr gemäßeren Maßstab wähle, sie etwa als einen besonderen Fall der Konsensdemokratie begreife, wie es Arend Lijphart in seinem demokratietheoretischen Standardwerk „Patterns of Democracy" tut, in dem die EU neben der Schweiz und Belgien als eines der drei Beispiele für den Typus Konsensdemokratie figuriert.

Im Fall der EU kann Konsens natürlich nur Konsens zwischen den durch ihre Regierungen vertretenen Mitgliedstaaten der Union heißen. Die Praxis des Konsenses zwischen demokratisch verfassten Staaten wird hier also zur Konsensdemokratie umgedeutet. Darüber ließe sich reden, wenn das Konsensprinzip in der EU tatsächlich das allein bestimmende wäre. Aber das erklärte Ziel ist ja gerade – aus guten Gründen –, von der Bindung an das Konsensprinzip loszukommen und der Mehrheitsentscheidung Raum zu schaffen. Das kann nicht ohne Folgen für die Legitimitätskriterien bleiben, denen die EU genügen muss. Im übrigen kann auch das Konsensprinzip demokratische Legitimität nur dann vermitteln, wenn die Wähler eine Chance haben, auf die Prozesse, in denen die Eliten ihre Konsense aushandeln, einzuwirken, so wie sie es beispielsweise in der Schweiz durch ihre in der Referendumsinitiative institutionalisierte Vetomacht tun. Davon kann auf der europäischen Ebene nur in bescheidenen Ansätzen die Rede sein.

---

[3] Siehe dazu auch den Beitrag von Simon Hix in diesem Band.

4 Das Dilemma der Demokratie in Europa

Ich halte die Ergebnisse unserer ersten drei Überlegungsschritte fest:

- Die europäische Staatenföderation hat in ihrer Entwicklung eine Schwelle überschritten, jenseits derer sich die Legitimitätsfrage neu stellt.
- In der Auffächerung der Legitimitätskriterien, an denen sich ein freiheitlich-verfassungsstaatliches Gemeinwesen zu bewähren hat, erweist sich, dass die demokratische Verfahrenslegitimität zwar nur eine Komponente in einem Ensemble von Legitimitätsgründen ist, aber doch eine unverzichtbare.
- Um diese Komponente ist es im europäischen Fall nicht sonderlich gut bestellt.

Das aber – und damit sind wir endlich und endgültig bei unserem Thema angelangt – ist nicht die Folge eines leicht korrigierbaren Konstruktionsfehlers. Es hat mit der Natur des politischen Gebildes Europa zu tun. Die legitimitätsstiftende Wirkung von demokratischen Entscheidungsregeln versteht sich nicht von selbst. Sie hat zur Voraussetzung ein Bewusstsein der Zusammengehörigkeit unter denen, für die diese Regeln gelten sollen, das Bewusstsein einer gemeinsamen politischen Identität. Etwas abstrakter, förmlicher formuliert: Demokratie gründet sich immer auf ein der Verfassung vorgegebenes, sich selbst als solches begreifendes kollektives politisches Subjekt. Das jeder demokratischen Verfassung zugrunde liegende Axiom der Volkssouveränität bringt das klar zum Ausdruck. In ihm steckt begrifflich und gedanklich die Prämisse, dass die Antwort auf die Frage, wer das Volk sei, von dem „alle Gewalt ausgeht", immer schon gegeben ist, bevor Staatsgewalt demokratisch organisiert werden kann. Das ist mit dem gleichen Argument normativ zu begründen wie empirisch zu erklären: Nur wenn alle Entscheidungsbetroffenen sich als an einer gemeinsamen, übergreifenden politischen Identität teilhabend begreifen, wird die Unterscheidung zwischen dem zustimmungsfähigen Entscheidungsrecht der Mehrheit und der nicht zustimmungsfähigen Fremdherrschaft möglich. Und nur wenn alle Entscheidungsbetroffenen sich als an einer gemeinsamen, übergreifenden politischen Identität teilhabend begreifen, kann die solidarische Inanspruchnahme der Bürger für ihre Mitbürger durch das Gemeinwesen mit Zustimmung rechnen. Wer kollektive Identität als eine Vorraussetzung für den demokratischen Regierungsmodus postuliert, ist also keineswegs in überholten nationalstaatlichen Vorstellungen befangen. Gerade umgekehrt gilt: Die Nation war und ist eine Antwort auf Funktionserfordernisse der Demokratie, sicher nicht die einzige denkbare, aber doch die, mit der die moderne Demokratie ins Leben getreten ist.

Was nun Europa angeht, so wird sich kein nüchterner Betrachter darüber hinwegtäuschen können: Eine belastbare politische Identität der Europäer als Europäer gibt es nicht – noch nicht, wie man hoffnungsvoll hinzufügen mag. Kollektive Identitäten sind gewiss keine Naturkonstanten. Es sind historische Phänomene. Für Wandel ist Raum. Aber die Prozesse, in denen sich kollektive Identitäten herausbilden, brauchen Zeit. Nach fünfzig Jahren Integrationsgeschichte stehen auch die alten Mitglieder der Europäischen Gemeinschaft allenfalls am Anfang eines solchen Prozesses. Jede Erweiterung verlangsamt ihn. Das aber heißt: Es ist heute viel unwahrscheinlicher, als es in den Anfängen der europäischen Einigung war, dass sich in der überschaubaren Zukunft bei den Völkern der Europäischen Gemeinschaft ein Bewusstsein gemeinsamer Identität entwickeln wird, das stark genug ist, eine europäische Demokratie wirklich zu tragen. Wir haben es beim Aufbau der europäischen Institutionen einerseits und bei der „Europäisierung des Bewusstseins" andererseits mit zwei ganz verschiedenen, nicht synchronisierbaren historischen Geschwindigkeiten zu tun. Die Europapolitik mit ihrem aktivistischen, konstruktivistischen Impetus will das oft nicht wahrhaben. Aber es ist so.

Warum gibt es – noch – keine belastbare kollektive Identität der Europäer als Europäer? Die Antwort lautet: Es sind Kommunikations-, Erfahrungs- und Erinnerungsgemeinschaften, in denen kollektive Identität sich herausbildet, stabilisiert, tradiert wird. Europa, auch das engere Westeuropa ist keine Kommunikationsgemeinschaft, kaum eine Erinnerungsgemeinschaft und noch immer nur sehr begrenzt eine Erfahrungsgemeinschaft.

Europa ist keine Kommunikationsgemeinschaft, weil Europa ein vielsprachiger Kontinent ist – das banalste Faktum ist zugleich das elementarste. Die europäischen Völker leben in ihren Sprachen als je besonderen „Wahrnehmungs- und Verständigungsstrukturen" (M.R. Lepsius), und sie werden weiter in ihnen leben, wenn Europa Europa bleibt. Die europäische Verkehrssprache, das Englische, wird vielleicht einem Drittel der Bevölkerung im nicht englischsprachigen Europa leidlich verfügbar sein. Aber es wird für die meisten auch dieser Menschen eine fremde Sprache bleiben. Die überwiegende Mehrzahl der Europäer wird sich mit der überwiegenden Mehrzahl der Europäer auch weiterhin nicht unvermittelt verständigen können. Gewiss, es gibt mehrsprachige Demokratien. Aber für jede von ihnen – die Schweiz, Belgien, Kanada, Indien – lässt sich sehr schnell zeigen, dass Europa ein ganz anderer Fall ist, auch unter diesem Gesichtspunkt einzigartig in der Geschichte der Demokratie. Zwar können Diskursräume sich auch über Sprachgrenzen hinweg aufbauen. Aber das ist die Ausnahme, nicht die Regel, und an sehr spezifische Voraussetzungen gebunden. Davon, dass sich in einem dichter werdenden Gewebe europäischer Diskurse Europa als Kommunikationsgemeinschaft allmählich konstituiert, kann bis heute nicht die Rede sein. Wenn Diskurse Sprachgrenzen überschreiten, so handelt es sich in der Regel um kulturelle oder wissenschaftliche Diskurse mit relativ wenigen Beteiligten. Jene Diskurse aber, für die Massenmedien konstitutive Bedeutung haben, unterliegen den Gesetzen der Massenmedien. Massenmedien sind nationalstaatlich organisiert und notwendig auf Sprachgemeinschaften ausgerichtet. Diese Gesetzlichkeit bestimmt die politischen Diskurse der Demokratie.

Das zweite Stichwort lautete Erinnerungsgemeinschaft. Die Behauptung, dass kollektive Identität der Europäer als Europäer keinen fruchtbaren Wurzelboden in der Gemeinsamkeit der Erinnerung habe, bedarf kaum der Begründung. Was war, wird nur zum geringen Teil als eine gemeinsame europäische Vergangenheit erinnert, in der Hauptsache aber als eine Vielzahl von unterschiedlichen Völkergeschichten und Völkerschicksalen. Wie schwer gemeinsames Erinnern vor dem Hintergrund der europäischen Geschichte ist, zeigt die deutschpolnische Auseinandersetzung darüber, wie die Vertreibung der Deutschen aus den früheren Ostprovinzen Deutschlands zu erinnern sei.

Andernorts ist man weiter. Es gibt erste deutsch-französische Versuche, gemeinsame Geschichtsbücher für die Schulen auszuarbeiten. Und es gibt inzwischen vielerlei sehr bewusste Versuche, über Grenzen hinweg das Gemeinsame im unterschiedlich Erinnerten zu entdecken. Aber die Erinnerungen der europäischen Völker werden nie zu einer europäischen Erinnerung verschmelzen können. Napoleon wird den Franzosen immer ein anderer bleiben als den übrigen Europäern. Das heißt nicht, dass Gemeinsamkeit des Erinnerns in Europa letztlich unmöglich wäre. Der nach dem Zweiten Weltkrieg gefasste Entschluss, dem Zeitalter der europäischen Kriege ein Ende zu setzen, hat etwas mit einer gemeinsamen europäischen Erinnerung zu tun. Aber die Intensität dieser Gemeinsamkeit ist noch lange nicht stark genug, um kollektive Identität zu stiften. Man kann auch nicht wünschen, dass ein großes Vergessen den Prozess beschleunigt.

Erfahrungsgemeinschaft, die dritte Kategorie – sie ist die zukunftsoffenste. Und nicht nur die Zukunft zählt hier. Schon jetzt gibt es natürlich gemeinsame Erfahrungen der Europäer als Europäer, unter denen die wichtigste die der – längeren oder kürzeren – Zugehörigkeit zur EU selbst ist; proncierter formuliert: die Erfahrung der Mitwirkung am Aufbau einer weltweit einzigartigen Staatengemeinschaft. Und diese Mitwirkung bedeutet ja nichts weniger als die Teilhabe an der wohl konstruktivsten politischen Initiative des 20. Jahrhunderts überhaupt. Das hat Gewicht. Auch die Erfahrung der Bedrohung im Ost-West-Konflikt ist eine gemeinsame Erfahrung der Europäer westlich der Trennungslinie gewesen. Aber eben nur der Europäer westlich der Trennungslinie. Jenes Europa, das vier Jahrzehnte lang Bestandteil des sowjetischen Imperiums war, hat den Ost-West-Konflikt sehr anders erlebt. Und seit sich die Tore der EU für dieses andere Europa geöffnet haben, kann von Europa als Erfahrungsgemeinschaft noch viel weniger die Rede sein als zuvor. Im übrigen gilt auch für den Westen Europas keineswegs, dass alle politisch prägenden Erfahrungen etwa der letzten beiden Generationen schon europäische Erfahrungen gewesen wären. Gegenwart wird in den Schablonen der Erinnerung wahrgenommen und gedeutet. Und die Schablonen der Erinnerung sind in Europa die Hinterlassenschaft einer Geschichte, die jedes Volk anders erlebt hat. Nur sehr langsam kann sich durch Erfahrungen, in denen die Europäer sich als Europäer wahrnehmen, ein gemeinsamer Erinnerungsbestand aufbauen.

Erfahrungen, die die Europäer als Europäer machen – das setzt übrigens auch Abgrenzung vom Nicht-Europäischen voraus, wie denn alle Identitätsbildung elementar mit Abgrenzung zu tun hat. Das ist eines der großen Hindernisse, auf die die Ausbildung einer europäischen politischen Identität stößt. Abgrenzung ist unzeitgemäß, um nicht zu sagen unkorrekt. Dennoch – es soll noch einmal gesagt werden: Erfahrungsgemeinschaft ist eine zukunftsoffene Kategorie, viel stärker als die beiden anderen es sind. Bei ihr kann man ansetzen. Zu einer Erfahrungsgemeinschaft könnte Europa nicht zuletzt dadurch werden, dass es sichtbar für seine eigenen Bürger auf der Weltbühne als Europa zu handeln beginnt und etwas bewirkt. An globalen Herausforderungen, denen Europa sich als Europa stellen könnte und stellen müsste, fehlt es auf der Schwelle des 21. Jahrhunderts nicht. Aber das sind Zukunftshoffnungen. Für die Gegenwart gilt: Die Pluralität von tief in der Geschichte verwurzelten Kommunikations-, Erinnerungs- und Erfahrungsgemeinschaften auf engem Raum ist ein europäisches Grunddatum, *das* europäische Grunddatum. Man könnte Europa geradezu so definieren. Das aber heißt: Es fehlt einstweilen an konstitutiven Voraussetzungen für die Entwicklung einer europäischen Demokratie.

Diese These ließe sich vielfältig ins Anschaulich-Konkrete übersetzen. Man könnte auf die Schwierigkeiten hinweisen, wirklich *europäische* Parteien zu schaffen, Parteien, die sich nicht nur als europäische Parteien ausgeben, sondern die von der Wählerschaft auch als solche wahrgenommen werden. Man könnte das Fehlen eines europäischen politischen Diskurses, an dem nicht nur die professionellen Europäer beteiligt sind, zur Sprache bringen, auch die nationalstaatliche

Fragmentierung der Wahlkämpfe bei den Wahlen zum EP – und so fort. Das ist oft geschehen und braucht hier nicht weiter ausgeführt zu werden.

Ich halte als Ausgangspunkt für unseren letzten Überlegungsschritt fest: Wir haben es mit einer dilemmatischen Situation zu tun.

- Die EU braucht demokratische Legitimität, aber sie ist nicht wirklich oder jedenfalls nur in begrenztem Maße demokratiefähig.
- Sie muss deshalb ihre Legitimität auch in Zukunft in hohem Maße von den demokratisch verfassten Mitgliedstaaten herleiten, aber die Möglichkeiten des Legitimitätstransfers sind begrenzt und engen sich im Zuge der Entwicklung der Union zunehmend ein.
- Die Politikwissenschaft hat viel Scharfsinn, auch viel Phantasie auf die Suche nach institutionellen Auswegen verwendet.[4] Nicht dass das ganz und gar nutzlos wäre. Einem institutionenpolitischen Defätismus soll hier keineswegs das Wort geredet werden. Aber am Ende steht die Einsicht: Es gibt keine Möglichkeit der institutionellen Auflösung des Dilemmas. Die EU wird einstweilen mit ihm leben müssen. Wie kann sie vernünftig mit ihm umgehen?

5   Prinzipien eines europäischen Verfassungspragmatismus

Verfassungspraktisch ist diese Frage so zu formulieren: Wie sieht eine den Verhältnissen angemessene Verbindung des föderalen mit dem demokratischen Prinzip im politischen System der EU aus? Im modernen Bundesstaat, auf den uns die Frage natürlich verweist, hat sich ein ganz bestimmtes Modell dieser Verbindung durchgesetzt, das der Verfassungskonvent von Philadelphia 1787 „erfunden", tatsächlich erfunden hat. Fast alle bundesstaatlich verfassten Demokratien sind ihm gefolgt. Konstitutiv für dieses Modell ist das Prinzip der Doppelrepräsentation.

Bundesstaaten haben Parlamente, die aus zwei Kammern bestehen. Die eine Kammer repräsentiert das Bundesvolk auf der Grundlage des allgemeinen gleichen Wahlrechts für alle Bundesbürger. Die andere Kammer repräsentiert die Mitgliedstaaten auf der Grundlage des Prinzips der Gleichheit aller Staaten, unabhängig von ihrer Größe und Bevölkerungszahl. So sind, um nur zwei klassi-

---

[4] Siehe dazu auch die Beiträge von Frank Decker und Jared Sonnicksen sowie Simon Hix in diesem Band.

sche Beispiele zu nennen, die USA und die Schweiz organisiert. Der Sonderfall
Deutschland – der deutsche Bundesstaat hat seit 1867 den Gliedstaaten niemals
das gleiche Stimmgewicht in der föderativen Kammer zugemessen – erklärt sich
aus den besonderen Bedingungen der Bismarckschen Überführung des Deutschen Bundes in den Norddeutschen Bund und dann das Deutsche Reich. Es ist
tatsächlich ein Sonderfall, der hier nicht weiter kommentiert zu werden braucht.

In ihrer bundesstaatlichen Verknüpfung relativieren die beiden Prinzipien –
Gleichheit der Bürger und Gleichheit der Staaten – einander. Besonders ins Auge
fallend ist dabei die Relativierung des demokratischen durch das föderale Prinzip
in den Bundesstaaten, in denen die Gliedstaaten, gemessen an der Bevölkerungszahl, sehr unterschiedlich groß sind. Das ist die Regel. Demokratietheoretisch
wird diese Relativierung stimmig, wenn wir von zwei Volkssouveränitäten ausgehen, denen in einem Gemeinwesen Rechnung getragen werden muss: der Souveränität des Bundesvolkes und der Souveränität der Völker der Gliedstaaten. So
gesehen wird im föderalen Prinzip der Gleichheit aller Staaten in der zweiten
Kammer das gleiche demokratische Recht der Völker der Gliedstaaten auf Selbstbestimmung, das durch die Mehrheitsentscheidung des Bundesvolkes nicht einfach außer Kraft gesetzt werden kann, wirksam.[5] Genauso haben es die Gründer
des amerikanischen Bundesstaates gesehen. Tatsächlich haben die meisten Bundesstaaten im 20. Jahrhundert eine Entwicklung genommen, die den ursprünglichen Konstruktionsgedanken als eine Fiktion erscheinen lässt. Wie weit Gliedstaaten noch eine eigene staatliche Identität haben, über die die Bürger sich politisch definieren, ist in vielen Bundesstaaten zweifelhaft. Zentralisierungs- und
Demokratisierungsprozesse – fast überall werden die Abgeordneten auch der
föderalen Kammer direkt gewählt – haben sich wechselseitig verstärkt, so dass
die Gliedstaaten, die die Abgeordneten in die föderale Kammer entsenden, in den
meisten Bundesstaaten kaum mehr als Wahlkreise mit eigenem, großem Zuschnitt sind.

Aber diesen Entwicklungen brauchen wir nicht weiter nachzugehen. Unser
Thema ist Europa. Das Modell des bundesstaatlichen Nebeneinanders von demokratischer und föderaler Repräsentation interessiert uns nur als Folie für die
Erörterung des europäischen Problems. Vor dem Hintergrund dieser Folie zeigt
sich: Zwar organisiert sich auch die EU nach dem Prinzip der Doppelrepräsentation, Repräsentation der Staaten im Ministerrat und Repräsentation der Bürger
im Parlament. Aber die Gewichte sind grundsätzlich anders verteilt und müssen
anders verteilt sein. Der moderne demokratische Bundesstaat hat seinen Ausgang

---

[5] Siehe dazu auch den Beitrag von Dennis-Jonathan Mann in diesem Band.

in der Regel von einem mehr oder minder strikten Gleichgewicht der beiden Kammern, gemessen an ihren Kompetenzen, genommen. Mit der Wahrung dieses Gleichgewichtes haben sich die nicht parlamentarisch verfassten Bundesstaaten leichter getan als die parlamentarisch verfassten. Aber der Druck des demokratischen Prinzips ist überall stark gewesen und hat oft zu einem Übergewicht der das Bundesvolk repräsentierenden Kammer geführt. Im Fall der EU hat das föderale Prinzip, das sich freilich selbst wiederum, noch einmal sei es gesagt, auf die Demokratiequalität der Mitgliedstaaten gründen lässt, eindeutig den Vorrang vor dem demokratischen – bis heute, auch wenn die Balance sich im Laufe der Zeit verschoben hat. Diese Gewichtung entspricht den Gegebenheiten. Die starke Dominanz des demokratischen Prinzips, wie sie sich im modernen Bundesstaat in den zweihundert Jahren seiner Geschichte entwickelt hat, bedeutet Dominanz des Bundesvolkes über die in den Gliedstaaten organisierten Bürgerschaften. Diese Dominanz wird im Nationalstaat vom Selbstverständnis der Nation als Nation getragen. Für die europäische Staatenförderation ist sie undenkbar. Für sie gilt gerade umgekehrt: Das demokratische Prinzip muss sich wesentlich über das föderale Prinzip zur Geltung bringen. Das EP mag antizipatorisch, der Idee nach ein europäisches Bundesvolk repräsentieren. Tatsächlich tut es das nicht, weil es dieses europäische Bundesvolk nicht gibt. Die europäischen Wähler verstehen sich nicht so, und selbst viele Abgeordnete des EP sehen sich vermutlich primär als Repräsentanten des Landes, aus dem sie kommen. Das demokratische Recht der Selbstregierung liegt unter diesen Bedingungen primär bei den Bürgerschaften der Mitgliedstaaten der EU. Demokratische Legitimität muss der Union folglich in erster Linie durch föderale Repräsentation, also, so wie sie von Anfang an konstruiert war, über die gewählten Regierungen der Mitgliedstaaten vermittelt werden. Nur sekundär kann das über die demokratische Repräsentation des imaginären Bundesvolkes durch das EP geschehen.

Institutionell gesprochen: Das Verhältnis zwischen Ministerrat und Europäischem Parlament kann angesichts des Entwicklungsstandes der europäischen Förderation nicht das zwischen den beiden parlamentarischen Kammern eines Bundesstaates sein. Das macht das EP keineswegs bedeutungslos. Aber seine Bedeutung liegt nicht in erster Linie darin, dass die Völker der Union sich durch das EP an der europäischen Politik beteiligt sähen. Sie liegt, um nur einen Gesichtspunkt zu nennen, zum Beispiel darin, dass das Parlament ein wesentlicher Faktor in einer europäischen Gewaltenteilungsordnung ist.

Im Blick auf diese Komplexität ist auch die Pluralität der Entscheidungsverfahren im Ministerrat durchaus schlüssig. Soweit die Einstimmigkeit vorgeschrieben ist, gilt allein das föderale Prinzip der Gleichheit der Staaten. Das ist bei bestimmten Entscheidungen, insbesondere solchen, die die Mitgliedstaaten als Staaten intensiv betreffen, gut begründbar – bei aller Problematik, die mit der Vetomacht eines jeden einzelnen Mitgliedes in einer Gemeinschaft von inzwischen 27 Staaten natürlich verbunden ist. Wo aber die Mehrheit entscheidet, werden die Staaten bekanntlich gewichtet. Darin drückt sich aus, dass in der europäischen Staatenföderation demokratische Legitimität über das föderale Prinzip vermittelt werden muss. Das kann jedoch glaubwürdig nur geschehen, wenn dem Prinzip der Bürgergleichheit im Modus der föderalen Repräsentation mindestens symbolisch Rechnung getragen wird. Die in Nizza vereinbarten, derzeit noch geltenden Regeln für Entscheidungen im Ministerrat folgen zwar diesem Leitgedanken, sind aber im einzelnen wenig plausibel. Das für die Zukunft vorgesehene Prinzip der doppelten Mehrheit ist die viel stimmigere, plausiblere Verschmelzung von föderaler und demokratischer Repräsentation in einer Abstimmungsregel. Die doppelte Mehrheit bedeutet, dass das föderale Prinzip das demokratische sozusagen in sich aufgenommen hat – oder umgekehrt. Die doppelte Mehrheit kann am ehesten das praktische Erfordernis, Spielraum für Mehrheitsentscheidungen zu schaffen, mit dem letztlich unaufhebbaren Unvermögen der EU, diese Entscheidungen angemessen demokratisch zu legitimieren, zum Ausgleich bringen.

Es zeigt sich also bei genauerem Hinsehen: In der komplexen Architektur der EU steckt ein erstaunliches Maß an institutioneller Vernunft – Vernunft auch und gerade im Umgang mit dem Dilemma, das hier erörtert wird. Wer vom europäischen Demokratiedefizit spricht, sollte das mitbedenken. Dass das Dilemma nicht institutionell aufgelöst werden kann, bedeutet eben nicht, dass die Institutionenfragen Fragen zweiten Ranges werden.

Hat die Frage nach der Demokratiefähigkeit der EU, die so abstrakt und grundsätzlich klingt, es ja auch ist, eine praktische Bedeutung? Natürlich hat sie das. Im letzten Teil ist ja schon sehr konkret von institutionellen Konsequenzen, die aus dem Legitimitätsdilemma zu ziehen seien, die Rede gewesen. Wichtiger aber als das institutionelle Detail sind vielleicht ein paar elementare europapolitische Schlussfolgerungen, die die hier entwickelte Argumentation nahe legt.

- Die stetige Ausweitung der Kompetenzen der EU, wie sie in der Formel „immer enger" noch immer als Integrationsprogramm festgeschrieben ist, ist höchst problematisch. Legitimität ist für die EU eine knappe Ressource. Darauf muss der Ausbau der europäischen Rechtsetzungsbefugnisse Rücksicht nehmen. Das gilt insbesondere für jede Kompetenzeroberung, die die EU auf eigene Faust betreibt, etwa durch den EuGH.[6]

- So gute praktische Gründe es für die Ausweitung des Geltungsbereichs der Mehrheitsregel geben mag, jede Mehrheitsentscheidung in kontroversen, die EU-Bürger unmittelbar berührenden Fragen strapaziert die knappe Ressource der Legitimität sehr. Es empfiehlt sich große Behutsamkeit.

- In Verfassungsfragen muss die Einstimmigkeitsregel weiter gelten. Grundsätzlich gewährleistet das der Vertragscharakter der europäischen Verfassung. Aber auch hier stoßen wir auf den EuGH. Verfassungsfragen werden oft durch Verfassungsauslegung entschieden. Der EuGH hätte besonders gute Gründe, als Verfassungsgericht Zurückhaltung zu üben, hat seine Aufgabe selbst aber anders definiert.

- Ganz allgemein gilt: Das europäische Projekt ist einfachen institutionellen Lösungen nicht zugänglich. Das ist angesichts der Einzigartigkeit des Projekts nicht wirklich überraschend.

Wie immer aber die Institutionen, in denen das vereinte Europa handelt, und die Regeln, nach denen es handelt, im einzelnen auch aussehen, sie bedürfen dringlich der Beglaubigung durch eine europäische Politik, die immer wieder konkret sichtbar und erfahrbar macht, wozu europäische Gemeinsamkeit gut ist.

Literatur

Chevenal, Francis, Hg. (2005): Legitimitätsgrundlagen der Europäischen Union, Münster.

Hochwieser, Renate (2002): Legitimität kraft Verfassung, Frankfurt a.M. u.a.

Höreth, Marcus (1999): Die Europäische Union im Legitimitätstrilemma. Zur Rechtfertigung des Regierens jenseits der Staatlichkeit, Baden-Baden.

Journal of Democracy 14 (2003) H.4 (Themenschwerpunkt „Making Sense of the European Union").

Kielmansegg, Peter Graf (2003): Integration und Demokratie, in: Markus Jachtenfuchs / Beate Kohler-Koch (Hg.): Europäische Integration, 2. Aufl., Opladen, S. 49-83.

Kasolewski, Ireneusz P. / Viktoria Kaina, Hg. (2006): European Identity. Theoretical Perspectives and Empirical Insights, Münster.

Lijphart, Arend (1999): Patterns of Democracy. Government Forms and Performance in Thirty-Six Countries, New Haven / London.

Schmitter, Philippe C. (2000): How to Democratize the European Union and Why Bother?, Lanham.

---

[6] Siehe dazu auch den Beitrag von Marcus Höreth in diesem Band.

Teetzmann, Doris (2001): Europäische Identität im Spannungsfeld von Theorie, Empirie und Leitbildern, Göttingen.

Veil, Winfried (2007): Volkssouveränität und Völkersouveränität in der Europäischen Union, Baden-Baden.

Wagner, Hartmut (2006): Bezugspunkte europäischer Identität, Münster.

Weale, Albert / Michael Nentwich, Hg. (1998): Political Theory and the European Union, London / New York.

Europäische Identität als politisches Projekt

Thomas Meyer

1 Politische Identität

Wie für jedes andere politische Gemeinwesen auch, so ist für die Europäische Union ein ausreichend ausgebildeter Sinn gemeinsamer Bürgeridentität eine notwendige Bedingung sowohl für die Legitimität ihres politischen Handelns wie auch für die Solidarität ihrer Bürger. Obgleich die EU kein Staat in dem selben Sinne ist wie die modernen Nationalstaaten und dies wohl auch nicht werden wird, kann kein Zweifel darüber bestehen, dass sie eine Reihe der wichtigsten Merkmale von Staatlichkeit teilt, insbesondere eine Form der staatsähnlichen Institutionalisierung mit demokratisch legitimierten Souveränitätsrechten in definierten politischen Entscheidungsbereichen. Es spricht viel dafür, die EU als einen neuartigen Typ des „Regionalstaates" zu bezeichnen, wie es von Vivien A. Schmidt (2006) plausibel begründet wurde. Es gibt gleichwohl einen weitreichenden Konsens sowohl in den akademischen wie den politischen Debatten, dass die EU heute weit davon entfernt ist, sich auf ein ausreichendes Maß politischer Bürgeridentität stützen zu können. Eine politische Identität der EU als Gemeinwesen ist erst in Ansätzen ausgebildet und noch nicht in der Lage, die wesentlichen Funktionen zu erfüllen, die ihr zukommen. Dieses häufig beklagte Defizit ist eine der Hauptursachen für die gegenwärtige politische Vertrauenskrise in der Union und eines der Haupthindernisse für weitere Integrationsfortschritte. Diese Krise hat sich im Laufe des Ratifizierungsprozesses der europäischen Verfassung in zwei Dimensionen entfaltet, als Krise der Identität des politischen Projektes der EU und, darauf bezogen, als Krise des politischen Bürgerbewusstseins der Menschen, die ihr zugehören.

Europäische Identität, die Identität der EU, kann aus einer Reihe zwingender Gründe nur als ein politisches Konzept verstanden werden und nicht als eine kulturelle Substanz oder Erbschaft, die es lediglich aufzudecken und für aktuelle Zwecke zu reformulieren gilt. Weil die EU sich vor allem als eine liberale, partizipatorische und soziale Demokratie versteht, würde das Bestehen auf kulturel-

len Identitätsformeln, die über die politische Kultur der Demokratie hinausrei-
chen, in ernsthaften Widerspruch zu ihrer verfassungsmäßigen Identität treten
und ihre wesentlichen Legitimitätsnormen unterminieren (Cerutti 2001). Gewiss,
auch eine Diskussion über die allgemein-kulturellen Grundlagen der politischen
Kultur der Demokratie ist notwendig und fruchtbar, aber es gibt keine Rechtfertigung in den vertraglichen und verfassungsmäßigen Grundlagen der EU, für das
Einigungsprojekt eine kulturelle Identität ihrer Bürgerinnen und Bürger voraus-
zusetzen oder anzustreben. Das ist der Hauptgrund, warum die Vorstellung, die
christliche Tradition und ihren Gottesbezug in einer europäischen Verfassung
privilegiert zu verankern, von Anfang an zum Scheitern verurteilt war. Der jetzt
verabschiedete Reformvertrag trägt diesem Vorrang der politischen Identität in
angemessener Form Rechnung.

2   Die Rolle der kulturellen Unterschiede

Die Normen, die eine rechtsstaatliche Demokratie braucht, um auf die Dauer
lebensfähig zu sein, sind Normen der politischen Kultur. Die rechtsstaatliche
Demokratie würde in dem Maße mit sich selbst in Widerspruch geraten, wie sie
über diejenigen Normen hinaus, die die autonomen lebensweltlichen Entfal-
tungsspielräume der in ihr Lebenden sichern sollen, auch noch kulturelle Regeln
der Lebensweise selbst verbindlich machen wollte. Ein solcher Übergriff wäre der
erste Schritt in ein fundamentalistisches Kulturverständnis, das nicht nur die
Regeln der Moral und des Rechts für alle verbindlich machen will, sondern darüber hinaus der spezifischen Ethik eines der miteinander lebenden Kollektive
Verbindlichkeit auch für die anderen zusprechen möchte. Die normative Theorie
der rechtsstaatlichen Demokratie schließt jede Forderung als illegitim aus, die
kulturelle Werte über das für ihre Bestandssicherung erforderliche qualitative
und quantitative Maß hinaus verbindlich machen will.

Natürlich ist die politische Kultur ein mit der allgemeinen Kultur verwobe-
ner Teil der Gesellschaft, sie ist, wie Habermas (1997: 178) sagt, ethisch impräg-
niert. Sie ist aber in ihrer Reichweite und ihren Ansprüchen spezifisch begrenzt,
denn sie umfasst nur diejenige Teilmenge der Einstellungen, Orientierungen,
Emotionen, Werturteile, Kenntnisse und Verhaltensdispositionen der allgemeinen Kultur, die sich speziell auf politische Objekte beziehen (Almond / Verba
1963). Sie schließt freilich einen gemeinsamen Entwurf dessen ein, was die
Staatsnation als ihre politische Identität und als das gemeinsame Sinnzentrum
ihres politischen Handelns betrachtet, nämlich ihr in direkter oder indirekter

Form konstitutionalisiertes politisches Projekt (s.u.). Zur Klärung dieser Zusammenhänge sind zunächst einige notwendige Differenzierungen angebracht. Kulturen sind nämlich durch zählebige, aber stets auch im Wandel befindliche Festlegungen, Normen, Überzeugungen, Gewohnheiten auf drei deutlich zu unterscheidenden Ebenen bestimmt, die zwar miteinander in Wechselwirkung stehen, aber dennoch ein erhebliches Maß an Unabhängigkeit, bis hin zur vollständigen Verselbständigung gegeneinander entwickeln können (Meyer 2002).

- Die Ebene der metaphysischen Sinngebungen und Heilserwartungen (*ways of believing*). Bei diesen Orientierungen handelt es sich um das, was im Kern aller Weltanschauungen und Religionen steht, nämlich ein Angebot an Wegen für individuelle und kollektive Lebens- und Heilsgewissheiten.
- Die Ebene der individuellen und kollektiven Lebensführung, also der Lebensweisen und der alltäglichen Lebenskultur (*ways of life*). Dabei handelt es sich insbesondere um Praktiken, Gewohnheiten, Ethiken der Lebensweise, Rituale der Lebensführung, Umgangsformen, Lebensästhetiken, Essgewohnheiten und vieles andere mehr, also um Orientierungen der praktischen Lebensführung und deren expressiven Symbole, mithin all das, was in aller Regel zuerst an einer anderen Kultur ins Auge sticht und häufig besonders nachhaltig die Gewohnheit der Menschen prägt, die mit den entsprechenden Praktiken und Routinen aufgewachsen sind.
- Die Ebene der sozialen und politischen Grundwerte des Zusammenlebens mit anderen (*ways of living together*). Hierbei handelt es sich vor allem um die Grundwerte für das Zusammenleben verschiedenartiger Menschen in derselben Gesellschaft und demselben politischen Gemeinwesen, also um die sozialen politischen Grundwerte im engeren Sinne, wie etwa die Bevorzugung von Gleichheit oder Ungleichheit, Individualismus oder Kollektivismus.

Es zeigt sich in der empirischen Betrachtung aller zeitgenössischen Kulturen, dass Individuen und Kollektive, die die kulturellen Orientierungen der Ebene 1 miteinander teilen, äußerst unterschiedlicher Einstellung auf den Ebenen 2 und 3 sein können, ebenso wie Menschen aus tiefliegender Überzeugung die Normen der Ebene 3 teilen können, ohne auf den anderen beiden Ebenen Gemeinsamkeiten miteinander zu haben. Es liegt auf der Hand und wird vor allem von der neueren Alltagskultur -und Milieuforschung immer aufs neue bestätigt, dass etwa zwei gläubige protestantische Christen (Ebene 1) in unserer eigenen Gesellschaft extrem unterschiedliche alltagskulturelle Lebensweisen wählen können, der eine z.b. eine „kleinbürgerliche", der andere eine „alternative", in ihren sozialen und politischen Grundwerten dann aber wieder übereinstimmen könnten, z.b. in einer egalitären-liberal Position oder auch entgegengesetzte Positionen vertreten können, der eine z.b. egalitär-liberal, der andere antiegalitär-illiberal (Flaig / Meyer / Ueltzhöffer 1993). Die bisher vorliegenden empirischen Studien belegen, dass diese Art der Entkoppelung der drei kulturellen Ebenen in allen großen Kulturkreisen der Gegenwart zu beobachten ist, wobei der Islam dabei keineswegs eine Ausnahme bildet (Meyer u.a. 1997: 110 ff.).

Empirisch gesehen sind Kulturen dynamische soziale Diskursräume, die sich je nach Erfahrungen, Krisen, sozialen Konfliktlagen und Außeneinflüssen intern hochgradig ausdifferenzieren, sodass unterschiedliche Kollektive bzw. Milieus dieselben Traditionen jeweils in ganz unterschiedlicher, mitunter sogar entgegengesetzter Weise weiterführen. Der Prozess der Differenzierung findet auf allen drei kulturellen Ebenen statt, obgleich die allgemeinste Ebene der Sinn- und Heilserwartungen häufig besonders kontinuierlich ihren, wenn auch mit der Zeit ausgedünnten, Vorrat an Identitätsangeboten, Symbolen und Ritualen zur Verfügung stellt. In diesem dynamischen Prozess spielen auch in der Gegenwart, wie im Übrigen ja in der Geschichte immer schon, kulturelle Außeneinflüsse und infolgedessen Formen der Synthese zwischen der ursprünglichen Überlieferung einer Kultur und Elementen des „Anderen" eine beträchtliche Rolle. Der kulturelle Differenzierungsprozess ist unvermeidlich immer auch ein Vorgang der voranschreitenden „Hybridisierung" (Welsch 1994).

Der normative Anspruch der rechtsstaatlichen Demokratie besteht also darin, die Festlegungen auf der dritten Ebene (Institutionen sowie soziale und politische Grundwerte) so zu treffen, dass ein möglichst großer Spielraum der Entscheidungsfreiheit auf den Ebenen 1 (Religion) und 2 (Lebenskultur) entsteht. Diese beiden Ebenen der privatautonomen Handlungsfreiheit sind der Entscheidung und Verantwortung der Individuen und gesellschaftlichen Kollektive vorbehalten. Die politische Kultur der Demokratie kann sich demnach legitimerweise explizit nur auf Übereinstimmungen auf der Ebene 3 beziehen, also auf die sozialen und politischen Grundwerte des Zusammenlebens und des Schutzes der Individuen und Minderheiten. Der Funktionssinn der rechtsstaatlichen Demokratie verlangt mithin die Festlegung desjenigen Minimums auf der Ebene 3, welches das Maximum an Differenz auf den Ebenen 1 und 2 gewährleisten und nachhaltig verbürgen kann. Diese Garantien kann die rechtsstaatliche Demokratie allerdings nur geben, weil und solange die Grundwerte der dritten Ebene durch die Art und Weise der kulturellen Identitätsbildung und Praxis auf den anderen beiden Ebenen nicht in Frage gestellt werden.

Fundamentalistische oder essentialistische Formen kultureller Identität verträgt die rechtsstaatliche Demokratie daher prinzipiell nicht. Diese können aber auch in der empirischen Realität keiner der kulturell-religiösen Traditionen der Gegenwart den Anspruch erheben, die authentische, geschweige denn allein legitime Form der kulturellen Selbstbehauptung derjenigen Kultur zu sein, in deren Namen sie sprechen. Alle großen kulturell-religiösen Traditionen differenzieren sich seit langem u.a. in einen traditionalistischen und einen liberalen / modernisierenden Zivilisationsstil der Interpretation der Überlieferung, gegen die der Fundamentalismus als dritte Hauptströmung sich wendet. Kulturelle Identität existiert aus diesen Gründen auch innerhalb der großen kulturell-religiösen Traditionen immer nur im Plural.

In den rechtsstaatlichen Demokratien der Gegenwart sind es nicht nur die von allen zu achtenden Regeln der universalistischen Moral der Gleichheit der Person, ihrer psychischen und physischen Integrität, ihrer Würde und ihrer wechselseitigen Anerkennung, die den Raum für unterschiedliche Lebensführungen, Glaubensüberzeugungen und kulturelle Orientierungen schaffen. Auch die wesentlich weitergehenden konkreten Werte und Normen der politischen Kultur der Demokratie gehören zu den ermöglichenden Bedingungen des kulturellen Pluralismus. Weil sie die Bedingung für Autonomie und Selbstbehauptung der unterschiedlichen Identitäten sind, können beide nicht ohne Selbstwiderspruch von diesen partikularen Identitäten her selbst wieder in Frage gestellt werden. Eine partikulare Kollektiv-Ethik bzw. Weltanschauung an die Stelle von Moral, Recht und der Sittlichkeit der politischen Kultur des demokratischen Rechtsstaat zu setzen, die für alle gilt, definiert gerade den Kern des modernen Fundamentalismus und schließt ihn darum als legitimen Teilhaber am kulturellen Pluralismus aus (Meyer 1989, Marty / Appleby 1996, Tibi 2000).

Sobald aber der Anspruch auf eine allen gemeinsame kulturelle Identität im Sinne einer Leitkultur innerhalb der Demokratie erhoben wird, die Festlegungen auf den Ebenen 1 oder 2 für alle Bürgerinnen treffen will, die über das für die gemeinsame politische Kultur Unerlässliche hinausgehen, werden die Ansprüche der rechtsstaatlichen Demokratie verletzt und damit im Kern schon der fundamentalistische Übergriff auf die Rechte und anerkennungsfähigen Identitäten anderer von Seiten der Mehrheitskultur selbst vollzogen. Die „Leitkultur", die eine rechtsstaatliche Demokratie von Rechts wegen für alle Bürger als Orientierung verbindlich machen kann und auf deren Verankerung in der Gefühls- und Denkwelt ihrer Bürger sie u.a. im Bildungssystem hinwirken muss, um die Voraussetzungen ihres eigenen institutionellen Bestands zu sichern, darf daher den Kernbestand der politischen Kultur, also der Ebene 3, nicht überschreiten. Nicht begründungsfähige Überschreitungen der dritten Ebene schaffen gerade Distanz und Entfremdung der betroffenen Gruppen gegenüber der Demokratie und untergraben damit deren Stabilität und Existenzbedingungen. Die rechtsstaatliche Demokratie bedarf keiner Übereinstimmungen auf den Ebenen 1 und 2, sondern nur deren prinzipielle Verträglichkeit mit der Ebene 3, und sie beschädigt ihre eigenen Legitimationsbedingungen, wenn sie darüber hinaus gehende Forderungen erhebt.

Die Menschen- und Bürgerrechte, die den Raum für die Privatautonomie auf den Ebenen 1 und 2 konstituieren und die auf der Ebene 3 begründet und garantiert werden, können nur individuelle Rechte sein und keine kollektiven, für deren Vermittlung und Verwaltung kulturelle oder religiöse Kollektive benannt werden, in deren Namen Repräsentanten Inhalte definieren, Grenzen ziehen und Kontrollfunktionen wahrnehmen. Nur die einzelne Person kann die Verbindlichkeiten, Praktiken und Zugehörigkeiten, die auf diesen Ebenen eine Rolle spielen, letztinstanzlich für sich selbst entscheiden. Sie muss jederzeit das Recht und die gesicherte soziale Chance haben, ihre Personenrechte gegebenenfalls gerade auch gegen unerwünschte Zumutungen von Repräsentanten des „eigenen" ethnokulturellen bzw. kulturell-religiösen Kollektivs behaupten zu können, dem sie zugerechnet wird oder dem sie sich selbst zurechnet. Einen „Artenschutz" für bestimmte Gestaltungen kultureller Lebensweisen, unabhängig von dem, was die unterschiedlichen Individuen in ihrer Lebenspraxis daraus machen möchten, kann es in der rechtsstaatlichen Demokratie nicht geben (Habermas 1997: 171 ff.).

3   Zwei Säulen europäischer Identität: Projektidentität und Zugehörigkeit

Wie wir aus der Geschichte der Herausbildung der Nationalstaaten und des auf sie bezogenen Bürgerbewusstseins wissen, muss die politische Identität eines Gemeinwesens auf zwei Säulen beruhen: *erstens* einem Bewusstsein seiner Bürger, dass sie zu einem gemeinsamen Gemeinwesen gehören, das die Macht hat, für sie bindende Entscheidungen zu treffen. Und *zweitens* müssen die Bürger das politische Projekt ihres Gemeinwesens akzeptieren, das in Form von politischen Grundwerten und Staatszielen in der geschriebenen oder ungeschriebenen Verfassung niedergelegt ist.

Obgleich in dieser Hinsicht immer ein erheblicher Spielraum für Interpretationen und Entwicklungen besteht, vor allem, was das aktuelle Verständnis politischer Grundwerte und Ziele eines Gemeinwesens anbetrifft, ist ein Mindestmaß deutlich bestimmter Vorstellungen ihres Inhalts und ihrer Zielrichtungen eine der notwendigen Bedingungen dafür, dass sich unter demokratischen Bedingungen politische Identität ausbilden und stabilisieren kann. Die konkrete Bedeutung dieser Vorstellungen hingegen kann umstritten bleiben, solange die gemeinsamen Bezugspunkte der politischen Debatte für alle erkennbar bleiben. Für die Ausbildung politischer Identität ist es bedeutsam, dass die im politischen Projekt des Gemeinwesens beschriebenen Grundwerte und Ziele eine bindende Qualität haben, also im Kern unumstritten bleiben und faktische Geltung erlangen.

Obgleich in einer weichen und abgeleiteten Form politische Identität in der globalisierten Gegenwartswelt auch postmoderne Elemente politischer Zugehörigkeit enthalten kann, die die Grenzen jedes gegebenen Nationalstaates und jeder gegebenen regionalen politischen Zugehörigkeit überschreiten, hängt die politische Kernidentität der Bürgerinnen und Bürger doch von einem institutionellen Rahmen ab, in den sie sich gemeinsam einfügen, denn nur dieser bringt die für alle verbindlichen Entscheidungen hervor und legitimiert sie. In diesem Sinne kommt der politischen Identität der EU in der voraussehbaren Zukunft weiterhin eine moderne Qualität zu (statt einer postmodernen, die von Institutionen unabhängig ist).

Die beiden Säulen der institutionellen Zugehörigkeit und der Akzeptanz eines gemeinsamen politischen Projekts sind notwendige Bedingungen für eine politische Bürgeridentität, die ihre Funktionen erfüllen kann. Wie für jedes andere politische Gemeinwesen gilt dies auch für die EU.

4 Zwei Ebenen der politischen Identität: Skript und politische Soziokultur

Damit die gemeinsame Identität im politischen Prozess eines Gemeinwesens wirksam werden kann, muss sie darüber hinaus auf zwei Realitätsebenen ausgebildet sein: dem institutionalisierten „Skript" und der politischen Soziokultur (Meyer u.a. 1997). Die erste Bedingung ist erfüllt, sobald ein politisches Projekt mit den notwendigen Grundwerten und Zielsetzungen in der Verfassung des Gemeinwesens oder in anderer geeigneter Weise institutionalisiert ist. Im Falle der EU handelt es sich dabei in erster Linie um die Verträge (Gerhards 2005). Der aus dem Verfassungsentwurf hervorgegangene aktuelle Vertrag von Lissabon fasst in dieser Hinsicht nur zusammen, was in den vorangegangenen Verträgen der politischen Union in Kraft gesetzt worden war. Er enthält eine Reihe klar beschriebener Grundwerte und politischer Ziele, die die europäische politische

Identität auf der Skript-Ebene sehr viel präziser fassen als dies für viele der Mitgliedstaaten der Union gilt. Die entscheidende Frage ist aber, ob es eine ausreichende Übereinstimmung zwischen der auf der Skript-Ebene beschriebenen politischen Identität und der politischen Soziokultur des europäischen Demos gibt, also der Gesamtheit der Bürgerinnen und Bürger der Union. Diese Übereinstimmung müsste beides umfassen, einen Sinn für die institutionelle Zugehörigkeit zu ihr als Bürger und eine Akzeptanz der Grundwerte und Ziele des Skripts.

Das Skript nennt als Schlüsseldimensionen der politischen Identität der EU ihre Eigenschaften als liberale und partizipative Demokratie, als Sozialunion, als kulturell-pluralistisches Gemeinwesen, als eine friedliche Weltmacht und als eine vom Subsidiaritätsprinzip geprägte politische Organisation. Das bezieht sich auf den objektiven Teil der politischen Identität der EU, das politische System. Auf der subjektiven Seite, der politischen Soziokultur, beobachten wir die langsame, in den einzelnen Mitgliedsländern und zwischen ihnen höchst ungleichzeitige Herausbildung einer neuen fragilen europäischen Identitätsschicht, die der Bürgeridentität in den verschiedenen Mitgliedsländern hinzugefügt wird und die noch immer deutlich substanzielleren nationalen und mikro-regionalen Schichten ihrer politischen Identitäten ergänzen (Magnette 2005, Meyer 2004).

Die objektive und die subjektive Seite der europäischen politischen Identität klaffen gegenwärtig noch weit auseinander. Die Gründe dafür sind bekannt und seit langem im Zentrum der Debatte. Der Mangel an politischer Qualität der Entscheidungsprozesse in der Europäischen Union und die Defizite der europäischen Öffentlichkeit sind dabei von entscheidender Bedeutung.

5   Inhaltliche Dimensionen europäischer Projektidentität

Die Analyse der grundlegenden Verträge der EU in Verbindung mit den Debatten ihres Entstehungsprozesses und ihrer Auslegung durch die Kommission manifestieren in deutlicher Form, dass die Projektidentität der europäischen Identität im wesentlichen über sieben unterscheidbare Dimensionen verfügt. Die EU versteht sich danach als

- eine liberale, rechtsstaatliche Demokratie auf der Basis der universellen Grundrechte
- eine partizipative Demokratie ihrer Bürgerinnen und Bürger
- eine Mehr-Ebenen-Demokratie auf Grundlage des Prinzips der Subsidiarität

- ein sozialer Raum auf der Basis universeller, sozialer und ökonomischer Grundrechte
- ein kulturell vielfältiges Gemeinwesen
- eine zivile Weltmacht und
- ein politisches Gemeinwesen, das sich zur Äquivalenz der internen und externen Dimension seiner Grundwerte und politischen Ziele bekennt.

Obgleich sich diese Dimensionen gewiss auch auf andere Weise ausdifferenzieren oder bündeln lassen, markieren sie in ihrem Gesamtinhalt ohne Zweifel den wesentlichen Kern der in den gültigen Vertragstexten niedergelegten Projektidentität der EU.

6 Produktionsprozess der Identität

Aus vergleichenden Studien zur politischen Identitätsbildung in den europäischen Nationalstaaten im Verlaufe des 19. Jahrhunderts ist bekannt, dass es vor allem drei zentrale Faktoren waren, von denen der soziale Prozess der politischen Identitätsbildung abhing: ein gemeinsames Erziehungssystem, die allgemeine Wehrpflicht und eine gut funktionierende landesweite Öffentlichkeit (Castells 2002). Die Europäische Union hat bereits eine Reihe ernsthafter Versuche unternommen, das Projekt der EU-Identität als einheitliches Ziel in den Curricula der Bildungssysteme der einzelnen Mitgliedsländer zu verankern. Ein gemeinsamer Militärdienst für alle jungen EU-Bürger erscheint aus einer Reihe unterschiedlicher Gründe weder möglich noch wünschenswert. Daher kommt der Herausbildung einer vereinigten europäischen Öffentlichkeit besonderes Gewicht zu, die in der Lage ist, die politischen Grundfragen im Entscheidungsprozess der EU für alle sichtbar und die entscheidenden Faktoren des politischen Prozesses erkennbar zu machen und eine große Zahl von Bürgerinnen und Bürgern in allen Mitgliedsländern gleichermaßen für die politischen Grundfragen der Union zu fesseln oder wenigstens zu interessieren.

In der Demokratietheorie ist es unumstritten, dass auf nationalstaatlicher Ebene die Ausbildung einer Öffentlichkeit, die im Stande ist, eine breite Palette politischer Funktionen auszuüben – informative, deliberative und kontrollierende –, eine unabdingbare Voraussetzung für die Qualität des demokratischen Prozesses und die Herausbildung politischer Bürgeridentität eines jeden Gemeinwesens darstellt. Ohne eine funktionierende politische Öffentlichkeit kann es keine Demokratie geben, die ihrem Anspruch gerecht wird. Dies gilt im Kern auch für die EU, trotz ihres Ausnahmecharakters als eines politischen Gemeinwesens *sui generis*. Nur im Maße der Ausbildung einer europaweiten politischen Öffentlichkeit kann die Entwicklung europäischer Bürgeridentität erwartet werden. Freilich darf europäische Öffentlichkeit in ihrer Struktur und ihrer genauen Funktionsweise nicht mit den nationalen politischen Öffentlichkeiten gleichgesetzt werden, da sie, wie ihr Entstehungsprozess schon jetzt erkennen lässt, entsprechend dem spezifischen Charakter der EU selbst eine neuartige, besondere Form ausbilden wird. Die Unterschiede dürfen am Ende freilich nicht so weit gehen, dass die für das demokratische Leben notwendigen Funktionen dabei verloren gehen oder bis zur Unkenntlichkeit transformiert werden (Meyer 2005).

Im Hinblick auf die europäische Öffentlichkeit müssen auf zwei Fragen überzeugende Antworten gefunden werden. Erstens geht es um die Struktur: Die Frage ist noch offen, wie sich eine europaweite Öffentlichkeit organisieren muss, die ihre demokratischen Funktionen wahrzunehmen vermag. Sie wird sicher fragmentierter, vielgestaltiger, diskontinuierlicher und differenzierter sein, aber auf überwölbende Grundstrukturen nicht ganz verzichten können. Eine zweite offene Frage betrifft die Funktionen: welche Grundfunktionen eine europaweite Öffentlichkeit in jedem Falle erfüllen muss und wo die funktionalen Differenzen gemessen an den dichteren Formen nationalstaatlicher Öffentlichkeit beginnen können, ohne die demokratische Qualität des Ganzen in Frage zu stellen.

In diesem Zusammenhang ist das Argument vorgebracht worden, dass es in Wahrheit weder eine funktionierende europäische Öffentlichkeit geben kann, die ihren Namen verdient, noch eine europäische Bürgeridentität im strikten Sinne, da die wesentliche Voraussetzung für beides, ein einheitlicher europäischer Demos, im europäischen Falle für immer eine Leerstelle bleiben muss.[1] Jürgen Habermas (2001) hat überzeugend dargelegt, dass es sich hierbei um ein schwaches Argument handelt. Ein Demos im strukturellen, objektiven Sinne als politische Bürgerschaft ist ja bereits durch die Wirksamkeit der politischen Institutionen etabliert, mit denen die EU ihre souveräne Hoheitsgewalt ausübt. Die Entstehung eines EU-Demos im subjektiven, politisch-kulturellen Sinne ist nur als schrittweise realisiertes Ergebnis einer gut funktionieren europäischen Öffentlichkeit denkbar, und zwar in Form eines zirkulären Kausalprozesses, in dem beide, der Demos und die Öffentlichkeit aufeinander einwirken, sich gegenseitig stärken und hervorbringen. Ein Demos im Sinne der politischen Kultur kann ja selbst nichts anderes sein als politische Bürgeridentität im aktiven Sinne.

---

[1] Siehe dazu auch die Beiträge von Peter Graf Kielmansegg, Josef Isensee und Heinrich August Winkler in diesem Band.

7 Das Problem der asymmetrischen Institutionalisierung

Es gibt aber auch hartnäckige Hindernisse auf dem Weg der Herausbildung einer politischen Bürgeridentität der Europäer, die aus den Besonderheiten der Institutionalisierung der EU als solcher hervorgehen. Eines davon ist in der besonderen Rolle der unterschiedlichen *modes of governance* zu sehen, wie sie von den verschiedenen Institutionen der Europäischen Union praktiziert werden. Die „Methode Monnet" mit ihrer Vorliebe für Führungsentscheidungen hinter verschlossenen Türen hat eine europäische Bürgeridentität weder vorausgesetzt, noch gefördert. Die für die EU heute verlangte Form des Regierens in Netzwerken und noch mehr des partizipatorischen Regierens, das die europäische Zivilgesellschaft einschließt, hängen in stärkerem Maße von der Voraussetzung einer funktionierenden europäischen Öffentlichkeit ab und sind auch ein erfolgversprechender Weg zur Herstellung politischer Identität. Das hatte der Vertrag von Amsterdam im Sinn mit seiner Idee eines öffentlichen europäischen Dialogs als Methode der Konsensbildung auf dem Wege der institutionellen Reform. Gleichermaßen bedeutungsvoll ist die Stärkung und Ausweitung von Mehrheitsentscheidungen und offenen Debatten im Rat. Auch die politischen Parteien innerhalb und außerhalb der Institutionen und ihre Wechselbeziehungen mit der Zivilgesellschaft und anderen sozialen Akteuren spielen eine wichtige Rolle in diesem Prozess.

Es wäre ein grobes Missverständnis, würde man diese Dimension der Öffnung im Prozess europäischer politischer Entscheidungsfindung, die sich als Grundvoraussetzung einer funktionierenden Öffentlichkeit erweist, lediglich als eine Angelegenheit besserer Information der Bürgerinnen und Bürger über Strukturen, Funktionen und Kompetenzen der europäischen Institutionen verstehen, also als eine Art Werbekampagne. Vielmehr muss die gesamte Methode des Regierens selbst eine neue Qualität annehmen, in dem sie ihren Fokus zunehmend von der Output- zur Input- Legitimation verschiebt und auf diese Weise Identität durch Partizipation fördert (Scharpf 1999).

Ein vielleicht noch hartnäckigeres Hindernis auf dem Weg der Herausbildung europäischer Bürgeridentität ist in der prinzipiellen Asymmetrie der Institutionalisierung auf zwei entscheidenden Politikfeldern zu sehen, die beide im institutionellen Skript und in der politischen Soziokultur der EU einen entscheidenden Beitrag zur politischen Identitätsbildung leisten: die Außenpolitik[2] und die Sozialpolitik. Beide Politikbereiche sind auf der normativen und strategischen Ebene der EU mit einem hohen Anspruch versehen, aber äußerst schwach aus-

---

[2] Siehe dazu auch den Beitrag von Jerzy Maćków in diesem Band.

gestattet, wenn es um die Mittel und Wege ihrer institutionellen Durchsetzung geht. Es besteht kaum ein Zweifel, dass die unklare Rolle der sozialen Dimensionen europäischer Identität im Verfassungsentwurf bzw. deren Wahrnehmung in der Öffentlichkeit eine wesentliche Rolle für den negativen Ausgang der Verfassungsreferenden in Frankreich und den Niederlanden im Jahre 2005 gespielt hat und in einer Reihe anderer EU-Mitgliedstaaten zur Ursache verbreiteter Euroskepsis zu werden droht.

Die Ursachen der Defizite bei der Implementation im Bereich der Sozialpolitik sind gut analysiert (ebd.). Sie bestehen hauptsächlich in der unzureichenden Art der Institutionalisierung der Entscheidungsmöglichkeiten zur Umsetzung der normativen Ansprüche auf diesem Gebiet. Während die marktschaffenden Politiken durch supranationale Institutionen realisiert werden können, sind die marktkorrigierenden und -ergänzenden Politiken, also der wesentliche Teil der Sozial- und Beschäftigungspolitik, auf intergovernementale Entscheidungsverfahren angewiesen, bei denen in der Regel nach dem Einstimmigkeitsprinzip entschieden wird. Aus einer Reihe von Gründen sind die meisten Regierungen der Mitgliedsländer höchst zurückhaltend, wenn es darum geht, auf europäischer Ebene sozialpolitische Entscheidungen zu treffen. Das liegt nicht allein an ideologischen und ökonomischen Gründen, sondern auch daran, dass gerade die Sozialpolitik besonders geeignet erscheint, Legitimität und Wahlunterstützung in der nationalen politischen Arena zu gewinnen – also dort, wo die Mitglieder der nationalen Regierungen gewählt werden.

Obgleich die Liste der sozialpolitischen Handlungsfelder, für die die qualifizierte Mehrheitsregel gilt, schrittweise ausgeweitet worden ist, besteht die beträchtliche Lücke zwischen den deklarierten Ansprüchen und den institutionellen Möglichkeiten in der Gesamtarchitektur der EU weiterhin. Die meisten sozial- und beschäftigungspolitischen Maßnahmen der Union verlangen noch immer Konsensentscheidungen und nur eine geringe Anzahl, darunter die Geschlechtergleichheit sowie Gesundheit und Sicherheit am Arbeitsplatz, sind für Mehrheitsentscheidungen freigegeben. Folglich liegt die letzte Entscheidung über die Implementation der konstitutionellen sozialpolitischen Ansprüche, was immer die Verträge versprechen mögen, letztlich in der Hand der Regierungen der Mitgliedsländer.

Die Einlösung der sozialpolitischen Versprechen ist in der EU aus diesem Grunde sehr viel schwerer zu erreichen, als die Einlösung der libertären Ansprüche eines offenen Marktes. Unter dem gegenwärtig herrschenden institutionellen Regime gibt es wenig Druck für bindende Entscheidungen auf sozial- und beschäftigungspolitischem Gebiet, das meiste davon ist verschiedenen Methoden der Koordination, dem weichen Teil des europäischen Gesetzgebungsprozesses überlassen. Die Art der Institutionalisierung der Instrumente, die aus dem sozialpolitischen Identitätsanspruch der EU eine Realität in den Mitgliedsländern machen könnten, erweist sich also als Achillesferse, wenn es darum geht, einen Einklang zwischen europäischer Projektidentität und Bürgerbewusstsein herzustellen. Das Identitätskonzept der EU selbst leidet in dieser Hinsicht an einem empfindlichen Mangel.

Im Ganzen gesehen gilt für den Anspruch sozialer Identität der EU daher ein doppeltes Paradox, das auch einige der Schwierigkeiten im Ratifikationsprozess des Verfassungsentwurfs erklären kann:

Obwohl die soziale Dimension im Skript der EU einen hohen Rang einnimmt, ist nicht für die institutionellen Vorkehrungen gesorgt, die diesen Anspruch realisieren könnten. Die soziale Dimension der Demokratie ist zwar in den politischen Kulturen aller Mitgliedsländer tief verankert – am stärksten in den mittelosteuropäischen Ländern –, doch zögern die meisten Regierungen, gerade auch die mittelosteuropäischen, aus einer Reihe unterschiedlicher Gründe, auf europäischer Ebene die entsprechenden Konsequenzen daraus zu ziehen.

Die EU ist daher im Hinblick auf die Bedingungen der Ausbildung ihrer politischen Identität von zwei hartnäckigen Widersprüchen geprägt: zwischen programmierter sozialer Identität und der Wirklichkeit ihrer gemeinschaftlichen sozialpolitischen Programme; sowie zwischen der Erwartung der großen Mehrheit ihrer Bürger in dieser Hinsicht und den Erfahrungen, die sie mit dem Output der EU-Politik machen. Diese Widersprüche spiegeln sich in dem Maße im Bewusstsein der europäischen Bürger wider, in dem der soziale Schutz auf der nationalen Ebene nicht mehr ausreichend gewährleistet werden kann und die Politik der Marktliberalisierung im europäischen Rahmen ungehemmt fortschreitet.

8 Bleibende Legitimationsprobleme

Widersprüche dieser Art haben natürlich die Tendenz, die Krise der Legitimation und der Identitätsbildung in der EU zu vertiefen, wenn die Bürger den Eindruck gewinnen, dass die Union zur Verschärfung ihrer sozialen Probleme beiträgt, statt ein zusätzliches Sicherheitsnetz zur Verfügung zu stellen. Bislang ist kein erfolgversprechender Ausweg aus diesem Dilemma in Sicht. Notwendig sind gleichwohl Schritte zur Verbesserung der Lage auch unter den fortbestehenden institutionellen Bedingungen. Sie könnten in einer zweigleisigen Strategie bestehen. Zunächst bedarf es einer öffentlich wirksamen Klarstellung der Teilung der Zuständigkeiten zwischen der Union und den Mitgliedstaaten, die von den Bürgern wirklich nachvollzogen werden kann und die es ihnen erlaubt, die Verantwortung für erfahrene Defizite in der Sozial- und Beschäftigungspolitik den beteiligten Akteuren zutreffend zuzuschreiben (also in der Hauptsache ihren eigenen nationalen Regierungen). Auf EU-Ebene selbst kann nachdrücklicher für die Durchsetzung von Mindeststandards sozialer Sicherung und Teilhabe gesorgt werden, damit dem Konzept der Sozialunion eine greifbare Substanz zuwächst. Die Details und Formen der notwendigen Einlösung dieser Ansprüche können und müssen weiterhin den Mitgliedsländern selbst überlassen bleiben. Falls nicht wenigstens dieses gelingt, würden vermutlich Unbehagen und Misstrauen einer wachsenden Anzahl der Bürger der Union weiterhin die Herausbildung eines europäischen Bürgerbewusstseins, mithin einer europäischen politischen Identität behindern.

Eine EU, die nicht in der Lage ist, die soziale Dimension ihres Identitätsanspruches auf der Ebene der Implementation so ernst zu nehmen, wie es ihre Bürger tun, wird kaum zum Objekt ihrer evaluativen und emotionalen Identifikation werden. Die Kommission muss den Ministerrat stärker drängen, in der Praxis seiner Entscheidungen deutlich zu machen, dass die EU wirklich eine soziale Union ist, die diesen Teil ihrer Grundwerte genauso ernst nimmt wie die Prinzipien des gemeinsamen Marktes.

Im Hinblick auf die beiden Säulen der politischen Identität, die Existenz einer entscheidungsfähig institutionalisierten politischen Gemeinschaft mit Souveränitätsrechten, die bindende Entscheidungen für ihre Bürger fällen kann sowie die Existenz eines ausreichend ausformulierten politischen Projekts auf der Skript-Ebene, erfüllt die EU alle notwendigen Bedingungen für die Ausbildung einer politischen Identität. Die politische Projektidentität der EU ist klar umrissen und findet in der politischen Soziokultur der europäischen Bürger offenbar eine weitreichende Entsprechung. Die Herausbildung einer europäischen Bürgeridentität kann sie aber erst befördern, wenn die EU ihre gravierendsten demokratischen Defizite hinter sich lässt: das Fehlen einer offenen und partizipationsfördernden Regierungsweise, die bisher nur schwache Ausbildung einer europäischen Öffentlichkeit und der integrationspolitisch gewollte Verzicht auf einen nennenswerten sozialpolitischen Output, der den von ihr selbst formulierten Anspruch einer Sozialunion rechtfertigen könnte.

Verbundenheit mit dem eigenen Land und der Europäischen Union

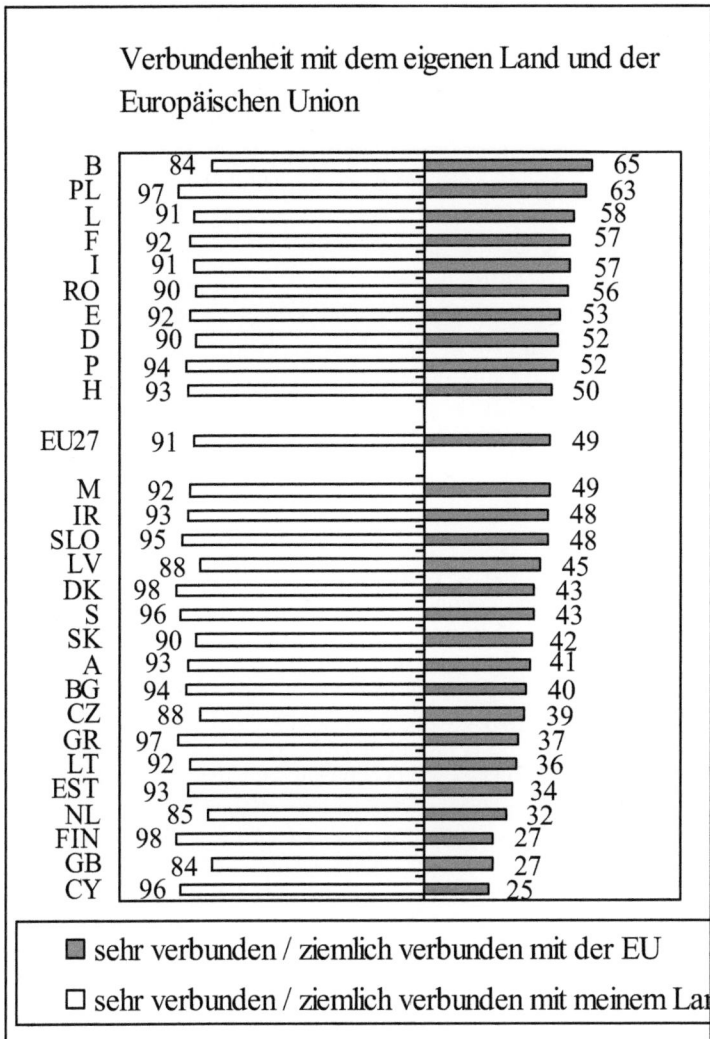

| | sehr verbunden / ziemlich verbunden mit der EU |
| | sehr verbunden / ziemlich verbunden mit meinem Lan |

Quelle: Eurobarometer 68.1, September-November 2007. Fehlende Werte zu 100 Prozent: eher nicht verbunden, gar nicht verbunden, weiß nicht.

Damit ist zugleich der Weg markiert, den die Union beschreiten muss, wenn sie die Entwicklung einer europäischen Identität ihrer Bürgerinnen und Bürger voran bringen will. Immerhin bekennt sich schon heute in fast allen Mitgliedsländern der EU ein beträchtlicher, von Land zu Land zwischen einem Viertel und erstaunlichen zwei Dritteln variierender Teil der Bürger dazu, neben der nationalen Identität auch eine europäische Identität zu besitzen. Es zeigt sich, dass die Bürger zwischen beiden Ebenen der Zugehörigkeit keinen Widerspruch empfinden. Sie sind offenbar in ihrer großen Mehrzahl bereit, ihrer nationalstaatlichen Identität eine politische europäische Bürgeridentität beizugesellen. In welchem Zeitraum und in welchem Maße die europäische gegenüber der nationalstaatlichen Identität wichtiger werden, ja vielleicht sogar die Oberhand gewinnen wird, bleibt abzuwarten. Dies dürfte vor allem davon abhängen, ob sich die EU in so wichtigen Fragen wie der Sozial-, Beschäftigungs-, und Außenpolitik als ein handlungsfähiger Akteur erweist und ob sie die Bürger für die Themen, die ihre Agenda bestimmen, nicht nur interessieren, sondern auch zur eigenen Beteiligung ermuntern kann.

Literatur

Almond, Gabriel A. / Sidney Verba (1963): The Civic Culture. Political Attitudes and Democracy in Five Nations, Princeton.

Castells, Manuel (2002): The Construction of European Identity, in: Bengt-Åke Lundvall u.a.: The Knowledge Economy in Europe, Cheltenham / Northampton, S. 232-241.

Cerutti, Furio (2001): Towards the Political Identity of the Europeans. An Introduction, in: ders. / Enno Rudolph (Hg.): A Soul for Europe, Löwen, S. 1-31.

Flaig, Berthold B. / Thomas Meyer / Jörg Ueltzhöffer (1993): Alltagsästhetik und politische Kultur. Zur ästhetischen Dimension politischer Bildung und politischer Kommunikation, Bonn.

Gerhards, Jürgen (2005): Kulturelle Unterschiede in der Europäischen Union. Ein Vergleich zwischen Mitgliedsländern, Beitrittskandidaten und der Türkei, Wiesbaden.

Habermas, Jürgen (1997): Anerkennungskämpfe im demokratischen Rechtsstaat, in: Charles Taylor: Multikulturalismus und die Politik der Anerkennung, Frankfurt a.M., S. 147-196.

Habermas, Jürgen (2001): Why Europe Needs A Constitution, in: New Left Review Nr. 11, S. 5-26.

Magnette, Paul (2005): Citizenship. The History of an Idea, Essex.

Marty, Martin E. / R. Scott Appleby (1996): Herausforderung Fundamentalismus. Radikale Christen, Moslems und Juden im Kampf gegen die Moderne, Frankfurt a.M. / New York.

Meyer, Thomas (2005): The European Public Sphere. A Background Paper for the Social Sciences and Humanities Advisory Group of the European Commission, Brüssel.

Meyer, Thomas (2004): Die Identität Europas, Frankfurt a.M.

Meyer, Thomas (2002): Identitätspolitik. Vom Missbrauch kultureller Unterschiede, Frankfurt a.M.

Meyer, Thomas (1989): Fundamentalismus. Aufstand gegen die Moderne, Reinbek.

Meyer, John W. u.a. (1997): World Society and the Nation State, in: American Sociological Review 103 (1), S. 144-181.

Scharpf, Fritz (1999): Regieren in Europa. Effektiv und demokratisch?, Frankfurt a.M. u.a.

Schmidt, Vivien A. (2006): Democracy in Europe. The EU and National Polities, Oxford.

Tibi, Bassam (2000): Die fundamentalistische Herausforderung: Der Islam in der Weltpolitik, München.

Welsch, Wolfgang (1994): Transkulturalität. Die veränderte Verfassung heutiger Kulturen, in: Stiftung Weimarer Klassik (Hg.): Sichtweisen, Frankfurt a.M., S. 83-122.

Europäische Nation? Die Grenzen der politischen Einheitsbildung Europas

Josef Isensee

1 Momentaufnahme des Integrationsprozesses

1.1 Charme des Unfertigen

„Europäische Nation?" – Fragezeichen. Das Fragezeichen reicht nicht aus, um das Frag-Würdige und Frag-Bedürftige des Themas auszuloten. Denn hier geht es nicht um eine Frage, die sich einfach mit Ja oder Nein beantworten ließe. Der Begriff der Nation versteht sich ebenso wenig von selbst wie der Begriff des Europäischen. Für letzteren gilt das auch dann, wenn man – gedankenlosem Sprachgebrauch folgend –, sich die Antwort dadurch erleichtert, dass das Europäische in eins gesetzt wird mit der Europäischen Union (EU). An sich müssen beide streng unterschieden werden. Denn die EU deckt die geographische Reichweite des europäischen Kontinents nicht ab, strebt aber darüber hinaus; vollends hat sie wenig gemein mit jener Substanz, die Europa als Kontinent des Geistes konstituiert.

Doch selbst die EU lässt sich nur schwer auf den Begriff bringen. Die hergebrachten politischen und rechtlichen Begriffe wollen nicht verfangen. Die supranationale Organisation, wie sie sich in mehr als einem halben Jahrhundert entwickelt hat, unterscheidet sich von allen Organisationen in Geschichte und Gegenwart, vor allem vom modernen Staat, wie er heute weltweit verbreitet ist. In ihren Grundstrukturen, zumal ihren „drei Elementen", sind alle Staaten einander gleich, so verschieden sie auch nach Lage und Größe, nach Macht und Verfassung sind, von den USA bis zu den Vereinigten Emiraten, von China bis Liechtenstein. Die Staatlichkeit, die ihnen gemeinsam ist, ist Gewand von der Stange (Isensee 2004: § 15 Rn. 46 ff., 61 ff.). Die EU dagegen ist ein Unikat, maßgeschneidert auf den Kreis ihrer Mitglieder, dem inneren wie äußeren Wachstum und den wechselnden Bedürfnissen angepasst: die größte politische Erfindung unserer

Zeit (Grimm 2003: 35). Es ist nicht nur die Originalität, die eine theoretische Erfassung erschwert, sondern auch die Mutabilität.

Die Europäische Union hat den Charme des Unfertigen. Sie ist angelegt auf weiteren Ausbau, doch es gibt keinen festen Plan. Ihre Entwicklung weist in eine Richtung, aber sie kennt nicht das Ziel. In ihrer beweglichen Gestalt entschlüpft sie den Versuchen des Juristen, sie mit den hergebrachten Begriffen und Regeln des Staats- und des Völkerrechts einzufangen, die auf den Staat zugeschnitten sind. Wo die vertrauten Begriffe versagen, hilft sich der Jurist mit der Qualifikation als Sache *sui generis*. Das Bundesverfassungsgericht findet allerdings eine elegante Verlegenheitslösung, indem es zwischen der völkerrechtlichen Kategorie des Staatenbundes und der staatsrechtlichen des Bundesstaates die supranationale Kategorie des Staatenverbundes postiert (BVerfGE 89, 155, 181 ff.; vgl. Kirchhof 1994: 92 ff.). Doch im Ergebnis attestiert es ihr Einzigartigkeit.[1]

Angesichts der EU ist die Rede mehr von Integration als von Institution, mehr von Bewegung als von Ordnung. Der derzeitige Zustand will nur vorläufig sein, Übergang zum Besseren. Diagnose ist hier immer schon Prognose. Das Urteil aufgrund einer Momentaufnahme gilt als unangemessen. Europa-Eschatologie ist sogar für Europarechtler Pflichtübung. Selbst hartgesottene Rechtspositivisten betätigen sich bei europarechtlichen Fragen immer ein wenig als Geschichtspropheten. Das mächtige Zukunftspotenzial wiegt gegenwärtige Mängel auf, tröstet über Enttäuschungen hinweg, bringt Kritik zum Schweigen, bündelt widersprüchliche Erwartungen und fasziniert den, der auf Fortschritt setzt und seinen Platz auf der Seite der kommenden Dinge sucht. Die Utopie findet hier eine ehrenhafte Heimstatt, wohl ihre letzte, nachdem sie mit dem kläglichen Zusammenbruch des Sozialismus allerorten diskreditiert ist. Die seit dem Untergang des real existierenden Sozialismus orientierungslos gewordene Linke sucht zunehmend Anschluss an die europäische Bewegung, nachdem sie ursprünglich deren Idee perhorresziert hatte als zu katholisch („abendländlerisch"), die Organisation als zu bürokratisch, ihr Recht als zu wirtschaftsliberal („kapitalistisch"). Unerträglich waren ihr die antitotalitäre Grundhaltung, die Einbettung in das westliche Bündnis wider die Sowjetbedrohung, die ordoliberale Marktkonzeption, die technokratische Erscheinung. Nun aber sucht der postsozialistische Internationalismus Asyl in der Europäischen Gemeinschaft. Die Integration erscheint als Weg, die hergebrachten nationalstaatlichen Strukturen aufzulösen und die supranationalen Funktionen in (post-)sozialis-

---

[1] Zu dieser Begrifflichkeit: Kirchhof 1992: § 183 Rn. 66 ff., Hillgruber 2004: § 32 Rn. 78 ff., Oppermann 1994, Isensee 1995a: 582 ff., Kahl 1994 und Herdegen 2004: Rn. 73 ff.

tische Bahnen zu leiten.[2] Es ist nun einmal ein Grundbedürfnis des homo politicus, sich nicht mit dem Status quo abzufinden, sondern etwas zu bewegen. Und die Europäische Union bewegt sich und will sich bewegen lassen.

Der europäische Einigungsprozess lebt aus der Annahme, dass die überkommene Ordnung der Nationalstaaten sich überlebt habe und abzulösen sei durch eine neue, supranationale Ordnung. Die Prämisse erscheint als historisches Gesetz. Jeder Schritt, der zu mehr Einigung führt, gilt per se als richtig. Die politische Leistung der jeweiligen Ratspräsidentschaft wird danach bemessen, wieviel inneres Wachstum an Kompetenzen und wieviel äußeres an Mitgliedstaaten sie bewirkt hat. Europapolitiker folgen der Maxime „Mehr, mehr", wie der kleine Häwelmann in Storms Märchen, ohne weiter nach Nutzen und Kosten zu fragen. Die Integrationsdynamik gelangt zum Ausdruck im Maastrichter Vertrag über die Europäische Union von 1992. In seiner Präambel bekundet er Entschlossenheit, „den mit der Gründung der Europäischen Gemeinschaften eingeleiteten Prozess der europäischen Integration auf eine neue Stufe zu heben." In seinem ersten Artikel nimmt er das Wort als die Tat und konstatiert, dass dieser Vertrag „eine neue Stufe bei der Verwirklichung der immer engeren Union der Völker Europas" darstelle (Art. 1 Abs. 2 EUV). Die EU erhebt sich auf einer neuen Ebene jenseits der alten Nationalstaaten. Entwickelt sie sich damit selbst zu einem Nationalstaat Europa? Hat dieser schon ein Fundament gefunden in einer nationalen Einheit der mitgliedstaatlichen Völker?

1.2 Deutsche Erwartungen

Darauf richten viele Deutsche ihre Hoffnung. Sie leiden am nationalen Trauma der NS-Schreckensepoche und versuchen, ihm zu entgehen, indem sie ihre mit Schande bedeckte Identität abgeben und dafür ehrenhafte europäische Identität eintauschen. Das geeinte Europa soll vom deutschen Selbsthass erlösen. Es soll den Deutschen jedwede Möglichkeit abschneiden, noch einmal einen Sonderweg zu gehen. Doch sind sie mit diesen Erwartungen erneut auf einen Sonderweg geraten. Denn die anderen Mitgliedstaaten, die mit sich selbst mehr oder weniger im Reinen sind, gehen den Weg nicht mit. Für sie ist die supranationale Organisa-

---

[2] Exemplarisch für spät- und postsozialistisches Konvertitentum steht Jürgen Habermas (1994: 643 ff.), der von den Mitgliedstaaten die Preisgabe nationaler und kultureller Identität fordert, praktisch vorbehaltlose Öffnung für außereuropäische Immigrantenströme, Einbürgerung nach Wahl, Entwicklung von multikultureller Gesellschaft auf dem Weg zur Weltgesellschaft.

tion das Werk und das Instrument pragmatischer Politik. Sie haben keinen europäischen Exorzismus nötig, um nationalistische Dämonen zu vertreiben.[3]

1.3 Vom Marktbürger zum Unionsbürger

Ihrem historischen Ursprung und ihrer heutigen Primärfunktion nach bildet die EU den gemeinsamen Binnenmarkt ihrer Mitgliedstaaten. Der Binnenmarkt aber konstituiert keine europäische Nation, sondern eine europäische Marktgesellschaft. In ihr hat der Einzelne nicht den Status des Staatsbürgers, sondern den des europäischen Marktbürgers. Die rechtlichen Grundlagen bilden die vier Marktfreiheiten in einem Raum ohne Binnengrenzen: die Freiheit des Verkehrs von Waren, Personen, Dienstleistungen und Kapital – so die bemerkenswerte Reihung in Art. 14 Abs. 2 EGV, in der die Personen nach den Waren, aber vor den Dienstleistungen und dem Kapital rangieren. Die Marktfreiheiten machen noch heute den harten Kern des Europarechts aus.

Gleichwohl hat sich mit dem Unionsvertrag von Maastricht der Status des Marktbürgers ausgeweitet um die Unionsbürgerschaft (Herdegen 2004: 265 ff., Schönberger 2005: 207 ff.). Diese greift über die bloße Marktteilhabe hinaus und eröffnet die Teilhabe an der politischen Willensbildung. Die Unionsbürger haben in dem Mitgliedstaat, in dem sie ihren Wohnsitz haben, das aktive und passive Wahlrecht bei den Wahlen zum Europäischen Parlament (EP) und bei den Kommunalwahlen, wobei für sie dieselben Bedingungen gelten wie für die Angehörigen des betreffenden Mitgliedstaats (Art. 17 EGV). Darüber hinaus vermittelt die Unionsbürgerschaft Rechte, die herkömmlich aus der Staatsangehörigkeit folgen:

- das Recht, sich im Hoheitsgebiet der Mitgliedstaaten frei zu bewegen und aufzuhalten (Art. 18 EGV)
- das Recht auf diplomatischen und konsularischen Schutz gegenüber Drittstaaten, in denen das eigene Land nicht vertreten ist, durch andere Mitgliedstaaten (Art. 20 EGV)
- das Petitionsrecht gegenüber europäischen Institutionen (Art. 21 EUV)

Sub specie der Unionsbürgerschaft haben die Angehörigen aller Mitgliedstaaten die gleiche Rechtsstellung.

Dennoch ergibt sich aus der Unionsbürgerschaft keine europäische Staatsangehörigkeit. „Die Unionsbürgerschaft ergänzt die nationale Staatsbürgerschaft,

---

[3] So Tony Blair über die Engländer. Zitat entnommen bei Kronenberg (2006: 285).

ersetzt sie aber nicht", heißt es ausdrücklich in Art. 17 Abs. 1 S. 2 EGV (dazu Art. 20 Abs. 1 S. 2 der konsolidierten Fassung des EUV-V Lissabon). Die Unionsbürgerschaft knüpft an die Staatsangehörigkeit der Mitgliedstaaten an und hängt von dieser ab. Die Mitgliedstaaten entscheiden von sich aus über Erwerb und Verlust. Die EU hat darauf keinen Einfluss. Die Staatsangehörigkeit ist Domäne der Mitgliedstaaten (Hillgruber 2004: Rn. 7, 17 ff.). Die Unionsbürgerschaft begründet keine der Staatsangehörigkeit vergleichbare personale, auf Dauer angelegte, grundsätzlich ausschließliche Rechte- und Pflichtenbeziehung. Sie ist weiter nichts als das supranationale Dach über den nationalen Staatsangehörigkeiten. Die Rechtsfigur der Unionsbürgerschaft macht also noch kein Unionsvolk. Sie fasst nur die Staatsangehörigkeiten der Mitgliedstaaten äußerlich zusammen. Freilich können sich die Unionsbürgerrechte in ungeahnte Weiten dehnen, weil das Gros der Brasilianer zugleich über die portugiesische Staatsangehörigkeit verfügt, das Gros der Argentinier auch über die spanische oder die italienische, das Gros der Moldavier über die rumänische.[4]

Der Vergleich liegt nahe zum Recht der deutschen Staatsangehörigkeit in der Zeit zwischen 1870 und 1934. Die Deutschen waren Staatsangehörige der Gliedstaaten, also Preußens, Bayerns, Sachsens usw. und, dadurch vermittelt, Angehörige des Deutschen Reiches. Die unmittelbare Reichszugehörigkeit kam lediglich den Deutschen in Elsass-Lothringen und in den Kolonien zu (Grawert 2004: § 16 Rn. 43 ff., Schönberger 2005: 100 ff.). In der Tat wird auch die Unionsbürgerschaft mediatisiert. Vielleicht wird sich eine unmittelbare Unionsbürgerschaft noch für die Bewohner der EU-Protektorate wie Bosnien oder Kosovo entwickeln. Gleichwohl bleibt ein wesentlicher Unterschied: Hinter der mittelbaren Reichsangehörigkeit stand ein Nationalstaat, der, obwohl föderativ konzipiert, immer stärker unitarische Züge annehmen sollte. Den europäischen Nationalstaat aber gibt es, jedenfalls derzeit, noch nicht. Ob es eine europäische Nation ohne staatliches Gehäuse gibt, bleibt zu untersuchen.

1.4 Kein europäisches Volk im Rechtssinne

Ein Unionsvolk tritt auch nicht bei den Wahlen zum EP in Erscheinung.[5] Es gibt noch nicht einmal ein einheitliches Wahlverfahren. Dieses folgt den unterschiedlichen Rechten der Mitgliedstaaten. Vollends gibt es kein identisches Wahlvolk,

---

[4] Zu den Rechtsproblemen der Doppelstaatsangehörigkeit zu Mitgliedstaat und Drittstaat: Schönberger 2005: 289 ff.
[5] Siehe dazu auch den Beitrag von Peter Graf Kielmansegg in diesem Band.

sondern nur die Völker der Mitgliedstaaten, die jeweils ein Kontingent von Vertretern in das EP entsenden. Im Parlament werden die Sitze nicht nach der Zahl der Einwohner verteilt, sondern nach einer Staatenquote, die überproportional für die kleineren Länder, für die größeren unterproportional ausfällt, so dass ein Abgeordneter aus Malta oder Luxemburg auf etwa 60.000 Einwohner, einer aus Deutschland auf etwa 800.000 kommt. Der „ponderierte" Verteilungsschlüssel gleicht gegenläufige Maximen aus, die Parität der Staaten und die Egalität der Bürger. Dieser Kompromiss kennzeichnet den eigentümlichen Schwebezustand, in dem sich der „Staatenverbund" der Union derzeit befindet. Die Gleichheit der Wahl wird also auf europäischer Ebene nicht gewährleistet, sondern nur auf innerstaatlicher. Der Erfolgswert der Stimmen fällt von Staat zu Staat verschieden aus. Das EP ist mangels eines europäischen Volkes keine Volksvertretung, sondern eine Staatenversammlung.

Die Union bildet eine Vertragsgemeinschaft ihrer Mitgliedstaaten. In dieser wird das demokratische Prinzip überlagert vom staatenbündischen. Die formale Gleichheit der Staaten, wie sie völkerrechtlicher Sichtweise entspricht, dominiert, indes die formale Gleichheit der Unionsbürger, wie sie staatsrechtlicher Betrachtungsweise entspräche, dahinter zurücktritt. Gleichwohl zeigt auch sie Einfluss und führt zu einer Modifikation der Staatengleichheit. Wenn der Rat sich paritätisch aus je einem Vertreter jedes Mitgliedstaates zusammensetzt, so haben die Vertreter doch unterschiedliches Stimmgewicht. Die Gewichtung nach der numerischen Größe bewegt sich im Spielraum zwischen drei (Malta) und 29 Stimmen (Deutschland, Frankreich, Vereinigtes Königreich, Italien). Die Gefahr der Majorisierung der kleinen durch die großen Staaten ist gebannt. Doch für eine eigene demokratische Legitimation aus europäischer Quelle reicht das System nicht aus. Das demokratische Prinzip kommt vornehmlich dadurch zur Geltung, dass die Mitgliedstaaten in sich demokratisch verfasst sind. Die Union achtet deren nationale Identität unter dem Vorbehalt, dass die Regierungssysteme auf demokratischen Grundsätzen beruhen (BVerfG 1995: 2216). Demokratische Legitimation strömt aus nationalen Quellen über die Parlamente und Regierungen dem Rat zu und über diesen den anderen europäischen Organen und Einrichtungen. Der demokratische Legitimationsstrom, der durch die nationalstaatlichen Kanäle fließt, ist kräftiger als jener, den das Parlament aus seiner Direktwahl bezieht, weil die politische Willensbildung im nationalen Raum die erforderlichen sozialen und institutionellen Voraussetzungen findet, während diese im europäischen Raum noch nicht vorhanden sind, und die Diskrepanz zwischen der gewaltigen Zahl der Repräsentierten und der geringen der Repräsentanten eine lebendige demokratische Wechselbeziehung nicht aufkommen lässt. Das Parlament hat derzeit nur eine „stützende" Funktion im Legitimationskonzept der Union (BVerfG 1995: 2218 f., vgl. Ipsen 1992: § 181 Rn. 77 ff., Pernice 1995: § 191 Rn. 34). Die Übernahme weiterer Kompetenzen, die bisher dem Rat oder der Kommission zustehen, könnte das demokratische Legitimationsniveau eher senken als heben. Denn letztlich führt sie zu einer Abwertung des staatlichen Parlamentarismus, der immer noch das wirksamste Medium der Demokratie ist.

Mag die demokratische Legitimation der Union mittelbar oder unmittelbar zufließen – sie kommt nicht aus einer supranationalen, sondern aus vielen nationalen Quellen. Wenn die Grundnorm der Demokratie in der Staatsverfassung lautet, dass alle Staatsgewalt vom Volke ausgeht, so muss sie für die Union dahingehend abgewandelt werden, dass alle supranationale Gewalt von den Völkern der Mitgliedstaaten ausgeht. Es gibt nicht ein einziges Legitimationssubjekt, sondern derer mehrere, und diese stehen außerhalb des supranationalen Systems.

Der Unionsbürgerschaft korrespondiert also kein Staatsvolk im Rechtssinne. Die Union ist ihrerseits kein Staat, auch kein Bundesstaat, keine Realisierung der Idee der „Vereinigten Staaten von Europa" – ungeachtet der rechtlichen, ökonomischen und politischen Macht, die sich in ihr ballt. Ihrem Zuschnitt nach ist sie Vertragsgemeinschaft, der nur so viele Befugnisse zukommen, wie die Mitglieder ihr übertragen haben (Grundsatz der begrenzten Einzelermächtigungen – Art. 5 Abs. 1 EGV). Der ehrgeizige Entwurf eines europäischen Verfassungsvertrages sollte keinen Staat heraufführen. Nach seinem Scheitern sind aus der zurückgestutzten „konsolidierten" Fassung von Lissabon auch die Bestimmungen über die Symbole entfernt worden, die auf den Drang nach eigener Staatlichkeit hinweisen könnten. Vor allem verzichtet sie auf den symbolträchtigen Namen „Verfassung", mit dem sich hoch greifende Erwartungen an einen Supranationalstaat hätten verbinden können.

Doch verzichtet sie nicht ausdrücklich darauf, künftig auf den Aufbau einer europäischen Nation hinzuarbeiten, wenn sie sich verpflichtet, die „nationale Identität ihrer Mitgliedstaaten" zu achten (Art. 6 Abs. 3 EUV) und die „Solidarität zwischen ihren Völkern unter Achtung ihrer Grundrechte, ihrer Kultur und ihrer Traditionen zu stärken." (Präambel EUV). Der „sicher populäre, aber doch problematische Begriff" (Hilf 1995: Rn. 7) der nationalen Identität dient als politisches Trostpflaster gegen die Verunsicherung, die der schleichende Prozess der Entstaatlichung auslöst. Doch bildet die Formel kein ernsthaftes rechtliches Hindernis, den Prozess aufzuhalten, der auf ein nicht festgelegtes Ziel zuläuft, auch dann nicht, wenn er letzten Endes zur Auflösung der mitgliedstaatlichen Nationen in einer europäischen Einheitsnation führen sollte.

2 Was ist eine Nation?

2.1 Vorstaatliche Willenseinheit

Bisheriges Ergebnis: es gibt kein europäisches Volk. Doch das ist noch nicht die Antwort auf die Ausgangsfrage nach der europäischen Nation. Die bisherigen Überlegungen bezogen sich nur auf das Volk im Rechtssinne: Volk als die Gesamtheit der Staatsangehörigen. In dieser Sicht erscheint das Volk als ein rechtlich definierter, mitgliedschaftlich organisierter Verband. Auf den Staat bezogen, ist es also ein Produkt des staatlichen Rechts. Die Nation aber geht dem Staat voraus. Ihrer Idee nach ist sie eine vorstaatliche und vorrechtliche Größe. Sie legitimiert den Staat, in dem sie sich findet, aber sie vermag auch, ihn zu delegitimieren.

Was aber ist die Nation? Die Nation ist nicht Erzeugnis staatlichen Willens und nicht Gegenstand gesetzlicher Bestimmung. Vielmehr geht sie dem Staat und seinem Recht voraus. Sie definiert sich selbst über die Individuen, die sich zu ihr rechnen: Wir sind wir. Die Nation entzieht sich der staatsrechtlichen Begrifflichkeit. Sie ist eine Menschengruppe, die durch den Willen zu gemeinsamer Staatlichkeit zusammengeführt und zusammengehalten wird. Die Nation beansprucht, den Staat nach ihrer Façon zu schaffen und zu tragen: den Nationalstaat. Sie kann affirmativ oder kritisch wirken, den bestehenden Staat als den ihren bestätigen oder einen neuen als den ihr gemäßen anstreben, den Status quo stabilisieren oder ihn bekämpfen und auf Sezession, Inkorporation, Fusion ausgehen. Die Nationen sind die Fundamente der etablierten Staatenwelt. Aber die Fundamente sind beweglich, im äußersten Fall explosiv.

2.2 Irrationale Faktoren nationaler Integration

Warum eine Gruppe von Menschen sich, unter Ausschluss aller anderen, als Nation versteht, lässt sich nicht rational diskutieren. Die Nation ist im Unterschied zum modernen Staat kein Organisationsschema, das sich überall verwenden lässt, sondern ein kollektives Individuum. Ihre Existenz lässt sich historisch und sozialpsychologisch erklären, nicht aber als vernunftnotwendig.[6] In der Nation zeigt sich, dass der Mensch (mit all seiner Vernunft) eben doch aus krum-

---

[6] Zur Genese der europäischen Nationen und den Anknüpfungspunkten der Einheitsbildung: Weber 1922: 674 ff., Heller 1963: 125 ff., Schulze 1999: 108 ff., 209 ff. Zum Begriff der Nation: Böckenförde 1999: 34 ff., Kronenberg 2006: 33 ff.

mem Holz geschnitzt ist. Über sie kommen irrationale Bedürfnisse der Menschen zur Wirksamkeit, die sich den Rationalitätsanforderungen des Verfassungsstaates entziehen: Bedürfnisse, sich im Staat nicht nur mit den menschheitlich-allgemeinen Idealen von Freiheit, Gleichheit, Leistung zu begnügen, sondern gruppenhafte Besonderheiten zur Geltung zu bringen, kraft derer sie sich von anderen (wirklich oder vermeintlich) abheben. Die Nation schiebt sich als intermediäre Größe zwischen den einzelnen Menschen und die Menschheit im Ganzen. Sie stellt nicht ab auf die Rechtsgleichheit, die allen Menschen zukommt, sondern auf reale Gleichheit innerhalb einer Gruppe und Gemeinsamkeit bestimmter Eigenschaften, die als Unterscheidungsmerkmal nach außen fungieren. Die Nation ist das Abbild der Verschiedenheit der Menschen. Freilich kommt nicht die unendliche Fülle der unterschiedlichen Eigenschaften zum Ausdruck. Die Fülle reduziert sich auf wenige Eigenschaften, die nationale Gemeinsamkeit im Innern und Unterscheidung nach außen konstituieren sollen.

Es gibt keine gemeinsamen Eigenschaften, die allen Nationen zu eigen wären. Auch in der Selektion der Eigenschaften bricht sich das Irrationale Bahn. Die Selektion ist Werk historischer Kontingenz und politischer Willkür. Die Nation ist keine objektive Vorgegebenheit, sondern Werk des nicht begründbaren politischen Wollens: Wir sind wir. Darin grenzt sich die Nation von anderen ab: Wir sind nicht sie, sie sind nicht wir.

Der Wille aber entzündet sich an bestimmten objektiven Momenten, die für die politische Einheit im Staat erheblich sein sollen unter Vernachlässigung der unendlichen Fülle anderer Momente, die ohne politischen Belang bleiben. Es handelt sich um Faktoren unterschiedlicher Art, solche der Geographie, Wirtschaft, Religion, Geschichte, Kultur. Diese lassen sich nicht abschließend aufzählen. Keiner von ihnen schöpft die Fülle der Eigenschaften aus, welche die Individuen in das gesellschaftliche Leben einbringen. Keiner ist unerlässlich, damit sich ein Volk als vorstaatliche Einheit bilden kann. Aber irgendwelche Vorgaben sind es, um die sich eine Nation kristallisiert.

Die geschlossene geographische Lage, wie sie Großbritannien, Frankreich, Spanien, Japan gegeben ist, hat die Bildung staatlicher Einheit gefördert. Doch kann sie sich auch über räumliche Trennung und über natürliche Hindernisse hinweg entwickeln. Das holländische Volk ist wesentlich geprägt durch die Notwendigkeit, in gemeinsamer Anstrengung das Land gegen die Gewalt des Meeres zu behaupten. Die Besonderheit der Niederlande lässt sich nicht verallgemeinern.

Mögliche Faktoren nationaler Einheitsbildung sind Abstammung, Herkunft, Geschichte, Überlieferung. Doch auch diese Faktoren sind kontingent. Die französische Nation, die britische, die spanische, die deutsche sind keine biologischen

Einheiten. Ihnen korrespondieren keine „Rassen" (Renan [1882] 1995: 48 ff., Heller 1963: 148 ff.). Vielmehr sind sie Ergebnis vielfältiger Vermischungen und Überlagerungen, geschichtliche Bildungen, als solche im wesentlichen geformt durch dynastische Zufälle, Eroberungen und Niederlagen, Führen und Erleiden von Kriegen, mehr passiv als aktiv erlebtes politisches Schicksal.

An die passiven Vorprägungen knüpfen seit dem 18. Jahrhundert die nationalen Bewegungen an, in denen sich die Untertanschaften zu selbstbewussten Völkern erheben, so die des europäischen Kontinents unter der Fremdherrschaft Napoleons. Das gilt auch für die Völker der dekolonisierten Staaten Afrikas, deren Zuschnitt im 19. Jahrhundert ohne Rücksicht auf ethnische und kulturelle Zusammenhänge an den Kabinettstischen in London und Paris verfügt worden war. Gleichwohl entwickeln diese mehr oder weniger nationales Bewusstsein über die Rezeption der Kultur des Kolonialherrn, den Abwehrkampf gegen ihn im Stolz auf die nationale Befreiung. Geschichte als Faktor der nationalen Einheit wird zum Politikum. Nicht, „wie ist es wirklich gewesen", ist der Maßstab der Selektion der Fakten und ihrer Interpretation, sondern, was dem Nationalbewusstsein nützt. So machen sich Nationalstaaten und Nationalbewegungen ihre Geschichte zurecht, benutzen sie sie als Mittel der Selbstfindung und Selbstbestätigung dadurch, dass sie die gegenwärtige Formation möglichst weit zurückdatieren (wenn z.B. die Franzosen sich mit den Galliern unter Vercingetorix oder die wilhelminischen Deutschen sich mit den Germanen unter Hermann und Thusnelda identifizieren). Geschichte wird zur Motivationsquelle für den politischen Einheitswillen. Dieser aber hat sich in der Gegenwart zu bewähren. Er richtet sich aus auf unbegrenzte Dauer, auf irdische Ewigkeit.

Die Einheitsfaktoren sind ambivalent. Religion und Sprache, hier Merkmal nationaler Identität, sind dort Merkmal unverfänglicher Diversität, lediglich Elemente des gesellschaftlichen Pluralismus. Auch im Zeitalter des säkularen Staates determiniert die Religion – genauer: ihr politisch-kulturelles Derivat – nationale Einheit indirekt, wie in Schweden oder Portugal. Sie vermittelt aber auch nationale Identität, die den Verlust eigener Staatlichkeit und politischer Freiheit überdauert: die Orthodoxie den Griechen unter der Herrschaft muslimischer Türken, die katholische Kirche den Iren unter der Herrschaft protestantischer Engländer und den Polen unter der Herrschaft protestantischer Preußen und orthodoxer Russen sowie atheistischer Sowjetkommunisten. Der jugoslawische Mehrvölkerstaat zerbricht in den religiös vorgeprägten Scheidelinien zwischen orthodoxen Serben, katholischen Kroaten und muslimischen Bosniaken. Auf der anderen Seite bilden sich unter dem Schutz des modernen Staates und seiner Freiheitsgarantien Nationen über religiöse Unterschiede hinweg, wie in

Deutschland. Hier beruht die Einheit nicht auf der Religion, sondern auf der allen gemeinsamen Religionsfreiheit.

Die Schweiz macht aus der Not ihrer vier Sprachen eine Tugend und erhebt die Mehrsprachigkeit zu einem Merkmal ihrer Identität als „Willensnation" (Hangartner 1980: 22 f.). Das aber ist keine Besonderheit der Schweiz. Jede Nation ist Willensnation. Eine jede konstituiert sich dadurch, dass die Beteiligten die staatliche Gemeinsamkeit wollen. Der Wille knüpft an objektive Vorgaben an und lädt diese auf zu politischer Bedeutung. Der Wille hat seine eigenen Gründe und unterwirft sich nicht fremdem Urteil. Inhalt des gemeinsamen Wollens ist die Schicksals- und Verantwortungsgemeinschaft auf Dauer, unaufkündbare Solidarität, wie sie den Lehren vom Staatsvertrag zugrunde liegt und wie sie Schiller im Rütlischwur des „Tell" formuliert: „Wir wollen sein ein einig Volk von Brüdern, in keiner Not uns trennen und Gefahr."

2.3 Solidargemeinschaft

Im Rütlischwur konstituiert sich das Volk als Solidargemeinschaft: zusammenzuhalten in Not und Gefahr. Die Willenseinheit der Nation beruht auf dem Ethos der Solidarität: „Alle für einen, einer für alle!" (Depenheuer 1998, Isensee 1998). Vom Ethos der Solidarität geht die Definition der Nation aus, die ihr Ernest Renan in seinem berühmten Vortrag vor der Sorbonne am 11. März 1882 gegeben hat. Er deutet die Nation als „eine große Solidargemeinschaft, getragen von dem Gefühl der Opfer, die man gebracht hat, und der Opfer, die man zu bringen gewillt ist. Sie setzt eine Vergangenheit voraus und muss in der Gegenwart zu einem greifbaren Faktor zusammenzufassen sein: der Übereinkunft, dem deutlich ausgesprochenen Wunsch, das gemeinsame Leben fortzusetzen" (Renan [1882] 1995: 57).

In der Nation zeigt sich, ins Große projiziert, das Bild der Familie. Das Land stellt sich dar als Vaterland. Der Patria als der staatlich verfassten Gemeinschaft entspricht die Tugend des Patriotismus, der ein anderes Wort ist für nationale Solidarität (Kluxen-Pytha 1991: 130 ff., Kronenberg 2006: 32 ff.).

Die Nation ist nicht wie ihre Bürger den biologischen Gesetzen der Sterblichkeit unterworfen, doch auch sie ist sterblich. Wie sie in der Geschichte geworden ist, kann sie in der Geschichte vergehen. Sie lebt nur so lange, wie der Wille zur politischen Einheit anhält. Dieser muss sich stetig erneuern. Die Nation ist das „plébiscite de tous les jours", wie Renan sie kennzeichnet.

2.4 Voraussetzung der freiheitlichen Demokratie

Gleichwohl gehört die Nation nicht zu den Begriffsmerkmalen des modernen Staates. Dieser gründet auf den drei Elementen Staatsgebiet, Staatsvolk und Staatsgewalt. Sie wird auch nicht erfasst vom verfassungsrechtlichen Begriff der Demokratie. Das Volk als der Trägerverband und als Legitimationsursprung der Staatsgewalt ist die Gesamtheit der Staatsangehörigen.[7] Die Staatsangehörigkeit ist ihrerseits ein Produkt staatlicher Gesetzgebung. Als positives staatliches Recht gewährleistet sie klare Zuordnung und klare Abgrenzung. Sie gibt allen, die an ihr teilhaben, den gleichen rechtlichen Status, an den staatsspezifische Rechte und Pflichten anknüpfen. Der Status ist unabhängig von den subjektiven Vorstellungen und Wünschen seiner Inhaber. Zumeist haben sie ihn durch Geburt, also ohne eigenes Zutun, erworben. Er bestimmt ihr staatsrechtliches Schicksal, dem sie sich nur unter besonderen Umständen und Bedingungen entziehen können. Dennoch kann die freiheitliche Demokratie nicht allein auf die rechtliche Einheit des Volkes bauen, wie sie durch das Staatsangehörigkeitsrecht definiert wird. Die Staatsangehörigkeit bildet einen wesentlichen Baustein der staatlichen Einheit. Dennoch ergibt sie allein kein hinlänglich verlässliches Fundament. Vielmehr bedarf sie der Ergänzung und Absicherung durch das vorrechtliche Element der politischen Willenseinheit.

Geradezu ein Lehrstück ist das Los der sozialistischen Staaten Mittel- und Osteuropas seit der demokratischen Revolution von 1989. Solange die Herrschaftsbasis in der Parteioligarchie lag, garantierte sie die staatliche Einheit, ohne dass es dafür auf die Staatsangehörigkeit der Untertanen angekommen wäre. Sobald aber die sozialistische Autokratie zusammenbrach und spontane gesellschaftliche Kräfte die neue Freiheit nutzten, blieben, ungeachtet der Auswechslung ihrer Verfassung, die Staaten unversehrt, wie Polen oder Ungarn, die über eine gefestigte nationale Grundlage verfügten, indes die Staaten, die mehrere Nationen zusammengepfercht hatten, die Sowjetunion, Jugoslawien und die Tschechoslowakei, in ihre nationalen Bestandteile barsten und jener Staat, der nur den zwangsweise abgesonderten Teil einer Nation umfasste, die DDR, aufging im deutschen Nationalstaat. Dieser Wille muss stärker sein als die Fliehkräfte der individuellen, gesellschaftlichen und politischen Interessen, die durch die Grundrechte legitimiert werden, stärker als die Rivalität der politischen Parteien, stärker als die Gegensätze zwischen Regierenden und Opponierenden. Der Wille muss sich im tagtäglichen Plebiszit bewähren und erneuern. Gerade weil die freiheitli-

---

[7] BVerfGE 83, 37 (50 ff.), BVerfGE 83, 60 (71 ff.), Böckenförde 2004: § 24 Rn. 26 ff.

che Verfassung das zentrifugale Potenzial schützt, ist es Aufgabe der Staatsorga-
ne wie der Bürger, das zentripetale Potenzial zu stärken. Die staatlichen Institutionen und Gesetze allein machen das Gemeinwesen nicht aus. Vielmehr bedarf es
der stetigen Integration, um zu gedeihen und dauerhaft zu bestehen (Smend
1968: 136 ff.).

Die große, unbewältigte Aufgabe, vor der die europäischen Nationalstaaten
heute stehen, ist die Integration der Zuwanderer aus außereuropäischen Kulturkreisen, zumal denen des Islams. Die Aufgabe scheitert nicht a priori am Wesen
der Nation. Denn diese bildet eine subjektive Einheit, und als solche kann sie sich
neuen Wirklichkeiten öffnen und anpassen.

3   Die Nation auf der Tagesordnung der Gegenwart

3.1 *Verabschiedung und Ächtung der Kategorie*

Das Zeitalter der Nationalstaaten sei vorbei, so heißt es heute allenthalben, das
postnationale Zeitalter sei angebrochen. Die Idee der Nation passe nicht mehr in
das Zeitalter der Globalisierung, des Weltbürgertums, der Wechselbeziehungen,
Konkurrenz und Kooperation, der ethnischen und kulturellen Durchmischungen.
In der Tat: der Nationalismus jedenfalls ist im westlichen Europa endgültig diskreditiert, nachdem er sich in den Kriegen des 20. Jahrhunderts auf das fürchter-
lichste entladen hat.[8] Die Schwächung und Ausnüchterung der Nationalstaaten
war eine Voraussetzung dafür, dass sie sich zum supranationalen Verband zusammenschließen und supranationalen Institutionen unterwerfen konnten. Dieser nimmt stetig zu an Macht und Sogwirkung. Der Erfolg aber erzeugt und in-
spiriert nicht Solidarität, sondern Begehrlichkeit.

Die Deutschen neigen vielfach dazu, die Nation als politische Kategorie mo-
ralisch zu ächten (Kronenberg 2006: 175 ff.). Die Idee der Nation habe die säkula-
re Ersatzreligion des Nationalismus gezeugt, diese aber verhängnisvolle politische Leidenschaften entfacht, die Europa in verheerende Kriege gestürzt habe.
Nun sei es an der Zeit, die Nation als politische Kategorie zu verabschieden und
in einer postnationalen Gesellschaft zu Frieden und Vernunft zu finden. Wer
dieser Annahme zustimmt, braucht der Frage nach einer europäischen Nation

---

[8] Siehe dazu auch die Beiträge von Heinrich August Winkler und Jerzy Maćków in diesem
Band.

nicht weiter nachzugehen. Für ihn hat sich das Thema auf staatlicher wie über-staatlicher Ebene erledigt.

Doch die Nation ist eine Erscheinung der Wirklichkeit, der geistigen wie der realen. Die Wirklichkeit aber lässt sich nicht hinwegmoralisieren. Man kann vor ihr die Augen verschließen, weil sie die moralischen Empfindungen beleidigt, aber man schafft sie dadurch nicht aus der Welt. Man verschließt sich auch Erkenntnismöglichkeiten, wenn man die empirische Kategorie der Nation mit der politischen Ideologie des Nationalismus identifiziert. Im übrigen wird eine Idee nicht dadurch diskreditiert, dass in ihrem Namen einmal Kriege geführt wurden, wie vormals auch für die Idee der wahren Religion, heute für die Ideen der Menschenrechte und der Demokratie und zu allen Zeiten für die Idee der Gerechtigkeit.

3.2 Verfassungsgesellschaft als Nationersatz

In Deutschland hat die politische Theorie ein begriffliches Surrogat für die Nation gefunden, die Gesellschaft, und ein Surrogat für den Patriotismus, der im Nationalgefühl wurzelt, den Verfassungspatriotismus. Die heutige Gesellschaft, so heißt es, finde ihre „postnationale" Identität in der Verfassung. Die Ideen der Menschenrechte, der Demokratie, der sozialen Gerechtigkeit entsprächen der Offenheit und Beweglichkeit der modernen Gesellschaft, die zu politischer Vernunft gelangt sei, ihren multikulturellen Gegebenheiten und kosmopolitischen Bedürfnissen, der Ablösung staatlicher Herrschaft durch den herrschaftsfreien Diskurs. An die Stelle des vormaligen Patriotismus, der sich auf Land und Leute bezog, soll nun der Verfassungspatriotismus einrücken (Habermas 1994, 1996, Bryde 1994, zur Kritik Kronenberg 2006: 202 ff., Depenheuer 1995: 894 ff.).[9] Dieser hebt ab vom Boden der staatlichen Wirklichkeit in das Luftreich der politischen Ideen, unter dem auch das Recht mit seinen prekären Unterscheidungen in wesenlosem Scheine zurückbleibt, selbst das Verfassungsrecht. Denn die Verfassung, die Habermas' Verfassungspatriotismus meint, ist nicht das hier und heute geltende Grundgesetz in seiner häufig revidierten Textfassung, auch nicht seine reale Gestalt, die es im staatlichen Leben annimmt, sondern die Vorstellung einer idealen Verfassung. Der empirische Befund der Nation wird ausgetauscht gegen

---

[9] In diesem Zusammenhang wird die ältere Spielart des Verfassungspatriotismus oft vernachlässigt, die Dolf Sternberger (1990) kreiert hat: dass die Zuwendung zur Verfassung den hergebrachten Patriotismus anreichert, nicht jedoch ablöst. Vgl. Kronenberg 2006: 189 ff.

die begriffliche Projektionsfläche politischer und philosophischer Wünschbarkeiten. Ein Gedankenkonstrukt, das den akademischen Diskurs in Gang hält. Mehr aber auch nicht. Die Habermasiade einer imaginären, wundertätigen Verfassung mag auf sich beruhen.

Die wirkliche Verfassung aber, die im Grundgesetz verkörperte rechtliche Grundordnung des Staates, ist in der Tat ein wesentliches Medium staatlicher Einheit und gesellschaftlicher Konsistenz. Die Verfassung wirbt dem staatlichen Gemeinwesen Akzeptanz ein dadurch, dass sie die Staatsgewalt auf den Willen des Volkes gründet und der Herrschaft des Rechts unterwirft, den Bürger in den demokratischen Prozess der politischen Willensbildung einbindet und ihm einen Raum persönlicher und gesellschaftlicher Freiheit durch das Gesetz und vor dem Gesetz gewährleistet. Die Bindung der Staatsgewalt an das Recht ist Grund für den Bürger, sich freiwillig an das Gemeinwesen zu binden, in dem er seine Belange aufgehoben weiß. Die Verfassung ist notwendiger Faktor der Integration (Smend 1968, Krüger 1973a, Bogdandy 2003, Korioth 2003, Uhle 2006).

Dennoch vermag sie nicht von sich aus das Gemeinwesen zu begründen. Vielmehr ist sie ihrerseits von Voraussetzungen abhängig, die vorliegen müssen, damit sie zu realer Geltung gelangt. Sie baut auf vorrechtlichen Erwartungen, die sie nicht selber einlösen kann, die aber eingelöst werden müssen, damit das Gemeinwohl gelingt (Krüger 1973b: 285 ff., Böckenförde 1978: 36 f., Isensee 1992: § 115 Rn. 1 ff., Kirchhof 2004: § 21 Rn. 1 ff., Uhle 2004: 42 ff., 321 ff.). Den liberalen Grundrechten korrespondieren Erwartungen an die Bürger, dass sie ihre Freiheit alles in allem gemeindienlich wahrnehmen, aber auch, dass sie bereit sind, die Zumutungen zu ertragen, welche die Freiheitsausübung der anderen für sie bedeutet. Die anspruchsvollen Voraussetzungen einer freiheitlichen Verfassung sind nicht weltweit, noch nicht einmal europaweit gegeben. Hier stößt der weltmissionarische Drang der Menschenrechte auf Widerstand. Zu den Spielregeln der Demokratie gehört, dass die Minderheit die Entscheidungen der Mehrheit akzeptiert, soweit sie sich in den Bahnen der Verfassung halten. Damit setzt die Demokratie voraus, dass es ein gemeinsames Band gibt, das stärker ist als jede mögliche Mehrheits- / Minderheitskonstellation: eben die nationale Einheit. Die Verfassung konstituiert die Demokratie, aber sie kreiert nicht den Demos. Dieser liegt ihr voraus. Er ist seinerseits der Ursprung der Verfassung, das Referenzsubjekt der verfassunggebenden Gewalt (Isensee 1995b). Anders gewendet: die Verfassung schafft nicht die Nation. Sie vermag sie auch nicht zu ersetzen. Vielmehr bedarf sie der Nation, um überhaupt reale Geltung zu gewinnen.

Die Probe aufs Exempel bieten die Prozesse sozialstaatlicher Umverteilung von den leistungsfähigen zu den leistungsbedürftigen Gruppen der Gesellschaft.

Die Lasten der Umverteilung, die durch kein materielles Äquivalent aufgewogen werden, werden auf Dauer nur hingenommen, wenn sie als Konsequenz einer Solidargemeinschaft begriffen und gerechtfertigt werden. Im wiedervereinten Deutschland wird der Billionentransfer von West nach Ost als eine solche Konsequenz verstanden und, wenn auch ächzend, geleistet, indes die Deutschen im Osten, nicht weniger ächzend, sich der vielfachen schmerzlichen Anpassung an das westliche System unterziehen müssen. Die Dauerlast des hoch entwickelten Norditaliens, den unersättlichen Mezzogiorno durchzufüttern, hat sezessionistische Bestrebungen geweckt – allen Verfassungsnormen zum Trotz und allen patriotischen Appellen zum Hohn. Das blühende Flandern wehrt sich, für das welkende Wallonien Transferopfer zu bringen, ohne solidarische Gewissensbisse zu bekommen, weil die Teile Belgiens sich nicht zu einer belgischen Nation verschmolzen haben. Und doch hatte Belgien bei seiner Gründung 1831 Europa das Verfassungsvorbild geliefert. So bebt just dort der nationale Boden, wo sich die supranationalen Entscheidungszentren befinden.

3.3 Folgerungen für die Frage der europäischen Nation

Das Schicksal des „Vertrages über eine Verfassung für Europa" präjudiziert nicht die Antwort auf die Frage, ob es eine europäische Nation gibt oder geben könnte. Das Scheitern des Verfassungsprojekts beweist nicht deren Fehlen, wie ein etwaiges Gelingen nicht deren Dasein bestätigt hätte. Die Nation ist nicht machbar wie eine Verfassung. Solidaritätsbereitschaft lässt sich nicht durch Normbefehl erzwingen und Willenseinheit nicht mit exekutivischen Vorkehrungen organisieren. Die Nation gründet in der Subjektivität derer, die sich zu ihr zählen. Die öffentliche Gewalt kann auf sie nicht zugreifen. Doch vermag sie, um sie zu werben und auf sie Einfluss zu nehmen. Der unaufhörliche Ausstoß von europäischen Normen, die das staatliche Recht überziehen, einbinden und durchdringen[10], erzeugt keine Solidarisierungsimpulse, sondern Abwehrreflexe.

Die Frage ist jedoch, ob die Europäische Union überhaupt danach strebt und ob sie darauf angelegt ist, eine europäische Nation zu entwickeln.

---

[10] Nach gängiger Annahme sind 80 Prozent des staatlichen Rechts mehr oder weniger europarechtlich determiniert. Die Annahme erweist sich bei näherer Betrachtung allerdings als übertrieben. Seriöse Messungen gehen davon aus, dass heute etwa 40 Prozent der nationalen Gesetzgebung „europäischen Impulsen" unterliegen (Plehwe 2007, Töller 2008).

4 Integration der Staaten, nicht der Bürger

4.1 *Der supranationale Zweckverband*

Das organisierte Europa ist bisher ohne eigene nationale Fundierung ausgekommen. In seinem Kern bildet es den gemeinsamen Binnenmarkt. In ihm gründet seine wirtschaftliche Macht, die politische Macht nach sich zieht. Vom gemeinsamen Binnenmarkt geht die Sogwirkung auf andere Staaten aus. Aus ihm nährt sich das äußere Wachstum an Mitgliedstaaten und das innere Wachstum an Kompetenzen.

Von allen Versuchen, das neu- und einzigartige Phänomen der Europäischen Gemeinschaft mit einem konventionellen Rechtsbegriff zu erfassen, kommt die von Hans Peter Ipsen (1972: 196 ff.) vorgeschlagene Deutung als Zweckverband der Sache am nächsten (vgl. Everling 1977: 595 ff.). Der Begriff ist dem Kommunalrecht entlehnt. Kommunale Gebietskörperschaften schließen sich zu einem Zweckverband zusammen, der selbst Körperschaft ist, um einzelne ihrer Aufgaben, von der Schule über den Straßenbau bis zur Abfallbeseitigung, gemeinsam zu erfüllen. Die Analogie ist bestechend. Ein Zweckverband steht im Dienst anderer Verbände, um bestimmte von deren Aufgaben auszuführen, und nimmt dazu auch die notwendigen Befugnisse gegenüber den Gemeindebürgern wahr. Über einen Zweckverband erweitern die Kommunen ihren Aktionsradius, freilich um den Preis, dass die bisherige Selbstbestimmung übergeht in Mitbestimmung. Die Gemeinden sind Mitglieder des Verbandes, ihre Bürger nur dessen Nutzer und Kunden. Den Gemeinden zeigt er sich als Körperschaft, deren Bürgern als Anstalt. Ein Zweckverband bewährt sich durch effiziente Erfüllung seiner Aufgabe, durch störungsfreies Funktionieren und sparsamen Verbrauch. Ethisch anspruchslos, verlangt er von seinen Bediensteten nicht Hingabe und nicht Loyalität, sondern nur funktionsgerechte Bedienung und Wartung. Am Begriff Zweckverband haftet keinerlei Emphase (im Unterschied zu dem der „Gemeinschaft"). In der Realität mögen Sparkassen-, Feuerlösch- und Abwasserverbände noch so nützlich und notwendig sein, sie wecken nicht Zuwendung, und sie erzeugen nicht emotionale Bindung. Nicht der Zweckverband, den man nutzt, sondern die Gemeinde, in der man lebt, bringt Lokalpatriotismus hervor, vermag, Heimat zu werden. Der EU ist eine entsprechende Wirkung versagt. Die Vernunft bestätigt ihre Unentbehrlichkeit, das Herz bleibt kalt.

Die Integration, auf die hin die europäischen Institutionen angelegt sind, bezieht sich auf die Volkswirtschaften und Rechtsordnungen der Mitgliedstaaten, zunehmend auch auf weitere Politikfelder. Integration erweist sich hier als systemtheoretische Kategorie. Das supranationale System sucht seine staatlichen Subsysteme möglichst umfassend einzugliedern, während diese mehr oder weniger auf ihrer Autonomie beharren. Integration richtet sich im wesentlichen auf eine Angleichung rechtlicher und ökonomischer Standards, nicht jedoch auf gemeinsame Wertorientierung der Bürger und Entwicklung des Sinns für europaweite Zusammengehörigkeit. Völlig anders stellt sich Integration in der Staatstheorie dar, wie Rudolf Smend (1968: 136 ff.) sie entwickelt hat. Integration bedeutet ihm Einung der Bürger zum Staat, als Prozess beständiger Erneuerung, als Wir-Erlebnis und als Erfahrung gemeinsamer Werte. Integration in diesem Sinne, die vom Bewusstsein, Erleben und Tun des Einzelnen ausgeht, ist, wenn überhaupt, nur spärlich zu erkennen. Das *plébiscite de tous les jours*, das die Nation ausmacht, findet auf supranationaler Ebene nicht statt. Anders gewendet: nicht die Bürger werden integriert, sondern die (Mitglied-)Staaten. Diese aber neigen weithin dazu, die Integration nur hinzunehmen, soweit und solange sie den nationalen Interessen dienlich ist. Der Europa-Utilitarismus manifestiert sich in dem geflügelten Wort, das Margaret Thatcher prägte, als sie auf der Gipfelkonferenz der EU-Staats- und Regierungschefs in Fontainebleau im Jahre 1984 den Briten-Rabatt einforderte: „I want my money back."

Doch die EU will über den Status des Zweckverbandes hinauswachsen. Sie beansprucht, politische Gemeinschaft und Wertegemeinschaft zu sein, und insgeheim strebt sie danach, Staat zu werden und die Vision der „Vereinigten Staaten von Europa" zu realisieren (Lübbe 1994, Herzog 1996a). Solange das Ziel noch in unerreichbare Fernen entrückt ist, bemüht sie sich wenigstens um den Nimbus der Staatlichkeit, um protokollarische Ehren, um Symbole der Fahne und Hymne, um das Etikett der Verfassung.

4.2 „Europa der Bürger"

Aber sie bemüht sich auch um die Substanz von Staatlichkeit. Sie möchte eine europäische Bürgerschaft aufbauen und strebt danach, sich zum „Europa der Bürger" zu entwickeln (Herzog 1996b: 64 ff.). In diese Richtung weisen Parlament und Direktwahl, Unionsbürgerschaft und Grundrechte, Klagemöglichkeiten und Durchgriffsbefugnisse, Bekenntnisse zur Bürgernähe.

Dennoch sind die Mitgliedstaaten die Akteure des Integrationsprozesses geblieben. In Deutschland hält die politische Klasse, die sich dem Europaprogress verschrieben hat, das Volk tunlichst aus den europapolitischen Entscheidungsprozessen heraus, besorgt, dass es die Integration stören könnte. Die Ergebnisse der Vertragsreferenden in Irland, Dänemark, Holland und Frankreich zeigen, dass die Sorge nicht unbegründet ist. In Deutschland wird die Debatte über europäische Grundsatzentscheidungen unterdrückt. Keine Partei bringt das große Problem, das die Wählerschaft umtreibt, den Beitritt der Türkei, in den Europawahlkampf ein. Ohne wählerwirksame eigene Thematik verkommt die Europawahl zum Stimmungstest und Probelauf für die Bundestagswahl.[11] Als die Ratifikation des Verfassungsvertrages anstand, kamen die wenigen Widersacher in der Plenardebatte des Deutschen Bundestages erst gar nicht zu Wort. Die Unterdrückung der großen europapolitischen Kontroverse ist in Deutschland besonders fatal, weil es den Volksentscheid auf Bundesebene nicht kennt und darum der parlamentarische wie der außerparlamentarische Diskurs um so freier ausfallen sollte.

Eine europäische Öffentlichkeit und damit ein offenes Forum des freien politischen Diskurses und der gesellschaftlichen Kontrolle existiert in der EU nicht. Daher können auch Missstände wie die Diätenpolitik des Straßburger Parlaments oder Affären wie die des Kommissars Verheugen keinen Skandal erregen.

4.3 Seelenloser Funktionalismus

Die EU lebt in Funktionalismus, was Rationalität und Effizienz einschließt und alles Irrationale abweist. Just im Irrationalen bewegen sich Zuneigung, Abneigung, Zusammengehörigkeitsgefühl, Gruppenkonsistenz – jene Momente, aus denen Nationalbewusstsein und Wille zu politischer Einheit erwachsen. Soweit dieser Wille die ihm gemäße organisatorische Form findet, lässt sich Solidarität erwarten, dass einer für alle und alle für einen einstehen, wenn es die Lage erheischt. Nur auf dieser Grundlage sind Schicksalsfragen politisch entscheidbar, besteht die Chance der Akzeptanz und der Opferbereitschaft, die jenseits des individuellen Nutzen-Kosten-Kalküls liegt. Ein solches Fundament geht der EU ab. Die politischen Schicksalsfragen werden von den nationalen Regierungen entschieden, die ihrerseits vitale demokratische Legitimation und politischen Rückhalt in den nationalen Parlamenten finden. Deren Leistung könnte das EP nicht ersetzen, weil ihm das dazu erforderliche Loyalitäts- und Akzeptanzpotenzial fehlt. Ein britischer Staatsminister bemerkte nüchtern, der Mehrheitsbeschluss einer europäischen Institution sei keine ausreichende Legitimation, um

---

[11] Bundespräsident Roman Herzog riet 1996 den Parteien, das Thema „Währungsunion" aus den Wahlkämpfen herauszuhalten: „Wahlkämpfe müssen nun einmal plakativ sein. Wer sich hier aber zu weit vorwagt, leistet der Sache keinen Dienst." Interview in: Die Woche vom 14. Juni 1996, S. 6.

Soldaten einer bestimmten Nation ins Ausland zu schicken, oder zu entscheiden, in welchem Umfang in welches Land Einwanderung gestattet werden sollte (Davis 1995: 8).

Charles de Gaulle, der das supranationale Konstrukt verachtete, stellte diesem die gewachsene Wirklichkeit der souveränen Staaten Europas entgegen, „von denen jeder seine eigene Seele, seine Geschichte und seine Sprache, seine Missgeschicke, seinen Ruhm und seinen Ehrgeiz hat, doch es sind Staaten, die jeder für sich eine Einheit bilden mit dem Recht, Gesetze zu verabschieden und mit dem Anspruch auf Gehorsam. Es ist eine Chimäre, zu glauben, man könne etwas Wirksames schaffen und dass die Völker etwas billigen, was außerhalb oder über dem Staat stehen würde" (zit. nach Hattenhauer 1994: 763).[12] De Gaulle beharrte auf dem Europa der Vaterländer, in denen ihm das Vernünftige wirklich und das Wirkliche vernünftig geworden zu sein schien. Damit hat er den weiteren Integrationsprozess nicht aufgehalten. Doch die Hoffnung, dass sich das organisierte Europa einmal zu einem Vaterland der Europäer entwickeln werde, ist seither nahezu erloschen. Gleichwohl gehört zum rhetorischen Repertoire des Kommissionspräsidenten der Wunsch, dass das organisierte Europa eine Seele finden möge. Der Topos enthält das stillschweigende Eingeständnis, dass das organisierte Europa keine Seele hat. Bisher hat kein Gott sie ihm eingehaucht.

Es fällt leicht, für den Bestand und den Ausbau der supranationalen Organisationen rationale Argumente zu finden. Die Opponenten aber haben es leicht, Gefühle zu mobilisieren. Ohne Gefühle bildet sich keine Nation. Der Unionsbürger, der sich des Euros als selbstverständliche Errungenschaft bedient und im Flughafen den schnellen Weg durch die kontrollfreien „EU"- und „Schengen"-Schleusen nutzt, wird, in fremden Kontinenten nach seiner Nationalität gefragt, sich nicht als Europäer bekennen, sondern als das, was er rechtlich ist und als was er sich auch fühlt, nämlich als Grieche, als Österreicher, als Deutscher. Im übrigen steht dem Deutschen sein Schweizer Nachbar, der kein Unionsangehöriger ist, näher als der Unionsmitbürger aus Zypern.

4.4 Europäische Union ohne europäische Grenzen

Eine Nation sieht sich immer in Beziehung zu anderen Nationen, damit innerhalb personaler wie räumlicher Grenzen. Doch Europa, die westliche Halbinsel der asiatischen Landmasse, hat keine natürlichen Grenzen nach Osten. Die Geogra-

---

[12] Weniger schroff im Ton, aber ähnlich in der Sache die Stellungnahmen des britischen Premierministers Tony Blair aus den Jahren 1999 und 2000. Vgl. Kronenberg 2006: 284 f.

phie gibt keine klare Auskunft darüber, ob Russland, Georgien oder Armenien zu Europa gehören. Die EU vermeidet es geflissentlich, sich auf räumliche Schranken ihrer möglichen Ausdehnung festzulegen. Die regelungsüberladenen Vertragswerke schweigen sich in dieser Frage aus, von der die Identität der Union abhängt, aber auch die Identifikationsbereitschaft der Unionsbürger. Sie wissen nicht, auf was sie sich einlassen. Die Erweiterungspolitik erzeugt das Gefühl der Unsicherheit und des Misstrauens, Ängste vor unabsehbaren Risiken. Sie fürchten, dass sie über das supranationale Vehikel vereinnahmt werden für Großmachtstrategien, die sie nicht verstehen und nicht billigen.

Ein Verein gewinnt sein Profil weniger über die Regeln seiner Satzung als durch die Personen seiner Mitglieder. Nicht anders der Staatenverein der EU. Mit jedem neuen Mitglied wandelt sich sein Charakter. Vollends rührt die Entscheidung, ob die Türkei aufgenommen wird oder nicht, an die Identität. Als europäisch-kleinasiatische Union wäre die EU nicht mehr dieselbe, die sie zuvor gewesen ist. Der Beitritt der Türken zur EU dürfte für diese, höchstwahrscheinlich sogar für beide Seiten, erhebliche Einbußen ihrer kulturellen Identität bewirken. Für beide wäre der Preis zu hoch. Die türkische Regierung wirft den europäischen Organen und Staaten vor, die sich ihrem Beitrittswunsch gegenüber zurückhalten, sie wollten einen „Club der Christen" bilden, und sie erhält darauf verlegene Ausreden und verschämte Dementis. Die europäische Seite täte gut daran, nicht zu dementieren, sondern zu bekennen: „in der Tat, wir sind Christen, wenn auch nicht alle dem Glauben nach, so doch alle dem historischen Herkommen nach, mithin jedenfalls Christen im Sinne unserer säkularen Kultur. Wir sind deren Erben." Keiner der Wortführer des organisierten Europa redet so. Sie genieren sich ihrer Herkunft, die ihnen doch anhaftet. Deshalb brauchen sie sich nicht zu wundern, dass die europäische Herkunft kein europäisches Bewusstsein in den Unionsbürgern weckt.

5 Mögliche Kristallisationskeime für ein europäisches Nationalbewusstsein

Die Frage, ob es hier und heute eine europäische Nation gibt, ist klar zu verneinen. Nun aber erhebt sich die Frage nach der Möglichkeit, dass sich unter den gegebenen Bedingungen eine europäische Nation künftig entwickelt, und nach den Faktoren, an denen sich der Wille zur Einheit entzünden könnte.

5.1 Traditionelle Integrationsfaktoren

Zwei klassische Faktoren der Nationbildung scheiden von vornherein aus: die Sprache angesichts der Vielfalt europäischer Sprachen und die Religion angesichts der notwendigen Säkularität der politischen Organisation.

Die supranationale Organisation ist hervorgegangen aus gemeinsamen wirtschaftlichen Interessen. Doch diese reichen nicht aus, um Solidarität zu begründen, die über Gegenseitigkeitskalkül hinausgeht. Solidarität bewährt sich gerade darin, dass alle bereit sind, unter Hintansetzung des wirtschaftlichen Eigennutzes für die Schwächeren einzustehen. Permanente, übermäßige Belastung mit Transferleistungen kann sezessionistische Bestrebungen der Geber-Länder wecken, die sich auf Dauer zum „Zahlmeister" des Umverteilungssystems verurteilt sehen. Dass eine Gemeinschaft der Interessen, mag sie auch ein starkes Band zwischen Menschen knüpfen, nicht ausreicht, um eine Nation zu bilden, konstatiert bereits Renan ([1882] 1995: 55): „Die Gemeinschaft der Interessen führt zu Handelsverträgen. Die Nationalität hat jedoch eine Gefühlsseite, sie ist Seele und Körper zugleich. Ein *Zollverein* ist kein Vaterland."

Auch auf Rechtswerten allein lässt sich schwerlich eine Solidargemeinschaft errichten. Die Grundsätze, die allen Mitgliedstaaten gemeinsam sein sollen, Freiheit, Demokratie, Achtung der Menschenrechte und Grundfreiheiten, Rechtsstaatlichkeit (Art. 6 Abs. 1 EUV), sind, historisch gesehen, auf europäischem Kulturboden gewachsen, und es ist eine offene Frage, ob und wieweit sie sich auf anderen Kulturboden versetzen lassen. Gleichwohl streben sie nach weltweiter Geltung. Der „Raum der Freiheit, der Sicherheit und des Rechts", als den sich die EU versteht (Art. 2 EUV), ist nicht das ganze Erdreich, sondern einer seiner Kontinente, und dieser noch nicht einmal zur Gänze. Das Spezifische kommt nicht zur Geltung. Ein reiner Rechtswerte-Patriotismus ist ebenso ein Intellektuellenkonstrukt wie der Verfassungspatriotismus.

Das Selbstbewusstsein der Europäer gründet sich herkömmlich auf ihre Kultur. Es liegt nahe, in ihr die Grundlage des Einheitsbewusstseins zu suchen. Allerdings gehört die Kulturpflege nicht zu den Kernkompetenzen der EU. Deren einschlägige Aktivitäten reiben sich am Subsidiaritätsprinzip. Doch ein anderes Bedenken wiegt schwerer: Die kulturelle Eigenart Europas wird heute eingeebnet und überlagert durch weltbeherrschende amerikanische Kultur, die sich auf Lebensstil und Kleidung, Beruf und Unterhaltung, Wirtschaft, Wissenschaft und Technik auswirkt. Das amerikanische Vokabular durchdringt alle Sprachen. Das Amerikanische ist die effektive Verkehrssprache der europäischen Organisationen geworden, allen vertraglichen Absicherungen der Sprachenvielfalt zum

Trotz. Das neue Europa importiert aus den USA die akademischen Grade des Bachelor und des Master und merkt nicht, dass die USA diese aus dem alten lateinischen Europa bezogen hat. Der Kultur-Ketchup *made in USA* deckt die kulturellen Unterschiede des alten Europas zu, wie sie herkömmlich zwischen Schweden und Italien, Frankreich und Polen bestanden haben, und sorgt für globale Einförmigkeit. Die Amerikanisierung erleichtert die europäische Integration, aber sie erschwert die Findung einer europäischen Identität. Gleichwohl führt der Weg zu dieser, wenn es einen Weg gibt, über die Kultur. Denn aus ihr lebt die europäische Idee.

5.2 Die europäische Idee

Die europäische Idee steht am Anfang der europäischen Einigungsbewegung. Sie steht sogar am Anfang der Definition Europas als Kontinent. Was die kleine Halbinsel Europa von der Ländermasse Asiens unterscheidet, sind geschichtliches Gedächtnis und Selbstbewusstsein der Europäer, verpflichtende Tradition lateinisch-christlicher Prägung, Gesittung und Lebensform (Isensee 1994: 103 ff., Rothe 2006: 33 ff.). Die Europa-Idee ist übernational, aber sie ist nicht kosmopolitisch. Sie bildet das Gemeinsame einer Völkerfamilie, zugleich markiert sie kontinentale Besonderheit innerhalb der Weltgesellschaft. Doch zur historischen Besonderheit des Kontinents gehört, dass er sich nicht in sich selbst verschließt, sondern eine universale, menschheitliche Sendung beansprucht. Menschenrechte, Völkerrecht, Verfassungsstaat sind Geschöpfe Europas. Doch in der heutigen Realität lassen sich die weltzivilisatorischen Züge leichter ausmachen als verbliebene Besonderheiten Europas. Auch die politische Theorie arbeitet mehr mit globalen Kategorien als mit kontinentalen.

Nach der Selbstzerstörung Europas im Zweiten Weltkrieg und unter der Drohung des Ost-West-Konflikts lädt sich die Europa-Idee mit politischer Energie auf. Sie gibt Impulse zur Gründung der supranationalen Einrichtungen. Die älteste von ihnen, die Europäische Gemeinschaft für Kohle und Stahl (EGKS) von 1951, weist auf den Zusammenhang hin in ihrer Gründungsurkunde, wenn die Vertragspartner in der Präambel bekunden, „dass der Beitrag, den ein organisiertes und lebendiges Europa für die Zivilisation leisten kann, zur Aufrechterhaltung friedlicher Beziehungen unerlässlich ist." Doch das technokratische Europa kündigt sich an, und die Hinweise auf materielle Interessen und praktische Leistungsanforderungen gewinnen die Oberhand: „dass Europa nur durch konkrete Leistungen zunächst eine tatsächliche Verbundenheit schaffen und dadurch die Einrichtung gemeinsamer Grundlagen für die wirtschaftliche Entwicklung aufgebaut werden kann." Der europapolitische Idealismus wird nun abgelöst durch Funktionalismus.

Die europäischen Institutionen berufen sich zuweilen auf das gemeinsame Erbe und die gemeinsamen Werte Europas. Sie nutzen die Europa-Idee, um Glanz zu erborgen und Akzeptanz einzuwerben. Sie folgen nicht Ideen. Sie folgen Zwecken. Ihre Legitimation ergibt sich nicht aus dem Geist und der Tradition Europas, sondern aus der Durchsetzung gemeinsamer Interessen. Sie legitimieren sich, indem sie funktionieren, effizient, sparsam, störungsfrei. Die Europa-Idee ist heute nur noch historistische Zierleiste einer hochmodernen Apparatur.

Doch in der europäischen Idee könnte das organisierte Europa die Seele finden, die es bislang entbehrt. In ihr könnten die Europäer zum Bewusstsein ihrer geistigen Einheit gelangen. Doch ob daraus *nationale* Einheit werden kann, ist zu bezweifeln. Denn Europas spirituelle Identität lebt aus der Vielfalt der Sprachen, Kulturen, Mentalitäten, nicht zuletzt aus der Vielfalt der Nationen. Sollten einstmals die vielen Nationen Europas dennoch in einer einzigen Nation aufgehen, so wäre es ein Gebot der Redlichkeit, dass diese Nation den Namen „europäisch" ablegte.

Literatur

Böckenförde, Ernst-Wolfgang (2004): Demokratie als Verfassungsprinzip, in: Josef Isensee / Paul Kirchhof (Hg.): Handbuch des Staatsrechts der Bundesrepublik Deutschland. Band II, 3. Aufl., Heidelberg, S. 429-496.

Böckenförde, Ernst-Wolfgang (1999): Die Nation – Identität in Differenz, in: ders.: Staat, Nation, Europa, Frankfurt a.M., S. 34-58.

Böckenförde, Ernst-Wolfgang (1978): Der Staat als sittlicher Staat, Berlin.

Bogdandy, Armin von (2003): Europäische und nationale Identität: Integration durch Verfassungsrecht? in: Veröffentlichungen der Vereinigung der Deutschen Staatsrechtslehrer 62, S. 156-193.

Bryde, Brun-Otto (1994): Die bundesrepublikanische Volksdemokratie als Irrweg der Demokratietheorie, in: Staatswissenschaften und Staatspraxis 5 (3), S. 305-330.

BVerfG (1995): Kammer-Beschluss vom 31.5.1995, in: Neue Juristische Wochenschrift 48 (34), S. 2216.

Davis, David (1995): Gemeinsame Sache mit der Realität machen, in: Frankfurter Allgemeine Zeitung vom 17. Januar, S. 8.

Depenheuer, Otto (1998): „Nicht alle Menschen werden Brüder". Unterscheidung als praktische Bedingung von Solidarität. Eine rechtsphilosophische Erwägung in praktischer Absicht, in: Josef Isensee (Hg.): Solidarität in Knappheit, Berlin, S. 41-66.

278   *Josef Isensee*

Depenheuer, Otto (1995): Integration durch Verfassung?, in: Die Öffentliche Verwaltung 48 (20), S. 854-860.

Everling, Ulrich (1977): Vom Zweckverband zur Europäischen Union. Überlegungen zur Struktur der Europäischen Gemeinschaft, in: Rolf Stödter / Werner Thieme (Hg.): Hamburg, Deutschland, Europa. Festschrift für Hans Peter Ipsen, Tübingen, S. 597-615.

Grawert, Rolf (2004): Staatsvolk und Staatsangehörigkeit, in: Josef Isensee / Paul Kirchhof (Hg.): Handbuch des Staatsrechts der Bundesrepublik Deutschland. Band II, 3. Aufl., Heidelberg, S. 107-141.

Grimm, Dieter (2003): Die größte Erfindung unserer Zeit, in: Frankfurter Allgemeine Zeitung vom 16. Juni, S. 35.

Habermas, Jürgen (1996): Die Einbeziehung des Anderen. Studien zur politischen Theorie, Frankfurt a.M.

Habermas, Jürgen (1994): Faktizität und Geltung. Beiträge zur Diskurstheorie des Rechts und des demokratischen Rechtsstaats, 4. Aufl., Frankfurt a.M.

Hangartner, Yvo (1980): Grundzüge des schweizerischen Staatsrechts, Band 1, Zürich.

Heller, Hermann (1963): Staatslehre, 3. Aufl., Leiden.

Herdegen, Matthias (2004): Europarecht, 6. Aufl., München.

Herzog, Roman (1996a): Eine Art Vereinigte Staaten von Europa, in: ders.: Vision Europa. Antworten auf globale Herausforderungen, Hamburg, S. 73-86.

Herzog, Roman (1996b): Warum Europa, wie Europa, für wen Europa? Rede vor dem Europäischen Parlament am 10. Oktober 1995, in: ders.: Vision Europa. Antworten auf globale Herausforderungen, Hamburg, S. 57-72.

Hattenhauer, Hans (1994): Europäische Rechtsgeschichte, 2. Aufl., Heidelberg.

Hilf, Meinhard (1995): Art. F, in: Eberhard Grabitz / Meinhard Hilf (Hg.): Das Recht der Europäischen Union. Altband I, München.

Hillgruber, Christian (2004): Der Nationalstaat in der überstaatlichen Verflechtung, in: Josef Isensee / Paul Kirchhof (Hg.): Handbuch des Staatsrechts der Bundesrepublik Deutschland. Band II, 3. Aufl., Heidelberg, S. 929-992.

Ipsen, Hans Peter (1992): Die Bundesrepublik Deutschland in den Europäischen Gemeinschaften, in: Josef Isensee / Paul Kirchhof (Hg.): Handbuch des Staatsrechts der Bundesrepublik Deutschland. Band VII, Heidelberg, S. 767-815.

Ipsen, Hans Peter (1972): Europäisches Gemeinschaftsrecht, Tübingen.

Isensee, Josef (2004): Staat und Verfassung, in: Josef Isensee / Paul Kirchhof (Hg.): Handbuch des Staatsrechts der Bundesrepublik Deutschland. Band II, 3. Aufl., Heidelberg, S. 3-106.

Isensee, Josef (1998): Solidarität – sozialethische Substanz eines Blankettbegriffs, in: ders. (Hg.): Solidarität in Knappheit, Berlin, S. 97-141.

Isensee, Josef (1995a): Integrationsziel Europastaat?, in: Ole Due / Marcus Lutter / Jürgen Schwarze (Hg.): Festschrift für Ulrich Everling. Band I, Baden-Baden, S. 567-592.

Isensee, Josef (1995b): Das Volk als der Grund der Verfassung. Mythos und Relevanz der Lehre von der verfassunggebenden Gewalt, Opladen.

Isensee, Josef (1994): Europa – die politische Erfindung eines Erdteils, in: ders. (Hg.): Europa als politische Idee und als rechtliche Form, 2. Aufl., Berlin, S. 103-120.

Isensee, Josef (1992): Grundrechtsvoraussetzungen und Verfassungserwartungen an die Grundrechtsausübung, in: Josef Isensee / Paul Kirchhof (Hg.): Handbuch des Staatsrechts der Bundesrepublik Deutschland. Band V, Heidelberg, S. 353-484.

Kahl, Bruno (1994): Europäische Union: Bundesstaat – Staatenbund – Staatenverbund. Zum Urteil des Bundesverfassungsgerichts vom 12.10.1993, in: Der Staat 33 (2), S. 241-258.

Kirchhof, Paul (2004): Grundrechtsinhalte und Grundrechtsvoraussetzungen, in: Detlef Merten / Hans-Jürgen Papier (Hg.): Handbuch der Grundrechte in Deutschland und Europa. Band I, Heidelberg, S. 807-852.

Kirchhof, Paul (1994): Europäische Einigung und der Verfassungsstaat der Bundesrepublik Deutschland, in: Josef Isensee (Hg.): Europa als politische Idee und als rechtliche Form, 2. Aufl., Berlin, S. 63-101.

Kirchhof, Paul (1992): Der deutsche Staat im Prozess der europäischen Integration, in: Josef Isensee / Paul Kirchhof (Hg.): Handbuch des Staatsrechts der Bundesrepublik Deutschland. Band VII, Heidelberg, S. 855-887.

Kluxen-Pyta, Donate (1991): Nation und Ethos. Die Moral des Patriotismus, Freiburg i.Br.

Korioth, Stefan (2003): Europäische und nationale Identität: Integration durch Verfassungsrecht?, in: Veröffentlichungen der Vereinigung der Deutschen Staatsrechtslehrer 62, S. 117-155.

Kronenberg, Volker (2006): Patriotismus in Deutschland. Perspektiven für eine weltoffene Nation, 2. Aufl., Wiesbaden.

Krüger, Herbert (1973a): Die Verfassung als Programm der Nationalen Integration, in: Dieter Blumenwitz / Albrecht Randelzhofer (Hg.): Festschrift für Friedrich Berber zum 75. Geburtstag, München, S. 247-272.

Krüger, Herbert (1973b): Verfassungsvoraussetzungen und Verfassungserwartungen, in: Horst Ehmke u.a. (Hg.): Festschrift für Ulrich Scheuner zum 70. Geburtstag, Berlin, S. 285-306.

Lübbe, Hermann (1994): Abschied vom Superstaat. Vereinigte Staaten von Europa wird es nicht geben, Berlin.

Oppermann, Thomas (1994): Zur Eigenart der Europäischen Union, in: Peter Hommelhoff / Paul Kirchhof (Hg.): Der Staatenverbund der Europäischen Union, Heidelberg, S. 87-98.

Pernice, Ingolf (1995): Deutschland in der Europäischen Union, in: Josef Isensee / Paul Kirchhof (Hg.): Handbuch des Staatsrechts der Bundesrepublik Deutschland. Band VIII, Heidelberg, S. 225-280.

Plehwe, Dieter (2007): Zahlungspolitik – EU-Recht und nationale Gesetzgebung, in: WZB-Mitteilungen, H. 117 (September), S. 7-11.

Renan, Ernest (1995): Was ist eine Nation?, in: ders. (Hg.): Was ist eine Nation? Und andere politische Schriften, Wien / Bozen, S. 41-58 (Orig.: Qu'est-ce qu'une nation?, Paris 1882).

Rothe, Hans (2006): Osteuropa als Problem der europäischen Geschichte, in: Detlef Haberland (Hg.): Zwischen Ost und West, Mannheim, S. 33 ff.

Schönberger, Christoph (2005): Unionsbürger. Europas föderales Bürgerrecht in vergleichender Sicht, Tübingen.

Schulze, Hagen (1999): Staat und Nation in der europäischen Geschichte, München.

Smend, Rudolf (1968): Verfassung und Verfassungsrecht, in: ders.: Staatsrechtliche Abhandlungen und andere Aufsätze, 2. Aufl., Berlin, S. 119-276.

Sternberger, Dolf (1990): Schriften, Band 10: Verfassungspatriotismus, Frankfurt a.M.

Töller, Annette Elisabeth (2008): Mythen und Methoden. Zur Messung der Europäisierung der Gesetzgebung des Deutschen Bundestages jenseits des 80-Prozent-Mythos, in: Zeitschrift für Parlamentsfragen 39 (1), S. 3-17.

Uhle, Arnd (2006): Innere Integration, in: Josef Isensee / Paul Kirchhof (Hg.): Handbuch des Staatsrechts der Bundesrepublik Deutschland. Band IV, 3. Aufl., Heidelberg, S. 531-587.

Uhle, Arnd (2004): Freiheitlicher Verfassungsstaat und kulturelle Identität, Tübingen.

Weber, Max [1922]: Wirtschaft und Gesellschaft. 2. Halbband, Tübingen 1964.

Was hält Europa zusammen? Die Europäische Union zwischen Erweiterung und Vertiefung

Heinrich August Winkler

Als am 23. Juni 2007 die letzte Woche der deutschen Ratspräsidentschaft begann, konnten die Freunde Europas erleichtert aufatmen: Die Krise um den gescheiterten europäischen Verfassungsvertrag schien beendet; auf die Eckpunkte der Ersatzlösung, ob sie nun „Reformvertrag" oder „Grundlagenvertrag" oder anders genannt werden würde, hatten sich die Regierungschefs der 27 Mitgliedstaaten soeben in Brüssel verständigt. Weit am wichtigsten waren das Prinzip der doppelten Mehrheit, also einer qualifizierten Mehrheit der Staaten und der Bevölkerung im Rat und damit die Erleichterung von Mehrheitsentscheidungen, sodann eine effektivere Regelung der Präsidentschaft und die Erweiterung der Rechte des Europäischen Parlaments.[1] Etwas kam in den überwiegend positiven Kommentaren aber zu kurz: Nur selten war die Rede von den tieferen Gründen der bisher schwersten Krise der Europäischen Union.

Zu einer solchen selbstkritischen Ursachenforschung hätten gerade die Deutschen Anlass, und das auch jetzt noch, nachdem in Lissabon am 19. Oktober 2007 der Ersatzvertrag unterzeichnet worden ist. Der wohl entscheidende Anstoß, der EU eine förmliche Verfassung zu geben, kam aus Berlin. Es war die Rede, die Bundesaußenminister Joschka Fischer am 12. Mai 2000 in der Humboldt-Universität hielt. Darin hieß es wörtlich: „Übergang vom Staatenverbund hin zur vollen Parlamentarisierung in einer europäischen Föderation, die Robert Schuman bereits vor 50 Jahren gefordert hat. Und das heißt nichts Geringeres als ein europäisches Parlament und eine ebensolche Regierung, die tatsächlich die gesetzgebende und die exekutive Gewalt innerhalb der Föderation ausüben. Diese Föderation wird sich auf einen Verfassungsvertrag zu gründen haben" (Fischer 2000: 11).

---

[1] Siehe dazu auch den Beitrag von Andreas Hofmann und Wolfgang Wessels in diesem Band.

Am Anfang sollte also ein geradezu revolutionärer Akt stehen: Die Entscheidung, den bestehenden Staatenverbund, als welchen das Bundesverfassungsgericht in seinem Maastricht-Urteil vom Oktober 1993 (BVerfGE 89, 155) die Europäische Union bezeichnet hatte, in eine Föderation umzuwandeln. Wenn nicht alle Mitglieder der EU zu einem solchen Schritt bereit waren, sollten doch wenigstens diejenigen, die enger als andere kooperieren wollten, einen Grundlagenvertrag als Nukleus einer Verfassung und eine darauf begründete Föderation beschließen und so ein „Gravitationszentrum" innerhalb der EU bilden.

Der überhöhte Begriff der „Verfassung"

Bekanntlich hat es einen entsprechenden Beschluss nie gegeben – nicht seitens der EU und auch nicht seitens irgendeiner Avantgarde oder Pioniergruppe ihrer Mitglieder. Dass es dazu nicht kam, war nicht überraschend. Weder in Frankreich noch in Großbritannien hatte man je daran gedacht, das eigene Land in eine europäische Föderation einzugliedern, die einem Bundesstaat nach Art der Bundesrepublik Deutschland zum Verwechseln ähnlich gesehen hätte. Desgleichen hatte auch der französische Kommissionspräsident Jacques Delors nicht im Sinn, als er im Januar 2000 in einem Interview mit „Le Monde" von einer „Féderation des États-Nations", einer Föderation von Nationalstaaten, sprach.[2]

Der Begriff „Verfassung" aber entwickelte eine Eigendynamik. Er stand über der überfälligen Reform der Institutionen und Entscheidungsprozesse, die die Ostererweiterung der EU notwendig machte. Er wurde zur Antwort auf den missglückten Vertrag von Nizza vom Dezember 2000, der es der Europäischen Union faktisch unmöglich machte, mit einer Stimme zu sprechen. Der Reformkonvent, den der Europäische Rat im Dezember 2001 in Laeken einsetzte, legte im Juli 2003 das Ergebnis seiner Bemühungen unter dem Titel „Vertrag über eine Verfassung für Europa" vor.

Gegen die Verwendung des Begriffs „Verfassung" gab es Einwände, die aber unbeachtet blieben. Genau genommen hatte die EU ja bereits eine Verfassung, nämlich ihre Verträge, und solange die EU ein Staatenverbund ist, bleiben die Mitgliedstaaten die Herren der Verträge. Es gab und gibt kein europäisches Staatsvolk, keine europäische Öffentlichkeit und keine europäischen Parteien, die diesen Namen verdienen. Ohne eine solche demokratische Substanz sei eine volle

---

[2] „Jacques Delors critique le stratégie de l'élargissement de l'Union", in: Le Monde vom 19. Januar 2000.

Parlamentarisierung der EU nicht möglich, hatte der Bundesverfassungsrichter Dieter Grimm (2001: 254) schon 1995 festgestellt und aus ebendiesem Grund dem Ruf nach einer europäischen Verfassung widersprochen: „Eine europäische Verfassung könnte die bestehende Kluft nicht überbrücken und müsste folglich die mit ihr verbundenen Erwartungen enttäuschen. Die durch sie vermittelte Legitimation wäre eine Scheinlegitimation."[3]

Tatsächlich weckte der Begriff „europäische Verfassung" bei den einen Hoffnungen, bei den anderen Befürchtungen, die beide mit Blick auf den Text des Kononterwurfs ungerechtfertigt waren. Im Rückblick erscheint das Beharren auf dem Titel „europäische Verfassung" als Belastung des dringend notwendigen Reformprozesses. Er hat mit dazu beigetragen, dass der europäische Verfassungsvertrag in zwei Referenden, am 29. Mai 2005 in Frankreich und drei Tage später in den Niederlanden, keine Mehrheit fand. Ob ein weniger pathetischer Begriff wie „Grundlagenvertrag" oder „Grundvertrag" das Debakel verhindert hätte, muss aber offen bleiben.

Nachdem der Versuch, den Gang der Geschichte mit Hilfe überhöhter Begriffe zu beschleunigen, fehlgeschlagen ist, drängt sich die Frage auf, warum dieser Versuch überhaupt unternommen wurde. Auf deutscher Seite waren dabei drei, teilweise eng miteinander verbundene Arten von Wunschdenken im Spiel: die Konvergenzillusion, die föderalistische und die postnationale Illusion. Mit Konvergenzillusion meine ich die Annahme, dass es zwischen den beiden großen Zielen des europäischen Einigungsprozesses nach 1990, der Erweiterung und der Vertiefung der EU, eine „prästabilierte Harmonie" gebe, dass, anders gewendet, die Erweiterung der Union mit einer gewissen inneren Notwendigkeit zur Vertiefung des Einigungswerkes führen würde. Tatsächlich ist die Erweiterung der Vertiefung weit vorausgeeilt.

Der föderalistischen Illusion lag, bewusst oder unbewusst, die Vorstellung vom „Modell Bundesrepublik" zugrunde. Doch erstens gibt es begründete Zweifel an der Ausfuhrtauglichkeit des deutschen Föderalismus und zweitens nur in wenigen europäischen Staaten Absatzchancen. In Frankreich und Großbritannien, Polen und Tschechien kann sich jedenfalls schwerlich jemand vorstellen, dass Paris und London, Warschau und Prag künftig nur noch den Rang von Landeshauptstädten wie München oder Dresden, Schwerin oder Wiesbaden haben sollen.

Deutschland ist, wie es der Historiker Dieter Langewiesche formuliert hat, eine „föderative Nation" (Langewiesche / Schmidt 2000). Während in Frankreich

---

[3] Siehe dazu auch den Beitrag von Peter Graf Kielmansegg in diesem Band.

und England die Bildung von Nationalstaaten schon im Mittelalter begann, hat
Deutschland seine staatliche Einheit erst im 19. Jahrhundert erlangt. Der erste
deutsche Nationalstaat, das Reich von 1871, war zunächst als Monarchie, dann
nach 1918 als Republik ein Bundesstaat. An diese Tradition knüpfte 1948/49 die
Bundesrepublik an (und sie hätte es wohl auch dann getan, wenn von den Besat-
zungsmächten kein starker Druck in Richtung Föderalismus ausgegangen wäre).
Zu diesem Merkmal des deutschen Staatsaufbaus gibt es in den alten Nationalstaaten des Westens, trotz mancher Dezentralisierungsprozesse, keine Parallele.
Solche Unterschiede wirken bis heute nach.

Die postnationale Illusion hat viel damit zu tun, dass es den Deutschen gelungen ist, ihren ersten Nationalstaat, das von Bismarck gegründete Deutsche
Reich, zu ruinieren. Daraus folgerten in den Jahrzehnten nach 1945 viele, dass der
Nationalstaat als solcher gescheitert sei. Diesen Gedanken vertraten als erste
katholische Konservative. Sie schrieben Deutschland sogar eine besondere europäische Sendung zu, wobei sie gern das Erbe des mittelalterlichen *Sacrum Imperium* beschworen. Ein Beispiel hierfür lieferte am 20. Oktober 1948 der CDU-
Abgeordnete Adolf Süsterhenn im Parlamentarischen Rat. Das Bismarckreich, die
Weimarer Republik und erst recht das „Dritte Reich" hätten den Namen „Reich"
zu Unrecht geführt, erklärte er. „Der Begriff des Reiches, wie er 1000 Jahre in der
deutschen Geschichte gelebt hat, war der Begriff eines übernationalen, eines
europäischen Gebildes. Er war die Bezeichnung für das christliche Abendland.
Und wenn ich den Begriff „Reich" einmal in die moderne Sprache der gegenwärtigen Politik übersetzen wollte, müsste ich das, was man damals „Reich" genannt
hat, heute europäische Union oder europäische Konföderation nennen" (Parlamentarischer Rat [1948/49] 1996: 190). Gewissermaßen auf den Spuren
Süsterhenns sprach der Bonner Redakteur des „Rheinischen Merkurs", Paul Wilhelm Wenger (1959: 97), in der zweiten Hälfte der fünfziger Jahre in Abwandlung
einer mittelalterlichen Formel von der *translatio imperii ad Europam foederatam* –
der Übertragung des Reiches auf das föderale Europa.

Im Laufe der Zeit wanderte der Gedanke von der europäischen Mission der
Bundesrepublik von rechts nach links, bis hin zu einer Gruppe, die man die
„posthume Adenauersche Linke" nennen kann. Zu ihrem Sprecher machte sich
1988 der damalige stellvertretende Vorsitzende der SPD Oskar Lafontaine. In
seinem Buch „Die Gesellschaft der Zukunft" forderte er nicht nur generell die
„Überwindung des Nationalstaats". Er leitete vielmehr aus der Tatsache, dass die
Deutschen „mit einem pervertierten Nationalismus schrecklichste Erfahrungen"
gemacht hätten, die Folgerung ab, sie seien deshalb „geradezu prädestiniert, die
treibende Rolle im Prozess der supranationalen Einigung Europas" (Lafontaine

1988: 188 f.) zu übernehmen. Von der Perversion zur Prädestination war es also nur *ein* Schritt: eine kühne dialektische Volte, die an die frühchristliche Denkfigur der *felix culpa*, der segensreichen Schuld, erinnert. Außerhalb Deutschlands fand diese pseudohistorische und pseudotheologische Begründung eines europäischen Führungsanspruchs der Bundesrepublik keine Zustimmung. Dass die Deutschen *ihren* Nationalstaat zugrunde gerichtet hatten, bestritt niemand. Aber daraus folgte noch nicht, dass die Deutschen anderen das Recht auf *ihren* Nationalstaat absprechen durften.

Von der alten Bundesrepublik hatte der Historiker und Politikwissenschaftler Karl Dietrich Bracher erstmals 1976 und erneut 1986 sagen können, sie sei eine „postnationale Demokratie unter Nationalstaaten" (Bracher 1979: 544, 1988: 405 f.). Auf das wiedervereinigte Deutschland trifft diese Formel nicht mehr zu. Es ist ein postklassischer Nationalstaat unter anderen, fest eingebunden in den supranationalen Staatenverbund der EU und bereit, seine Souveränität teilweise mit den anderen Mitgliedstaaten gemeinsam auszuüben, teilweise auch auf supranationale Gemeinschaftseinrichtungen zu übertragen.

Europa und die politische Kultur des Westens

Von der postnationalen Rhetorik hat sich die deutsche Politik verabschiedet, und das ist gut so. Denn die verbreitete Angst, dass die Zugehörigkeit zur EU längerfristig einen Verlust der nationalen Identität zur Folge haben würde, schadet dem Projekt Europa. Die Europäische Union will die Nationen nicht überwinden, sondern nur überwölben. Von dem Historiker Hermann Heimpel stammt das Wort: „Dass es Nationen gibt, ist historisch das Europäische an Europa" (Heimpel 1957: 173). Vielleicht sollte man besser sagen, die Existenz von Nationen sei *eines* der prägenden Merkmale Europas. Denn es gibt andere Prägungen, deren sich die Europäer erinnern müssen, wenn sie den Begriff „Vertiefung" ernst nehmen und darunter nicht nur die Reform unzulänglicher Verträge verstehen. Dabei wird freilich oft übersehen, dass diese Prägungen nicht die Europas im geographischen Sinn, sondern nur die eines Teiles des alten Kontinents sind: jenes Teiles, den man seit Jahrhunderten den Okzident nennt.

Nur in diesem Teil Europas, der im Mittelalter sein geistliches Zentrum in Rom hatte, also zur Westkirche gehörte, gab es die Frühformen der Gewaltenteilung, die Trennung von geistlicher und weltlicher, von fürstlicher und ständischer Gewalt. Nur hier schritt der Prozess der Gewaltenteilung fort bis hin zur modernen Gewaltenteilung im Sinne von Montesquieu, der Trennung von gesetzgebender, vollziehender und rechtsprechender Gewalt. Nur hier wurde das römische Recht rezipiert. Nur hier vollzogen sich die Emanzipationsprozesse von Humanismus und Renaissance, von Reformation und Aufklärung.

Man hört und liest oft, das moderne Europa sei ein Produkt der Aufklärung. Das ist nicht falsch, aber ergänzungsbedürftig: Die Aufklärung ist ein Produkt Europas, ein Ergebnis seiner langen Geschichte, aus der weder das Erbe der klassischen Antike noch das Judentum und das Christentum weggedacht werden können. Ohne die Selbstaufklärung des Christentums, die sich bis ins Mittelalter zurückverfolgen lässt, keine weltliche Aufklärung; ohne das Wort Jesu „Gebt dem Kaiser, was des Kaisers ist, und Gott, was Gottes ist"[4] keine Trennung zwischen weltlicher und geistlicher Gewalt und auch nicht die moderne Gewaltenteilung; ohne den Glauben an die Gleichheit aller Menschen vor Gott nicht der Durchbruch des Gedankens der Gleichheit der Menschen vor dem Gesetz; ohne den ebenso antiken wie christlichen Glauben an ungeschriebene, ewige Gesetze keine Erklärung der unveräußerlichen Menschenrechte: Die Prägungen des Okzidents weisen weiter in die Geschichte zurück, als es viele überzeugte Europäer wahrhaben wollen.

„Europa ist nicht (allein) der Westen. Der Westen geht über Europa hinaus. Aber Europa geht auch über den Westen hinaus": Dieses Wort des Wiener Historikers Gerald Stourzh (2002: XI) trifft den Kern der Sache. Noch immer wirkt die Trennlinie zwischen West- und Ostkirche nach. Im Bereich der Orthodoxie, wo die geistliche Gewalt der weltlichen untergeordnet blieb und die fürstliche Gewalt nicht in einem Spannungsverhältnis mit der Macht von Ständen und Städten stand, ist die Entwicklung anders verlaufen als im Westen: ohne den Prozess der Gewaltenteilungen, der aufs engste mit der Herausbildung von pluralistischer Gesellschaft, Rechtsstaat und Demokratie verknüpft ist.

Diese Errungenschaften sind aber keine rein europäischen Hervorbringungen: Die erste Erklärung der unveräußerlichen Menschenrechte ist die der *Virginia Declaration of Rights* vom 12. Juni 1776; drei Wochen später folgte die Unabhängigkeitserklärung der Vereinigten Staaten von Amerika, die das Bekenntnis zu den Menschenrechten in einem einzigen, aber inhaltsschweren Satz zusammenfasste. Auf britischem Kolonialboden in Nordamerika sind alte englische Freiheitsrechte, die Idee des *representative government*, der *checks and balances*, der *rule of law* weiterentwickelt und in ihre klassische Form gebracht worden. Was wir die moderne Demokratie, die politische Kultur des Westens, die westlichen Werte nennen, ist das Ergebnis einer transatlantischen Kooperation. Sie war

---

[4] Matthäus 22,21; Markus 12,17; Lukas 20,25.

spannungsreich und ist es geblieben. Aber wenn Europa heute mit den USA über die Auslegung der westlichen Werte streitet, ist es ein Streit über unterschiedliche Folgerungen aus gemeinsamen Werten. Wer Europa empfiehlt, seine politische Identität *gegen* Amerika zu entwickeln, handelt zutiefst unhistorisch.

Die westlichen Werte waren und sind dem Wandel unterworfen. Sie haben ihre Geschichte, und die sollte kennen und anerkennen, wer sich zu ihnen bekennt. Diese Werte stehen hinter den Kopenhagener Kriterien von 1993, die erfüllen muss, wer Mitglied der EU werden will. Man muss nicht zum historischen Okzident gehören, um in die Europäische Union aufgenommen zu werden. Aber wer Mitglied dieses Staatenverbundes werden will, muss sich der politischen Kultur des Westens vorbehaltlos öffnen. „Vorbehaltlose Öffnung gegenüber der politischen Kultur des Westens": Darin sah Jürgen Habermas (1986) während des „Historikerstreits" um die Einzigartigkeit der nationalsozialistischen Judenvernichtung *die* intellektuelle Leistung der westdeutschen Nachkriegszeit, auf die gerade seine Generation stolz sein könne. Die Bereitschaft zu einer solchen Öffnung müsste das Kriterium aller Kriterien sein, wenn es um die Frage geht, ob ein europäisches Land reif ist für den Beitritt zur Europäischen Union – wo, mit anderen Worten, die Grenzen ihrer Erweiterbarkeit verlaufen.

Von der Osterweiterung zum Türkei-Beitritt

Ob Beitrittsverhandlungen bisher immer nach dieser Devise aufgenommen und geführt worden sind, ist eine andere Frage. Bei der Aufnahme von acht ostmitteleuropäischen Staaten, die vor der Epochenwende von 1989/90 kommunistisch regiert wurden, in die EU am 1. Mai 2004 handelte es sich ausnahmslos um Länder des alten Okzidents. Sie teilen mit Westeuropa eine weithin gemeinsame Rechtstradition, also ein Fundament, auf dem die Angleichung der politischen Kulturen aufbauen kann. Bei den Neuaufnahmen vom 1. Januar 2007 ist es anders. Bulgarien und Rumänien gehören nicht zum alten Okzident, und die meisten gegenwärtigen Probleme dieser Länder haben mit ihrem nichtwestlichen Erbe, dem Erbe von byzantinischer und osmanischer Herrschaft, zu tun. Dass orthodox geprägte Länder sich der politischen Kultur des Westens öffnen können und geöffnet haben, beweist Griechenland, das der EU seit 1981 angehört. Seine Verwestlichung hatte freilich schon lange vorher, in den Kämpfen um die Unabhängigkeit im ersten Drittel des 19. Jahrhunderts, begonnen.

Ohne Vertiefung keine weitere Erweiterung: Im Prinzip ist das in der EU nicht strittig. Dasselbe gilt, theoretisch jedenfalls, für das Postulat, dass Europa nur zusammenwachsen kann, wenn es ein „Wir-Gefühl", ein Bewusstsein von Zusammengehörigkeit und Solidarität, entwickelt. Eine Vertiefung ohne Wir-Gefühl ist ein Widerspruch in sich, aber auch eine verbreitete technokratische Illusion. Ein europäisches Wir-Gefühl vom Polarkreis bis zur Peloponnes zu entwickeln, ist eine schwierige, aber nicht unlösbare Aufgabe. Aber kann es auch ein europäisches Wir-Gefühl geben, das von Karelien bist Kurdistan reicht?

In der Türkei, mit der die EU seit Oktober 2005 über einen Beitritt verhandelt, hat eine Teilverwestlichung stattgefunden – im geographischen wie im politischen Sinn. Einem modernen Westen steht ein teilweise noch archaischer Osten, vor allem Südosten, gegenüber; die Übernahme vieler westlicher Gesetzbücher, darunter freilich auch solcher des faschistischen Italiens, bedeutete noch nicht die Anerkennung dessen, was Montesquieu als den *esprit des lois*, den Geist der Gesetze, bezeichnet hat. Es gibt in der Türkei nicht, wie oft behauptet, eine Trennung von Staat und Kirche, sondern faktisch eine Verstaatlichung des Islam, flankiert von einer nationalistischen Zivilreligion, dem Kemalismus. Von Religions- und Meinungsfreiheit ist das Land am Bosporus noch immer weit entfernt, von einer selbstkritischen Aufarbeitung der eigenen Vergangenheit ganz zu schweigen. Wer an den Völkermord an den Armeniern, bei dem das kaiserliche Deutschland eine Komplizenrolle gespielt hat, erinnert, der muss noch immer mit einem Verfahren nach § 301 des (reformierten) Strafgesetzbuches rechnen, der eine Beleidigung des Türkentums mit schweren Strafen bedroht. Zwischen 2005 und 2006 hat sich die Zahl der Verurteilungen nach diesem Paragraphen verdoppelt. Und noch immer ist das Militär ein Staat im Staat und ein Machtfaktor, der ein Vetorecht gegen Entscheidungen der demokratisch legitimierten Regierung beansprucht. Die Fortschritte in Richtung Demokratie unter der Regierung Erdoğan sind oder waren beträchtlich. Seit der Aufnahme der Beitrittsverhandlungen im Oktober 2005 hat sich das Reformtempo aber erheblich verlangsamt. Ob sich der Wahlsieg der AKP vom Juli 2007 als Zeichen der Verwestlichung deuten lässt, ist aber eine offene Frage.

In ihren Fortschrittsberichten hat die Europäische Kommission die besonders sensiblen Fragen eines türkischen EU-Beitritts außerordentlich vorsichtig, um nicht zu sagen beschönigend behandelt. Die Lage der christlichen Kirche wurde in einer bewusst undramatisierenden Form dargestellt. Das lag auch daran, dass die Kirchen selbst zuvor die Befürchtung geäußert hatten, bei einer scharfen Kritik aus Brüssel würde sich ihre Situation noch verschlechtern. Vom Genozid an den Armeniern war in offiziellen Berichten nicht die Rede; der entscheidende Fortschrittsbericht vom Oktober 2004, der letzte vor dem Beschluss über die Aufnahme von Beitrittsverhandlungen, enthielt lediglich im Abschnitt über die bilateralen Beziehungen zwischen der Türkei und Armenien einen neutral formulierten Hinweis auf die Ereignisse von 1914/15.

Nur das Europäische Parlament, nicht aber die Kommission und der Rat haben von der Türkei gefordert, eine freie Diskussion über das Thema Völkermord nicht länger zu verhindern. Die repressiven Staatsschutzbestimmungen des reformierten Strafgesetzbuches wurden 2004 nicht als Hindernis für die Aufnahme von Beitrittsverhandlungen betrachtet. Rat und Kommission wünschten den Beginn solcher Verhandlungen vor allem aus geostrategischen Gründen, denen nach den Terroranschlägen vom 11. September 2001 noch mehr Gewicht beigemessen wurde als zuvor. Die Frage der *politischen* Beitrittsreife trat demgegenüber zurück.

Die Beitrittsverhandlungen mit der Türkei werden, wie die EU betont, „ergebnisoffen" geführt. Die entscheidenden Fragen sind noch nicht gestellt worden: weder die Frage, ob sich die Türkei gegenüber der politischen Kultur des Westens öffnen will, noch die Frage, ob sie bereit ist, Teile ihrer Souveränität gemeinsam mit den anderen Mitgliedstaaten auszuüben oder auf supranationale Einrichtungen zu übertragen. Wenn die Beitrittsverhandlungen zu dem Ergebnis führen, dass die Voraussetzungen für eine Vollmitgliedschaft nicht gegeben sind, darf das nicht zum Bruch zwischen Europa und der Türkei führen. Dann muss über ein anderes Ziel weiterverhandelt werden: eine „Assoziation plus", die im übrigen weniger diskriminierend wäre als jene „Mitgliedschaft minus", die die EU der Türkei angeboten hat, oder (wie ich das im November 2002 in einem Beitrag für die Wochenzeitung DIE ZEIT vorgeschlagen habe) über eine „privilegierte Partnerschaft" – also über ein Sonderverhältnis, das keine der beiden Seiten überfordert und ihren gemeinsamen Interessen Rechnung trägt (Winkler 2002).

Schlussbemerkung

Arbeit an der Vertiefung der Europäischen Union verlangt auch Trauerarbeit. Europa kommt, ebenso wenig wie der Westen insgesamt, um die Aufarbeitung der düsteren Kapitel seiner Geschichte nicht herum. Zum europäischen und westlichen Selbstbewusstsein gehört die historische Selbstkritik: die Einsicht in die Ursachen und Folgen von Sklavenhandel und Sklaverei, von Nationalismus, Kolonialismus und Imperialismus, von Kriegen und Bürgerkriegen, von religiöser und ideologischer Verblendung, von Rassenhass und Völkermorden. In ein aufgeklärtes Bild von der europäischen Geschichte gehört beides: das, was die Nationen lange voneinander getrennt hat, und das, was sie miteinander verbindet. Stolz auf die kulturellen Leistungen Europas ohne Einsicht in die Schuld, die Europa und seine Nationen im Lauf der Jahrhunderte auf sich geladen haben: ein solches Geschichtsbild wäre ein Verrat an den Maßstäben, die der Westen in einem mühsamen und langwierigen Lernprozess hervorgebracht hat.

Der Vertrag von Lissabon kann, wenn er denn in Kraft tritt, dazu beitragen, dass die EU handlungsfähig bleibt und in ihren Entscheidungsabläufen etwas transparenter wird. Aber er wird nicht ausreichen, um das verbreitete Gefühl aus der Welt zu schaffen, dass in der EU die „verselbständigte Macht der Exekutivgewalt" herrscht. (Der Begriff stammt von Karl Marx, der damit im Jahre 1852 den französischen Bonapartismus unter Louis Napoleon Bonaparte, dem nachmaligen Kaiser Napoleon III., charakterisiert hat. Marx [1852] 1960: 204.)

Das Europäische Parlament erhält durch den Vertrag mehr Rechte, und das ist dringend erforderlich. Aber da die Mitgliedstaaten nach wie vor die Herren der Verträge sind, müssen die nationalen Parlamente mehr europäische Verantwortung übernehmen: Sie können, wenn sie *vor* grundsätzlichen Entscheidungen, etwa über die Verleihung des Kandidatenstatus an ein Bewerberland oder die Aufnahme von Beitrittsverhandlungen, gehört werden, verhindern, dass solche Entscheidungen wie bisher hinter verschlossenen Türen fallen, um dann der Öffentlichkeit als *fait accompli* präsentiert zu werden. Die Fortsetzung der Politik der vollendeten Tatsachen bedeutet diskursfreie Herrschaft auf Dauer. Das mag dem heimlichen Wunsch mancher Akteure entsprechen, trägt aber auf längere Sicht zur Zerstörung des Projekts Europa bei.

Dem Ziel der Vertiefung kann der Vertrag von Lissabon die EU nur ein kleines Stück näherbringen. Die eigentliche Arbeit liegt noch vor uns. Sie geht über die Reform von Institutionen und Entscheidungsprozessen weit hinaus, und sie verlangt mehr als nur den vollen Einsatz der „politischen Klasse". Die Vertiefung des europäischen Einigungswerkes kann nur gelingen, wenn die Zivilgesellschaft, die Intellektuellen, die Wissenschaftler und die Publizisten sie als *ihr* Projekt begreifen. Sie müssen an dem arbeiten, was es noch nicht oder nur in ersten Ansätzen gibt, worauf das Projekt Europa aber mehr als auf alles andere angewiesen ist: an der Herausbildung einer europäischen Öffentlichkeit.[5]

---

[5] Siehe dazu auch den Beitrag von Thomas Meyer in diesem Band.

Literatur

Bracher, Karl Dietrich (1979): Die deutsche Diktatur. Entstehung, Struktur, Folgen des Nationalsozialismus, 6. Aufl., Köln.

Bracher, Karl Dietrich (1988): Politik und Zeitgeist. Tendenzen der siebziger Jahre, in: ders. u.a. (Hg.): Republik im Wandel 1969-1974. Die Ära Brandt, Stuttgart, S. 285-406 (Geschichte der Bundesrepublik Deutschland, Band V/1).

Fischer, Joschka (2000): Vom Staatenbund zur Föderation. Rede am 12. Mai 2000 in der Humboldt-Universität in Berlin am 12. Mai 2000, abgedruckt in: Christian Joerges / Yves Mény / Joseph H.H. Weiler (Hg.), What Kind of Constitution for What Kind of Polity? Responses to Joschka Fischer, San Domenico, S. 5-17.

Grimm, Dieter (2001): Braucht Europa eine Verfassung?, in: ders. (Hg.): Die Verfassung und die Politik, München, S. 215-254.

Habermas, Jürgen (1986): Eine Art Schadensabwicklung, in: Die Zeit Nr. 29 vom 11. Juli 1986 (wieder abgedruckt in: Rudolf Augstein u.a: Historikerstreit, München 1987, S. 62-76).

Heimpel, Hermann (1957): Entwurf einer deutschen Geschichte, in: ders. (Hg.): Der Mensch in seiner Gegenwart, Göttingen, S. 162-195.

Lafontaine, Oskar (1988): Die Gesellschaft der Zukunft. Reformpolitik in einer veränderten Welt, Hamburg.

Langewiesche, Dieter / Georg Schmidt, Hg. (2000): Föderative Nation. Deutschlandkonzepte von der Reformation bis zum Ersten Weltkrieg, München.

Parlamentarischer Rat [1948/49]: Akten und Protokolle, Bd. 9: Plenum, bearb. v. Wolfram Werner, München 1996.

Marx, Karl [1852]: Der achtzehnte Brumaire des Louis Bonaparte, in: ders. / Friedrich Engels: Werke. Band 8, Berlin 1960, S. 111-207.

Stourzh, Gerald, Hg. (2002): Annäherungen an eine europäische Geschichtsschreibung, Wien.

Wenger, Paul Wilhelm (1959): Wer gewinnt Deutschland? Kleinpreußische Selbstisolierung oder mitteleuropäische Föderation, Stuttgart.

Winkler, Heinrich August (2002): Wir erweitern uns zu Tode, in: Die Zeit Nr. 46 vom 7. November, S. 6.

IV. Perspektiven des Supranationalismus

Europäismus. Warum die Europäische Union demokratisiert werden muss und eine gemeinschaftliche Außenpolitik braucht

Jerzy Maćków

1 Die falsche Gleichsetzung von Europäischer Union und Europa

In der offiziellen Nomenklatur der Europäischen Union wird „Europa" der EU stets gleichgesetzt. Diese Praxis hat eine lange Tradition, die allerdings bereits während des Kalten Krieges nicht immer eine positive Wirkung zeitigte. Denn sie grenzte in den Köpfen der Westeuropäer nicht nur die im Osten des Kontinents herrschenden Kommunisten, sondern auch die von ihnen regierten Völker von Europa ab (während die westlichen Kommunisten und sonstigen Anhänger des roten Totalitarismus wie selbstverständlich als „Europäer" wahrgenommen wurden). Hinzu kommt, dass der Kommunismus und der Sozialismus als Ideen und Bewegungen keineswegs asiatische bzw. südamerikanische Erfindungen darstellen, sondern vielmehr originär europäische – vorzugsweise deutsche, französische und später russische – „Exportprodukte" sind. Der andauernden Vereinnahmung Europas durch die vormaligen EG- und heutigen EU-Mitglieder liegen freilich weniger politische Absichten als vielmehr das Unwissen über Europa zugrunde. Nach wie vor haben die meisten EU-Europäer keine angemessene Vorstellung davon, was unter Europa zu verstehen ist. Deshalb nehmen sie etwas voreilig an, dass einzig sie „Europa" darstellen und als Begriff definieren können.

Dass diese Annahme nicht nur gedankenlos, sondern auch falsch ist, beweisen allein die Erweiterungsprozesse der Gemeinschaft bzw. der Union in den siebziger, achtziger und neunziger Jahren. Jene Völker, die im Laufe dieser Jahrzehnte der EWG bzw. der EU beitraten, konnten sich auch zuvor mit gutem Grund als Europäer betrachten, schließlich hatten sie ja in Europa gelebt. Es ist also keineswegs so, dass ein Volk erst dann das Prädikat „europäisch" verdient, wenn es von Belgiern, Deutschen, Franzosen, Holländern, Italienern und Luxemburgern zur westeuropäischen Gemeinschaft bzw. Union zugelassen wird.

Zumindest ebenso wichtig ist in diesem Zusammenhang die Tatsache, dass Europa kein eindimensionales Erbe hat und deshalb auch kein eindimensionales Projekt sein darf. Neben den christlichen Merowingern und ihren Möchtegern-Nachfahren gibt es die genuin europäische Tradition des Judentums, des Islams und des – zuweilen kämpferischen bzw. totalitären – Atheismus (Joas / Wiegandt 2005). Es zeugt von einer bedenklichen Qualität des Europa-Diskurses, dass mit dem Wegfall der zuvor künstlich forcierten Merowinger-Tradition nach den letzten EU-Erweiterungen keine Diskussion über die Vorläufer des europäischen Projekts von heute geführt wird. Ihr Ausbleiben trägt wesentlich zum Fehlen des europäischen Wir-Gefühls bei und erschwert das Verständnis von historisch gewachsenen Problemen und Chancen der europäischen Einigung. Nichts scheinen die Westeuropäer etwa über das polnisch-litauische Commonwealth des 14. bis 18. Jahrhunderts zu wissen, den einzig langfristig erfolgreichen politischen Entwurf in Europa, dessen kulturelle Vielfalt neben dem westlichen auch das „östliche", das heißt „griechische" bzw. „byzantinische" Christentum sowie das Judentum umfasste.

Nicht von ungefähr versuchte Johannes Paul II. den Westeuropäern beizubringen, wozu ihre Schulen immer noch außerstande sind: Dass das christliche Europa in Rom *und* in Byzanz fußt, dass es „zwei Lungen" hat. Und die letztlich auf Ignoranz beruhende verächtliche Einstellung gegenüber „dem Osten" sowie den anderen in Europa verankerten bzw. vorzufindenden Kulturen und Traditionen birgt Risiken in sich, die desto gefährlicher werden, je selbstständiger und verantwortungsvoller die EU in der Weltpolitik agieren muss. Diese Gefahr wird noch größer, wenn auch das Wissen über die eigenen europäischen Wurzeln schwindet.

Die Osteuropäer wiederum – zumal die Russen, Belarussen und Ukrainer – können nicht verstehen (oder besser: nicht glauben), warum die meisten Bewohner Westeuropas sich selbst für den Prototyp der Europäer halten. Und es ist für sie geradezu unvorstellbar, dass sogar die politisch Verantwortlichen in den EU-Ländern diese Einstellung teilen. Wenn den Osteuropäern von der EU mitgeteilt wird, der Westen des Alten Kontinents sei Europa schlechthin, erkennen sie darin vor allem hochnäsige Arroganz und weniger bemitleidenswerte Ignoranz. Anders gesagt: Das Unwissen über Europa stellt keine Rechtfertigung, sondern die Ursache vieler Probleme der EU dar. Selbst wenn man es weiterhin kultivieren und sich selbst zum Maßstab des Europäischen erheben will (wie es für Großkulturen und Reiche typisch ist, die ihren Zenit überschritten haben), sollte man zumindest eingestehen, dass dies der eigenen Europapolitik nicht zuträglich ist.

2 Die Ursache für die Ambivalenz(en) der EU

Die vermeintlich europäische Selbstgefälligkeit, die mit dem Unwissen über Europa einhergeht, ist eine der vielen Paradoxien, die die EU umgeben. Tatsächlich handelt es sich bei der Europäischen Union um eine ambivalente Erscheinung. Man kann sogar behaupten, dass sie sich durch Ambivalenzen auszeichnet. Die verhängnisvollste Ambivalenz besteht darin, dass die EU von den meisten Europäern mit Unbehagen betrachtet wird, obwohl sie das erfolgreichste europäische Projekt in der Moderne darstellt. Als solches verschafft sie den Europäern Zugang zu geistigen und materiellen Gütern, die ihnen in der alten Welt der Nationalstaaten verwehrt geblieben wären.

Der Erfolg der EU ist erstaunlich und einmalig. Die europäischen Völker und Nationen haben im Laufe ihrer Geschichte zur Genüge bewiesen, dass sie wenig Probleme hatten, sich von denselben – in heutiger Begrifflichkeit ausgedrückt – „Werten und Standards" zu verabschieden, deren exklusive Urheberschaft sie für sich selbst reklamierten. Dass die Westeuropäer (inbegriffen die Westdeutschen, die erst in der zweiten Hälfte des 20. Jahrhunderts zum Westen hinzugekommen sind) nach dem von ihnen verschuldeten Zweiten Weltkrieg untereinander in Frieden, Freiheit und Wohlstand leben konnten, verdankten sie – neben ihren eigenen bescheidenen Integrationsanstrengungen – vor allem den Vereinigten Staaten von Amerika. Die genuine Bedeutung des Integrationsprojekts sollte erst nach dem Zusammenbruch des Kommunismus deutlicher hervortreten: Die EU-Mitglieder genießen weiterhin ihre unverdient privilegierte Stellung in der Welt. Und dies, obwohl der Einigungsprozess letztlich unbefriedigend verlaufen war, da den Gründerstaaten der EGKS, der EWG und der EU der Mut fehlte, das spätestens seit der Montanunion im Jahre 1951 anvisierte Ziel einer *politischen* Union Europas konsequent zu verfolgen.

Es waren daher nicht die sogenannten Föderalisten, die – beflügelt von der politischen Vision eines geeinten Europas – nach der Katastrophe des Zweiten Weltkrieges die Gunst der Stunde nutzten, um die Integration voranzutreiben. Den Ausschlag für die einseitig wirtschaftliche Integration Westeuropas gaben vielmehr, wie Andrew Moravcsik (1998: 472 ff.) überzeugend herausgearbeitet hat, ökonomische Beweggründe. Eine wichtige Ausnahme stellt in diesem Zusammenhang die im Maastricht-Vertrag beschlossene Währungsunion dar, hinter der vor allem der politische Wille François Mitterrands stand, das im Gefolge der Wiedervereinigung größer gewordene Deutschland europäisch einzubinden. Auf die friedenspolitische Bedeutung der EU wird in Sonntagsreden des Alten Kontinents zwar immer wieder hingewiesen. Aber von Anfang an begleitete ein in den europäischen Völkern tief verwurzeltes Misstrauen gegenüber Europa die Integrationsidee, das von den nationalen Eliten zusätzlich geschürt wurde. Wie ihre Völker huldigen die Eliten dem Prinzip des Nationalismus, das besagt, dass die Nationen sich selbst zu regieren haben. Die nationalistische Ideologie wurde und wird dabei von Generation zu Generation weitergereicht.

Dieser Umstand und nicht so sehr die anderen oft beklagten Hindernisse – ethnische und kulturell-religiöse Heterogenität samt Sprachenvielfalt, fehlende europäische Öffentlichkeit und Nicht-Vorhandensein europäischer Verbände und Parteien (Tiedtke 2005: 41 ff.) – stellt die Hauptursache für die beklagenswerte Ambivalenz der EU dar. Die genannten Hindernisse würden keine Belastung für die weitergehende europäische Integration darstellen, wenn die EU-Europäer endlich Abstand zum Nationalismus gewännen. Sie werden folglich nur von denjenigen als Hauptursache für die Probleme der EU betrachtet, die – der Denkwelt des sturen Nationalismus verhaftet – sich eine legitime und funktionsfähige Regierung jenseits der ethnischen Deckungsgleichheit von Regierenden und Regierten nicht vorstellen können. Denn in der nationalistischen Gedankenwelt bedarf ein großes politisches Kollektiv der ethnischen oder zumindest kulturellen „Reinheit", um eine politische Einheit zu gründen bzw. auch nur anzustreben.

Dass die (trotz dieser Vorstellungen) bereits existierende föderale europäische Struktur sogar von „Europa-Politikern" – zumal von den EU-Parlamentariern – primär als Vehikel der jeweiligen nationalen Interessen verstanden wird, mag das folgende, keineswegs untypische Zitat aus einer deutschen Tageszeitung belegen:

> Beim Kampf um die Plätze an den Schalthebeln der Brüsseler Gesetzesmaschinerie schneidet Deutschland schlecht ab – das kostet Macht und Einfluss. „Wir verspielen in Brüssel unsere Chancen, weil wir an die wichtigen Posten nicht herankommen. Das Kanzleramt müsste hier viel aktiver sein", sagt der EU-Abgeordnete Klaus-Heiner Lehne (CDU). Vor allem in den Schlüsselressorts für Wirtschaftsfragen, die für Deutschland besonders wichtig sind, sieht es trübe aus. Klaus Gretschmann, Generaldirektor für Wettbewerb, Industrie und Energie im Rat der Europäischen Union, der Vertretung der 27 Mitgliedstaaten: „Deutsche Ökonomen sind in den Top-Etagen der EU eine gefährdete Spezies. Das kann zu einem echten Problem werden für Deutschland, weil es wichtig ist, dass an den Schaltstellen der Europäischen Union Leute sit-

zen, die wissen, was soziale Marktwirtschaft leisten kann, und wo die Eigenarten und Belange der deutschen Wirtschaft liegen." Andere Länder, so der ehemalige Wirtschaftsprofessor aus Köln weiter, „haben es viel besser verstanden, ihren wirtschaftlichen Sachverstand an strategisch zentralen Stellen zu positionieren."[1]

Leider ist in Europa der politische bzw. bürgerliche Nationalismus[2] nur schwach ausgeprägt, in dessen Rahmen die Entwicklung eines ethnisch und kulturell heterogenen Kollektivs hin zu einer souveränen Einheit vorstellbar wäre. Ein solcher bürgerlicher Nationalismus ist selbstverständlich eher als ein ethnischer dazu geeignet, die ideologische Identitätsklammer für eine demokratische Gesellschaft darzustellen, die auch für diejenigen offen ist, die wegen ihrer ethnischen, religiösen bzw. kulturellen Eigenart als „Fremde" wahrgenommen werden.[3] Er ist auch eher dazu imstande, sowohl das Verständnis für die europäische Einheit in Vielfalt als auch für die Identifikation mit einem multiethnischen europäischen Souverän zu fördern.

3 Der (rechtsstaatliche) Autoritarismus der EU

Recht selten und zumeist nur aus Anlass akuter Krisen werden die politischen Probleme der EU öffentlich thematisiert. Wenn die EU-Europäer überhaupt über die europäische Einigung diskutieren, dann am liebsten – wie Larry Siedentop (2002: 43 ff.) zutreffend bemerkt hat – im Zusammenhang der Friedenserhaltung, des gemeinsamen Marktes, der Einbindung Deutschlands und des Wunsches nach Gleichberechtigung im Verhältnis zu den USA sowie den aufsteigenden Mächten Asiens. Dabei ist das nicht-demokratische politische System der EU mit der Qualität der in Europa vorherrschenden politischen Ideologie auf das Engste

---

[1] „Berlin lässt sich in Brüssel über den Tisch ziehen", in: Die Welt vom 26. Juli 2008.

[2] Die Unterscheidung zwischen dem ethnischen und bürgerlichen Nationalismus orientiert sich an Hans Kohn (1950), ohne jedoch dessen geographische Zuordnungskriterien zu übernehmen. Der „östliche" Nationalismus, für den Kohn Deutschland, Russland und Indien als Prototypen nennt, wird hier deshalb „ethnisch" genannt, während der „westliche" als „bürgerlicher" (bzw. „politischer") Nationalismus firmiert. Zur Problematik der „besseren" und „schlechteren" Nationalismen vgl. Maćków 2004: 51 ff.

[3] Stellvertretend für einen solchen Nationalismus stehen die Vereinigten Staaten von Amerika. Larry Siedentop (2002: 30) charakterisiert ihn als „zurückgenommenen oder idealistischen Patriotismus", der die Demokratie mit der nationalen Identität und dem nationalen Stolz untrennbar verbinde.

verbunden. Vor ihrem Hintergrund erscheinen nur solche Strukturen der Union als gerechtfertigt, die die uneingeschränkte Geltung des nationalistischen Prinzips ermöglichen: Die EU soll von Nationen geleitet und im Konfliktfall dem nationalen Interesse geopfert werden. Dafür wird der Autoritarismus des politischen Systems der EU in Kauf genommen.

Unter demokratietheoretischen Gesichtspunkten stellt die EU das Paradebeispiel eines rechtsstaatlichen Autoritarismus dar. Autoritäre Herrschaftssysteme sind durch eine Einschränkung des Pluralismus charakterisiert (Maćków / Wiest 2005: 84 ff.). Den markantesten Ausdruck dieser Einschränkung in der EU stellt die strukturelle „Aushebelung" der Opposition im Regierungsprozess dar. Diese für autoritäre Systeme typische Unterdrückung bzw. dauerhafte Aussetzung der politischen Opposition wird in den Analysen des unüberschaubar konstruierten Institutionenystems der EU für gewöhnlich ausgeblendet.

Wie jedes parlamentarische Regierungssystem kennt die EU eine doppelte Exekutive, die sich aus dem Europäischen Rat (und dem Ministerrat) und der Europäischen Kommission zusammensetzt. Da nur die Kommission dem Parlament verantwortlich ist, fungiert sie als eine Art Regierung, wobei dem Rat die Stellung eines kollektiven Staatsoberhauptes zukommt. Die Dominanz des Rates in der Exekutive wäre durchaus akzeptabel. Nicht hinnehmbar ist aber, dass er sich – über diese Zuschreibung weit hinausgehend – wie ein absoluter Monarch verhält, der auf den wesentlichen Politikfeldern sowohl die Richtlinienkompetenz als auch die legislativen Befugnisse in seinen Händen vereint.

Der als großes demokratisches Projekt gerühmte „Verfassungsvertrag" von 2003 sah keine Übertragung dieser Kompetenzen auf das EU-Parlament und die EU-Kommission vor. Zugleich sollte die (Sanktionen einschließende) parlamentarische Kontrolle der Exekutive weiter auf ihren schwächeren Teil, die EU-Kommission, beschränkt bleiben und somit verhindert werden, dass sich im Parlament eine Opposition zum Rat bildet. Das EU-Parlament sollte weder ein eigenständiges Initiativrecht noch die ausschließliche Befugnis erhalten, über Haushaltsfragen zu entscheiden. Das alles lässt den EU-Parlamentarismus als extrem unterentwickelt erscheinen, selbst wenn man ihn mit den konstitionellen Regierungssystemen des 19. Jahrhunderts vergleicht.[4] Im Lichte dieses Vergleiches verkörpert der Rat die mächtigsten Kräfte des *Ancien Régime*, dem ein Parlament gegenübersteht, das aus strukturellen und ideologischen Gründen keine vollwertige Opposition hervorzubringen vermag. Dass zur Überwindung

---

[4] Siehe dazu auch die Beiträge von Simon Hix sowie Frank Decker und Jared Sonnicksen in diesem Band.

der Legitimationsprobleme, die eine lediglich vorgetäuschte Demokratie zwangsläufig produziert, das „Demokratiepathos" des Verfassungsentwurfs nicht ausreicht, wird auch von wohlwollenden Kritikern eingeräumt (Oeter 2006: 77).

Zugleich aber überzeugt die Qualität der rechtsstaatlichen Dimension des
EU-Systems, womit eigentlich exzellente Voraussetzungen für eine fortschreiten-
de Parlamentarisierung und – damit im Zusammenhang – echte Demokratisierung gegeben wären. Diese positive Einschätzung wird besonders dann verständlich, wenn die „ureuropäische" Erfahrung mit der gelungenen Umwandlung der
früheren rechtsstaatlichen Autoritarismen – den konstitutionellen Monarchien
des 19. Jahrhunderts – zu liberalen Demokratien in Betracht gezogen wird. Und
auch ein nur oberflächlicher Vergleich der EU mit einer anderen föderalen Struktur der Gegenwart – mit der Russländischen Föderation – verdeutlicht die Bedeutung eines funktionsfähigen rechtsstaatlichen Rahmens für die Demokratisierungschancen eines politischen Systems.

So kennt der russländische Parlamentarismus die wichtigsten Strukturdefi-
zite der EU nicht, da hier die Bestandteile der doppelten Exekutive – das Staatsoberhaupt und die Regierung – als solche problemlos identifizierbar sind. Auch
die zweite, durch die Reformen Putins freilich sehr geschwächte Parlamentskammer, der Föderationsrat, stellt – anders als der Rat in der EU – keine Zwitter-
struktur dar, die im Namen der „Union aller heiligen Nationen" exekutive *und*
legislative Macht ausübt. Folglich kann im russländischen System demokratische
Legitimation leichter generiert werden als in der EU, woran auch der Missbrauch
und die Unterwanderung der demokratischen Verfahren durch die heute Regierenden nichts ändert. Und dennoch sorgen das andauernde Versagen des Rechts-
systems und der vorherrschende Rechtsnihilismus für eine niedrige Qualität des
Gemeinwesens und deshalb auch für geringe Demokratisierungschancen des
politischen Systems. Mit ähnlichen Problemen der Demokratie ohne funktionierenden Verfassungs- und Rechtsstaat ist die EU seit dem Beitritt Bulgariens und
Rumäniens zur Gemeinschaft übrigens selbst konfrontiert (ohne dass das die
Richtigkeit der Aufnahmeentscheidung in Frage stellt).

In der Tat konnte in dieser Welt bislang keine funktionierende westliche
Demokratie ohne praktizierte Rechtsstaatlichkeit errichtet werden. Denn es ist
zweifellos wesentlich schwieriger und langwieriger, die Herrschaft in gesetzliche
Bahnen zu lenken als formell-demokratische Verfahren einzuführen. Ohne eine
funktionierende konstitutionelle Basis verkommen freie Wahlen zur Fassade
eines nicht-rechtsstaatlichen, quasi-demokratischen Autoritarismus (Maćków /
Wiest 2005: 198 f.). Mit der EU verhält es sich zum Glück gerade umgekehrt. Hier
ist „nur" zu bemängeln, dass sich die autoritären Strukturen des Gemeinwesens

hinter der praktizierten Rechtsstaatlichkeit verstecken, die sowohl einen zivili-
sierten Umgang der Bürger miteinander als auch ein geregeltes Verhältnis der
Institutionen untereinander garantieren.

4 „Demokratiedefizite" eines nicht-föderalen Systems?

Die negativen Aspekte des politischen Systems der EU werden in der Fachlitera-
tur für gewöhnlich unter dem geflügelten Wort „Demokratiedefizite" subsumiert.
Die „Defizite" können allerdings grundsätzlich auf zweierlei Weise verstanden
werden: verharmlosend als das Ausbleiben der untergeordneten Elemente bzw.
Merkmale der Demokratie oder als das Ausbleiben der Demokratie selbst.[5] Das
erste Verständnis überwiegt im gegenwärtigen europäischen Diskurs, würde
doch die Diagnose der ausbleibenden Demokratie – wie im vorliegenden Beitrag
– ein autoritäres System indizieren. Dass der Autoritarismus der EU, der sich in
der Übermacht und mangelnden demokratischen Legitimation des Europäischen
und Ministerrates widerspiegelt, öffentlich angeprangert wird, kommt recht
selten vor. Eine beträchtliche Rolle mag in diesem Zusammenhang die Scham
darüber spielen, dass der Demokratiewille der nationalen Eliten (samt ihren Völkern) infolge der affektiven Bindung an den Nationalstaat recht enge Grenzen
kennt. Die Politiker und politischen Beobachter sind in den EU-Ländern offenbar
nicht demokratisch genug gesinnt und die Bürger nicht genug aufgeklärt, dass sie
sich um die Legitimation jener europäischen Gesetze und Verordnungen scheren
würden, die ihre politische und Lebenswirklichkeit zunehmend bestimmen.
    Dass so mancher Verfassungsrechtler die EU ausschließlich aus der Perspek-
tive seines Nationalstaates betrachtet, kann man vielleicht noch nachvollziehen.
Dies verleitet dann in der juristischen Beweisführung dazu, einen europäischen
Souverän und sogar nur Überlegungen über die Umwandlung der EU in einen
solchen als illegal zu betrachten (z.B. Tiedtke 2005: 264). Exakt diese Position hat
das Bundesverfassungsgericht 1993 in seinem Urteil zum Maastricht-Vertrag
vertreten. Um dessen Verfassungsgemäßheit zu bestätigen, haben die Richter hier
die bekannte Formel des „Staatenverbundes" kreiert. Ohne den Vorrang des
europäischen vor nationalem Recht anzuzweifeln, wollten sie damit die herkömmlichen Begriffe des Bundesstaates bzw. des Staatenbundes (Föderation
bzw. Konföderation) umgehen, die Vorstellungen von einer – vorgeblich grund-
gesetzwidrigen – Souveränität der EU hätten evozieren können. Wie nachvoll-

---

[5] Siehe dazu auch den Beitrag von Peter Graf Kielmansegg in diesem Band.

ziehbar diese Art der Argumentation auch sein mag, das Problematische an ihr ist, dass sie nicht nur in juristischen Seminaren, sondern auch im europäischen Diskurs ernsthaft vertreten wird.[6]

Zudem ist das Paradoxon zu beobachten, dass nicht wenige EU-Experten bereit sind, eine autoritär strukturierte (in ihrer Wortwahl: mit „Demokratiedefiziten" behaftete) EU zu akzeptieren, während sie bei der Analyse ihrer Nationalstaaten konsequent demokratische Maßstäbe anlegen. Armin Schäfer (2006: 357°ff.) hat jene grundsätzlich demokratisch gesinnten Experten, die die Demokratisierung der EU vor allem aus funktionalen Gründen für nicht erstrebenswert halten, in „Apologeten" der heutigen EU und in „Fatalisten" eingeteilt, wobei die Letztgenannten sich nicht nur gegen eine Demokratisierung der Union aussprechen, sondern ihr von vornherein keine Chancen geben.

Zum Glück ordnen viele an der EU interessierte Politologen, Politiker und einfache Bürger Europas ihr Denken dem nationalistischen Prinzip nicht so sehr unter, dass sie der EU das Erreichen „der demokratischen Mindeststandards" zu attestieren bereit wären (so Tiedtke 2005: 264). Und was die Föderationsfrage angeht, ist es durchaus üblich, die EU bereits in der heutigen Gestalt als föderales System zu betrachten, und zwar in dem allgemeinen Sinne, dass es „Verbindungen von Individuen, Gruppen und Politiken in einer dauerhaften, aber eingeschränkten Union umfasst, und zwar in einer Weise, die es möglich macht, energisch die gemeinsamen Ziele zu verfolgen, ohne die jeweilige Integrität zu gefährden" (Elazar 1991: 5).

Die EU kann also entweder als ein „nur" supranationales bzw. quasistaatliches oder als ein staatliches Gebilde betrachtet werden. Man kann sie auch für autoritär oder nur für eine mit „Defiziten" behaftete Demokratie halten. Von der jeweiligen Einschätzung hängt ab, auf welchem Wege man glaubt, die Legitimationsschwächen der EU, die sich in der verbreiteten Euroskepsis ausdrücken, überwinden zu können. Diese Frage hat bekanntlich eine sehr große theoretische wie politische Bedeutung; man kann sie auch folgendermaßen umschreiben: Würde eine Demokratisierung die Ambivalenz der EU auflösen?

In politischer Hinsicht sind die von den Experten konstatierten Legitimitätsschwächen selbstverständlich nur eingeschränkt wichtig. Viel mehr zählt in diesem Zusammenhang der in den EU-Völkern verbreitete Unwille, sich mit der EU zu identifizieren und für ihre Demokratisierung zu engagieren. Die von den europäischen Bürgern gefühlte Illegitimität der EU wird dabei nicht nur von fehlendem Wissen über die EU, geringen affektiven Bindungen oder negativen

---

[6] Siehe dazu auch den Beitrag von Josef Isensee in diesem Band.

Bewertungen ihres politischen Outputs gespeist, sondern auch von den praktisch nicht vorhandenen Partizipationschancen in der Union.

Wenn Schäfer (2006: 371) in seiner Auswertung der einschlägigen Umfragen zu dem Schluss kommt, dass das „Demokratiedefizit der EU ... aus der Sicht der Bevölkerung ... nicht über ... eine verbesserte Problemlösung [Systemleistung, J.M.] aufgehoben wird", so ist das zweifellos erfreulich. Denn „Legitimität hängt auch in der Europäischen Union davon ab, dass die Bürger Einfluss nehmen und die Entscheidungen der Mandatsträger nicht von der öffentlichen Willensbildung entkoppelt sind" (ebd.). Dieser Zusammenhang zwischen der Demokratisierung und der Legitimität der Union müsste die Entscheidungsträger eigentlich veranlassen, ihre demokratischen Bestrebungen zu verstärken. Dem steht aber der Umstand entgegen, dass eine Gemeinschaft häufig erst in Krisenzeiten ihre Bewährungsprobe erfährt und zum Handeln genötigt wird. Im Falle der EU könnte sich eine solche Krise durchaus positiv auswirken und zu einer stärkeren Identifikation mit der europäischen Politik führen. Trotzdem scheint es wahrscheinlicher, dass etwa im Falle einer hohen Inflation im Euro-Raum die Bürger eher eine Rückkehr zu nationalen Währungen fördern würden.

Zurückdrängen ließen sich die nationalistischen Denkmuster der Europäer durch eine konsequente Demokratisierung der EU, die der europäischen Politik in den Augen der Bürger größere Legitimität verschafft. So ratsam eine solche Strategie politisch erscheint, so fraglich ist aber, ob die Verantwortlichen auf dem Alten Kontinent sie tatsächlich verfolgen. Diese Frage stellt sich angesichts der globalen Herausforderungen, denen sich die Politik seit dem Ende des Kommunismus gegenübersieht, umso dringlicher. Dass viele dieser Herausforderungen im nationalstaatlichen Rahmen nicht mehr bewältigt werden können, sollte eigentlich auf der Hand liegen. Wie unzeitgemäß eine Verstärkung des nationalen Interessendiskurses vor diesem Hintergrund ist und wie kontraproduktiv sich diese auf die nationale und die europäische Politik auswirkt, hat Günther Hellmann (2007) in einem lesenswerten Aufsatz am Beispiel Deutschlands und der Außenpolitik Gerhard Schröders unlängst gezeigt.

Leider zeugen nicht zuletzt die Meandren der „europäischen Verfassungsgebung" seit 2001 davon, dass es den politisch Verantwortlichen der EU nach wie vor sowohl an Ideen als auch an Vitalität mangelt, die offensichtlichen Probleme der Union anzugehen. Es sei hier wiederholt: Auch die Eliten erweisen sich als weithin unfähig, zum Nationalismus auf Abstand zu gehen. Entsprechend manipulativ bleibt ihr Demokratieverständnis. Dieses hilft ihnen, die notwendige „große europäische Debatte" zu verhindern, ohne die – wie Siedentop (2002: 8) es prägnant formuliert – Europa seinen Bürgern bloß als „Resultat des Wirkens von unerbittlichen Marktkräften oder der Machenschaften von Eliten [erscheinen muss], die sich demokratischer Kontrolle entzogen haben." Es kommt erschwerend hinzu, dass die nationalen Eliten solche simplen Vorstellungen zynisch ausnutzen, um Geld zu verdienen[7] oder in Wahlkämpfen zu punkten. Damit haben sie die EU in den letzten Jahren systematisch geschwächt.

5 Von der Erklärung von Laeken zum Verfassungsvertrag

Zumindest rhetorisch wurde die „Bürgerferne" der EU als Ursache ihrer Legitimationsschwäche und Krisenanfälligkeit von den politisch Verantwortlichen der Union wahrgenommen, die aus diesem Grund im Dezember 2001 in Laeken eine folgenreiche „Erklärung zur Zukunft der Europäischen Union" verabschiedeten.[8] Die Geschichte der EU sei eine wirtschaftliche Erfolgsgeschichte, heißt es da, und dass es endlich Zeit werde, die politische Union „Europas" auszubauen. Die Grundlagen für diesen erwünschten Wandel sollte der „Konvent über die Zukunft Europas" liefern, ein Gremium, in dem Abgeordnete der EU und der nationalen Parlamente, Vertreter der nationalen Regierungen, EU-Kommissare und weitere Beobachter Platz fanden. Den Vorsitz übernahm der frühere französische Staatspräsident Valéry Giscard d'Estaing. Der Konvent hatte Vorschläge zu unterbreiten, wie die Union demokratisiert und ihre Transparenz und Effizienz erhöht werden sollte.

Der Rat nannte auch die Wege, auf denen die in Aussicht gestellten Ziele erreicht werden sollten: „Vereinfachung" des bestehenden EU-Rechts, „Entbürokratisierung" der EU, „Klärung von Zuständigkeiten" der EU-Organe und deren „Neuordnung". Den beiden letztgenannten Aufgaben der institutionellen Reform wurden aber leider enge Grenzen gesetzt, weil der Rat nicht als das wichtigste

---

[7] Selbst in einer deutschen Nationalzeitung zeigte man sich unlängst entsetzt darüber, mit welchen anti-europäischen Vorurteilen die größte Tageszeitung Österreichs – die „Neue Kronen Zeitung" – die EU-freundliche Außenministerin der Alpenrepublik attackiert: „Für Leute von Frau Plassniks Schlage / ist die EU ganz ohne Frage / von Vorteil und verbürgt Gewinn / Fürs Volk jedoch ist wenig drin / es sei denn: Teuerung und Frust / Transitpest, Genfraß, Jobverlust / Lohn- und Pensionsstopp, kranke Kassen / Bevormundung, Migrantenmassen / Sozialabbau und Teurofighter / Uni-Misere usw. / Das freilich ist Frau Plassnik ferne / Sie denkt an sich – und die Konzerne!" („Unter die Krone", in: Frankfurter Allgemeine Zeitung vom 26. August 2008.)

[8] Europäischer Rat (2001): Erklärung von Laeken zur Zukunft der Europäischen Union, 15.12.2001.

Hindernis der Demokratie, sondern – im Gegenteil – als das Organ interpretiert wurde, das neben dem EU-Parlament für „die demokratische Legitimität der Gemeinschaft" sorgen würde. Vor dem Hintergrund dieser merkwürdigen Interpretation verwundert es kaum, dass die Autoren der „Erklärung" – mit rhetorischen Fragen verklausuliert – dem Konvent ausgerechnet eine Aufwertung des Rates nahelegten: „Soll die Rolle des Rates gestärkt werden? Soll der Rat als Gesetzgeber in derselben Weise handeln wie in seiner Exekutivfunktion?" Die Stärkung der autoritären Strukturen wurde folglich als Demokratisierungsweg zumindest nicht ausgeschlossen.

Ebenso wenig wurde in der „Erklärung" gefordert, die legislativen Vollmachten des Europäischen Parlaments den gegenwärtigen Standards des westlichen Parlamentarismus anzupassen. Stattdessen regte man eine stärkere Einbindung der nationalen Parlamente in die europäischen Entscheidungsprozesse an. „Sollen sie in einem neuen Organ – neben dem Rat und dem Europäischen Parlament – vertreten sein?", heißt es in der Erklärung. Dieser (auch von Tony Blair offensiv vertretene) Vorschlag einer neuen, aus nationalen Abgeordneten besetzten Parlamentskammer hätte, wenn er verwirklicht worden wäre, das EU-Parlament zusätzlich geschwächt und die Befreiung der Union von nationalen Weisungen noch mehr erschwert.

Es ging dem Rat also keineswegs darum, den Konvent zu animieren, nach demokratischen Wegen zu suchen, um die EU dem Bürger näher zu bringen. Beabsichtigt wurde vielmehr, der Union ein überschaubares Vertragswerk zu verpassen, das sowohl die national dominierten Strukturen stärken als auch die „nationalistische Legitimation Europas" erleichtern würde. Angesichts dieses Auftrages für eine systemkonforme Reform überrascht es sehr, dass sich der Rat zugleich dafür aussprach, mit dem Konvent einen „Weg zur Verfassung für die europäischen Bürger" zu eröffnen. Offenbar war den Autoren der „Erklärung" nicht ganz bewusst, dass die Verfassung das Attribut der politischen Souveränität darstellt. Eine wirklich souveräne EU würde aber wohl kaum mit einer Institution wie dem Rat auskommen, dessen Existenzberechtigung darin gesehen wird, den Nationalstaaten eine möglichst unkontrollierte Entscheidungsfreiheit über die EU zu geben.

Der deutsche Außenminister Joschka Fischer hatte all das gut verstanden, als er noch vor dem Gipfel in Laeken an der Berliner Humboldt-Universität im Mai 2000 eine Rede über die – seitdem mit Vorliebe so bezeichnete – „Finalität des europäischen Projekts" hielt (Fischer 2000). Die Finalität liegt in der Entscheidung darüber, ob „am Ende" der europäischen Integration ein wie immer aufgebauter (föderativer oder unitarischer) europäischer Staat stehen soll. Fischer hat den seltenen Mut aufgebracht, sich in einer „privaten Meinungsäußerung" ohne Wenn und Aber zu einem europäischen Staat zu bekennen. In Deutschland wurde seine Rede mit Stolz aufgenommen, hatte hier doch ein *deutscher* Politiker Wichtiges gesagt. Geteilt wurde Fischers Bekenntnis zur europäischen Föderation allerdings nicht – wenn es denn überhaupt zur Kenntnis genommen wurde (Winkler 2008: 6). Auch im Ausland hielt sich die Zustimmung in Grenzen, vor allem in Frankreich. Hier mag der Umstand eine Rolle gespielt haben, dass Fischer (2000: 12 ff). in seiner Erörterung der institutionellen Varianten einer europäischen Föderation ausdrücklich Anleihen beim eigenen, deutschen Föderalismus gemacht hatte.[9]

Fischers Rede war nicht nur deshalb wichtig, weil sich der deutsche Außenminister darin unmissverständlich für eine „europäische Föderation" aussprach. Genauso große Bedeutung hatte, dass er sich zu dem Junktim bekannte, das später in Laeken ausgeklammert werden sollte: Man könne die Union nur dann demokratisch gestalten, wenn man sich für den Staat als das Ziel der europäischen Integration entscheide: Die „Reformen, die Lösung des Demokratieproblems sowie das Erfordernis einer grundlegenden Neuordnung der Kompetenzen sowohl horizontal, d.h. zwischen den europäischen Institutionen, als auch vertikal, also zwischen Europa, Nationalstaat und Regionen, wird [sic!] nur durch eine konstitutionelle Neugründung Europas gelingen können" (ebd.: 13 f.).

Auch zum staatlichen Aufbau einer künftigen Europäischen Föderation äußerte Fischer sich nicht so widersprüchlich, wie ihm das später vorgehalten wurde (Winkler 2008: 2). Ihm ging es ja nicht darum, einen bis ins einzelne ausgearbeiteten Verfassungsentwurf vorzulegen; vielmehr wollte er die möglichen Varianten der in seinen Augen unverzichtbaren „vollen Parlamentarisierung" der Union grob skizzieren (Decker 2002). Fischer plädierte für ein Zwei-Kammer-Parlament, wobei die erste Kammer aus Vertretern der nationalen Parlamente zusammengesetzt sein sollte. Die zweite Kammer sei analog dem US-amerikanischen Senatsmodell oder dem deutschen Bundesratsmodell auszugestalten. Auch wenn dieser Vorschlag – insbesondere was die erste Kammer angeht – eigentümlich war, so wäre er doch auf eine Abschaffung des Rates in seiner heutigen Form hinausgelaufen. Die Vorherrschaft der nationalen Regierungen im EU-Gesetzgebungsprozess hätte ein Ende gefunden. Deren Platz sah Fi-

---

[9] Der damalige französische Innenminister verstieg sich in diesem Zusammenhang zu der Unterstellung, Fischer träume „den Traum vom Heiligen Römischen Reich Deutscher Nation. ... [Deutschland] sei immer noch nicht von der Entgleisung geheilt, die der Nationalsozialismus in seiner Geschichte war" (zit. nach Winkler 2008: 2). Siehe dazu auch den Beitrag von Heinrich August Winkler in diesem Band.

scher stattdessen in der Exekutive, das heißt einer „aus den nationalen Regierungen heraus" zu bildenden europäischen Regierung. Auch damit wäre die Zwittergestalt des Absolutismus aus dem Institutionengefüge der EU immerhin beseitigt worden.

Das Ergebnis der Konventsberatungen, das 2003 vorlag, sollte sich freilich stärker an der Erklärung von Laeken als an den Ideen Fischers orientieren. Im Oktober 2004 wurde in Rom der Entwurf eines „Vertrags über die Verfassung für Europa" von den Staats- und Regierungschefs unterzeichnet und anschließend den EU-Mitgliedstaaten zur Ratifizierung übergeben. Allein der Name des Entwurfs zeigt, dass auch dieses Dokument unter den Vorzeichen der für die EU charakteristischen Ambivalenz stand. Denn er bedeutet, dass der Vertrag eine Verfassung und zugleich keine Verfassung sein sollte. Daher nimmt es nicht wunder, dass je nach Bedarf und politscher Präferenz entweder von einer „europäischen Verfassung" oder nur vom „Verfassungsvertrag" gesprochen wurde. In der „Finalitätsfrage" blieb der Konvent damit nicht nur hinter der Vorstellungen Fischers, sondern sogar hinter der „Erklärung von Laeken" zurück.

6   Gescheiterte Manipulation „im Namen Europas"

Der „Vertrag über die Verfassung für Europa" wurde bekanntlich in zwei Referenden – Ende Mai 2005 in Frankreich und im darauf folgenden Monat in den Niederlanden – abgelehnt. Dies geschah weniger wegen des Projekts selbst, sondern war vor allem Ausdruck der innenpolitisch motivierten Unzufriedenheit mit der jeweiligen Regierung. Damit rächte sich ganz nebenbei die nicht nur in den Niederlanden und Frankreich geläufige Praxis der politischen Parteien, Wahlen zum EP für innenpolitische Auseinandersetzungen zu missbrauchen (statt sie mit europäischen Themen zu bestreiten).

Nach einer langen Pause der Ratlosigkeit, die man von offizieller Seite als „Reflexionspause" ausgab, obgleich in der Öffentlichkeit kaum Reflexion über Europa zu vernehmen war, wandte sich die deutsche Ratspräsidentschaft im Dezember 2006 der Aufgabe zu, den gescheiterten Vertrag zu retten. Zur Rettungsaktion gehörte in erster Linie die Umbenennung in „Vertrag zur Änderung des Vertrags über die Europäische Union und des Vertrags zur Gründung der Europäischen Gemeinschaft", für den man zugleich eine inoffizielle Kurzbezeichnung in die Welt setzte: den „Reformvertrag". Damit sollten offenbar „Europaskeptiker" (offensive Nationalisten) besänftigt werden, die sich schon vom bloßen Klang des Wortes „Verfassung" verraten fühlten. Die Umbenennung war allerdings nicht so trickreich, wie sie auf den ersten Blick erscheinen mochte. Man wollte ja von vornherein keine substanziellen Änderungen an dem „Verfassungsvertrag" vornehmen, von dem bekannt war, dass auch er keine Verfassung darstellte.

Zugleich bestand das explizit formulierte Ziel der deutschen Präsidentschaft darin, den neuen alten Vertrag unbedingt durchzubringen. Dazu war es notwendig, dass möglichst keine Referenden durchgeführt würden. Die Rechnung schien zunächst aufzugehen. Als der EU-Gipfel in Lissabon im Oktober 2007 den im Juni in Brüssel ausgehandelten „Reformvertrag" tatsächlich angenommen hatte, wurde das in Deutschland als „großer Erfolg" der eigenen Präsidentschaft einhellig gepriesen. In der Tat war es Kanzlerin Merkel gelungen, einen „erneuten" Konsens über die folgenden Veränderungen im bestehenden EU-Gefüge zu erzielen: geringfügige Stärkung des EU-Parlaments und des außenpolitischen Repräsentanten der EU, Berufung eines Ratspräsidenten und Erweiterung der Mehrheitsentscheidungen im Rat. Mit den widerspenstigen Kaczyński-Brüdern hatte sie sich darauf verständigt, den Abstimmungsmodus im Rat – das aus nationalen Gründen offenbar wichtigste Anliegen der deutschen wie der polnischen Regierung – für mehrere Jahre unverändert zu lassen.[10]

Für all diese „Reformkompromisse" musste letztlich ein hoher Preis bezahlt werden, selbst wenn man die Qualität des „Reformvertrages" nur an den Vorgaben der „Erklärung von Laeken" oder der Qualität des ohnehin enttäuschenden „Verfassungsvertrags" misst. Auch wenn der Verfassungsvertrag darin gescheitert war, die EU zu demokratisieren, hätte er zumindest die Transparenz und wahrscheinlich auch die Effizienz des europäischen Institutionensystems erhöht, so er denn in Kraft getreten wäre. Mit dem „Reformvertrag" ist dagegen auch unter Transparenzgesichtspunkten keine Verbesserung erreicht worden. Im Gegenteil: Als der neue alte Vertrag im April 2008 vom Rat als „konsolidierte Fassungen des Vertrags über die Europäische Union und des Vertrags über die Arbeitsweise der Europäischen Union" publik gemacht wurde, erinnerte er nicht mehr an eine überlang geratene Quasi-Verfassung (wie der Verfassungsvertrag), sondern glich er mit seinen 479 Seiten eher einem Telefonbuch. Und selbstverständlich brachte der „Reformvertrag" auch keine Vision einer politischen Union hervor, die sich qualitativ von den geltenden Verträgen (Maastricht, Amsterdam und Nizza) abgehoben hätte.

---

[10] Siehe dazu auch den Beitrag von Andreas Hofmann und Wolfgang Wessels in diesem Band.

Kritik an der Vorgehensweise der deutschen Ratspräsidentschaft kam von
Valéry Giscard d'Estaing, doch bezog sie sich nicht auf die Inhalte des „Reform-
vertrags", sondern auf den trickreichen Weg hin zur Ratifikation, der helfen sollte, das Risiko eines erneuten Scheiterns zu minimieren. Dass dem „Reformvertrag" dasselbe Missgeschick widerfahren könnte wie dem „Verfassungsvertrag",
nämlich bei der Ratifizierung durchzufallen, lag Ende 2007 noch außerhalb der
Vorstellungskraft. Schließlich hatten die „Damen und Herren der europäischen
Verträge" vorsorglich darauf hingewirkt, dass die Ratifizierung nur in Irland
durch eine Volksabstimmung erfolgen würde – einem Land, das von der europäischen Integration in den letzten zwei Jahrzehnten stark profitiert hatte. Es schien,
als würde sich die EU wie gewohnt entwickeln: mit hehrer demokratischer Rhetorik an den Völkern vorbei, aber doch irgendwie vorwärts.

7   Auswege aus der Sackgasse

Mit dem Votum der Iren am 13. Juni 2008 gegen den „Reformvertrag" endete der
von der deutschen Ratspräsidentschaft eingeschlagene „Reformweg" letztlich
doch in einer Sackgasse. Seitdem werden bekanntlich Überlegungen angestellt,
wie man die Iren zur Rücknahme ihres Votums „bewegen" oder den *de jure* toten
Vertrag auf andere Weise retten könnte. Sollte dies scheitern, stünde die EU vor
der Alternative, entweder mit dem alten Vertragswerk weiterzuarbeiten oder sich
endlich der eigenen Ambivalenz konsequent zuzuwenden. Die institutionelle
Dimension dieser Ambivalenz – der Autoritarismus und das Fehlen des europäischen Souveräns – kann nicht dadurch aufgelöst werden, dass man ständig auf
die Idee der europäischen Verfassung zurückverfällt. Nachdem die politisch
Verantwortlichen diese Idee kompromittiert haben, helfen nur noch kleinere
Reformschritte weiter, die sich freilich radikal und ehrlich gegen das autoritäre
Grundübel der EU – die überragende Stellung des Rates und des Ministerrates –
richten müssten.[11] Würde man dessen Vollmachten zum Teil auf Parlament und

---

[11] Die nachfolgenden Äußerungen wollen keine detaillierten Pläne für den Aufbau einer
europäischen Föderation liefern, sondern lediglich die Richtung der notwendigen Reformen
anzeigen. Diese Richtung als „politisch nicht realistisch" abzutun, gehört unter den „Auf-
geklärten" der EU (und der Europawissenschaft) zum guten Ton. Dazu sei hier nur zweierlei bemerkt: Zum einen ist es keinesfalls sicher, ob die politischen Manipulationen, die den
Weg vom Verfassungs- zum Reformvertrag begleitet haben, mittel- und langfristig eine
realistischere Methode darstellen. Zum anderen kann es nicht sein, dass mit dem Vorwurf

Kommission übertragen, könnten drei Ziele erreicht werden: Das EU-System würde durch seine Parlamentarisierung demokratischer, die Kompetenzverteilung wäre transparenter und damit für den EU-Bürger leichter nachvollziehbar und die Souveränität der EU würde in den tatsächlich demokratisch legitimierten Institutionen sichtbar werden, die für die Gesetzgebung und das Regieren in der Gemeinschaft zuständig sind.

Mit dem letzten Punkt ist der schrittweise Aufbau eines föderalen europäischen Staates angesprochen. Zur „Verteilung der Souveränität" müssen zunächst jene Politikfelder definiert werden, für die die Entscheidungsbefugnis beim europäischen Bund, bei den Mitgliedstaaten oder bei beiden gemeinsam liegen soll. Aus der heutigen Staatenkonstellation der EU heraus kann dies nur unter Berücksichtigung des Subsidiaritätsprinzips erfolgen. Das heißt, dass nur solche Vollmachten auf den europäischen Bund übertragen werden sollten, die nicht genauso gut oder besser von den Mitgliedstaaten wahrgenommen werden können. Je nach Politikfeld sind dabei eine vollständige oder teilweise Übertragung der Kompetenzen vorstellbar. Letzteres würde bedeuten, dass sich die EU die Souveränität mit den Mitgliedstaaten teilt. Gegen diesen Weg der „parallelen Souveränität" mag der Einwand erhoben werden, dass er zu Kompetenzüberschneidungen zwischen dem europäischen Bund und den Gliedstaaten führt. Solche Überschneidungen sind in föderalen Gebilden allerdings nicht ungewöhnlich (auch wenn sie der geforderten Transparenz manchmal entgegenstehen). Sie dienen dazu, die Effizienz des Systems zu erhöhen, ohne dass die Integrität der an der Föderation Beteiligten Schaden nimmt.

Eine souveräne Politik der EU ist gerade in jenen gemeinschaftlichen Politikbereichen erforderlich, die durch große, bisweilen unüberwindbar erscheinende Interessengegensätze zwischen den Mitgliedstaaten gekennzeichnet sind. Diese Gegensätze führen dazu, dass Mehrheitsentscheidungen von den überstimmten Staaten häufig als Vernachlässigung ihrer vitalen Interessen wahrgenommen werden. Wenn die Entscheidungsfindung tatsächlich auf der Grundlage der europäischen Interessen erfolgen soll, muss sie von den Nationalstaaten losgelöst werden. Dies bedeutet, dass eine Europäisierung auf der Basis der heutigen, vom Rat dominierten Entscheidungsstrukturen nicht vorstellbar ist. Dies gilt auch für den Fall, dass das Konsensprinzip zurückgedrängt wird und mehr Fragen der qualifizierten Mehrheit unterliegen.

---

des mangelnden Realismus jeglicher Debatte über die Demokratisierung der europäischen Institutionen ein Riegel vorgeschoben wird.

8   Identitätsstiftende Außenpolitik der EU

Besonders dringend geboten erscheint die Europäisierung auf dem Gebiet der Außen- und Sicherheitspolitik. Daneben hat Joschka Fischer (2000: 15) in seiner Humboldt-Rede weitere Bereiche genannt, die über den Weg der „verstärkten Zusammenarbeit" der europäischen Zuständigkeit unterworfen werden sollten: Wirtschaftspolitik, Umweltschutz, Verbrechensbekämpfung sowie Einwanderungs- und Asylpolitik. Fischer ging also nicht so weit, gleich die volle Souveränität der Union auf den von ihm genannten Feldern zu fordern. Er wollte zunächst im bekannten Geist „engster deutsch-französischer Zusammenarbeit" ein für alle EU-Mitglieder offenes „Gravitationszentrum" schaffen, womit Zeit für eine „Vertiefung der Integration" gewonnen werden könnte. In unbestimmter Zukunft sollte dann der „politische Neugründungsakt Europas" erfolgen. Nur hat sich bereits in Fischers Amtszeit als Außenminister das deutsch-französische Duo als unfähig erwiesen, die Union verantwortungsvoll zu führen, was auch für die Zeit nach Chirac und Schröder gilt. Vor diesem Hintergrund braucht die EU den „Neugründungsakt" stärker denn je. Mit der Fehlgeburt des „Verfassungsvertrags" haben die europäischen Staatenlenker diesen Akt fürs erste vereitelt und damit ganz nebenbei auch die Außenpolitik der EU um einen besseren institutionellen Rahmen gebracht.

Dies bedeutet nicht, dass die in diesem Vertrag enthaltenen institutionellen Verbesserungen besonders groß gewesen wären. Der neu geschaffene EU-Außenminister sollte zwar der Kommission angehören, der Kontrolle des Parlaments aber weiter entzogen bleiben. So wie der heutige Außenbeauftragte wäre er in erster Linie ein Bote des Europäischen Rates gewesen. Angesichts des dort geltenden Einstimmigkeitsgebots hätte das Amt damit in der Praxis leicht zum Symbol der außenpolitischen Handlungsunfähigkeit der EU werden können. Eine identitätsstiftende Wirkung, die sich manche allein von der neu eingeführten Bezeichnung „Außenminister" erhofft hatten (die im „Reformvertrag" wieder rückgängig gemacht wurde), wäre von ihm ohnehin nicht ausgegangen.

Nach der gescheiterten „europäischen Verfassungsgebung" würde es sich als erste Maßnahme anbieten, die souveräne Entscheidungskompetenz auf dem Feld der europäischen Außen- und Sicherheitspolitik der EU-Kommission zu übertragen. Diese wäre in ihrer Amtsführung dem Parlament gegenüber verantwortlich. Selbstverständlich müsste die Kommission auch mit den notwendigen personellen und administrativen Ressourcen ausgestattet werden. Eine europäische Berufsarmee, die perspektivisch mehrere hunderttausend Soldaten zählen müsste, wäre zu gründen, über deren Einsätze (etwa im Auftrag der UNO oder

der NATO) ausschließlich die Kommission zu entscheiden hätte. Der Weg der parallelen Souveränität auf nationaler und der europäischer Ebene bietet sich auch für die Außenpolitik an. Kein Mitgliedstaat sollte dazu gezwungen werden, auf eine eigene Armee, auf Gasgeschäfte mit Russland, auf selbst zu verantwortende Militäreinsätze oder auf Sonderbeziehungen mit anderen Ländern (innerhalb und außerhalb der EU) zu verzichten. Einen freiwilligen Verzicht darf man allerdings nicht ausschließen. Er würde bedeuten, dass man sich als nationaler Staat der europäischen Außenpolitik institutionell unterordnet.

Allein die Existenz eines funktionstüchtigen europäischen Souveräns könnte die Mitgliedstaaten anhalten, bei strittigen außenpolitischen Entscheidungen auf die EU zuzugehen, statt eine Politik zu betreiben, die die Interessen der Gemeinschaft verletzt. Mechanismen der Konsultation und Schlichtung müssten deshalb in das EU-Regierungssystem eingebaut werden, ohne dass die außen- und sicherheitspolitische Souveränität der Gliedstaaten darunter leidet. Ist ein Kompromiss zwischen den nationalen und europäischen Interessen nicht möglich, könnte kein Mitgliedstaat mehr behaupten, er verfolge seine Außenpolitik „im Namen Europas". So würde „Europa" schnell aufhören, eine rhetorische Floskel für Nationalisten zu sein.

Die zwischenstaatliche Ebene ist für die Aufgabe, außenpolitische Konflikte unter den EU-Mitgliedern zu schlichten, gänzlich ungeeignet. Angesichts unterschiedlicher Sicherheitslagen und gegensätzlicher Wahrnehmungen des internationalen Systems führen diese Konflikte häufig zur Spaltung der Union. Es sei nur daran erinnert, dass während der Irak-Krise sogar quer durch die EU „Achsen" gebildet worden sind, an denen sich auch Nicht-EU-Mitglieder – Russland und die USA – beteiligten. Die Schwierigkeiten der Konsensbildung führen nicht nur zur Handlungsunfähigkeit der EU. Sie ziehen auch eine (Re-)Nationalisierung der Außenpolitik nach sich, die die Meinungsunterschiede zwischen den EU-Mitgliedern weiter verstärkt. Das Fehlen des außenpolitischen Apparates und der militärischen Ressourcen tun ihr Übriges. In den neunziger Jahren sah sich die EU deshalb außerstande, die grundlegenden europäischen Sicherheitsprobleme, die die Jugoslawien-Kriege verursacht hatten, ohne die Hilfe der USA zu lösen. Hinzu kommt, dass jeder Konflikt in Fragen der Außen- und Sicherheitspolitik, der in der EU aufgerissen wird, fast automatisch einen Riss in den transatlantischen Beziehungen zur Folge hat. In diesem Sinne stellt die fehlende Einigkeit der EU-Staaten heute die größte Bedrohung für die Einheit des Westens dar. In der Praxis heißt das, dass nur ein großer EU-Staat aus der Reihe zu tanzen braucht, um die EU und somit den Westen insgesamt zu spalten.

Das aktuellste Beispiel des typischen außenpolitischen Trauerspiels der EU und ihrer Mitgliedstaaten liefert der russisch-georgische Krieg vom August 2008. Nach dem unerwarteten Einmarsch der russischen Truppen in Georgien hätte eine gemeinsame europäische Haltung zumindest ein wichtiges Signal an die Weltöffentlichkeit gesendet. Nicht zu unterschätzen gewesen wäre zudem die Wirkung eines solchen Signals auf Russland selbst. So aber hat die französische Ratspräsidentschaft in ihren „Vermittlungsbemühungen", deren Ergebnis gänzlich vom Kreml bestimmt wurde, ebenso versagt wie die verspäteten nationalen Schlichtungsanstrengungen der aus ökonomischen Gründen um möglichst gute Beziehungen zu Russland stets bemühten deutschen Regierung. Diese Uneinigkeit und Unbeholfenheit der EU-Staaten hat dazu beigetragen, dass die schwierige Lage Georgiens schier ausweglos geworden ist. Dabei gehört dieses Land unzweifelhaft zur westlichen Hemisphäre wie zu Europa, ist demokratisch ungleich weiter entwickelt als Russland und hat darüber hinaus eine Schlüsselbedeutung für die Energieversorgung der EU.

Angesichts der unterschiedlichen historischen Erfahrungen ist die Zerrissenheit der EU im Umgang ausgerechnet mit Russland gut zu erklären. Dass sie nicht immer die Regel sein muss, zeigte sich z.B. auf dem EU-Russland-Gipfeltreffen in Samara im Mai 2006. Damals stritt man über das Einfuhrverbot für Agrarprodukte, das Russland aus Verärgerung über die polnische Unterstützung der Orangenen Revolution in der Ukraine gegen Polen verhängt hatte. Nachdem die deutsche Ratspräsidentschaft in dieser Frage die Zustimmung aller EU-Mitglieder hinter sich wusste, gelang es der EU, eine Aufhebung des Verbots von Russland zu erwirken (Cichocki 2008: 41 f.). In wichtigeren Fragen als dem Fleischexport fehlt es leider oft an einer vergleichbaren Einigkeit. Deshalb dürfen das Einstimmigkeitsprinzip und der zwischenstaatliche Entscheidungsmodus nicht länger die institutionelle Grundlage der europäischen Außenpolitik bilden.

Das eklatante außenpolitische Versagen der Union wiegt umso schwerer, als die Gewährleistung der Sicherheit die ursprüngliche Aufgabe der Politik ist. Wenn die Union als dazu geeigneter Akteur die Sicherheitsfunktion nicht erfüllen kann, braucht man sich über das Ausbleiben der affektiven Zuneigung der Bürger zur Gemeinschaft nicht zu wundern. Deshalb und selbstverständlich auch aus funktionellen Gründen – etwa der Bekämpfung von internationaler Kriminalität – gehörte auch die Bildung eines europäischen Polizeikörpers nach dem Vorbild des US-amerikanischen FBI zu den gebotenen Aufräumarbeiten nach dem Scheitern der Verfassungsidee.

9 „Europäismus"

Die neuen Zuständigkeiten des Parlaments und der Kommission würden die Bürger schnell daran gewöhnen, dass wichtige Elemente ihrer Lebenswirklichkeit – wie etwa die Sicherheit – von der Arbeit und Funktionsfähigkeit der EU-Institutionen abhängen. Je mehr sich diese Erkenntnis durchsetzt, umso schneller kann sich das Prinzip – und vielleicht sogar die Ideologie – des Europäismus in den europäischen Gesellschaften ausbreiten. Dieses Prinzip besagt, dass europäische Nationen auch von ethnisch Fremden regiert werden dürfen, wenn dies in einem angemessenen – föderalen, demokratischen und effizienten – staatlichen Rahmen erfolgt. Es bedeutet keineswegs, dass der europäische Souverän die Nationalstaaten und der Europäismus den Nationalismus ersetzen sollen. Der Europäismus besagt vielmehr, dass die Sicherheit und der Wohlstand der europäischen Völker ohne einen europäischen Föderalstaat von den Nationalstaaten allein nicht mehr zu gewährleisten sind. In einer europäischen Föderation würde sich der Europäismus folgerichtig neben den Nationalismus und Regionalismus weitgehend problemlos einfügen.

Fehlender Mut und fehlende Weitsicht erklären, warum die Eliten in der EU bislang nicht fähig waren, bei ihren nationalistisch geformten Völkern für den Europäismus offensiv und glaubwürdig zu werben. Auch die Autoren des „Verfassungsvertrags" glänzten hier nur mit halbherzigen Schritten. Neben der bereits erwähnten Idee, den Außenbeauftragten zum Außenminister zu befördern, bemühten sie sich z.B. sehr um eine identitätsstiftende Präambel des „Verfassungsentwurfs". Außer selbstgefälligen Worthülsen wie „Zivilisation", „Kultur", Humanismus", „Fortschritt", die zum ideellen Fundament des Alten Kontinents erklärt werden sollten, kam dabei aber nicht viel heraus. Zwar wurde zutreffend von einem Europa gesprochen, das „in Vielfalt geeint" sei, doch verzichtete man darauf, diese wichtige Formel zu konkretisieren. Im späteren „Reformvertrag" wurden schließlich sogar die Symbole getilgt, die man zur Identitätsstiftung in den Verfassungsentwurf eingefügt hatte (EU-Hymne und -Fahne). Zur Beschwichtigung der Integrationsgegner sollte jeglicher Anklang einer europäischen Staatlichkeit vermieden werden.

Dass die Eliten der Union Frieden, Wohlstand und Großzügigkeit in der EU in vollen Zügen genießen, hindert sie nicht, unreflektiert in ihrer nationalistischen Grundgesinnung zu verharren. Insofern entbehren sie jener geistigen Kraft und Motivation, die ihre Vorfahren – die Nationalisten des 18. bis 20. Jahrhunderts – im Kampf gegen Absolutismus und Fremdherrschaft aufgebracht hatten. Dies mag auch daran liegen, dass sie aus Gesellschaften stammen, die in den Jahrzehnten des Kalten Krieges den Wohlstand zum höchsten Wert stilisiert und – wider alle historische Erfahrung – die Sicherheit ihrer Nationalstaaten als eine gegebene Größe verinnerlicht haben. In dieser irrationalen Grundeinstellung wurzelt vielleicht die größte Gefahr für die Zukunft Europas, der entgegenzutreten die Nationalstaaten sich außerstande zeigen.

So wie sich die Sache darstellt, ist das Potenzial des Europäismus im sogenannten „alten Europa" also nicht sonderlich groß. Unter den neuen Mitgliedern der EU scheint es dagegen zur Genüge vorhanden. Da diese Staaten ihren Wohlstand erst aufbauen, fehlt es ihnen an der Saturiertheit der westlichen Nachbarn. Und was die Politik angeht, haben ihre Eliten – bei allen, zuweilen haarsträubenden Kompetenzdefiziten in Europafragen – die Fähigkeit noch nicht eingebüßt, konkrete sicherheitspolitische Bedrohungen zu erkennen, weil die Erfahrung der Fremdherrschaft in ihren Köpfen präsent bleibt. Sie sind daher durchaus im Stande, die EU als eine wichtige sicherheitspolitische Struktur zu „denken".

Eurobarometer-Befragungen aus den letzten Jahren zeigen, dass die Beitrittsländer die Institutionen der EU besser bewerten als die Institutionen ihrer eigenen Staaten, während es sich bei den „alten Europäern" genau umgekehrt verhält. Die Kombination von Hochschätzung der Demokratie in der EU und fehlender Kenntnis ihrer strukturellen Realität zeugt dabei freilich von einer primär affektiven Europa-Begeisterung der Neu-Mitglieder, wohingegen die Westeuropäer in der Regel rationaler auftreten und über die EU besser Bescheid wissen. Die politische Passivität der post-sowjetischen Gesellschaften schlägt sich auch in den extrem niedrigen Beteiligungsraten bei den Europawahlen nieder.

Man kann in diesem neuen europäischen Zusammenhang eine Mischung aus der jungen, affektiven Inkompetenz und der alten, zynischen Besserwisserei entdecken. Man kann aber die darin enthaltene Begeisterung und Kompetenz auch als Chance für die aufzubauende europäische Föderation betrachten, zumal dieses doppelte Potenzial ein vergängliches Phänomen darstellt. Dies gilt umso mehr, als sich die neuen EU-Mitglieder den Verhaltensweisen der Alteuropäer schneller annähern als gedacht. Geht es um die Ausnutzung Europas für die eigenen nationalen Interessen, ist der Lern- und Anpassungsprozess ihrer politischen Eliten inzwischen weit fortgeschritten. Davon zeugt etwa der erwähnte deutsch-polnische Konflikt um den Abstimmungsmodus im Rat, der während des Brüsseler EU-Gipfels im Juni 2007 ausgetragen wurde. Dass ausgerechnet Polen mit seiner Europa-begeisterten Bevölkerung in die Rolle des europäischen Buhmanns schlüpfen würde, stimmt bedenklich. Dabei war die polnische Delegation in Brüssel ihren deutschen Partnern nur in einem Punkt klar unterlegen: Sie konnte ihre nationalen Ziele nicht so gut in die hehre Europa-Rhetorik kleiden. Es ist davon auszugehen, dass auch dies an der östlichen Peripherie der EU bald gelernt sein wird. Zudem kann sich mit steigendem Wohlstand und einer verbesserten Regierungsfähigkeit ihrer eigenen Nationalstaaten das Zeitfenster der EU-Begeisterung auch bei den östlichen Völkern der EU irgendwann schließen. Die Art des politischen Managements der „Verfassungskrise" deutet darauf hin, dass den Verantwortlichen der Union das bis heute nicht bewusst ist.

Literatur

Cichocki, Marek (2008): Wege und Abwege der Europäisierung der deutsch-polnischen Beziehungen, in: Politische Studien 59, H. 420, S. 40–44.

Decker, Frank (2002): Institutionelle Entwicklungspfade im europäischen Einigungsprozess. Eine Antwort auf Katharina Holzinger und Christoph Knill, in: Zeitschrift für Politikwissenschaft 12 (2), S. 611-636.

Elazar, Daniel. J. (1991): Exploring Federalism, Tuscaloosa / London.

Fischer, Joschka (2000): Vom Staatenbund zur Föderation. Rede am 12. Mai 2000 in der Humboldt-Universität in Berlin am 12. Mai 2000, abgedruckt in: Christian Joerges / Yves Mény / Joseph H.H. Weiler (Hg.): What Kind of Constitution for What Kind of Polity? Responses to Joschka Fischer, San Domenico, S. 5-17.

Hellmann, Günther (2007): Deutschland, Europa und der Osten. Für den Erfolg einer neuen EU-Ostpolitik ist die Re-Europäisierung des deutschen Interessendiskurses eine wichtige Bedingung, in: Internationale Politik 62 (1), S. 20–28.

Joas, Hans / Klaus Wiegandt (2005): Die kulturellen Werte Europas, Frankfurt a.M.

Kohn, Hans (1950): Die Idee des Nationalismus. Ursprung und Geschichte bis zur Französischen Revolution, Heidelberg.

Maćków, Jerzy (2004): Am Rande Europas. Nation, Zivilgesellschaft und außenpolitische Integration in Belarus, Litauen, Polen, Russland und der Ukraine, Freiburg i.Br.

Maćków, Jerzy / Margarete Wiest (2005): Dimensionen autoritärer Systeme in Osteuropa, in: Totalitarismus und Demokratie 2 (2), S. 179-200.

Moravcsik, Andrew (1998): The Choice for Europe. Social Purpose and State Power from Messina to Maastricht, Ithaca / New York.

Oeter, Stefan (2006): Überlegungen zum Entwurf eines Verfassungsvertrages in Europa, in: Manfred Zuleeg (Hg.): Die neue Verfassung der Europäischen Union, Baden-Baden, S. 69–89.

Schäfer, Armin (2006): Nach dem permissiven Konsens. Das Demokratiedefizit der Europäischen Union, in: Leviathan 34 (3), S. 350–376.

Siedentop, Larry (2002): Demokratie in Europa, Stuttgart.

Tiedtke, Andreas (2005): Demokratie in der Europäischen Union. Eine Untersuchung der demokratischen Legitimation des europäischen Integrationsprozesses vom Vertrag von Amsterdam bis zum Entwurf einer Europäischen Verfassung, Berlin.

Winkler, Heinrich August (2008): Integration oder Erosion. Joschka Fischers „Humboldt-Rede": Absicht und Wirkung [1], in: Themenportal Europäische Geschichte. www.europa.clio-online.de

Ein Gebilde sui generis? Die Debatte um das Wesen der Europäischen Union im Spiegel der „Nature of the Union"-Kontroverse in den USA

Dennis-Jonathan Mann

1 Einleitung

In den mehr als fünfzig Jahren seit Unterzeichnung der „Römischen Verträge" hat sich die europäische Integration in erstaunlichem Tempo und Umfang vollzogen. Gleichwohl bleiben die zwei essenziellen Grundfragen, welche sich seit dem Beginn des europäischen Einigungsprozesses stellen, nach wie vor unbeantwortet. Es handelt sich zum einen um die Frage nach dem „Wesen der Europäischen Union", zum anderen um die Frage der Finalität der europäischen Integration. Die vielfältigen Charakterisierungen von Ursprung, Status quo und Ziel der EU bewegen sich zwischen den Gegensätzen des Intergouvernementalismus (mit dem Ziel Staatenbund) und der Supranationalität (mit dem Leitbild des Bundesstaates) und allen nur denkbaren Zwischenstufen, etwa der vom deutschen Bundesverfassungsgericht verwendeten Wortschöpfung des „supranationalen Staatenverbunds" (BVerfG 1993: 155 ff.). Daneben stehen sich herkömmlichen Einordnungen entziehende Beschreibungen, wie etwa die aus der Politikwissenschaft stammende Charakterisierung der EU als „Mehrebenensystem" sowie die Negierung jeglicher Vergleichbarkeit der EU und – daraus folgend – ihre Kennzeichnung als „Gebilde sui generis" (Bogdandy 1993: 120).

Im Folgenden soll die Diskussion über das Wesen der EU einer vergleichenden Betrachtung unterzogen werden, indem sie der US-amerikanischen Diskussion über die „Nature of the Union" – also der Frage nach dem Wesen der Vereinigten Staaten von Amerika – gegenübergestellt wird. Ein solcher Vergleich des europäischen Integrationsprojekts mit den USA ist alles andere als wissenschaftliches Neuland, schließlich stellen die Vereinigten Staaten von jeher *das* Referenzobjekt dar, an dem die europäische Integration gemessen wird – sowohl durch die Integrationsbefürworter (Cappelletti / Seccombe / Weiler 1988: 3 ff.) als auch durch deren Kritiker (Kirchhof 1994: 66, Isensee 1993: 137). Hier wird jedoch bewusst kein Vergleich der EU mit den *heutigen* USA unternommen (Howse / Nicolaïdis 2001: 1 ff.); vielmehr sollen gezielt die Unklarheiten, Widersprüche und Widerstände herausgearbeitet werden, die die Gründung und Entwicklung der USA im eigenen Land zu verschiedenen Zeiten ihrer Geschichte hervorgebracht haben und die auch heute noch im politischen Diskurs beobachtet werden können. Auf diese Weise soll versucht werden, einige in der Literatur beschriebene Gegensätze der europäischen Integration im Vergleich zum US-amerikanischen Beispiel zu widerlegen oder doch wenigstens zu relativieren.

Hierzu sollen zwei Kernelemente gegenübergestellt werden, welche in beiden Diskursen thematisiert werden und die als idealtypisch für die Gesamtdiskussion über das „Wesen der Union" in der EU und den USA erachtet werden können. Ein erstes Kernelement stellt die Frage nach der Souveränität dar. Diese wird im EU-Kontext als Frage nach den „Herren der Verträge" kontrovers diskutiert und findet ihr Pendant im US-amerikanischen Streit der Theorien einer geteilten Souveränität zwischen Bund- und Einzelstaaten (*divided sovereignty*) einerseits und der einer Souveränität der Einzelstaaten (*compact theory*) andererseits. Als zweites Kernelement wird die Frage des Vorrangs von Unions- bzw. Bundesrecht gegenüber einzelstaatlichem Recht untersucht – als Parallele zum europäischen Diskurs dient hier die US-Diskussion um die *Supremacy Clause* der Verfassung und die Theorie der Nullifikation von Bundesrecht. Mit dem Vergleich zwischen der Debatte über das „Wesen der EU" und der US-amerikanischen „Nature of the Union"-Kontroverse ist die methodische Problematik einer historischen Ungleichzeitigkeit der beiden Prozesse verbunden, liegt doch zwischen dem Inkrafttreten der US-Verfassung im Jahre 1789 und den Römischen Verträgen von 1957 ein Zeitraum von fast 170 Jahren. Diese Ungleichheit der Vergleichsobjekte macht es nötig, die jeweiligen Vorgänge und Theorien soweit wie möglich von ihrem historischen Kontext zu abstrahieren.

2   „States' Rights" oder die Frage nach der Souveränität in föderalen Systemen

Bei der Suche nach dem Wesen der EU ist die Frage zentral, wie sich das Verhältnis der EU zu ihren Mitgliedstaaten charakterisieren lässt. Kontrovers wird insbesondere diskutiert, ob es eine eigene (Teil-)Souveränität der EU gibt und welche Auswirkungen dies wiederum auf die Souveränität der Mitgliedstaaten hat. Kristallisationspunkt der Überlegungen über die Beziehung der EU zu ihren

Mitgliedstaaten ist stets die Tatsache, dass die Union als Schöpfung ihrer Mitgliedstaaten verstanden wird, welche auf einem völkerrechtlichen Vertrag beruhe, so dass sie ihrem Ursprung nach ein Staatenbund (Konföderation) sei. Aus diesem Ursprung eine Föderation konstruieren zu können wird zum Teil verneint, von anderen Stimmen in der Literatur jedoch für möglich gehalten. Als Beispiel wird häufig die Entstehung des föderalen Systems der USA genannt, welches als eine Gründung durch den Akt eines amerikanischen Staatsvolks begriffen wird (Howse / Nicolaïdis 2001: 12). Genau dieser – sich von der europäischen Entwicklung scheinbar so eindeutig unterscheidende – Vorgang ist hier näher zu untersuchen und gegebenenfalls zu relativieren.

2.1 Souveränität in der Europäischen Union – wer sind die „Herren der Verträge"?

Während in den übrigen Mitgliedstaaten vor allem die Frage diskutiert wird, ob eine föderal strukturierte EU nicht zwangsläufig auf einen europäischen (Super-) Staat hinauslaufe (Mayer 2000: 140 ff.), wird in der deutschen Wissenschaft und Rechtssprechung besonders leidenschaftlich das Verhältnis von EU und Mitgliedstaaten diskutiert. Die unter verschiedenen Schlagwörtern – Integration, Nation, Staat und besonders Souveränität – geführten Diskurse kreisen dabei im Kern um die Kontroverse, wer innerhalb der EU „das letzte Wort" hat und haben soll. Dieser Diskurs über die Souveränitätsfrage kann dabei auf zwei antithetische Ansichten zugespitzt werden (Pernice 2001: 148 ff., Huber 2001: 194 ff.).

Auf der einen Seite steht das Theorem der eigenen Verfasstheit der EU. Hier wird davon ausgegangen, dass sich die EU „von ihren völkerrechtlichen Wurzeln gelöst" habe und somit autonom und unabhängig von den Mitgliedstaaten existiere (Ipsen 1972: Rdnr. 2). Nach dieser Deutung stellt das europäische Primärrecht entweder bereits heute eine Art europäische Verfassung dar oder befindet sich die europäische Integration in einer Phase der Konstitutionalisierung, die, jedenfalls langfristig, auf eine Verfassungsordnung hin zusteuert (Pernice 2001: 149 ff.).

Promotor dieser „autonomistischen" Ansicht der EU (respektive ihres Rechts) ist der Europäische Gerichtshof (EuGH). Der EuGH (1963: 12) spricht zunächst von einer „neuen Rechtsordnung des Völkerrechts". In späteren Urteilen (EuGH 1978: 629 ff., 1986: 1365) wird jedoch klargestellt, dass die supranationale Rechtsordnung der Gemeinschaft sogar Verfassungscharakter habe, wobei die Verträge als „Verfassungsurkunde" dienen. In der Wissenschaft sind es traditionell die Europarechtler, die diese Theorie aufgegriffen und weiterentwickelt haben. Die Relevanz der Annahme einer eigenen Verfasstheit der EU für die Suche nach deren Wesen wird am besten verdeutlicht durch eine nähere Untersuchung der zwei Argumente, welche zu ihrer Begründung herangezogen werden:

- Art und Umfang der Kompetenzen, welche die Mitgliedstaaten auf die supranationale EU-Ebene übertragen haben, verbunden mit der Möglichkeit von (qualifizierten) Mehrheitsentscheidungen und einem Rechtssystem (Bogdandy 1993: 116 ff.), welches in Struktur und Leistungsfähigkeit an klassische bundesstaatliche Systeme erinnere (Abromeit 1998: 3).
- Die direkte Wirkung, welche Akte der EU gegenüber dem einzelnen Bürger in den Mitgliedstaaten entfalten können (EuGH 1963: 1 ff.).

Die logische Verbindung der Ebene des Rechts zum Verhältnis von EU und Mitgliedstaaten besteht darin, dass aus der eigenständigen Rechtsordnung eine von der Staatsgewalt der Mitgliedstaaten unabhängige Gemeinschaftsgewalt ausgeht, die aus sich heraus besteht und lediglich an ihre eigenen Grundregeln gebunden sein soll (Oppermann 1999: Rdnr. 616). Daraus wiederum ergebe sich, dass die Mitgliedstaaten zumindest in solchen Gebieten nicht mehr „Herren der Verträge" seien, wo die Gemeinschaft eigene Hoheitsbefugnisse errichtet hat (Ukrow 1995: 95 f.). Daher lässt sich die Ansicht einer eigenen Verfasstheit als System geteilter Souveränität und Kompetenzen zwischen der supranationalen und der nationalstaatlichen Ebene darstellen (Bogdandy 1993: 116, 2003: 186 f.).

Gewissermaßen die Antithese zu diesem Theoriestrang ist die klassischvölkerrechtliche Ansicht, die Parallelen zur intergouvernementalen Integrationstheorie aufweist (Joerges 1996: 75). Aus den Gründungsverträgen, die völkerrechtliche Verträge zwischen souveränen Staaten seien, wird geschlossen, dass es sich bei der EU auch heute noch um eine Form der intergouvernementalen Kooperation handele, sie also im Kern weiterhin eine – wenn auch mit besonders umfangreichen Befugnissen ausgestattete – internationale Organisation darstelle (Streinz 2001: Rdnr. 181). Interessanter, jedoch auf den ersten Blick nicht als Genthese zur Annahme einer eigenen Verfasstheit der EU zu erkennen, ist die Lehre von der Eigenständigkeit durch verfassungsrechtliche Ermächtigung. Nach dieser Theorie stellt die EU eine eigenständige Rechtsordnung dar, zu unterscheiden von Völkerrecht und nationalem Recht (ebd.: Rdnr. 186). Die europäische Rechtsordnung besitze eben diese Eigenständigkeit jedoch nicht aus eigener Kraft, sondern nur, weil die Verfassungen der Mitgliedstaaten sie als solche anerkennen. Dieses Verständnis der EU wird etwa vom deutschen Bundesverfassungsgericht vertreten, aber auch von den Verfassungsgerichten und obersten Gerichten anderer Mitgliedstaaten (Mayer 2003: 247).

Die Vertreter der Lehre einer Eigenständigkeit durch verfassungsrechtliche Ermächtigung gehen zwar davon aus, dass durch Übertragung von Kompetenzen auf die supranationale Ebene die Staaten in ihrer Souveränität (temporär) eingeschränkt werden; da die Mitgliedstaaten jedoch weiterhin uneingeschränkte „Herren der Verträge" seien, könne diese Einschränkung der Souveränität grundsätzlich rückgängig gemacht werden (Isensee 1995: 585 ff., Huber 2001: 220). Reflektiert wird damit das Verständnis einer Unteilbarkeit der Souveränität, welche nach wie vor bei den Mitgliedstaaten liege.

Aus dieser Perspektive werden folgerichtig auch kritische Überlegungen über mögliche Grenzen einer weiteren Übertragung von Zuständigkeiten auf die supranationale Ebene angestellt. Weil die nationalen Verfassungen den Maßstab darstellten, an dem die europäische Integration zu messen sei, wird die Frage nach den (verfassungsrechtlichen) Grenzen der Integration von einigen gar in den Mittelpunkt gerückt (Kirchhof 1994: 66). Da ein europäisches Staatsvolk mit einer kollektiven europäischen Identität (noch) nicht existiere (Kirchhof 2003: 900 ff.), sei eine supranationale Demokratisierung auf absehbare Zeit ausgeschlossen und demnach die europäische Politik an die Mitgliedsstaaten und ihre Parlamente als Legitimationsgaranten „rückzukoppeln" (BVerfG 1993: 156).[1]

2.2 Die USA – Bund der Einzelstaaten oder Gründung eines amerikanischen Volkes?

Nachdem die beiden gegensätzlichen Ansichten über die Beziehung von EU und Mitgliedstaaten dargestellt wurden, soll nun die Diskussion über die „Nature of the Union" in den USA danach befragt werden, ob sie Erkenntnisse bringt, die sich auf die EU übertragen lassen. Dabei mag es zunächst erstaunen, dass in den USA eine entsprechende Diskussion überhaupt stattfand und die Frage der „Nature of the Union" sogar noch in der jüngsten Vergangenheit vor dem Supreme Court eine wichtige Rolle spielte (Supreme Court 1995), wobei sich die Richter selbst 140 Jahre nach dem Bürgerkrieg tief gespalten zeigten (Farber 2003: 27).

Auch wenn vereinzelt auf die Diversität der USA hingewiesen wird, so dominiert im europäischen Diskurs die Charakterisierung der USA als das Produkt einer organischen föderalen Entwicklung, welche von jeher angelegt war (Kom-

---

[1] Siehe dazu auch den Beitrag von Josef Isensee in diesem Band.

mers 1986: 604 f., Mayer 2000: 15). In der Tat scheint es aus europäischer Perspektive schwierig, an der Natur der USA als Bundesstaat eines US-amerikanischen Volkes zu zweifeln, gelten die USA doch nicht bloß als *ein* Staat unter vielen, sondern gemeinhin gar als „Weltmacht". Auch die Infragestellung einer gemeinsamen US-amerikanischen Identität muss zunächst befremdlich wirken, ist doch der allgegenwärtige „American Way of Life" ein scheinbar untrügliches Zeichen einer US-amerikanischen (National-)Kultur (Deuerlein 1972: 293).

Häufig wird mit Verweis auf die Stabilität des Verfassungsgefüges der USA vergessen, dass die USA bei In-Kraft-Treten der Verfassung und dem Amtsantritt ihres ersten Präsidenten George Washington aus nicht mehr als elf Staaten bestanden. Zudem fanden mit der *Declaration of Independence* im Jahre 1776, den *Articles of Confederation and Perpetual Union* aus dem Jahre 1777 und der *Constitution of the United States* von 1787 innerhalb eines kurzen Zeitraums weitreichende Umgestaltungen der Beziehungen der ehemaligen Kolonien statt (Amar 2005: 6 f.). Auch die vermeintliche Homogenität und gemeinsame Identität war weit weniger ausgeprägt als heute vielfach vorausgesetzt (Ellis 2005: 17). Im Gegenteil, Größe und Heterogenität schon der dreizehn Kolonien wurden von den Gegnern der Verfassung von 1789 als entscheidende Argumente gegen deren Ratifizierung angeführt. Zwar, und dies stellt in der Tat einen entscheidenden Unterschied zur Situation in der EU dar, existierte mit dem Englischen eine gemeinsame Sprache; trotzdem verfügten die frühen USA nur über eine sehr kleine nationale Elite (Ellis 2005: 20), deren Mitglieder – wie ein Tagebucheintrag von John Adams dokumentiert – nur wenige Gemeinsamkeiten hatten und die folgerichtig nur wenig Verständnis und Vertrauen füreinander aufbrachten (Carppelletti: 1986: XI). Daher überrascht es nicht, dass sich die Bundesebene auch in den USA erst allmählich politisiert und demokratisiert hat, mit zunächst eher desintegrierenden Wirkungen (Ackerman 2005: 16 ff.).

Aus diesen Vorüberlegungen über die Beschaffenheit der frühen USA heraus lassen sich die nun darzulegenden Ansichten über die Beziehung zwischen den US-amerikanischen Bundesstaaten und dem Bund (*federal government*) besser einordnen. Auch in der amerikanischen Souveränitätsdebatte können die Meinungen auf zwei antithetische Positionen zugespitzt werden.

2.2.1 Die USA als System der „geteilten Souveränität"

Es entspricht dem „Mainstream" der amerikanischen öffentlichen Meinung, die USA als einen echten Bundesstaat zu begreifen, der sich auf *ein* US-amerikanisches Volk gründet („we are *one* people"), welches auch der alleinige

Träger der Souveränität sei. Neben der – hier nicht näher zu erörternden – horizontalen Gewaltenteilung soll das amerikanische Volk seine Souveränität dabei zusätzlich einer vertikalen Teilung unterziehen, indem es einen Teil seiner Souveränität auf die Bundesebene (*federal government*) delegiere, während die verbleibende Souveränität auf die Ebene der Einzelstaaten (*state governments*) übertragen werde bzw. beim jeweiligen Volk des Einzelstaates verbleibe (Farber 2003: 32). Ergebnis dieser Teilung der Souveränität (*divided sovereignty*) soll sein, dass die Bürger der Vereinigten Staaten unter zwei getrennten, aber zugleich vollwertigen Autoritäten (*dual sovereignty*) leben, also gewissermaßen Bürger zweier Welten sind – ihres Heimatstaates und der Vereinigten Staaten (Elazar 1967: 190 ff.). Als geradezu klassisch gilt folgende Definition von Chief Justice Roger B. Taney:

> „And the powers of the General Government, and of the State, although both exist and are exercised within the same territorial limits, are yet separate and distinct sovereignties, acting separately and independently of each other, within their respective spheres." (Supreme Court 1859).

Sehr unterschiedlich sind innerhalb der Theorie der geteilten Souveränität jedoch die Ansichten darüber, seit wann das US-amerikanische Volk ein souveränes Volk (im Singular) darstelle und wie dies begründet werden könne. Am weitesten geht dabei die häufig zitierte Auffassung Abraham Lincolns (1861: 434)[2]: „The Union is older than any of the States; and, in fact, it created them as States." Nach dieser Einschätzung hatten die Kolonien zu keiner Zeit eine souveräne staatliche Existenz jenseits der Union, da sie zunächst abhängige englische Kolonien gewesen waren und dann als „collective body, which thereby succeeded to the sovereignty formerly held by the king" 1776 gemeinsam ihre Unabhängigkeit erklärt hätten (ebd.: 433 ff.). Auch unter den *Articles of Confederation* soll nach Lincolns Auffassung die Souveränität weiterhin beim Gesamt-Volk aller Einzelstaaten gelegen haben, da kein Einzelstaat jemals eine eigene einzelstaatliche Verfasstheit (und Verfassung) gehabt habe, die nicht unter dem Dach und der Billigung der *Articles of Confederation* gestanden habe: „Of course it is not forgotten that all the new States framed their constitutions before they entered the Union, nevertheless dependent upon, and preparatory to coming into the Union." (ebd.)

---

[2] Aus Gründen der Vereinfachung werden die Quellen hier und im folgenden stets mit dem Ursprungsjahr zitiert. Die Seitenzahlen beziehen sich auf die Editionen und Textsammlungen, denen sie entnommen wurden. Diese sind im Literaturverzeichnis aufgeführt.

Die innerhalb der Lehre von der geteilten Souveränität wohl überwiegende Ansicht über deren Ursprung setzt, anders als Lincoln, erst bei der Verfassung von 1789 an – demnach soll die Ratifizierung der Verfassung das Wesen der Union transformiert haben. Nach diesem „transformational view" haben die einzelnen Staaten durch die Unabhängigkeitserklärung zunächst eine eigene Souveränität gewonnen, doch durch die Ratifikation der Verfassung habe sich dieser Zustand wieder geändert. Die Verfassung stellt demnach einen *contrat social* des gesamten amerikanischen Volkes dar, durch den ein neuer (zusätzlicher) Souverän auf Bundesebene geschaffen wurde.

Zentrale Indizien für diese Interpretation sind die Präambeln der Unabhängigkeitserklärung, der *Articles of Confederation* und der Verfassung. Die Unabhängigkeitserklärung von 1776 beginnt mit den Worten „The unanimous Declaration of the thirteen united States of America" und stellt eine gemeinsame Erklärung der dreizehn vormaligen Kolonien dar, die sich damals erstmalig als Staaten begriffen hatten (Becker 1958: 185 ff.). Diese Formulierung sei ein Hinweis darauf, dass die Unabhängigkeitserklärung sich nicht auf eine (souveräne) amerikanische Nation stützte, sondern auf ein Kooperationsarrangement zwischen den ehemaligen Kolonien sowie ihren Bewohnern – im Text als „the good People of these Colonies" bezeichnet (ebd.: 191). Zwar benutzt die Unabhängigkeitserklärung, wie die spätere Verfassung, bereits die Bezeichnung „united States", der Rekurs auf das Recht der Kolonien „(…) to be Free and Independent States" ist jedoch nach Ansicht der Transformalisten Beleg, dass die ehemaligen Kolonien im Zuge der Unabhängigkeit zunächst zu vollwertigen, souveränen Staaten wurden. Die Unabhängigkeitserklärung unterstützt diese Auffassung weiterhin durch eine Konkretisierung der Rechte der vormaligen Kolonien: „As Free and Independent States, they have full Power to levy War, conclude Peace, contract Alliances, establish Commerce, and do all other Acts and Things which Independent States may of right do" (ebd.: 192). Auch unter den *Articles of Confederation* wird die Souveränität noch bei den Einzelstaaten verortet, der Bezug der Artikel auf die Staaten als Vertragsparteien und die explizite Bestätigung der einzelstaatlichen Souveränität werden hier im Art. II angeführt: „Each state retains its sovereignty, freedom and independence (…)." Die Präambel der Verfassung von 1789 unterscheide sich dagegen deutlich von den vorangegangenen Texten, indem sie sich ausdrücklich auf das Volk (und nicht auf die Staaten) stütze und den schöpferischen Akt der Verfassungsgebung hervorhebe: „We the *People* of the United States (…) do ordain and *establish* this Constitution for the United States of America."

Ein weiterer Beleg für jene Transformation der Souveränität wird in den unterschiedlichen Anforderungen an die Ratifikation und Änderung der Verfassung gesehen. So konnte die Verfassung seinerzeit zwar schon bei einer Ratifizierung durch neun der dreizehn Staaten in Kraft treten, dabei sollte sie jedoch nur für die Staaten Gültigkeit erlangen, in denen sie auch tatsächlich angenommen werden würde (Art. VII). Für eine Verfassungsänderung dagegen ist nach Artikel V der Verfassung nur ein Quorum von drei Vierteln der Staaten ausreichend, um die Verfassungsänderung in allen Staaten verbindlich zu machen, was den Übergang der Souveränität auf einen US-amerikanischen *demos* widerspiegeln soll (Farber 2003: 31).

Zusammenfassend lässt sich festhalten, dass sich laut *divided sovereignty*-Theorie die Verfassung von 1789 und damit die Bundesebene direkt auf ein amerikanisches Volk gründet. Mustergültig wurde dieser Kerngedanke vom U.S. Supreme Court formuliert: „The Government of the Union then (…) is, emphatically and truly, a Government of the people. In form and in substance, it emanates from them. Its powers are granted by them, and are to be exercised directly on them, and for their benefit" (Supreme Court 1819). Zweites Kennzeichen der Theorie ist, dass diesem einen Volk zwei Agenten „zu Diensten" sein sollen (Beer 1993: 21) – die einzelstaatliche Ebene und die Bundesebene, die beide als eigene Souveräne verstanden werden. Die daraus resultierende Dialektik hat James Madison auf den Punkt gebracht: „The Constitution was made by the people, but as embodied in the several States that were parties to it, (…) one people, nation, or sovereignty for certain purposes (but) not so for others" (zit. nach McCoy 1989: 149).

2.2.2 Die USA als Union souveräner Einzelstaaten

Im Gegensatz zur Theorie der *divided sovereignty* ist die Legitimität der mit ihr um die Deutungshoheit konkurrierenden *compact theory*, welche die USA als Union souveräner Einzelstaaten begreift, umstritten. Oft wird gar angezweifelt, dass es sich bei der *compact theory* – und der *states' rights*-Doktrin als deren Kernstück – überhaupt um eine ernst gemeinte Theorie handelt. Es wird der Vorwurf formuliert, niemand glaube an *states' rights* per se, aber sie seien eine praktische Waffe in der politischen Auseinandersetzung (Sellers 1963: 16 ff.). Ein weiterer Vorwurf sieht die *states' rights*-Philosophie durch den Kontext ihrer Verwendung diskreditiert – unter anderem zur Aufrechterhaltung der Sklaverei. Dennoch soll hier versucht werden, das theoretische Fundament dieser Philosophie von ihrem historischen Kontext zu abstrahieren und herauszuarbeiten. Zunächst ist dazu

der Begriff der *states' rights* (also der „Rechte der Einzelstaaten") zu konkretisieren, denn auch die Theorie der geteilten Souveränität kennt *states' rights* in einem
weiteren Sinne; sie versteht darunter die den Einzelstaaten respektive deren „Völkern" verbleibenden Rechte, die nicht der Bundesebene zugewiesen werden.

Diese so genannten *reserved powers* laut Zusatzartikel 10 der Verfassung entsprechen aber nicht dem, was die *states' rights*-Theorie unter den Rechten der
Einzelstaaten versteht. Hier wird davon ausgegangen, dass die Einzelstaaten über
eine direktere, höhere Legitimation verfügen, weshalb ihnen – jedenfalls in bestimmten Fällen – ein Eingriff in die Rechte der Bundesebene möglich sein soll.
Auf ein herausragendes Recht, welches den Einzelstaaten nach dieser Theorie
zukommen soll, nämlich das Recht zur Nullifikation von Bundesrecht, ist an
späterer Stelle noch zurückzukommen – zunächst sollen jedoch die theoretischen
Prämissen vorgestellt werden, die die *compact theory* tragen. Diese können exemplarisch den folgenden Zitaten von John C. Calhoun einerseits und Justice Cla-
rence Thomas (im „Term Limits"-Urteil des Supreme Court) andererseits entnommen werden:

> „I go on the ground that this constitution was made by the States; that it is a federal
> union of the States, in which the several States still retain their sovereignty (Calhoun
> 1833: 434). (…) The people of the several States (…), taken together, form a federal
> community; – a community composed of States united by a political compact; – and
> not a nation composed of individuals united by, what is called, a social compact (Cal-
> houn 1851: 90). It is the government of a *community of States*, and not the government
> of a single State or nation." (ebd.: 63)

> „The ultimate source of the Constitution's authority is the consent of the people of
> each individual State, not the consent of the undifferentiated people of the Nation as a
> whole. (…) (The) people of each State retained their separate political identities."
> (Supreme Court 1995, Dissent)

Wendet man analog zur EU-Diskussion die Frage „Wer hat das letzte Wort?" auf
die *compact theory* an, so gehen deren Vertreter davon aus, dass die USA ein Zusammenschluss der Staatsvölker der Einzelstaaten (*state peoples*) seien und folglich ein *contrat social* nur auf der einzelstaatlichen Ebene existiere. Weil dieser
contrat social aber von höherer Legitimation sei als der Vertrag zweiten Grades
(„second-level compact"), mit welchem die Völker wiederum die USA erschaffen
haben (Farber 2003: 32), soll die ultimative Souveränität, auch unter der Verfassung von 1789, weiterhin bei den Völkern der Einzelstaaten liegen. Eine Teilbar-

keit dieser Souveränität wird von den Anhängern der *compact theory* kategorisch ausgeschlossen (Calhoun 1851: 81).

Schwierigkeiten macht die Einordnung der *compact theory* in den Gegensatz von Bundesstaat und Staatenbund. In der deutschsprachigen Literatur wird John C. Calhoun durchweg als Vertreter der Meinung dargestellt, die USA seien auch unter der Verfassung von 1789 weiterhin eine Konföderation (Usteri 1954: 194). In der US-amerikanischen Literatur spricht Daniel Farber zwar auch von einer „confederacy of sovereign states" als Leitbild der *states' rights*-Ansicht – er verweist aber zugleich darauf, dass auch nach der *compact theory* die USA kein bloßer völkerrechtlicher Vertrag zwischen Staaten(-regierungen) seien, sondern dass sich der Begriff *state* in diesem Kontext eindeutig auf die *Völker* der Einzelstaaten beziehe (Farber 2003: 32). In der Tat finden sich bei Calhoun Formulierungen, die Farbers Ansicht stützen. So grenzt Calhoun ausdrücklich die föderale Regierung („federal government") der USA von einer herkömmlichen Konföderation („confederacy") und von einer echten nationalen Regierung („consolidated, national government") ab. Calhoun zufolge konstituiert die Bundesebene (*federal government*) unter der Verfassung von 1789 keine nationale Regierung, denn ihre Basis sei eine Konföderation und kein amerikanisches Volk. Gleichwohl sei durch die Verfassung auf Bundesebene eine echte Regierung realisiert worden und nicht nur eine Delegiertenversammlung wie etwa seinerzeit im Kongress unter den *Articles of Confederation*, allerdings handele es sich um eine (echte) Regierung nur im Umfang der ihr delegierten Aufgaben:

> „(A) federal government, though based on a confederacy, is, to the extent of the powers delegated, as much a government as a national government itself. It possesses, to this extent, all the authorities possessed by the latter, and as fully and perfectly. The case is different with a confederacy; for, although it is sometimes called a government, its Congress, or Council, or the body representing it, by whatever name it may be called, is much more nearly allied to an assembly of diplomatists (...)." (Calhoun 1851: 91)

Als Beleg dienen den *states' rights*-Anhängern etwa die – von den „Autoritäten" James Madison und Thomas Jefferson verfassten – Virginia- (1798) und Kentucky-Resolutionen (1799). Dass die Ratifikation der Verfassung in Konventen der Einzelstaaten erfolgte, wird verständlicherweise ebenfalls als Argument für einen *compact* der Staaten(-völker) gedeutet. Bemerkenswert ist jedoch, dass auch die Präambel der Verfassung als Beleg des *states' rights*-Verständnisses herangezogen wird. Dem entsprechend habe dem Text „We the People of the United States" nicht etwa der Wille zur Proklamation *eines* amerikanischen Volkes zugrunde gelegen, die Formulierung sei vielmehr eine pragmatische Lösung für die bis zuletzt bestehende Unklarheit gewesen, in welchen der Einzelstaaten es zu einem positiven Ausgang des Ratifikationsverfahren kommen würde. In der Tat hatten frühere Entwürfe der Präambel die Staaten noch einzeln aufgeführt: „We, the people of the States of New Hampshire, Massachusetts, Rhode Island (...)" (Farrand 1940: 190). Diese Entstehungsgeschichte der Präambel, unterstützt von grammatikalischen Überlegungen (Supreme Court 1995, Dissent), zeige, dass das Wort *people* in der Präambel richtigerweise im Plural zu lesen sei, als „We the *peoples* of the United States", und somit nicht im Widerspruch zur *states' rights*-Lehre stehe (Calhoun 1851: 65).

Zusammenfassend sieht die *states' rights*-Ansicht in den USA also einen Staatenbund eigener Art („peculiar", „unprecedented"), welcher sich auf einen Vertrag (*compact*) der Völker der Einzelstaaten gründet, die sich durch diesen Vertrag eine echte gemeinsame Regierung für bestimmte Zwecke geben (Calhoun 1851: 91). Die Souveränität – oder das „letzte Wort" – soll dabei aber weiterhin bei den Vertragsparteien verbleiben, das heißt den Einzelstaaten sowie ihren Völkern (ebd.: 194). Letztlich sind sie es also, die aus Sicht der *compact theory* gewissermaßen als „Herren" der US-Vertragsverfassung fungieren.

3 Grenzen des Vorrangs von „Unionsrecht" und dessen Nullilfikation

Eng verwoben mit der grundsätzlich ansetzenden Frage nach der Souveränität in föderalen Systemen ist die spezifischere Problematik der Rangfolge von Rechtsnormen in ihnen. Üblich sind in bundesstaatlichen Verfassungen Regelungen, wonach Bundesrecht (jeder Rangstufe) Vorrang gegenüber einzelstaatlichem Recht genießt. Während die europäischen Verträge ursprünglich keine explizite Aussage zu ihrer Beziehung zu nationalem Recht enthielten, ist dagegen in den USA auf den ersten Blick ein Konflikt in der Normenhierarchie ausgeschlossen (Mayer 2000: 281), enthält die Verfassung der USA mit der „supremacy clause" (Art. VI, § 2) doch eine scheinbar ebenso eindeutige Formulierung wie etwa das deutsche Grundgesetz in Art. 31 („Bundesrecht bricht Landesrecht"). Trotzdem war (und ist) die Reichweite der Vorrangklausel der US-Verfassung umstritten. Kern des Problems ist daher nicht die Frage des Vorrangs per se, sondern die Meinungsverschiedenheiten über die Grenzen jenes Vorrangs sowie über die Befugnis zur letztverbindlichen Auslegung des „Unionsrechts" in der EU und den USA.

3.1 Reichweite des Vorrangs von „EU-Recht" gegenüber nationalem Recht

Bevor die verschiedenen Ansichten über die Grenzen des Vorrangs dargestellt werden können, sollte zunächst kurz die Entwicklung der sich erst allmählich einstellenden Akzeptanz eines Vorranges von „EU-Recht" rekapituliert werden. Da eine explizite Regelung in den Verträgen fehlt[3], wurde die Vorrangfrage anfangs in jedem Mitgliedstaat anhand der jeweiligen nationalen Regelungen für völkerrechtliche Verträge zu lösen versucht. Es blieb deshalb dem EuGH vorbehalten, durch richterliche Rechtsfortbildung die Lehre eines Vorrangs des EU-Rechts gegenüber dem nationalen Recht zu entwickeln.

Aufbauend auf den in den „Van Gend En Loos" und „Costa/E.N.E.L."-Entscheidungen entwickelten Grundsätzen über die Eigenständigkeit und den Vorrang des europäischen Rechts (EuGH 1963: 1 ff.; EuGH 1964: 1269), stellt der EuGH in der „Simmenthal"-Entscheidung schließlich klar, dass die eigene Rechtsordnung der Gemeinschaft Quasi-Verfassungscharakter hat, so dass das Vorrangprinzip des europäischen Rechts absolut, auch gegenüber nationalem Verfassungsrecht, gelte (EuGH 1978: 629 ff.).[4]

Diese kühne Vorrang-Rechtssprechung des EuGH wurde zunächst auf nationalstaatlicher Ebene nicht immer akzeptiert. Neben einzelnen Zurückweisungen des Vorrangs europäischen Rechts durch nationale Parlamente waren es die höchsten Gerichte der Mitgliedstaaten, insbesondere die Verfassungsgerichte, welche sich zum Teil weigerten, den Vorrang europäischen Rechts anzuerkennen. Heute kann jedoch festgestellt werden, dass sich der Vorrang des supranationalen Rechts durchsetzen konnte und auch von den nationalen Gerichten – jedenfalls im Grundsatz – anerkannt wird (Burley / Mattli 1993: 64 ff.). Trotz dieser grundsätzlichen Anerkennung des Vorrangprinzips bleiben zentrale Fragen weiterhin umstritten, vor allem die nach der Reichweite des Vorrangs und dessen Begründung. Hintergrund dieses Konflikts ist die Frage, wer zur letztverbindlichen Auslegung des europäischen Rechts befugt ist. In dieser Hinsicht kann man die Ansicht des EuGH als Konzept eines absoluten oder uneingeschränkten Vorrangs bezeichnen. Aus der Eigenständigkeit oder Autonomie der europäischen Rechtsordnung schließen der EuGH und die übrigen Anhänger der Idee eines

---

[3] Eine explizite Vorrangregelung war im 2004 beschlossenen Verfassungsvertrag vorgesehen, wurde im Lissabon-Vertrag von 2007 aber durch einen Verweis auf die bestehende Vorrang-Judikatur ersetzt (Fischer 2008: 46).

[4] Siehe dazu auch den Beitrag von Marcus Höreth in diesem Band.

absoluten Vorrangs, dass das europäische Recht grundsätzlich nicht aus den Rechtsordnungen der Mitgliedstaaten, sondern nur aus sich selbst heraus zu interpretieren sei. Nur ein absoluter Vorrang des europäischen Rechts – kombiniert mit dem EuGH als zentraler Gerichtsinstanz, welche das Recht einheitlich und letztverbindlich auslege – könne die Rechtseinheit innerhalb der EU garantieren. Das Selbstverständnis des EuGH als „Quasi"-Verfassungsgericht impliziert dabei auch die alleinige Befugnis, bei Kompetenzstreitigkeiten zwischen den EU-Organen und den Mitgliedstaaten zu entscheiden, was eine alleinige Verwerfungskompetenz mit einschließt (EuGH 1987: 4230 f.).

Zusammenfassend lässt sich diese Position des EuGH und der Unterstützer seiner Theorie in der Wissenschaft als (absoluter) Vorrang durch Eigenständigkeit charakterisieren (Streinz 2001: Rdnr. 194); die Ansicht entspricht dem aus föderalen Rechtsordnungen bekannten Grundsatz „Bundesrecht bricht Landesrecht" – auch wenn kein Geltungsvorrang des EU-Rechts bestehen soll, sondern nur ein Anwendungsvorrang (Oppermann 1999: Rdnr. 633).

Die Gegenposition zur EuGH-Rechtsprechung lässt sich exemplarisch am deutschen Bundesverfassungsgericht aufzeigen. Zwar vertritt Karlsruhe diese Konzeption nicht alleine (Mayer 2003: 241 ff.); aufgrund der äußerst prononcierten Formulierungen des BVerfG und der enormen Wellen, welche das „Maastricht"-Urteil nicht nur im deutschsprachigen Raum ausgelöst hat (Wallace 1996: 63), bietet sich dessen Exegese jedoch in diesem Zusammenhang an. Nachdem das BVerfG im „Solange II"-Beschluss erklärt hatte, die Überprüfung von EU-Recht anhand der deutschen Grundrechte auszusetzen, „solange die Europäische Gemeinschaft, insbesondere die Rechtsprechung des Gerichtshofes der Gemeinschaft, einen wirksamen Schutz der Grundrechte gewährleistet" (BVerfG 1986: 383), wurde erwartet, das Gericht werde im Zuge weiterer europäischer Integration vollständig auf die vom EuGH vorgegebene Begründung des Vorrangs einschwenken. Stattdessen reaktiviert das BVerfG in der „Maastricht"-Entscheidung seine Position aus dem „Solange I-Urteil", wonach es sich vorbehält, den allgemeinen europäischen Grundrechtsstandard zu überprüfen (BVerfG 1974: 285). Als bedeutende Neuerung geht das BVerfG weiterhin dazu über, die europäische Integration anhand der von ihm aus dem Grundgesetz entwickelten Verfassungsprinzipien, vornehmlich dem Demokratieprinzip, zu messen (Degenhart 2000: Rdnr. 9 ff.). Auf dieser Grundlage sieht das BVerfG einer weiteren Vertiefung enge Grenzen gesetzt; zum einen durch die zu gewährleistende Staatlichkeit Deutschlands, zum anderen durch das Fehlen eines europäischen *demos*. Die Richter leiten daraus ab, dass dem Deutschen Bundestag „Befugnisse von substanziellem Gewicht verbleiben" müssten (BVerfG 1993: 156), um die nötige demokratische Legitimation der EU zu garantieren. Schließlich führt das BVerfG aus, die EU begründe eine immer engere „Union der – staatlich organisierten – Völker Europas (...), keinen sich auf ein europäisches Staatsvolk stützenden Staat" (ebd.). Auf die integrationsfreundliche Rechtsprechung des EuGH und dessen am *effet utile* orientierte Auslegungsregeln scheint sich das BVerfG zu beziehen, wenn es drohend feststellt, dass die Auslegung der europäischen Verträge „in ihrem Ergebnis nicht einer Vertragserweiterung gleichkommen darf." Ein solcher Rechtsakt *ultra vires* („ausbrechender Rechtsakt") habe für Deutschland keine Bindungswirkung (ebd.).

Diese Gegenansicht zur EuGH-Konzeption lässt sich als begrenzter Vorrang oder als Vorrang durch verfassungsrechtliche Ermächtigung charakterisieren. Danach genießt das supranationale europäische Recht zwar grundsätzlich Vorrang gegenüber nationalem Recht – allerdings nur, sofern die Rechtsakte „sich in den Grenzen der (durch die deutsche Verfassung und die europäischen Verträge) eingeräumten Hoheitsrechte halten" (ebd.), wobei die Entscheidung über diese Frage den nationalen (Verfassungs-)Gerichten als letzte Instanzen obliegen soll, nach Maßgabe der europäischen Verträge und des jeweiligen nationalen Verfassungsrechts.

3.2 US-Bundesrecht: Absoluter Vorrang oder Recht zur Nullifikation?

Lässt sich die EU-Diskussion, obgleich es vereinzelt auch politische Widerstände gab (Wallace 1996: 62), als Streit von Gerichten charakterisieren, stellt sich die Situation in den USA genau entgegengesetzt dar. Auch dort gab es – und gibt es bis heute – viele Streitpunkte zwischen den höchsten Gerichten der Einzelstaaten und dem Supreme Court sowie der Bundesgerichtsbarkeit allgemein (Kommers 1983: 461 ff.). Als weitaus bedeutender im Hinblick auf den Streit um die Reichweite des Vorrangs von Bundesrecht muss hier jedoch der politische Widerstand angesehen werden, der der unter Chief Justice John Marshall entwickelten Lehre des Supreme Court von Seiten der Einzelstaaten entgegen schlug (McDonald 2000: 87).

Im Folgenden wird zunächst die Position des Supreme Court zur Vorrangfrage vorgestellt, der von einem absoluten Vorrang des Bundesrechtes (insbesondere der Verfassung) ausgeht und eine eigene Kompetenz zur letztverbindlichen Verfassungsauslegung beansprucht. Dabei ist auffällig, dass – trotz eines in der US-Verfassung ausdrücklich festgeschriebenen Vorrangs des Bundesrechts – der Supreme Court zunächst ein eigenes Vorrangkonzept entwickeln und gegen zahlreiche Widerstände etablieren musste. Im Anschluss sind die Gegenkonzepte darzustellen, welche den Vorrang des Bundesrechts deutlich eingeschränkter sehen, insbesondere die Theorie der Nullifikation.

3.2.1 Die Vorrangklausel und ihre Interpretation durch den Supreme Court

Die Verfassung der USA enthält Regelungen, die explizit einen Vorrang der Verfassung vor allen anderen Gesetzen inklusive den Verfassungen der Einzelstaaten festschreiben und ausdrücklich auch die Richter der Gerichte der Einzelstaaten an die Bundesverfassung binden (*Supremacy Clause*). Art. VI. § 2 formuliert scheinbar unmissverständlich:

> „This Constitution, and the Laws of the United States which shall be made in Pursuance thereof; (…) shall be the supreme Law of the Land; and the Judges in every State shall be bound thereby, any Thing (sic) in the Constitution or Laws of any State to the Contrary notwithstanding."

Dass sich in den USA, trotz dieser auf den ersten Blick eindeutigen Bestimmung, überhaupt ein mit der EU-Diskussion vergleichbarer Streit um die Reichweite des Vorrangs entwickeln konnte, hat mehrere Gründe. Die extreme Position einer Befugnis der Einzelstaaten zur Nullifikation von Bundesrecht wird nur im Zusammenhang mit der in der „Nature of the Union"-Diskussion vorgebrachten *states' rights*-Argumentation verständlich (Mayer 2000: 281). Zugleich haben aber auch andere Fakten dazu beigetragen, dass der Supreme Court seine Vorrangkonzeption nicht ohne Widerstände etablieren konnte.

Das erste diesbezügliche Faktum ist, dass die US-Verfassung zwar ausdrücklich den eigenen Vorrang vor allen Einzelstaatenverfassungen und Gesetzen jeder Ebene festschreibt, sie jedoch darüber schweigt, welche Institution im Konfliktfall letztverbindlich darüber zu entscheiden hat, ob eine Regelung gegen die Verfassung verstößt. Zwar hatte Alexander Hamilton bereits in Federalist No. 78 die Ansicht formuliert, die letztverbindliche Auslegung der Verfassung könne nur durch die Bundesgerichte („federal judicature") erfolgen, da die Judikative von den drei Gewalten diejenige sei, von der die geringste Gefahr für die politischen Rechte der Verfassung ausgehe (Hamilton 1788: 464 f.). Es blieb jedoch dem Supreme Court selbst vorbehalten, im berühmten „Marbury v. Madison"-Urteil das Konzept der *judicial review* – also der gerichtlichen Normenkontrolle – zu entwickeln und sich selbst die exklusive Befugnis zur letztverbindlichen Verfassungsauslegung zuzusprechen (Supreme Court 1803).

Des Weiteren erschwerte die spezifische duale Struktur des Gerichtswesens in den USA – eine Konsequenz der Lehre der geteilten bzw. doppelten Souveränität – die Durchsetzung der Vorrangkonzeption. So sind die USA einer der wenigen föderalen Staaten, in welchem zwei vollwertige, strikt getrennte Gerichtszüge der Bundesebene und der Einzelstaaten nebeneinander existieren; diese Konstruktion ist mitverantwortlich für Unklarheiten über die Befugnisse der Bundesgerichte im Hinblick auf die einzelstaatliche Gerichtsbarkeit (Bothe 1983: 414 ff.; Kommers 1983: 472). Zudem geriet diese Frage zunehmend in den Sog des sich herausbildenden ersten Zweiparteiensystems: Gegen die in den Einzelstaaten und auf Bundesebene politisch dominierenden Anti-Föderalisten der Demokratisch-Republikanischen Partei, welche energisch gegen eine starke Bundesebene und mächtige Bundesgerichte eintrat, stand die weite Auslegung der Bundeskompetenzen sowie die Ausweitung richterrechtlicher, eigener Befugnisse durch den Supreme Court unter Führung von John Marshall (Ackerman 2005: 163 ff.).

Ausgehend von seiner Konzeption des *judicial review* betont der Supreme Court in der Folge, dass sich die eigene Jurisdiktion – für alle Fälle, in denen Bundesgesetze tangiert sind (Art. III, Sect. 2, § 1 US-Verfassung) – auch auf die einzelstaatlichen Gerichtsbarkeiten erstrecke. Dabei stützt sich Chief Justice Marshall auf folgende Argumente (Supreme Court 1821):

* Die *compact theory* wird zurückgewiesen; statt dessen wird betont, dass sowohl Einzelstaaten und Bundesebene zwar grundsätzlich souverän seien, aber nur in den von der Verfassung bestimmten Bereichen. Zudem müssten sich beide als Teile eines großen Ganzen begreifen.
* In allen Kompetenzbereichen, welche das Volk der Bundesebene zugewiesen habe, besitze diese einen übergeordnete Macht *(supreme powers)*, der die Einzelstaaten unterworfen *(subordinate)* seien.
* Für die letztverbindliche Interpretation der (übergeordneten) Bundesgesetze im Hinblick auf die Einzelstaaten könne naturgemäß nur diejenige Institution zuständig sein, welche auch innerhalb der Bundesebene selbige Funktion ausübe – der Supreme Court. Nur durch den Supreme Court als zentrale Instanz könnten Widersprüche und Konfusion verhindert und somit die Rechtseinheit gewahrt werden.

Diese Konzeption scheint auf den ersten Blick der Lehre von der geteilten Souveränität zu widersprechen und eine Art „Bundessouveränität" etablieren zu wollen. In der Logik des Supreme Court besteht dieser Widerspruch jedoch nicht, da das gesamtamerikanische Volk in seiner Verfassung dem Recht der Bundesebene mit der *Supremacy Clause* explizit Vorrang vor dem einzelstaatlichen Recht einge-räumt habe. Die eigene übergeordnete Stellung (*supremacy*) zu den einzelstaatli-chen Gerichten stellt sich für den Supreme Court als logische, implizit in der Verfassung bereits enthaltene Folgerung aus der eigenen Befugnis zur letztver-bindlichen Auslegung von Bundesrecht und dessen verfassungsmäßig garantier-ten Vorrang vor einzelstaatlichem Recht dar (Boom 1995: 188 f.).

Zusammenfassend lässt sich die Konzeption des Supreme Court als An-nahme eines absoluten Vorrangs sowohl des Bundesrechts als auch der Bundes-gerichtsbarkeit über die einzelstaatlichen Rechtsordnungen und Gerichte charak-terisieren. Im Sinne der Einheitlichkeit des Bundesrechts kommt dem Supreme Court dabei nach eigener Auffassung sowohl auf Bundesebene als auch im Hin-blick auf die einzelstaatlichen Organe das alleinige Recht der letztverbindlichen Verfassungsauslegung zu.

3.2.2 Gegenwehr der Einzelstaaten: Recht zur Nullifikation von Bundesrecht

Die soeben dargelegte Argumentation des Supreme Court hat weltweite Verbrei-tung gefunden; die Ideen und Formulierungen in „Marbury v. Madison" gelten als geradezu klassische Begründungen der gerichtlichen Normenkontrolle, wel-che heute in zahlreichen Ländern realisiert ist (Höreth 2008: 150 ff.). In den USA selbst musste der Supreme Court gegen eine kraftvolle und andauernde Opposi-tion ankämpfen, um für sein juristisches Konzept die notwendige politische Ak-zeptanz zu gewinnen. Der Widerstand gegen den Supreme Court war vielschich-tig – die energische Opposition seitens der (obersten) einzelstaatlichen Gerichte bildete hier nur eine Fassette. Als exemplarische und damals größte zu meistern-de Herausforderung für den Supreme Court gilt die Argumentation des Virginia Court of Appeals (1815). Justice Cabell stellt in seinen Ausführungen weder den Vorrang der Bundesverfassung in Frage noch die Bindung der einzelstaatlichen Organe an diese; dezidiert zurückgewiesen wird jedoch der Anspruch des Supreme Court, seine letztverbindliche Verfassungsauslegung auch für die Ge-richte der Einzelstaaten verbindlich zu machen und somit als föderales Kompe-tenzgericht zu agieren. Durch entsprechende Urteile handele der Supreme Court daher *ultra vires*, so dass die Organe Virginias an diese nicht gebunden seien (Chemerinsky 2003: 640 f.).

Weitaus extremere Positionen als in diesem Streit der Gerichte wurden in der politischen Debatte vertreten, welche letztendlich als die entscheidende für den Ausgang des Konfliktes angesehen wird (Boom 1995: 193). Die politische Gegenwehr, aber auch die Unterstützung der Position des Supreme Court, war dabei vielstimmig; vom ausgehenden 18. Jahrhundert bis zum Bürgerkrieg waren es vor allem die Parlamente der Einzelstaaten, die in Erklärungen kritisch Position bezogen, aber auch die Regierungen der Einzelstaaten und viele der Gründerväter brachten sich in die Debatte ein. Exemplarisch soll die politische Gegenwehr hier anhand der so genannten Nullifikationstheorie dargestellt werden, welche nicht nur abstrakt blieb, sondern durch South Carolina im Jahre 1832 mittels ihrer *South Carolina Ordinance Nullification* (1832) zur praktischen Anwendung kam und zur so genannten Nullifikationskrise führte, welche wiederum mit dem Kompromiss von 1833 gelöst wurde – zumindest für die Zeit bis zum Ausbruch des Bürgerkriegs (Boom 195: 198).

Während in den Virginia- (1789) und Kentucky-Resolutionen (1799) das Konzept der Nullifikation schon theoretisch angedacht war, blieb es South Carolina und John C. Calhoun vorbehalten, die Nullifikations-Doktrin ab 1828 zu einer umfassenden Theorie auszuarbeiten und zur Anwendung zu bringen (Sellers 1963: 3, Donahue / Pollack 2001: 84). South Carolinas Argumentation basierte dabei auf der *states' rights*-Philosophie respektive den Annahmen der *compact theory* über das „Wesen" der Vereinigten Staaten. Der Begriff Nullifikation (*nullification*) erklärt sich daher, dass es den Einzelstaaten nach dieser Theorie unter bestimmten Umständen erlaubt sein soll, Bundesrecht auf dem eigenen Gebiet für „null und nichtig" (*null and void*) zu erklären.

Fasst man die vielfältigen und in ihrer Radikalität sehr unterschiedlichen Erklärungen und Dokumente zusammen, welche zur Nullifikationstheorie gerechnet werden können, so lassen sich folgende Kernargumente herauskristallisieren (Calhoun 1831: 370 ff.):

- Die USA seien ein Zusammenschluss der Einzelstaaten(-völker) auf Vertragsbasis. Vertragsparteien seien ausschließlich die souveränen Einzelstaaten; der Bundesebene (respektive dem Supreme Court) das Recht zuzugestehen, abschließend über die eigenen Kompetenzen zu entscheiden, sei folglich weder mit der Verfassung noch mit der Souveränität der Einzelstaaten vereinbar.
- Da die Verfassung kein „Tribunal" zur Schlichtung von Kompetenzstreitigkeiten vorsehe und die Bundesebene hierfür nicht zuständig sein könne, sei die einzige Möglichkeit, die ursprüngliche Aufteilung der einzelstaatlichen Kompetenzen und der Befugnisse der Bundesebene zu sichern, jedem Ein-

zelstaat das Recht zu geben, die Verfassungsordnung eigenständig und unabhängig zu interpretieren.

▪ In Fällen des (eindeutigen) verfassungswidrigen Handelns der Bundesebene respektive der Überschreitung ihrer Kompetenzen habe jeder Einzelstaat das Recht, sich zum Schutze seiner Bürger zwischen die Bundesebene und diese zu stellen (*interposition*), und das entsprechende Bundesrecht auf eigenem Territorium zu „nullifizieren".

Stellt man die Theorie eines Nullifikationsrechts der Einzelstaaten der Ansicht des Supreme Court gegenüber, so scheinen beide in fast allen ihren Annahmen und Schlussfolgerungen über den Vorrang von Bundesrecht gegensätzlicher Auffassung zu sein. Nach Ansicht der Vertreter der Nullifikation besteht ein Vorrang der Verfassung und von Bundesrecht nur innerhalb der Grenzen, welche die Einzelstaaten (beziehungsweise deren Völker) als Vertragsparteien der Bundesebene zugewiesen haben. Die Auslegung des Vertrags – der Verfassung – und damit die Feststellung, ob sich ein Akt der Bundesebene innerhalb der ihr zugewiesenen Kompetenzen hält, obliegt nach dieser Theorie jedem Einzelstaat für sich. Es handelt sich also keinesfalls um einen absoluten Vorrang, sondern um einen durch die einzelstaatliche Anerkennung bedingten und hierdurch auch begrenzten Vorrang.

4   Die Europäische Union – *kein* System „sui generis" (Schlussbetrachtung)

Der Vergleich der „Nature of the Union"-Debatte in den USA mit der Diskussion über das „Wesen der Europäischen Union" führt zu einigen überraschenden Ergebnissen. Insgesamt lassen sich große Gemeinsamkeiten der Diskurse in der EU und in den USA belegen, die um so mehr erstaunen müssen, wenn man die historische Ungleichzeitigkeit und die unterschiedliche Ausgangslage berücksichtigt – gewachsene Nationalstaaten im Falle der EU und eine vergleichsweise kurze Eigenständigkeit der ehemaligen Kolonien in den USA. Neben der Vergleichbarkeit beider Diskurse konnte darüber hinaus gezeigt werden, dass die – von den meisten Untersuchungen geradezu axiomatisch vorausgesetzte – Annahme, die USA seien im Unterschied zur EU durch den Gründungsakt *eines* amerikanischen Volkes (als *pouvoir constituant*) entstanden, in dieser Pauschalität kaum haltbar ist. Insbesondere durch Darstellung der *compact theory*, nach welcher die USA als Gründung der Einzelstaatenvölker verstanden werden, konnte vielmehr gezeigt werden, dass diese Frage der richtigen Interpretation des „We the people" in den USA umstritten war und bis in die Gegenwart bleibt. Auch eine weitere, häufig geäußerte Grundannahme, die USA stellten – im Gegensatz zum „Provisorium" der EU mit ihrer funktional-sektoralen Integrationslogik – das Beispiel eines durch konstitutionellen Akt errichteten, „vollendeten" Bundesstaates dar, konnte relativiert werden. Viele der Eigenschaften, welche heute in vergleichenden Untersuchungen als Unterschiede zur EU betont werden, mussten sich auch in den USA erst durch Integration herausbilden und waren dem Land keineswegs von Beginn an in die Wiege gelegt.

Im Ergebnis lässt sich daher die gegenwärtige Situation der EU grundsätzlich mit dem „Schwebezustand" der USA vergleichen, in welchem diese sich bis zur Mitte des 19. Jahrhunderts befanden. Diese Vergleichbarkeit darf aber keinesfalls mit Identität verwechselt werden und beantwortet folglich nicht die Frage nach dem aktuellen „Wesen der Europäischen Union" zwischen den beiden Polen Staatenbund und Bundesstaat, ebenso wenig wie sie eine Bestimmung der Finalität der EU erlaubt. Die EU und ihre Entwicklung bleiben einzigartig, so wie jeder Staatenbund und jeder Bundesstaat seinen eigenen, singulären Charakter hat. Die Parallelen der „Nature of the Union"-Debatte mit der Diskussion über das „Wesen der EU" machen aber deutlich, dass die EU nicht als System *sui generis* verstanden werden muss; jedenfalls sollte diese Zauberformel, die im Grunde nicht viel erklärt, dann vermieden werden, wenn aus ihr eine Unvergleichbarkeit der EU mit anderen Systemen abgeleitet werden soll.

Insgesamt kann deshalb festgehalten werden, dass die historischen Erfahrungen wie auch aktuelle Überlegungen im Zuge der „Nature of the Union"-Debatte in den USA wertvolle Anregungen und Konzepte für das „Experiment" der europäischen Integration bieten können. Auch wenn aufgrund mancher Gemeinsamkeiten mit dem bundesdeutschen kooperativen Föderalismus häufig das deutsche Beispiel für den Vergleich mit der EU herangezogen wird, so belegt doch der hier unternommene Versuch, dass die Föderalismustheorie der USA mit ihrer „Nature of the Union"-Debatte in ihren staatsphilosophischen Grundlagen der EU näher steht als der bundesdeutsche „verkappte Einheitsstaat" (Abromeit 1992). Insbesondere die Konzeptionen von Chief Justice Marshall einer „nation for certain purposes" und die Gegenthese John C. Calhouns einer „echten" Regierung auf Basis eines Konföderationsvertrags der Völker der Einzelstaaten sowie schließlich Madisons Gedanke des stabilisierenden Effekts von Größe und (relativer) Heterogenität eines demokratischen Gemeinwesens könnten eine interessante Ausgangsbasis zu einem besseren theoretischen Verständnis der europäischen Integration darstellen.

Gerichtsentscheidungen

BVerfG (1974): „Solange I", 37. Band, S. 271 ff.
BVerfG (1986): „Solange II", 73. Band, S. 339 ff.
BVerfG (1993): „Maastricht", 89. Band, S. 155 ff.
EuGH (1963): „Van Gend En Loos / Niederländische Finanzverwaltung", RS 26 / 62, S. 1 ff.
EuGH (1964): „Costa / E.N.E.L", RS 6 / 64, S. 1251 ff.
EuGH (1978):, „Staatliche Finanzverwaltung / Simmenthal", RS 106 / 77, S. 629 ff.
EuGH (1986): „Les Verts", RS 294 / 83, S. 1339 ff.
EuGH (1987): „Foto-Frost", RS 314 / 85, S. 4199 ff.
Supreme Court (1803): „Marbury v. Madison", 5 U.S. 137.
Supreme Court (1819): „McCulloch v. Maryland", 17 U.S. 316.
Supreme Court (1821): „Cohens v. Virginia", 19 U.S. 264.
Supreme Court (1859): „Ableman v. Booth", 62 U.S. 506.
Supreme Court (1995): „U.S. Term Limits", 514 U.S. 779.
Virginia Court of Appeals (1815): „Hunter's Lessee v. Martin, Devisee of Fairfax", 18 Va. I.

Dokumente

Kentucky Resolution (1799): 3. Dezember (www.yale.edu/lawweb/avalon/kenres.htm)
South Carolina Ordinance of Nullification [1832]: 24. November, abgedruckt in: William
    MacDonald, Hg. (1968): Selected Documents Illustrative of the History of the United
    States 1776-1861, New York, S. 268-271.
Virginia Resolution (1798): 24. Dezember (www.yale.edu/lawweb/avalon/virres.htm).

Literatur

Abromeit, Heidrun (1992): Der verkappte Einheitsstaat, Opladen.
Abromeit, Heidrun (1998): Democracy in Europe. Legitimising Politics in a Non-State Pol-
    ity, New York / Oxford.
Ackerman, Bruce (2005): The Failure of the Founding Fathers. Jefferson, Marshall, and the
    Rise of Presidential Democracy, Cambridge / London.
Amar, Akhil Reed (2005): America's Constitution. A Biography, New York.
Becker, Carl L. (1958): Declaration of Independence. A Study in the History of Political
    Ideas, New York.
Beer, Samuel H. (1993): To Make a Nation. The Rediscovery of American Federalism, Cam-
    bridge / London.
Bogdandy, Armin von (1993): Die Verfassung der europäischen Integrationsgemeinschaft
    als supranationale Union, in: ders. (Hg.): Die Europäische Option, Baden-Baden, S. 97-
    127.

Boom, Steve J. (1995): The European Union After the Maastricht Decision: Will Germany Be the "Virginia of Europe?", in: The American Journal of Comparative Law 43, S. 177-226.

Bothe, Michael (1983): Gliedstaatliche Verfassungsgerichtsbarkeit. Skizzen eines Vergleichs, in: Christian Starck / Klaus Stern (Hg.): Landesverfassungsgerichtsbarkeit. Teilband I: Geschichte, Organisation, Rechtsvergleichung, Baden-Baden, S. 403-433.

Burley, Anne-Marie / Walter Mattli (1993): Europe Before the Court: A Political Theory of Legal Integration, in: International Organization 47 (1), S. 41-76.

Calhoun, John C. [1831]: The Fort Hill Address: On the Relations of the States and Federal Government, 26. Juli, abgedruckt in: Rose M. Lence (Hg.): Union and Liberty. The Political Philosophy of John C. Calhoun, Indianapolis 1992, S. 367-400.

Calhoun, John C. [1833]: Speech on the (Revenue Collection) Force Bill, Senat der USA, 15./16. Februar", abgedruckt in: H. Lee Cheek, Jr. (Hg.): John C. Calhoun: Selected Writings and Speeches, Washington 2003, S. 411-456.

Calhoun, John C. [1851]: A Discourse on the Constitution and Government of the United States, Columbia – South Carolina, abgedruckt in: H. Lee Cheek, Jr. (Hg.): John C. Calhoun: Selected Writings and Speeches, Washington 2003, S. 61-222.

Cappelletti, Mauro / Monica Seccombe / Joseph Weiler (1986): Integration Through Law: Europe and the American Federal Experience – A General Introduction, in: dies. (Hg.): Integration Through Law – Europe and the American Federal Experience. Vol. 1: Methods, Tools and Institutions, Berlin / New York, S. 3-68.

Chemerinsky, Erwin (2003): Federal Jurisdiction, 4. Aufl., New York.

Degenhart, Christoph (2000): Staatsrecht I. Staatorganisationsrecht, 16. Aufl., Heidelberg.

Deuerlein, Ernst (1972): Föderalismus. Die historischen und philosophischen Grundlagen des föderativen Prinzips, München.

Donahue, John D. / Mark A. Pollack (2001): Centralization and Its Discontents: The Rhythms of Federalism in the United States and the European Union, in: Kalypso Nicolaïdis / Robert Howse (Hg.): The Federal Vision, Oxford / New York, S. 73-117.

Elazar, David J. (1967): Federal-State Collaboration in the Nineteenth-Century United States, in: Aaron Wildavsky (Hg.): American Federalism in Perspective, Boston, S. 190-222.

Ellis, Joseph J. (2005): Sie schufen Amerika. Die Gründergeneration von John Adams bis George Washington, München.

Farber, Daniel (2003): Lincoln's Constitution, Chicago.

Farrand, Max (1940): The Framing of the Constitution of the United States, 11. Aufl., New Haven.

Fischer, Klemens H. (2008): Der Vertrag von Lissabon. Text und Kommentar zum Europäischen Reformvertrag, Baden-Baden / Bern.

Hamilton, Alexander [1788]: Federalist No. 78: The Judiciary Department, abgedruckt in: Clinton Rossiter (Hg.): The Federalist Papers, New York 2003, S. 463-471.

Höreth, Marcus (2008): Die Selbstautorisierung des Agenten. Der Europäische Gerichtshof im Vergleich zum U.S. Supreme Court, Baden-Baden.

Howse, Robert / Kalypso Nicolaïdis (2001): Introduction, in: dies. (Hg.): The Federal Vision, Oxford / New York, S. 1-27.

Huber, Peter M. (2001): Europäisches und nationales Verfassungsrecht. 2. Bericht, in: Veröffentlichungen der Vereinigung der Deutschen Staatsrechtslehrer 60, S. 194-245.

Ipsen, Hans Peter (1972): Europäisches Gemeinschaftsrecht, Tübingen.

Isensee, Josef (1993): Nachwort. Europa – die politische Erfindung eines Erdteils, in: ders. (Hg.): Europa als politische Idee und als rechtliche Form, 2. Aufl., Berlin, S. 103-138.

Isensee, Josef (1995): Integrationsziel Europastaat?, in: Ole Due / Marcus Lutter / Jürgen Schwarze (Hg.): Festschrift für Ulrich Everling. Band I, Baden-Baden, S. 567-592.

Joerges, Christian (1996): Das Recht im Prozess der europäischen Integration, in: Markus Jachtenfuchs / Beate Kohler-Koch (Hg): Europäische Integration, Opladen, S. 73-108.

Kirchhof, Paul (1992): Der deutsche Staat im Prozess der europäischen Integration, in: Josef Isensee / Paul Kirchhof (Hg.): Handbuch des Staatsrechts der Bundesrepublik Deutschland. Band VII, Heidelberg, S. 855-887.

Kirchhof, Paul (1994): Die Mitwirkung Deutschlands an der Wirtschafts- und Währungsunion, in: ders. / Klaus Offerhaus / Horst Schöberle (Hg.): Steuerrecht. Verfassungsrecht. Finanzpolitik. Festschrift für Franz Klein, Köln, S. 61-83.

Kirchhof, Paul (2003): Die rechtliche Struktur der Europäischen Union als Staatenverbund, in: Armin von Bogdandy (Hg.): Europäisches Verfassungsrecht, Berlin / Heidelberg / New York, S. 893-929.

Kommers, Donald P. (1983): Die Verfassungsgerichtsbarkeit in den Gliedstaaten der Vereinigten Staaten von Amerika, in: Christian Starck / Klaus Stern (Hg.): Landesverfassungsgerichtsbarkeit. Teilband I: Geschichte, Organisation, Rechtsvergleichung, Baden-Baden, S. 461-495.

Kommers, Donald P. (1986): Federalism and European Integration: A Commentary, in: Mauro Cappelletti / Monica Seccombe / Joseph Weiler (Hg.): Integration Through Law – Europe and the American Federal Experience. Vol. 1: Methods, Tools and Institutions, Berlin/New York, S. 603-616.

Lincoln, Abraham [1861]: Message to Congress in Special Session, 4th July, abgedruckt in: Roy P. Basler (Hg.): The Collected Works of Abraham Lincoln. Vol. IV, 1860 - 1861, New Brunswick 1953, S. 421-441.

Mayer, Franz C. (2000): Kompetenzüberschreitung und Letztentscheidung. Das Maastricht-Urteil des Bundesverfassungsgerichts und die Letztentscheidung über Ultra vires-Akte in Mehrebenensystemen. Eine rechtsvergleichende Betrachtung von Konflikten zwischen Gerichten am Beispiel der EU und der USA, München.

Mayer, Franz C. (2003): Europäische Verfassungsgerichtsbarkeit. Gerichtliche Letztentscheidung im europäischen Mehrebenensystem, in: Armin von Bogdandy (Hg.): Europäisches Verfassungsrecht, Berlin / Heidelberg / New York, S. 229-282.

McCoy, Drew R. (1989): The Last of the Fathers: James Madison and The Republican Legacy, New York.

McDonald, Forrest (2000): States' Right and the Union. Imperium in Imperio, 1776-1876, Lawrence.

Oppermann, Thomas (1999): Europarecht. Ein Studienbuch, 2. Aufl., München.

Pernice, Ingolf (2001): Europäisches und nationales Verfassungsrecht. 1. Bericht, in: Veröffentlichungen der Vereinigung der Deutschen Staatsrechtslehrer 60, S. 148-193.

Sellers, Charles (1963): Andrew Jackson, Nullification, and the State-Rights Tradition, Chicago.

Streinz, Rudolf (2001): Europarecht, 5. Aufl., Heidelberg.

Ukrow, Jörg (1995): Richterliche Rechtsfortbildung durch den EuGH. Dargestellt am Beispiel der Erweiterung des Rechtsschutzes des Marktbürgers im Bereich des vorläufigen Rechtsschutzes und der Staatshaftung, Baden-Baden.

Usteri, Johann Martin (1954): Theorie des Bundesstaates. Ein Beitrag zur Allgemeinen Staatslehre, ausgearbeitet am Beispiel der Schweizerischen Eidgenossenschaft, Zürich.

Wallace, Helen (1996): The Institutions of the EU: Experience and Experiments, in: dies. / William Wallace (Hg.): Policy-Making in the European Union, 3. Aufl., Oxford, S. 37-70.

Das differenzierte Europa. Königsweg oder Sackgasse der Integration?

Janis A. Emmanouilidis

1 Einleitung

Mehr als jemals zuvor benötigt die Europäische Union (EU) unterschiedliche Geschwindigkeiten. Die zunehmende Divergenz der Interessen, die wachsende ökonomische, finanzielle, soziale und geopolitische Heterogenität, unterschiedliche politische Zielvorstellungen und Erwartungen hinsichtlich der Fortentwicklung des Integrationsprozesses in einer EU 27+ sowie die Notwendigkeit, auf den Druck von Drittstaaten zu reagieren, die sich auch in Zeiten der Erweiterungsmüdigkeit dem europäischen Club weiter annähern wollen, erfordern ein höheres Maß differenzierter Integration.[1]

Differenzierung ist weder ein Allheilmittel noch ein eigenständiges Ziel. Dennoch ist das differenzierte Europa eine Notwendigkeit, wenn die EU 27+ handlungsfähig bleiben soll. Ob in der Innen- und Justizpolitik, in der Außen-, Sicherheits- und Verteidigungspolitik, der Steuer-, Umwelt-, Wirtschafts- oder Sozialpolitik, auf allen diesen Feldern erwarten die Bürger, dass die EU staatsähnliche Leistungen erbringt. Diese können und wollen jedoch nicht alle Mitgliedstaaten zum gleichen Zeitpunkt und mit gleicher Intensität leisten. Wie bereits in der Vergangenheit im Falle der gemeinsamen Währung, bei Schengen, in der Soziapolitik oder kürzlich beim Vertrag von Prüm kann eine engere Zusammenarbeit in einem kleineren Kreis von Ländern zur Überwindung von Blockaden und zur Erhöhung der Leistungsfähigkeit der Europäischen Union beitragen. Darüber hinaus kann ein höheres Maß an differenzierter Integration dazu dienen, die Spannungen zwischen den Mitgliedern einer heterogeneren EU zu entschärfen. Diejenigen Staaten, die ihre Zusammenarbeit weiter vertiefen wollen, können

---

[1] Die Begriffe differenzierte Integration, Differenzierung, flexible Integration, Flexibilität, differenzierte Zusammenarbeit oder flexible Zusammenarbeit werden in diesem Beitrag als Synonyme verwandt.

dies tun. Und diejenigen, die dazu (noch) nicht bereit oder fähig sind, geraten unter weniger Druck durch integrationswillige Mitgliedstaaten.

Die EU 27 charakterisiert bereits heute ein unterschiedliches Kooperations- und Integrationsniveau. Manche Mitglieder haben den Euro eingeführt, andere nicht, manche bemühen sich, einen Raum der Freiheit, der Sicherheit und des Rechts zu etablieren, andere nicht, die meisten EU-Staaten beteiligen sich im vollen Umfang an der Europäischen Sicherheits- und Verteidigungspolitik (ESVP) oder an Schengen, andere nicht. Diese Beispiele verdeutlichen, dass die EU den Differenzierungspfad bereits eingeschlagen hat. Doch das Ausmaß flexibler Integration wird aller Voraussicht nach in der Zukunft weiter zunehmen. Die zentrale Fragestellung lautet daher nicht, ob es ein differenziertes Europa geben wird, sondern wie es aussehen wird oder eher wie es aussehen soll.

Vergangene Debatten über Direktorate, Triumvirate, Pionier- und Avantgarde-Gruppen oder Gravitationszentren wurden vor allem durch Drohungen sowie semantische und konzeptionelle Missverständnisse geprägt. Der nüchterne Blick auf Differenzierung als strategische Chance in einer heterogeneren EU wird dadurch verstellt. Differenzierung wurde in der Vergangenheit und wird auch heute noch – wie zuletzt nach dem „Nein" der Iren zum Vertrag von Lissabon – als Drohung missbraucht, um kooperationsunwillige Staaten unter Druck zu setzen. Gelegentlich hat dies zu kurzfristigen Erfolgen geführt. Doch insgesamt betrachtet, wird das Konzept der differenzierten Integration dadurch diskreditiert. Darüber hinaus wird durch die simple Gleichsetzung von Differenzierung und der Idee eines Kerneuropas – in dem eine kleine Staatengruppe die Geschicke und Zukunft der Integration bestimmt – übersehen, dass flexiblere Formen der Zusammenarbeit es ermöglichen, Herausforderungen gemeinsam anzugehen, auch wenn die Unterstützung und Teilnahme aller EU-Mitgliedstaaten oder aller (potenziellen) Kandidatenstaaten (noch) ausbleibt.

Durch ihre Diskreditierung können die Gestaltungspotenziale differenzierter Integration nicht ausgeschöpft werden. Es besteht daher die Notwendigkeit, die aktuellen Debatten zu entdramatisieren und für rationale Argumente zu öffnen. Zu diesem Zweck gilt es zwei Dinge zu tun: Erstens sollten die möglichen Formen differenzierter Integration beschrieben und analysiert werden, um auf dieser Grundlage eine rationale Debatte zu ermöglichen. Und zweitens sollten auf der Basis einer kritischen Analyse der unterschiedlichen Formen differenzierter Integration künftige Pfade in Richtung eines differenzierten Europas aufgezeigt werden.

2   Sechs Formen der Differenzierung

Es besteht nicht „ein Modell" der Differenzierung, sondern eine Reihe unterschiedlicher Formen flexibler Integration. Dabei kann zwischen sechs grundsätzlichen Formen unterschieden werden (Emmanouilidis 2008):[2] (1) Gründung einer neuen supranationalen Union, (2) Differenzierung auf der Grundlage etablierter Instrumente und Prozeduren, (3) Intergouvernementale Zusammenarbeit außerhalb der EU, (4) Differenzierung durch Opt-outs, (5) Einbindung unterhalb einer Vollmitgliedschaft, (6) negative Differenzierung durch Austritt.

2.1 *Gründung einer neuen supranationalen Union*

Eine Gruppe von EU-Staaten gründet eine neue Union. Die teilnehmenden Länder sind der Auffassung, dass die Zusammenarbeit im Rahmen der bestehenden EU aufgrund divergierender und unüberwindbarer Vorstellungen über die Zukunft des europäischen Integrationsprozesses nicht weiter vertieft werden kann. Die Etablierung einer neuen Union wäre die ultimative Antwort darauf, dass die unterschiedlichen Auffassungen über die Zukunft des europäischen Einigungsprozesses unter den Mitgliedstaaten der „alten EU" nicht länger in Einklang gebracht werden können.

Von Beginn an verfolgt die neue Union einen höheren Grad der supranationalen Zusammenarbeit inklusive eines Kompetenz- und Souveränitätstransfers jenseits der „alten EU". Langfristig zielt die neue Union auf eine weitere Integrationsvertiefung in Richtung einer föderal organisierten politischen Union ab. Primärrechtlich basiert sie auf einem separaten Vertrag oder einer eigenständigen Verfassung, die von den teilnehmenden Staaten ausgearbeitet, verabschiedet, ratifiziert und implementiert wird. Da die Gründung einer neuen supranationalen Union einen gewaltigen politischen Kraftakt der beteiligten Staaten voraussetzt, ist davon auszugehen, dass ihre rechtliche Basis wesentlich ambitionierter sein müsste als beispielsweise der Verfassungsvertrag von 2003/04, der letztlich ein hart errungener Kompromiss zwischen Integrationisten und Intergouvernementalisten war, zwischen denen, die ein wesentlich integrierteres Europa an-

---

[2] Um Missverständnissen vorzubeugen, wird hier nicht auf bekannte Konzepte differenzierter Integration wie Europa *à la carte*, variable Geometrie, Kerneuropa oder abgestufte Integration zurückgegriffen, denen es in der Regel an analytischer Klarheit mangelt. Stattdessen soll versucht werden, eine Reihe neuer Formen und Subformen der Differenzierung zu entwickeln.

strebten, und jenen, die sich vehement gegen die Schaffung einer Art politischen Union wehrten.

Die neue Union würde sich durch ein hohes Maß an Offenheit auszeichnen. Alle EU-Staaten, die bereit und in der Lage sind, die Verpflichtungen und Voraussetzungen zu erfüllen, die sich aus der Mitgliedschaft in einer neuen supranationalen Union ergeben, können sich grundsätzlich an ihr beteiligen. Die überwiegende Mehrheit der Mitglieder der „alten EU" wird ein Interesse daran haben, sich der neuen Union anzuschließen, um nicht an die politische Peripherie Europas gedrängt zu werden. Und keine Staatengruppe wird sich dem aktiven Beteiligungswunsch der Partnerstaaten entgegenstellen. Letztlich ist daher davon auszugehen, dass sich ein Großteil der Mitglieder der „alten Union" auch in der neuen Union wieder finden wird.

Die Gründung einer neuen Union setzt die Schaffung neuer Institutionen voraus. Eine Organausleihe der Institutionen der „alten EU" an die neue supranationale Union ist nicht möglich, da die Institutionen der „alten EU" – Europäische Kommission, (Europäischer) Rat, Europäisches Parlament (EP), Europäischer Gerichtshof (EuGH) – nicht auf der Basis zweier unabhängiger primärrechtlicher Grundlagen operieren können. Darüber hinaus wird es auch nicht ausreichen, wenn die Kooperation innerhalb der neuen Union lediglich mit Hilfe eines kompetenzschwachen Sekretariats organisiert wird. Die neue supranationale Union wird vielmehr eine effektive Exekutive, eine starke parlamentarische Dimension zur Absicherung der demokratischen Legitimation und eine unabhängige Judikative zur Beilegung rechtlicher Streitigkeiten benötigen. Im Vergleich zur „alten EU" werden die supranationalen Institutionen der neuen Union über mehr Kompetenzen verfügen müssen, um den Anforderungen eines höheren Grads der Politisierung europäischer Politik genügen zu können.

2.2 Differenzierung auf der Grundlage etablierter Instrumente und Prozeduren

Eine Gruppe von Mitgliedstaaten erhöht den Grad der Zusammenarbeit im Rahmen der bestehenden EU auf der Grundlage allgemeiner Instrumente der Differenzierung. Dies sind neben der auf Basis klar definierter Verfahren vorgesehenen Differenzierungsoptionen in bestimmten Politikbereichen (Wirtschafts- und Währungsunion – WWU) die folgenden im europäischen Primärrecht verankerten Instrumente: Die verstärkte Zusammenarbeit (Emmanouilidis 2005: 150 ff.,

CEPS / EGMONT / EPC 2007a), die ständige strukturierte Zusammenarbeit (CEPS / EGMONT / EPC 2007b, Biscop 2008) sowie die konstruktive Enthaltung. Die *verstärkte Zusammenarbeit* ist ein allgemeines Instrument der Differenzierung, das erstmals im Amsterdamer Vertrag statuiert und dann im Vertrag von Nizza, im Verfassungsvertrag sowie im Vertrag von Lissabon fortgeschrieben wurde. Sie ist ein „letztes Mittel", zu dem gegriffen werden kann, wenn der Ministerrat feststellt, „dass die mit dieser Zusammenarbeit angestrebten Ziele von der Union in ihrer Gesamtheit nicht innerhalb eines vertretbaren Zeitraums verwirklicht werden können" (Art. 20 EUV-Lissabon; ähnlich Art. 43a EUV-Nizza). Die verstärkte Zusammenarbeit erlaubt einer Mindestanzahl von Staaten (Nizza: acht, Lissabon: neun) enger zusammenzuarbeiten; die Bedingungen und Modalitäten der Autorisierung, Anwendung und Ausweitung der Zusammenarbeit sind dabei im Primärrecht festgelegt.

Die *ständige strukturierte Zusammenarbeit (SSZ)* ist ein neues Instrument der Differenzierung im Bereich der Gemeinsamen Sicherheits- und Verteidigungspolitik (GSVP), das im Rahmen des Europäischen Konvents (2003/04) entwickelt, ursprünglich im Verfassungsvertrag (2003/04) niedergelegt und später, 2007, in den Vertrag von Lissabon integriert wurde. Die SSZ ermöglicht denjenigen Mitgliedstaaten, „die anspruchsvollere Kriterien in Bezug auf die militärischen Fähigkeiten erfüllen und die im Hinblick auf Missionen mit höchsten Anforderungen untereinander weiter gehende Verpflichtungen eingegangen sind", eine engere Form der Kooperation innerhalb des EU-Rahmens zu etablieren. Sie ist gedacht als Instrument, um die operativen Fähigkeiten der Mitgliedstaaten stärker als bisher zu integrieren, um Verdoppelungen zu vermeiden und um die militärischen und nicht-militärischen Fähigkeiten des Krisenmanagements der beteiligten Staaten zu stärken. Die nicht beteiligten Staaten nehmen an Abstimmungen innerhalb der SSZ nicht teil, können sich der Zusammenarbeit jedoch zu einem späteren Zeitpunkt anschließen, sofern sie die in einem separaten Protokoll niedergelegten Teilnahmebedingungen erfüllen. Die Initiierung einer SSZ erfordert eine mit qualifizierter Mehrheit verabschiedete Entscheidung des Ministerrats.

Die *konstruktive Enthaltung* schließlich erlaubt jedem EU-Staat, sich im Bereich der Gemeinsamen Außen- und Sicherheitspolitik (GASP) von einer Abstimmung fernzuhalten. Der sich seiner Stimme enthaltende Mitgliedstaat ist nicht verpflichtet, den Beschluss durchzuführen, akzeptiert jedoch, dass der von den anderen EU-Mitgliedern verabschiedete Beschluss für die Union bindend ist. Obgleich die konstruktive Enthaltung bereits im Amsterdamer Vertrag eingeführt wurde, hat sie in der bisherigen Praxis keine wesentliche Rolle gespielt. Im Falle ihrer Anwendung wäre ihr Effekt dadurch eingeschränkt, dass diejenigen

Staaten, die sich der Stimmabgabe enthalten haben, nicht von Folgeabstimmungen ausgeschlossen sind.

Differenzierung innerhalb des EU-Rahmens kennzeichnet ein hohes Maß an Offenheit, da die Teilnahme allen Unionsstaaten jederzeit möglich ist. Die Festlegung von Teilnahmekriterien, über die sich die Mitgliedstaaten im Konsens verständigen müssen (z.B. Konvergenzkriterien in der WWU), oder die Festlegung einer Mindestanzahl teilnehmender Staaten (verstärkte Zusammenarbeit) kann die Zahl der beteiligten Länder begrenzen beziehungsweise vorab determinieren. Die Konvergenzkriterien im Rahmen der WWU oder der Kriterienkatalog hinsichtlich der Teilnahme an einer ständigen strukturierten Zusammenarbeit im Verteidigungsbereich belegen, dass die von den Mitgliedstaaten definierten Beteiligungskriterien in der Regel so festgelegt werden, dass eine (schrittweise) Teilnahme einer Vielzahl von kooperationswilligen EU-Staaten möglich ist. Im Rahmen einer Differenzierung auf der Grundlage vorab festgelegter Instrumente und Verfahren ist zwischen zwei Subformen der Zusammenarbeit zu unterscheiden, die sich vornehmlich hinsichtlich ihrer finalen Zielsetzung unterscheiden:

- *Differenzierung in Richtung einer föderalen Union.* Diese Unterform ist dadurch kennzeichnet, dass der Einsatz der in den EU-Verträgen verankerten Differenzierungsinstrumente und -verfahren dazu dient, eine föderale Union zu schaffen. Das prominenteste Beispiel ist der Vorschlag des ehemaligen belgischen Premierministers Guy Verhofstadt (2006: 83 ff.), der die Etablierung einer föderalen politischen Union propagiert. Dabei wären die „Vereinigten Staaten von Europa", der alle Staaten der Eurozone angehören, der politische Kern. Die anderen Mitgliedstaaten würden sich in einer Art „Organisation europäischer Staaten" zusammenfinden.

- *Funktional-pragmatische Differenzierung.* Diese Unterform folgt einer funktionalen Logik ohne Festlegung eines finalen Endziels. In anderen Worten, die Differenzierung innerhalb der EU folgt keinem Masterplan, sondern ist vielmehr darauf ausgelegt, spezifische Blockaden zu überwinden, die sich ergeben, wenn bestimmte Mitgliedstaaten nicht bereit oder fähig sind, die Zusammenarbeit in einem bestimmten Bereich zu vertiefen. Dies betrifft etwa die Harmonisierung der Bemessungsgrundlage bei der Unternehmensbesteuerung oder die Ausdehnung der europäischen Bürgerrechte mit Hilfe des Instruments der verstärkten Zusammenarbeit[3] sowie die ständige struk-

---

[3] Für eine Auflistung potenzieller Bereiche einer verstärkten Zusammenarbeit CEPS / EGMONT / ECP (2007b: 106 ff.).

turierte Zusammenarbeit im Bereich der Sicherheits- und Verteidigungspolitik.

2.3 *Intergouvernementale Zusammenarbeit außerhalb der EU*

Eine Gruppe von Mitgliedstaaten intensiviert ihre Zusammenarbeit auf der Basis zwischenstaatlicher Mechanismen und Verfahren außerhalb des EU-Rahmens. Die Kooperation beschränkt sich auf Beziehungen zwischen den Regierungen der beteiligten Länder und verlangt keinen (sofortigen) Souveränitätstransfer in Richtung einer supranationalen Autorität. Die bestehenden EU-Institutionen spielen keine direkte exekutive, legislative oder judikative Rolle im Kontext jeglicher Form zwischenstaatlicher Zusammenarbeit außerhalb der EU. Dennoch müssen die beteiligten Staaten das Loyalitätsprinzip achten[4], den Vorrang des rechtlichen Rahmens der EU (*Acquis*) anerkennen und sie dürfen die Funktionsweise der EU nicht behindern. Darüber hinaus wäre eine engere Zusammenarbeit in jenen Bereichen ausgeschlossen, in denen die EU über exklusive Kompetenzen verfügt.[5] Im Rahmen einer intergouvernementalen Zusammenarbeit außerhalb der EU kann zwischen drei Unterformen unterschieden werden:

- *Intergouvernementale Avantgarde.* Die teilnehmenden Staaten sind zu der Auffassung gelangt, dass eine Vertiefung der Zusammenarbeit in einem bestimmten Politikbereich politisch und rechtlich nur möglich ist, wenn eine Gruppe von Mitgliedstaten eine Vorreitertrolle außerhalb des EU-Rahmens übernimmt. Die Zusammenarbeit einer intergouvernementalen Avantgarde erfüllt eine Art „Laborfunktion" und soll per definitionem möglich schnell in den rechtlichen Rahmen der EU überführt werden – wie unlängst im Falle

---

[4] Art. 3a des Vertrags von Lissabon lautet wie folgt: „Die Mitgliedstaaten ergreifen alle geeigneten Maßnahmen allgemeiner oder besonderer Art zur Erfüllung der Verpflichtungen, die sich aus den Verträgen oder den Handlungen der Organe der Union ergeben. Die Mitgliedstaaten unterstützen die Union bei der Erfüllung ihrer Aufgabe und unterlassen alle Maßnahmen, die die Verwirklichung der Ziele der Union gefährden könnten." Die Wortwahl ist fast identisch mit dem entsprechenden Art. 10 des Vertrags von Nizza.

[5] Laut Vertrag von Lissabon hat die EU ausschließliche Zuständigkeiten in folgenden Bereichen: a) Zollunion, b) Festlegung der für das Funktionieren des Binnenmarkts erforderlichen Wettbewerbsregeln, c) Währungspolitik für die Staaten der Euro-Zone, d) Erhaltung der biologischen Meeresschätze im Rahmen der gemeinsamen Fischereipolitik, e) gemeinsame Handelspolitik.

des Vertrags von Prüm[6] oder in den neunziger Jahren beim Schengener Abkommen geschehen. Die teilnehmenden Staaten vereinbaren einen Vertrag oder ein Abkommen, in dem die Ziele sowie die organisatorischen und rechtlichen Details der Zusammenarbeit niedergelegt werden. Die Zahl der teilnehmenden Staaten orientiert sich vornehmlich an funktionalen Notwendigkeiten. Prinzipiell ist die Teilnahme jedoch für all jene Mitgliedstaaten offen, die bereit und fähig sind, sich der Zusammenarbeit anzuschließen. Entsprechend schreibt der Vertrag fest, dass jeder EU-Staat sich der Zusammenarbeit nachträglich anschließen kann.

- *Europa der Nationen.* Die teilnehmenden Staaten sind der Ansicht, dass eine Weiterentwicklung der Zusammenarbeit in einem bestimmten Politikbereich weder innerhalb der EU noch auf der Grundlage supranationaler Instrumente und Verfahren erzielt werden kann. Die zwischenstaatliche Kooperation innerhalb eines Europas der Nationen zielt nicht auf einen weiteren Transfer von nationalen Souveränitätsrechten ab. Die Zusammenarbeit ist langfristig angelegt und es besteht keine Absicht, die Kooperation zu einem späteren Zeitpunkt in den rechtlichen Rahmen der EU zu überführen. Ein Europa der Nationen zeichnet sich durch einen niedrigen Grad an Offenheit aus, da die teilnehmenden Staaten auf die Effizienzvorteile einer kleinen Gruppe besonderen Wert legen.

- *Lose Koalitionen.* Diese Form intergouvernementaler Zusammenarbeit wird ins Leben gerufen, um ein konkretes Ziel zu erreichen oder einem konkreten Zweck zu dienen. Beispiele sind die Balkan-Kontaktgruppe, die für die Gespräche mit dem Iran eingerichtete Dreiergruppe (Deutschland, Frankreich, Vereinigtes Königreich, EU-Außenbeauftragter), die G6 oder die Salzburg-Gruppe im Bereich Inneres und Justiz. Lose Koalitionen sind durch einen niedrigen Institutionalisierungsgrad gekennzeichnet, da sie weder auf einer

---

[6] Der von Deutschland initiierte Vertrag von Prüm wurde im gleichnamigen Eifelstädtchen am 27. Mai 2005 von sieben Staaten – Belgien, Deutschland, Frankreich, Luxemburg, Österreich, Spanien und den Niederlanden – unterzeichnet. Mit Bulgarien, Finnland, Griechenland, Italien, Portugal, Rumänien, Schweden, der Slowakei und Slowenien haben inzwischen weitere Länder ihre Beitrittsabsicht bekundet. Ziel des Vertrags ist es laut Präambel, zur „Fortentwicklung der Europäischen Zusammenarbeit [...] eine Vorreiterrolle bei der Erreichung eines möglichst hohen Standards in der Zusammenarbeit, vor allem durch einen verbesserten Austausch von Informationen, insbesondere in den Bereichen der Bekämpfung des Terrorismus, der grenzüberschreitenden Kriminalität sowie der illegalen Migration, einzunehmen und allen anderen Mitgliedstaaten der Europäischen Union die Teilnahme an dieser Zusammenarbeit zu eröffnen."

explizit formulierten rechtlichen Grundlage beruhen noch eine separate institutionelle Struktur erfordern. Die Zahl der an einer losen Koalition teilnehmenden Staaten ist stark limitiert und umfasst nur einen kleinen Bruchteil der EU-Mitglieder (geschlossener Zirkel). Die Erfahrung lehrt, dass die Teilnehmer nicht-institutionalisierter loser Koalitionen sehr darauf bedacht sind, das Verhältnis mit ihren EU-Partnerstaaten zu pflegen, um eine Spaltung zwischen „ins" und „outs" zu vermeiden. Letztere werden daher über die Aktivitäten auf dem Laufenden gehalten und / oder an der Zusammenarbeit indirekt beteiligt.

2.4 Differenzierung durch Opt-outs

Der Widerstand bestimmter EU-Staaten gegen eine weitere Integrationsvertiefung in bestimmten Politikbereichen wird durch die Gewährung von bereichsspezifischen Opt-outs überwunden. Wie in der Vergangenheit im Falle Dänemarks und Großbritanniens in der WWU, Dänemarks im militärischen Teil der ESVP oder Irlands und Großbritanniens im Schengen-Abkommen nehmen einzelne Mitgliedstaaten an bestimmten Politikbereichen oder Teilbereichen nicht teil. Die Initiative zur Einführung eines Opt-outs kommt von demjenigen Staat, der von einer Vertiefung der Zusammenarbeit in einem bestimmten Politikbereich ausgenommen werden möchte. Die Grundsatzentscheidung zur Gewährung eines Opt-outs muss von allen EU-Mitgliedern unterstützt werden. Die rechtlichen und institutionellen Regeln und Verfahren eines Opt-outs müssen einstimmig von allen EU-Mitgliedstaaten verabschiedet und im Primärrecht niedergelegt werden – z.B. in Form eines Protokolls. Dem Opt-out-Staat kann das Recht auf ein Opt-in eingeräumt werden. In diesem Fall hat das Opt-out-Land das Recht, eine Entscheidung oder einen legislativen Akt auch dann zu übernehmen, wenn es in dem betroffenen Politikfeld ein Opt-out erwirkt hat.

2.5 Einbindung unterhalb einer Vollmitgliedschaft

Differenzierte Integration muss nicht auf die EU und ihre Mitgliedstaaten begrenzt sein, sondern kann auch Länder umfassen, die (noch) nicht der Union angehören. Die meisten EU-Nachbarstaaten streben eine Intensivierung ihrer Zusammenarbeit mit der Union an. Zahlreiche europäische Nachbarn wollen mittel- oder langfristig EU-Mitglied werden. Gleichzeitig hat sich jedoch in den letzten Jahren in vielen Unionsländern eine zunehmende Erweiterungsmüdigkeit breit gemacht.[7] In dieser Situation verwundert es nicht, dass laut über Möglichkeiten einer Assoziierung oder Integration unterhalb einer EU-Vollmitgliedschaft nachgedacht wird (Atilgan / Klein 2006, Maurer 2007, Varwick / Windwehr 2007, Emmanouilidis 2008)

Trotz eines bereits engen Beziehungsgeflechts sind viele Nachbarstaaten unzufrieden mit dem Grad ihrer Assoziierung oder mit der zeitlichen Perspektive weiterer EU-Erweiterungsrunden. Im Ergebnis steht die EU einer doppelten Herausforderung gegenüber: Auf der einen Seite muss die Union den Nachbarstaaten attraktive Kooperationsangebote unterbreiten, um die Entwicklungen in den benachbarten Ländern weiterhin von außen positiv beeinflussen zu können. Andererseits darf die EU die Zweifel vieler Bürger und in zunehmendem Maße auch vieler Eliten hinsichtlich weiterer EU-Erweiterungsrunden nicht missachten.

Die Debatten über den Vorschlag, der Türkei anstelle einer Vollmitgliedschaft eine „privilegierte Partnerschaft" anzubieten, oder der umstrittene Vorschlag des französischen Staatspräsidenten Nicolas Sarkozy, eine „Union für das Mittelmeer" zu gründen (Balfour / Schmid 2008, Emerson 2008, Schwarzer / Werenfels 2008), sind Beleg für die politische Relevanz des Themas. Grundsätzlich kann zwischen drei Konzepten unterschieden werden, die einen unterschiedlichen Grad der Assoziierung und Integration vorsehen: Assoziierung plus, Teilmitgliedschaft und limitierte Mitgliedschaft.

- *Assoziierung plus.* Drittstaaten werden möglichst eng an die EU assoziiert, jedoch unterhalb einer de jure oder de facto Mitgliedschaft. Der Grad und die Intensität der Assoziierung können von Nachbar zu Nachbar erheblich voneinander abweichen. Möglich sind ein privilegierter Zugang zum europäischen Binnenmarkt (Europäischer Wirtschaftsraum, bilaterale Verträge mit der Schweiz), die Schaffung einer Zollunion (Türkei), ein strategischer Dialog über politische und sicherheitspolitische Fragen, die Möglichkeit, sich Positionen im Rahmen der Gemeinsamen Außen- und Sicherheitspolitik (GASP) anzuschließen und die Teilnahme an internationalen EU-Missionen im Rahmen der Europäischen Sicherheits- und Verteidigungspolitik (ESVP), ein privilegiertes Visa-Regime oder der freie Zugang zum Schengen-Raum (Island, Norwegen, Schweiz), interkulturelle und zivilgesellschaftliche Zu-

---

[7] Laut Eurobarometer-Daten von November 2007 werden weitere Beitritte von rund der Hälfte der EU-Bürger unterstützt. Die Zustimmungsrate liegt dabei in den 2004 und 2007 neu hinzugestoßenen Ländern Mittelosteuropas mit 68 Prozent deutlich höher als in den alten EU-15 (43 Prozent).

sammenarbeit sowie finanzielle und technische Unterstützung. Die Zusammenarbeit kann auf einer bilateralen Basis beruhen – z.b. auf Aktionsplänen im Rahmen der Europäischen Nachbarschaftspolitik (ENP), auf Assoziierungs- und Stabilisierungsabkommen und privilegierten Partnerschaften (Gutenberg 2004) sowie auf einer Erweiterten Assoziierten Mitgliedschaft; sie kann aber auch im multilateralen Kontext organisiert werden – wie etwa im Barcelona-Prozess, der Union für das Mittelmeer, der *Black Sea Synergy*, oder im European Commonwealth (Hartmann 2008), in der Paneuropäischen Konföderation (Lippert 2006) sowie der European Area (Bechev / Nicolaidis 2007). Wie intensiv und unterschiedlich die Beziehungen zwischen der EU und den assoziierten Ländern auch sein mag, ein zentrales Merkmal charakterisiert jegliche Variante einer Assoziierung plus: Die assoziierten Staaten partizipieren nicht an EU-internen Entscheidungsprozessen, die das alleinige Privileg der EU und ihrer Mitgliedstaaten sind. Die zentralen EU-Institutionen – Europäische Kommission, Europäisches Parlament, (Europäischer) Rat – sind für assoziierte Staaten verschlossen. Die Formulierung des *acquis politique* der EU und die Verabschiedung von Rechtakten bleiben allein den EU-Institutionen und den Mitgliedstaaten vorbehalten.

- *Teilmitgliedschaft*. Im Rahmen einer Teilmitgliedschaft werden die teilnehmenden Staaten nicht nur assoziiert, sie werden vielmehr in einen oder in mehrere EU-Politikbereiche integriert. Eine sektorale Integration kann sich auf politische (z.B. GASP/ESVP, Schengen, Visa-Regime) und / oder ökonomische Aspekte beziehen (z.B. Binnenmarkt, Energie- und Klimapolitik, Euro). Sie kann Politikbereiche betreffen, an denen alle EU-Staaten beteiligt sind oder Felder, die bereits innerhalb der EU durch ein hohes Maß an mitgliedstaatlicher Differenzierung gekennzeichnet sind. „Teilmitglieder" werden de facto Mitglieder in dem betroffenen Bereich und haben vergleichbare Pflichten und Rechte wie die Vollmitglieder der EU. So könnten sich Teilmitglieder am EU-Budget beteiligen. Damit würde ihnen zugleich ein Zugang zu den zentralen EU-Institutionen gewährt. Im Laufe der Zeit könnte eine Teilmitgliedschaft auf weitere Politikbereiche ausgeweitet werden. Die Möglichkeit einer EU-Vollmitgliedschaft zu einem späteren Zeitpunkt wäre nicht ausgeschlossen.

Als Teilmitgliedschaften lassen sich unterscheiden: erstens die *abgestufte Integration*. Das von Karakas (2005) entwickelte Konzept der abgestuften Integration propagiert eine graduelle und sektorale Integration der Türkei in unterschiedliche EU-Politikbereiche, die zu einem späteren Zeitpunkt zu einer Vollmitgliedschaft führen kann. Die Einbeziehung in einen bestimmten

Politikbereich impliziert ein sektorales Mitentscheidungsrecht im Ministerrat ohne Vetorecht. Der Beginn der nächsten Integrationsstufe wird an die
Umsetzung von Reformen geknüpft. Karakas nennt drei Integrationsstufen:
am Anfang stehen Bildung, Kultur, Forschung, Infrastruktur und Umwelt;
dem folgen der schrittweise Ausbau der Zollunion in Richtung gemeinsamer
Markt; am Ende stehen die Teilnahme an der WWU, die engere Zusammenarbeit in den Bereichen Inneres und Justiz sowie die Sicherheits- und Verteidigungspolitik.

Die zweite mögliche Teilmitgliedschaft ist die *Sicherheitspartnerschaft*.
Grant (2006: 66 ff.) schlägt die Etablierung von Sicherheitspartnerschaften im
Bereich der GASP vor. Diesem Vorschlag nach verständigen sich die EU und
der Sicherheitspartner darüber, dass sie bei bestimmten außenpolitischen
Themen gemeinsame Interessen verfolgen. Auf der Grundlage dieser Verständigung unterstützt der Sicherheitspartner die EU bei der Formulierung
und Umsetzung der Politik. Institutionell wird der Sicherheitspartner im Rat
und im Politischen- und Sicherheitspolitischen Komitee (PSK) partiell eingebunden.

Drittens schließlich besteht die Möglichkeit einer *Junior-Mitgliedschaft*.
Die von Altmann (2005) stammende Idee einer Junior-Mitgliedschaft schlägt
die Einführung eines Status zwischen den Stabilisierungs- und Assoziie-
rungsabkommen und einer Vollmitgliedschaft vor. Junior-Mitglieder sollten
EU-Politiken mitentwickeln, ohne jedoch über Mitentscheidungsrechte zu
verfügen. Des Weiteren sollten sie auch nicht über das Recht verfügen, einen
Kommissar zu benennen oder an den Entwicklungs- und Ausgleichspro-
grammen der EU (Struktur- und Regionalfonds) teilzunehmen. Das Konzept
einer Junior-Mitgliedschaft schließt eine spätere Vollmitgliedschaft nicht
aus. Es läuft vielmehr auf einen Stufenprozess hinaus, an dessen Ende das
Junior-Mitglied Vollmitglied der EU werden kann, aber nicht muss.

- *Limitierte Mitgliedschaft*. Im Rahmen dieser Variante differenzierter Integration wird der beitretende Staat aus rechtlicher Perspektive EU-Mitglied, seine Mitgliedschaft unterliegt jedoch gewissen Restriktionen. Das neue EU-
Land genießt nicht alle Vorteile einer Mitgliedschaft, da es von bestimmten
(zentralen) Politikbereichen ausgeschlossen wird (z.B. Schengen, ESVP, „vier
Freiheiten", Euro) oder nicht verpflichtet ist, gewisse rechtliche Normen
umzusetzen. Letzteres könnte beispielsweise einen differenzierten *Acquis*
betreffen, der im Kontext einer verstärkten Zusammenarbeit verabschiedet
wurde und nur die teilnehmenden EU-Staaten bindet, nicht aber „limitierte"
Neumitglieder. In der Vergangenheit musste jedes Neumitglied ab dem

Zeitpunkt seines Beitritts den *Acquis* der Union respektieren und alle Verpflichtungen erfüllen, die sich aus der EU-Mitgliedschaft ergeben. Europäisches Recht galt von Anfang an, auch wenn seine Umsetzung in gewissen
Fällen aufgrund von Ausnahmeregelungen (z.b. hinsichtlich des freien Zugangs zum europäischen Arbeitsmarkt) oder aufgrund der Tatsache, dass
das neue EU-Mitglied gewisse Teilnahmekriterien oder -verpflichtungen
nicht sofort erfüllen konnte (z.b. WWU-Konvergenzkriterien, Grenzkontrol-
len im Schengen-Raum), zeitlich verzögert wurde. Nach dem Konzept einer
limitierten Mitgliedschaft werden Neumitglieder dauerhafter von einem
oder mehreren Politikbereichen oder bestimmten Teilen des *Acquis* ausgeschlossen, wenn beide Seiten sich in den Beitrittsverhandlungen darauf verständigen. Der aktuelle Fall der Türkei weist in diese Richtung: Der EU-
Verhandlungsrahmen sieht die Möglichkeit vor, langfristige Ausnahmen –
so genannte „permanente Sicherheitsklauseln" – hinsichtlich des freien Per-
sonenverkehrs, der Struktur- und der Agrarpolitik auszuhandeln (Hillion
2007).

2.6 Negative Differenzierung durch Austritt

Diese Form der Differenzierung beruht auf der Annahme, dass ein Staat die EU
verlässt, der nicht bereit oder nicht fähig ist, eine weitere Integrationsvertiefung
zu unterstützen. Die verbleibenden EU-Mitglieder können den Grad ihrer Zusammenarbeit erst dann intensivieren, wenn diejenigen Länder die EU verlassen
haben, die ein Mehr an Kooperation ablehnen. Dies könnte beispielsweise dann
der Fall sein, wenn das In-Kraft-Treten einer neuen primärrechtlichen Grundlage
daran scheitert, dass ein Land den neuen Vertrag oder die neue Verfassung nicht
ratifiziert hat. In diesem Fall könnte der freiwillige Austritt des betroffenen Staates die Möglichkeit eröffnen, dass das neue Primärrecht trotzdem in Kraft tritt. Im
Zuge eines Austritts müssten der austretende Staat und der Rest der EU eine
Vereinbarung treffen, in der die rechtlichen, institutionellen und politischen Bedingungen eines Ausscheidens aus der Union geregelt werden.

Der geltende Nizza-Vertrag sieht eine derartige Regelung nicht vor. Dennoch könnte ein EU-Austritt auf der Grundlage allgemeiner Bestimmungen des
internationalen Rechts und hier konkret auf der Basis des „Wiener Übereinkom-
men über das Recht der Verträge" (Art. 54, 62) geregelt werden. Im Gegensatz zu
den geltenden EG/EU-Verträgen enthält der Vertrag von Lissabon in Art. 50 eine
explizite Austrittsklausel. Diese neue Klausel öffnet erstmals die Perspektive

einer „negativen Differenzierung". Gemäß dem neuen Verfahren kann jeder Mitgliedstaat „im Einklang mit seinen verfassungsrechtlichen Vorschriften beschließen, aus der Union auszutreten." Nachdem der betroffene Staat dem Europäischen Rat seine Absicht mitgeteilt hat, handeln beide Seiten – die EU und der austretende Staat – ein „Abkommen über die Einzelheiten des Austritts" aus, „wobei der Rahmen für die künftigen Beziehungen dieses Staates zur Union berücksichtigt wird."

In der folgenden Tabelle werden die sechs Formen der Differenzierung und ihre jeweiligen zentralen Charakteristika zusammenfassend dargestellt.

Tabelle: Charakteristika der sechs Formen differenzierter Integration

Form	neue supranationale Union	Differenzierung auf der Grundlage etablierter Instrumente und Prozeduren		intergouvernementale Zusammenarbeit außerhalb der EU		
		Differenzierung in Richtung einer föderalen Union	funktional-pragmatische Differenzierung	Europa der Nationen	intergouvernementale Avantgarde	lose Koalitionen
Zentrale Charakteristika	• Gruppe von Mitgliedstaaten (MS) gründet neue Union • Ziel: höherer Grad der supranationalen Zusammenarbeit in Richtung einer föderalen politischen Union • separate rechtliche Grundlage (Vertrag/Verfassung) • sofortiger Kompetenztransfer • hoher Offenheitsgrad	• innerhalb EU • Nutzung von allgemeinen Differenzierungsinstrumenten oder speziellen Verfahren für spezifische Politikbereiche • Teilnahme jedes MS zu jedem Zeitpunkt möglich (aber: Teilnahmekriterien / Mindeststaatenanzahl) • Differenzierung zielt auf die Schaffung einer föderalen Union – „Vereinigten Staaten von Europa"	• kein Masterplan • funktionaler Ansatz von Fall zu Fall zur Überwindung konkreter Blockaden	• (ursprünglich) außerhalb EU • limitiert auf Zusammenarbeit der Regierungen • kein (sofortiger) Transfer von Souveränitätsrechten • Loyalitätsprinzip, Vorrang EU-*Acquis*, keine Behinderung der EU-Funktionsweise • Kooperation nicht möglich, dort wo EU über exklusive Kompetenzen verfügt • keine Absicht, Kompetenzen auf eine höhere supranationale Entität zu überführen • keine Motivation, Zusammenarbeit in EU zu integrieren • niedriger Offenheitsgrad	• Avantgarde übernimmt Vorreiterrolle (Laborfunktion) • möglichst schnelle Integration der Zusammenarbeit • unabhängige rechtliche Basis (Vertrag/Vereinbarung) • Teilnahme für alle Mitgliedstaaten möglich	• ausgerichtet auf singulären Zweck oder Ziel • niedriger Institutionalisierungsgrad • geschlossener Kreis • Kooperation mit „outs"

Form	Differenzierung durch opt-outs
Zentrale Charakteristika	• Allokation von politikbereichsspezifischen Ausnahmen • Initiative von Opt-out-Staat • Grundsatzentscheidung erfordert Zustimmung aller MS • Rechtliche und institutionelle Regeln und Verfahren niedergelegt in EU-Primärrecht

Form	Affiliierung unterhalb einer Vollmitgliedschaft			Negative Differenzierung durch Austritt
	Assoziierung Plus	Teilmitgliedschaft	Limitierte Mitgliedschaft	
Zentrale Charakteristika	• engste mögliche Affiliierung unterhalb einer Mitgliedschaft • keine Beteiligung an EU-Entscheidungsprozessen • kein Zugang zu zentralen EU-Institutionen • divergierende Formen der Einbindung	• de facto Mitgliedschaft in bestimmten Politikbereichen (sektorale Integration) • politische, rechtliche und institutionelle Teilhabe in betroffenen Politikbereichen • kein Ausschluss einer Mitgliedschaftsperspektive	• Mitgliedschaft unterliegt bestimmten Restriktionen • Ausschluss von bestimmten Politikbereichen oder von Umsetzung eines bestimmten *Acquis* • „Limitiertes" Mitglied genießt alle Rechte und Verpflichtungen	• EU-Staaten verfolgen höheres Kooperationsniveau nach freiwilligem Austritt eines oder mehrerer Staaten • austretender Staat vereinbart Austrittsbedingungen mit der EU • EU-Verträge verlieren Geltung in ausgeschiedenem Land

Quelle: eigene Darstellung

3 Der künftige Differenzierungspfad – zehn Schlussfolgerungen

Der künftige Pfad einer weiteren Differenzierung Europas wird nicht von einem einzigen Modell bestimmt werden. Es ist vielmehr davon auszugehen, dass in der Praxis unterschiedliche Formen flexibler Integration Anwendung finden. Doch welche Wege sollten beschritten werden? Welche Formen differenzierter Integration sollten bevorzugt, welche vermieden werden? Die folgenden Schlussfolgerungen versuchen Antworten auf diese Fragen zu geben.

Schlussfolgerung 1: Die Etablierung einer neuen supranationalen Union – mit einer unabhängigen institutionellen Struktur und einer unabhängigen primärrechtlichen Basis – ist weder empfehlenswert noch realistisch. Sie birgt die Gefahr neuer Trennlinien in Europa. Die Mitglieder der neuen Union würden ihre politischen Energien auf den Aufbau und die Weiterentwicklung derselben konzentrieren. Im Gegenzug würde die „alte EU" graduell marginalisiert. In diesem Fall könnte die Idee, dass die „alte EU" als eine Art Klammer zwischen den beiden Unionen fungiert und auf diese Weise die integrationsfreundlichen und die eher skeptischen Staaten in einer Art „Stabilitätsgemeinschaft" zusammenführt, nicht umgesetzt werden. Im Gegenteil, die Rivalität beider Lager könnte zu einer Spaltung Europas führen – auf der einen Seite stünden die Mitglieder der neuen Union und auf der anderen die ausgeschlossenen Staaten, die ihr politisches Heil in anderen (geo-)politischen Konstellationen suchen würden. Die Etablierung einer neuen Union ist nicht nur nicht erstrebenswert, sie erscheint – zumindest aus heutiger Perspektive – aus zwei Gründen auch unrealistisch: Die EU ist zum einen nicht mit einer ausreichend großen Krise konfrontiert, die nötig wäre, um die für die Schaffung einer neuen Union erforderliche politische Energie zu generieren, das heißt, sie ist längst noch nicht an dem Punkt angelangt, an dem die divergierenden Positionen hinsichtlich der Zukunft Europas nur durch die Bildung einer neuen Union umgangen werden könnten.[8] Auch im Zuge der Krise nach dem „Nein" der Franzosen und Niederländer zum europäischen Verfassungsvertrag im Mai/Juni 2005 haben die Mitgliedstaaten eine Lösung innerhalb der „alten EU" angestrebt. Und auch nach dem „Nein" der Iren zum Vertrag von Lissabon im Juni 2008 wird die Gründung einer neuen Union in Form eines Europas der „zwei Geschwindigkeiten" in der politischen Praxis nicht angestrebt. Zum anderen besteht selbst in den integrationsfreundlichsten Staaten kaum eine

---

[8] Siehe dazu auch die in diesem Band dokumentierte Kontroverse zwischen Jürgen Habermas und Günter Verheugen.

Bereitschaft, weitere substanzielle Souveränitätsrechte auf der Grundlage einer gemeinsamen Vision europäischer Finalität abzutreten. Im Gegenteil: Es ist eher davon auszugehen, dass auch innerhalb einer neuen Union divergierende Interessen und unterschiedliche Integrationsleitbilder aufeinanderprallen würden. Dies gilt umso mehr, als die Zahl der Mitglieder, die dem exklusiven Club einer neuen Union angehören wollen, vermutlich sehr hoch wäre. Solange die „alte EU" nicht in einer politischen Sackgasse angekommen ist, und solange die potenziellen Teilnehmer einer neuen Union nicht bereit sind, einen substanziellen Schritt in Richtung politische Union zu tun, werden die politischen, ökonomischen und administrativen Kosten die Vorteile einer neuen Union nicht aufwiegen.

Schlussfolgerung 2: Differenzierte Integration eröffnet neue Perspektiven und sollte vorzugsweise innerhalb des EU-Rahmens organisiert werden. Eine flexible Zusammenarbeit zwischen einer kleinen Zahl von Mitgliedstaaten birgt jedoch die Gefahr der Schaffung paralleler institutioneller Strukturen, die die supranationale institutionelle Architektur der EU schwächen, ihrer Kohärenz schaden und zu einer rechtlichen Fragmentierung innerhalb und außerhalb des EU-Rahmens beitragen würden. Auch kann sie die Transparenz und demokratische Legitimität europäischer Politik negativ beeinträchtigen sowie im negativsten Fall zu neuen Trennlinien innerhalb Europas führen. Diese Risiken sind besonders ausgeprägt, wenn die Zusammenarbeit ohne klare Verfahren und Normen und ohne die Einbeziehung supranationaler Institutionen umgesetzt wird. Dies ist dann der Fall, wenn eine Kooperation außerhalb der EU stattfindet. Falls politisch umsetzbar und rechtlich möglich, sollte Differenzierung daher innerhalb der EU organisiert werden. Eine engere Zusammenarbeit im Rahmen der EU profitiert vom einheitlichen institutionellen Rahmen; sie wahrt die supranationalen Kompetenzen und die Zusammensetzung der Europäischen Kommission, des Europäischen Parlaments und der europäischen Gerichte; sie verhindert die anarchische und unkontrollierte Anwendung flexibler Kooperation und weist aufgrund klarer Regeln hinsichtlich der Einleitung, Umsetzung und Ausweitung differenzierter Zusammenarbeit ein hohes Maß an Berechenbarkeit auf. Sie garantiert des Weiteren ein hohes Maß an demokratischer Legitimität durch die Beteiligung des Europäischen Parlaments und der nationalen Parlamente und hält die Tür für eine Teilnahme weiterer Mitgliedstaaten zu jeder Zeit offen. Zudem erlaubt eine engere Zusammenarbeit im Rahmen der EU die kontinuierliche und vertragskonforme Weiterentwicklung des *Acquis* und reduziert insgesamt das Risiko einer konfrontativen Spaltung zwischen den „outs" und den „ins".

Schlussfolgerung 3: Differenzierte Zusammenarbeit innerhalb der EU sollte keinem Masterplan von Europas Finalität folgen. Aufrufe zur Schaffung eines „Kerneuropas" erweisen der künftigen Integrationsentwicklung einen Bärendienst. Die Idee, die in den EU-Verträgen verankerten Differenzierungsinstrumente anzuwenden, um eine Art „Vereinigte Staaten von Europa" (Verhofstadt) zu schaffen, ist unrealistisch und kontraproduktiv. Sie ist unrealistisch, weil weite Teile der Bevölkerung und zunehmend auch Teile der Eliten sogar in den integrationsfreundlichen Staaten (noch) nicht bereit sind, substanzielle nationale Kompetenzen zu Gunsten einer föderal organisierten politischen Union aufzugeben. Sie ist kontraproduktiv, weil die Idee, die „Vereinigten Staaten von Europa" im Wege der Differenzierung zu schaffen, Argwohn hervorruft. Euroskeptiker sehen im Kerneuropa die Vorstufe eines europäischen Bundesstaates, den sie nicht wollen. Für viele der kleineren und neuen Mitgliedstaaten kommt die Sorge hinzu, dass sie von dem elitären Club ferngehalten werden sollen. Unabhängig davon, ob derartige Befürchtungen gerechtfertigt sind oder nicht, schüren sie das Misstrauen unter den EU-Staaten und schmälern dadurch die Chancen, dass die Instrumente der Differenzierung in der Praxis konstruktiv genutzt und ihre Potenziale ausgeschöpft werden.

Schlussfolgerung 4: Differenzierung innerhalb des EU-Rahmens sollte dem Konzept einer funktional-pragmatischen Differenzierung folgen. Dabei geht es darum, die Blockadehaltung einzelner EU-Staaten in bestimmten Politikbereichen unter Nutzung der in den EU-Verträgen verankerten Differenzierungsinstrumente fallweise zu überwinden. Ihr Einsatz könnte in der Praxis auch einen Beitrag dazu leisten, die weit verbreitete „Differenzierungsskepsis" zu verringern. In diesem Maße würde eine für notwendig erachtete Zusammenarbeit außerhalb des EU-Rahmens an Attraktivität verlieren. Von besonderer Bedeutung wird es sein, dass die Institutionen und Mitgliedstaaten mit dem in der Praxis noch nicht erprobten Instrument der verstärkten Zusammenarbeit Erfahrungen sammeln, das bereits vor zehn Jahren im Amsterdamer Vertrag eingeführt wurde.[9] Die verstärkte Zusammenarbeit sollte aus mehreren Gründen genutzt werden: Erstens um festzustellen, ob die in den Verträgen festgeschriebenen Bedingungen erfüllt werden können, an die sie geknüpft ist; zweitens um herauszufinden, ob die rechtlichen und institutionellen Bestimmungen hinsichtlich der Implementie-

---

[9] Bereiche, für die das Verfahren der verstärkten Zusammenarbeit in Erwägung gezogen wurde, waren z.B. die Besteuerung von Unternehmensgewinnen und Energieprodukten, das Unternehmensstatut oder der europäische Haftbefehl. Siehe CEPS / EGMONT / EPC (2007a: 106).

rung einer verstärkten Zusammenarbeit praxistauglich sind; und drittens, um die Tauglichkeit der im Lissabon-Vertrag eingeführten speziellen Passerelleklausel zu prüfen, die zumindest theoretisch eine Verbesserung der Entscheidungsverfahren innerhalb einer verstärkten Zusammenarbeit ermöglicht.[10] Das Instrument der verstärkten Zusammenarbeit sollte vor allem in den Politikbereichen angewandt werden, die im Ministerrat dem Einstimmigkeitsprinzip unterliegen.

Schlussfolgerung 5: Falls Fortschritte innerhalb der Union nicht möglich sind, sollte eine engere Zusammenarbeit außerhalb des EU-Rahmens dem Modell einer intergouvernementalen Avantgarde folgen, die jedem Mitgliedstaat offen steht und darauf ausgelegt ist, die Zusammenarbeit schnellstmöglich in den Rechtsrahmen der Union zu überführen. Dabei ist zu beachten, dass die Überführung eines *Acquis* vor allem dann schwierig sein kann, wenn die rechtlichen Normen mit bereits bestehenden oder geplanten Rechtsakten konfligieren und die Zusammenarbeit außerhalb der EU Bereiche betrifft, die politisch unter den Mitgliedstaaten besonders umstritten sind. Schwierigkeiten ergäben sich auch dann, wenn die EU-Institutionen nicht mit den Aktivitäten außerhalb der EU assoziiert sind oder zumindest kontinuierlich über diese informiert werden und wenn die „outs" sich aus Prinzip gegen die Überführung von Rechtsnormen in den EU-Rahmen wenden. Ein Vertrauensverlust zwischen den „ins" und den „outs" und zwischen den „ins" und den EU-Institutionen kann nicht nur die Integration von Rechtsnormen in den EU-Rahmen verhindern, er kann sogar zu negativen Spillover-Effekten in anderen Politikbereichen führen und dem Integrationsprozess insgesamt schaden. Am Beispiel des Vertrags von Prüm zeigt sich, dass die Chancen auf eine erfolgreiche Überführung eines rechtlichen und politischen *Acquis* in den EU-Rahmen steigen, wenn die teilnehmenden Staaten die „outs" kontinuierlich informieren und wenn bestimmte Schlüsselstaaten – wie in diesem Falle Deutschland – die Überführung von Rechtsnormen besonders aktiv verfolgen.

---

[10] Innerhalb einer verstärkten Zusammenarbeit gelten grundsätzlich die gleichen Instrumente, Verfahren und Regeln, wie sie die EU-Verträge für den betroffenen Politikbereich vorschreiben. Der Vertrag von Lissabon sieht allerdings eine bedeutende Neuerung vor: Auf Basis einer speziellen Passerelle für die verstärkte Zusammenarbeit (Art. 333 EUV-A) können die an einer verstärkten Zusammenarbeit beteiligten Staaten einstimmig beschließen, dass innerhalb einer verstärkten Zusammenarbeit im Ministerrat mit qualifizierter Mehrheit statt einstimmig entschieden wird und dass das EP über ein Mitentscheidungsrecht verfügt. Eine derartige Weiterentwicklung der Entscheidungsverfahren erfordert keine formale Änderung der Verträge und gilt auch für Mitgliedstaaten, die sich erst zu einem späteren Zeitpunkt einer verstärkten Zusammenarbeit anschließen.

Schlussfolgerung 6: Die begrenzte Gewährung von Opt-outs, die eine Vertiefung der Integration trotz des Widerstands eines oder mehrerer Mitgliedstaaten ermöglicht, sollte nicht negativ bewertet werden, ist sie doch ein perfektes Beispiel für ein Europa *à la carte*. Die „sich ausklinkenden" Staaten entscheiden ja selbst, ob sie sich an gewissen Politikbereichen beteiligen wollen oder nicht. Im Ergebnis wird die EU durch die Opt-outs allerdings institutionell komplizierter, für den Bürger weniger transparent und in gewissen Fällen sogar weniger kohärent und solidarisch. Dennoch ist die Zulassung von Opt-outs aus mehreren Gründen nicht ausschließlich negativ zu bewerten: Erstens stellt sie oftmals die einzige Möglichkeit dar, um den Widerstand bestimmter EU-Mitglieder gegen ein Voranschreiten zu überwinden. Zweitens führen die Opt-outs zu Lern- und Nachahmeffekten der sich aus- und einklinkenden Staaten, die die Integrationsdynamik insgesamt erhöhen. Drittens bewahren sie den einheitlichen institutionellen Rahmen der EU, schaffen also keine neuen Institutionen außerhalb. Viertens gilt der verabschiedete rechtliche *Acquis* trotz der Opt-outs auch in künftigen EU-Mitgliedstaaten. Dies steht im Gegensatz zum Instrument der verstärkten Zusammenarbeit. Rechtsakte und Entscheidungen, die im Rahmen einer verstärkten Zusammenarbeit verabschiedet wurden, bilden keinen Teil des *Acquis*; sie verpflichten nur die an der verstärkten Zusammenarbeit beteiligten Staaten, nicht aber die neu hinzukommenden EU-Länder. Und fünftens begrenzt die institutionelle und politische Anbindung der Opt-out-Staaten die Gefahr einer Spaltung zwischen den Opt-outs und den anderen EU-Mitgliedern.

Schlussfolgerung 7: Konzepte der Anbindung von EU-Nachbarn unterhalb einer Vollmitgliedschaft sollten die Perspektive eines Beitritts zur Union nicht ausschließen. Der Wunsch vieler Nachbarstaaten, Mitglied zu werden oder zumindest den Grad der Zusammenarbeit zu intensivieren, erhöht den Druck, innovative Wege einer Anbindung unterhalb der Ebene einer Vollmitgliedschaft zu entwickeln. Doch derartige Konzepte können nur dann erfolgreich sein, wenn die Perspektive eines möglichen Beitritts nicht ausgeschlossen wird. Konzepte wie die einer privilegierten Partnerschaft oder einer erweiterten assoziierten Mitgliedschaft, die eine Beitrittsperspektive grundsätzlich ausschließen, sind zum Scheitern verurteilt, da sie unattraktiv sind für beitrittswillige Staaten. Sie sind aus zwei weiteren Gründen kontraproduktiv: Zum einen provoziert der Ausschluss einer Beitrittsperspektive negative Reaktionen in den Partnerstaaten und erschwert es der EU, Nachbarstaaten unterhalb einer Vollmitgliedschaft konstruktiv an die Union zu binden. Zum Anderen schränkt die Ablehnung einer Mitgliedschaftsperspektive die Möglichkeiten der EU ein, Bedingungen im Verhältnis zu den Partnerstaaten zu formulieren. Ohne die langfristige Perspektive weiterer Erweiterungsrunden ist die EU weitaus weniger in der Lage, die politische Orientierung und den Transformationsprozess in den Nachbarstaaten effektiv zu beeinflussen. Die Tür in Richtung EU sollte daher weiterhin offen gehalten werden, auch wenn die Aussichten auf eine Mitgliedschaft in vielen Fällen sehr weit entfernt oder eventuell sogar unbestimmt erscheinen.[11]

Schlussfolgerung 8: Eine limitierte Mitgliedschaft sollte nur für einen begrenzten zeitlichen Rahmen gelten, damit sie nicht zu einer Mitgliedschaft zweiter Klasse führt. Sollten sich neue Mitglieder im Laufe der Zeit zunehmend diskriminiert fühlen, könnte dies zu Spannungen zwischen beiden Seiten führen. „Limitierte" Mitglieder könnten versucht sein, Druck auf ihre Partner auszuüben, um die verbleibenden Restriktionen aus dem Weg zu räumen. Da „limitierte" Mitglieder vollständig in den institutionellen EU-Rahmen integriert wären, würden sie über ausreichend Druckmöglichkeiten verfügen. Ein struktureller Konflikt zwischen beiden Seiten könnte die innere und äußere Handlungsfähigkeit der EU negativ beeinflussen. Aus diesem Grund erscheint das Konzept einer limitierten Mitgliedschaft nur dann sinnvoll, wenn es als Zwischenschritt auf dem Weg zu einer Vollmitgliedschaft angelegt ist. Im Beitrittsvertrag sollten konkrete Möglichkeiten aufgezeigt und Mechanismen entwickelt werden, die eine graduelle Einbeziehung des neuen Mitgliedstaats in alle Politikbereiche auf der Basis einer Mehrheitsentscheidung des Ministerrats ermöglicht.

Schlussfolgerung 9: Der freiwillige Austritt eines oder mehrerer Staaten aus der Union kann den Weg in Richtung einer vertieften Integration eröffnen, falls EU-kritische Länder die Union auf eigenem Wunsch hin verlassen. Doch der Austritt eines oder mehrerer Länder kann die Union auch schwächen oder destabilisieren, falls die Zahl der austretenden Länder groß ist und falls die austretenden Staaten in bestimmten Politikfeldern eine herausragende Rolle spielen (z.B. Großbritannien im Bereich der Sicherheits- und Verteidigungspolitik). Sollten die EU und der austretende Staat nicht in der Lage sein, ihr Verhältnis neu zu definieren, könnte dies zu einer politischen Kluft zwischen beiden Seiten führen. Um die Vorzüge des gemeinsamen Marktes weiterhin genießen und von einer funktionierenden interinstitutionellen Struktur profitieren zu können, könnte sich das austretende Land der Europäischen Freihandelszone (EFTA) bzw. dem Europäischen Wirtschaftsraum (EWR) anschließen. Der Beitritt ehemaliger EU-Staaten könnte diese stärken, indem sie EFTA und EWR auch für solche Staaten attraktiver machen würden, die noch nicht in der Lage sind, der EU beizutreten. Alternativ könnte ein austretender Staat auch Teilmitglied der Union bleiben, um wei-

---

[11] Siehe dazu auch den Beitrag von Heinrich August Winkler in diesem Band.

terhin in bestimmten Politikbereichen aktiv mitwirken zu können. Diese Alternative wäre vor allem dann interessant, wenn der austretende Staat in bestimmten Politikfeldern eine herausragende Rolle gespielt hat und er auch nach seinem Ausscheiden eng mit der Union verbunden sein soll (z.B. Großbritannien in der ESVP).

Schlussfolgerung 10: Die Notwendigkeit eines höheren Grads differenzierter Integration in einer EU 27+ und die Umsetzung unterschiedlicher Differenzierungsformen innerhalb und außerhalb des EU-Rahmens stellt die Union und ihre Mitgliedstaaten vor schwierige Herausforderungen. Die Komplexität eines Europas der unterschiedlichen Geschwindigkeiten erfordert die Formulierung eines „Narratives der differenzierten Integration", das den europäischen Bürgern die Ziele und inhärente Logik der Differenzierung erläutert. Die EU und ihre Mitgliedstaaten müssen der europäischen Öffentlichkeit in verständlicher Form den Zweck flexibler Integration vermitteln. Es wäre jedoch politisch unklug, dieses Narrativ auf die Grundlage einer bestimmten Vision der politischen Finalität Europas zu stellen, da dies in bestimmten EU-Staaten Skepsis hervorrufen und die Potenziale einer differenzierten Zusammenarbeit einschränken würde. Das „Narrativ differenzierter Integration" sollte vielmehr auf die Definition einer oder mehrerer europäischer Projekte gründen, deren Umsetzung die Anwendung flexibler Formen der Zusammenarbeit erfordert.

Literatur

Atilgan, Canan / Deborah Klein (2006): EU-Integrationsmodelle unterhalb der Mitgliedschaft, Sankt Augustin (Arbeitspapier der Konrad-Adenauer-Stiftung, Nr. 158).

Altmann, Franz-Lothar (2005): EU und westlicher Balkan – Von Dayton nach Brüssel: ein allzu langer Weg?, Berlin (SWP Studie, S1).

Balfour, Rosa / Dorothée Schmid (2008): A Union for the Mediterranean. Disunity for the EU?, Brüssel (EPC Policy Brief 02/08).

Bechev, Dimitar / Kalypso Nicolaidis (2007): Integration without Accession: The EU's Special Relationship with the Countries in Its Neighbourhood. Report to the European Parliament, Oktober, Oxford.

Biscop, Sven (2008): Permanent Structured Cooperation and the Future of ESDP, Brüssel (Egmont Paper, Nr. 20).

CEPS / EGMONT / EPC (2007a): Enhanced Cooperation: From Theory to Practice, in: dies. (Hg.): Treaty of Lisbon: Implementing the Institutional Innovations. Joint Study, Brüssel, S. 97-119.

CEPS / EGMONT / EPC (2007b): Foreign Policy – Many Opportunities and a Few Unknowns, in: dies. (Hg.): Treaty of Lisbon: Implementing the Institutional Innovations. Joint Study, Brüssel, S. 121-141.

Commissariat Géneral du Plan, Hg. (2003): Rapport de l'atelier sur les coopérations renforcées dans l'Union Européene. La documentation française, Paris.

Emerson, Michael (2008): Making Sense of Sarkozy's Union for the Mediterranean, Brüssel (CEPS Policy Brief, Nr. 155).

Emmanouilidis, Janis A. (2005): Der Weg zu einer neuen Integrationslogik – Elemente flexibler Integration in der Europäischen Verfassung, in: Werner Weidenfeld (Hg.): Die Europäische Verfassung in der Analyse, Gütersloh, S. 149-182.

Emmanouilidis, Janis A. (2008): Conceptualizing a Differentiated Europe, Athen (ELIAMEP Policy Paper, Nr. 10).

Grant, Charles (2006): Europe's Blurred Boundaries: Rethinking Enlargement and Neighbourhood Policy, London (Centre for European Reform).

Gutenberg, Johann zu (2004): Die Beziehungen zwischen der Türkei und der EU – eine „Priviligierte Partnerschaft", München (Hanns-Seidel-Stiftung, Aktuelle Analysen Nr. 33).

Hartmann, Andreas-Renatus (2008): Für ein europäisches Commonwealth, in: Frankfurter Allgemeine Zeitung vom 7. Mai, S. 10.

Hillion, Christophe (2007): Negotiating Turkey's Membership to the European Union: Can the Member States Do As They Please?, in: European Constitutional Law Review 3 (2), S. 269-284.

Karakas, Cemal (2005): Für eine Abgestufte Integration – Zur Debatte um den EU-Beitritt der Türkei, Frankfurt a.M. (HSFK Standpunkte, Nr. 4).

Lippert, Barbara (2006): Assoziierung plus gesamteuropäische Aufgabenkonföderation: Plädoyer für eine selbstbewusste EU-Nachbarschaftspolitik, in: Integration 29 (2), S. 149-157.

Maurer, Andreas (2007): Alternativen denken! Die Mitgliedschaftspolitik der Europäischen Union vor dem Hintergrund der Beziehungen zur Türkei, Berlin (SWP-Aktuell 36).

Quaisser, Wolfgang / Steve Wood (2004): EU Member Turkey? Preconditions, Consequences and Integration Alternatives, München (forost Arbeitspapier, Nr. 25).

Schwarzer, Daniela / Isabelle Werenfels (2008): Formelkompromiss ums Mittelmeer, Berlin (SWP-Aktuell 24).

Varwick, Johannes /Jana Windwehr (2007): Norwegen und Schweiz als Modellfälle differenzierter Integration?, in: Aus Politik und Zeitgeschichte B 43, S. 15-20.

Verhofstadt, Guy (2006): Die Vereinigten Staaten von Europa, Eupen.

Nach dem Nein der Iren
Eine Kontroverse zwischen *Jürgen Habermas* und *Günter Verheugen*

Ein Lob den Iren / *Von Jürgen Habermas**

. . . und alle Räder stehen still.

Die Bauern ärgern sich über sinkende Weltmarktpreise und immer neue Vorschriften aus Brüssel. „Die unten" ärgern sich über die wachsende Kluft zwischen Arm und Reich, erst recht in einem Land, wo die Leute nachbarschaftlich zusammenlebten. Die Bürger verachten die eigenen Politiker, die vieles versprechen, aber ohne Perspektive sind und nichts mehr bewegen (können). Und dann dieses Referendum über einen Vertrag, der zu kompliziert ist, um ihn verstehen zu können. Von der EU-Mitgliedschaft hat man mehr oder weniger profitiert. Warum soll sich dann etwas ändern? Bedeutet nicht jede Stärkung der europäischen Institutionen die Schwächung von demokratischen Stimmen, die doch nur im nationalstaatlichen Raum gehört werden?

Die Bürger spüren den Paternalismus. Sie sollen wieder einmal etwas ratifizieren, woran sie nicht beteiligt waren. Freilich hat die Regierung in Aussicht gestellt, dieses Mal das Referendum nicht wiederholen zu lassen, bis das Volk endlich akklamiert. Und sind die Iren, dieses kleine Volk von Widerständlern, nicht die einzigen im weiten Europa, die überhaupt nach ihrer Meinung gefragt werden? Sie wollen nicht wie Stimmvieh behandelt werden, das zur Urne getrieben wird. Mit Ausnahme von drei „Nein" sagenden Parlamentsabgeordneten steht ihnen die ganze politische Klasse geschlossen gegenüber. Damit stellt sich gewissermaßen die Politik als solche zur Wahl. Umso größer die Versuchung, „der" Politik einen Denkzettel zu verpassen. Heute ist diese Versuchung überall groß.

---

* Süddeutsche Zeitung vom 17. Juni 2008, S. 7. Nachdruck mit freundlicher Genehmigung des Verlags.

Über die Motive des irischen Neins lässt sich nur spekulieren. Dagegen sind die ersten Reaktionen von offizieller Seite eindeutig. Die aufgescheuchten Regierungen wollen nicht ratlos erscheinen, sie suchen nach einer technischen Lösung. Diese läuft auf eine Wiederholung des irischen Referendums hinaus. Das ist der pure Zynismus der Macher gegenüber dem verbal bezeugten Respekt vor dem Wähler – und Wasser auf die Mühlen derer, die munter darüber diskutieren, ob nicht die halbautoritären Formen der andernorts praktizierten Fassadendemokratien besser funktionieren.

Der Vertrag von Lissabon sollte endlich die Organisationsreform nachholen, die der Europa-Gipfel in Nizza, also vor der Erweiterung von 15 auf 27 Mitgliedstaaten, zwar gewollt, aber nicht zustande gebracht hat. Die Osterweiterung hat inzwischen mit dem krasseren Wohlstandsgefälle und der gesteigerten Interessenvielfalt einen entsprechend gewachsenen Integrationsbedarf erzeugt.

Mit den neuen Konflikten und Spannungen können die europäischen Gremien im bisherigen Stil schlecht zurechtkommen. Nach dem Scheitern einer europäischen Verfassung stellte der Lissabonner Vertrag die bürokratisch verabredete Notlösung dar, die verhohlen an den Bevölkerungen vorbei durchgepaukt werden sollte. Mit diesem letzten Kraftakt haben die Regierungen kaltschnäuzig vorgeführt, dass sie allein über das Schicksal Europas entscheiden. Leider mit der lästigen, von der irischen Verfassung vorgeschriebenen Ausnahme.

Schon dieser Vertrag war auf den vorangegangenen Schock bestenfalls eine Antwort mit aufschiebender Wirkung. In Frankreich und den Niederlanden war der Ratifizierungsprozess zu Ende gegangen, noch bevor er die Sollbruchstelle Großbritannien erreicht hatte. Jetzt ist die Verlegenheit noch größer. Business as usual? Oder soll man sich doch der Einsicht stellen, dass die europäische Einigung, wenn sie weitergehen soll, auf einen anderen, einen bürgernahen Politikmodus umgestellt werden muss?

Bis „Nizza" ist dieser Prozess, befördert durch die wirtschaftsliberalen Antriebe, als ein Elitenprojekt über die Köpfe der Bevölkerung hinweg betrieben worden. Seitdem werden die Erfolge der wirtschaftlichen Dynamik zunehmend als Nullsummenspiel wahrgenommen. Es gibt quer durch alle Gesellschaften hindurch immer mehr Verlierer.

Begründete soziale Ängste und kurzsichtige Angstreflexe mögen die labile Stimmung erklären. Aber ungelöste Probleme sind ernster zu nehmen als Stimmungslagen, auf die politische Parteien, wenn sie nur überzeugende Perspektiven anbieten, mit Interpretationen Einfluss nehmen können. Die gescheiterten Referenden sind ein Signal dafür, dass die europäische Einigung dank ihrer eigenen Erfolge an Grenzen stößt. Diese können nur überwunden werden, wenn die europafreundlichen Eliten sich nicht länger auf die Vorzüge des Repräsentationsprinzips herausreden und ihre Berührungsängste abstreifen.

Die Schere zwischen den nach Brüssel und Straßburg verlagerten politischen Entscheidungsbefugnissen auf der einen, und den in den Nationalstaaten verbliebenen demokratischen Beteiligungschancen auf der anderen Seite hat sich zu weit geöffnet. Das ist umso misslicher, als die Kompetenzen zwischen der nationalstaatlichen und der zentralen Ebene ungleichgewichtig verteilt sind. Die sozialpolitischen und kulturellen Nebenwirkungen der erwünschten und europaweit durchgesetzten Marktfreiheiten werden auf Nationalstaaten abgewälzt, denen der Zugriff auf die Entstehungsbedingungen dieser externen Kosten verwehrt ist.

Die Politik könnte also verlorengegangene Gestaltungskompetenzen nur auf der europäischen Ebene zurückgewinnen. Erst dann könnten des einstigen EG-Präsidenten Jacques Delors' verblasste Vorstellungen eines „sozialen Europas" zum Gegenstand eines folgenreichen politischen Streites werden.

Ein Gemeinwesen darf nicht von vornherein so konstruiert sein, dass schon die Anlage des Gebäudes Alternativen zum bisher vorherrschenden Marktliberalismus ausschließt. Allerdings berührt die Frage einer vorsichtigen Harmonisierung der Steuer- und Wirtschaftspolitiken und einer schrittweisen Angleichung der sozialen Sicherungssysteme innerhalb der EU den Konflikt, der unter den Schlagworten der Vertiefung und der Erweiterung die Union seit Jahren lähmt.

Das pikierte Schweigen der Regierungen über die Zukunft Europas deckt den Zielkonflikt zu, der der europäischen Einigung seit Jahren die Perspektive und die Ansteckungskraft raubt. Soll Europa zu einem gestaltungsfähigen Akteur werden, der nach innen und nach außen politische Handlungsfähigkeit gewinnt – oder bleibt es bei der zivilisierenden Anziehungskraft eines Erweiterungsprojektes für die Anrainerstaaten, die sich für den Beitritt zu einer immer größeren Union fit machen? Der Preis für das diffuse Erweiterungsprojekt ist die fehlende politische Gestaltungskraft in einer ökonomisch zusammenwachsenden Weltgesellschaft, die seit 2001 politisch auseinanderdriftet. Man muss nur die tristen Bilder der Duodezfürsten Brown, Sarkozy und Merkel sehen, die bei Präsident George W. Bush einer nach dem anderen und jeder für sich antichambrieren, dann weiß man, dass sich Europa von der Weltbühne verabschiedet.

Doch die Probleme des Klimawandels, des extremen Wohlstandsgefälles und der Weltwirtschaftsordnung, der Verletzung elementarer Menschenrechte, des Kampfes um knappe Energieressourcen betreffen alle gleichermaßen. Während alle von allen immer abhängiger werden, beobachten wir auf der weltpolitischen Bühne die Verbreitung von ABC-Waffen und eine sozialdarwinistische Enthemmung der Gewaltpotenziale. Müsste nicht ein handlungsfähiges Europa

im eigenen Interesse sein Gewicht für eine völkerrechtliche und politische Zäh-
mung der internationalen Gemeinschaft in die Waagschale werfen?

Ein politisches Gewicht, das seinem ökonomischen entspräche, kann Europa
nicht erlangen, weil sich die Regierungen über das Ziel der europäischen Einigung uneins sind. An dieser Stelle darf man die Ursachen nicht verwechseln.
Zunächst einmal sind es die Regierungen selbst, die nicht weiter wissen und die
die Malaise eines lustlos-muffigen „Weiter so" verbreiten. Natürlich gewinnt der
Zielkonflikt seine Sprengkraft aus tieferliegenden, historisch erklärbaren Differenzen. Das ist kein Grund zur Kritik an irgendeinem Land. Aber nach dem irischen Signal sollten wir von unseren Regierungen zwei Dinge erwarten. Sie müssen sich eingestehen, dass sie mit ihrem Latein am Ende sind. Und sie dürfen
ihren lähmenden Dissens nicht weiter verdrängen. Am Ende bleibt ihnen nichts
anderes übrig, als die Bevölkerungen selbst entscheiden zu lassen.

Das bedeutet, dass sich die politischen Parteien die Ärmel hochkrempeln,
damit Europa auf den Marktplätzen zu dem lebenswichtigen Thema wird: Soll
aus einem Europa, das in nationalstaatliche Rangeleien zurückgefallen ist, ein
innen- und außenpolitisch handlungsfähiges Subjekt werden? Heute wird vorgeschlagen, den Lissabonner Vertrag dadurch zu retten, dass man den Iren einen
Teilausstieg aus der Europäischen Union anbietet. Das nimmt die Entscheidung
der irischen Wähler wenigstens ernst, auch wenn diese sich wohl die Augen
reiben, weil sie das so gar nicht gemeint haben. Die Erwägung einer solchen Option gibt den richtigen Wink. Ein Kooperationsvertrag mit Mitgliedstaaten, die
zeitweise aus der Mitarbeit in bestimmten Institutionen entlassen werden möchten, zeigt, wie man aus der Malaise einen Ausweg finden könnte.

Der Geleitzug, worin der Langsamste das Tempo bestimmt, hat Europa weit
gebracht. Von nun an ist es die falsche Gangart. Schon Innenminister Wolfgang
Schäubles Vorschlag der Direktwahl eines Unionspräsidenten geht weit über den
zögerlichen Lissabonner Vertrag hinaus. Der Ministerrat sollte über seinen Schatten springen und mit den nächsten Europawahlen ein Referendum verbinden.
Die Fragestellung müsste hinreichend klar sein, um eine Richtungsentscheidung
zu erlauben. Und die Bürger müssten am selben Tag nach dem gleichen Verfahren zum gleichen Thema ihre Stimme abgeben können. Ein Fehler der bisherigen
Referenden bestand darin, dass die Meinungsbildung im jeweiligen nationalen
Kontext gefangen blieb.

Mit Engagement und Glück könnte daraus eine Union der zwei Geschwindigkeiten hervorgehen, wenn sich die Länder, in denen das Referendum angenommen wird, zu einer engeren Kooperation auf Gebieten der Außen- und Si-
cherheits- sowie der Wirtschafts- und Sozialpolitik zusammenschließen. Vor eine

Alternative gestellt, würden sich auch die mittel- und südosteuropäischen Beitrittsländer überlegen, wo ihre Interessen liegen. Für die zunächst skeptischen Mitgliedstaaten könnte ein politisch erfolgreiches Kerneuropa an Anziehungskraft gewinnen. Schließlich würde eine – rechtlich nicht ganz einfache – Innendifferenzierung die strittige Erweiterung der Union erleichtern.

Schritt für Schritt, und alle gemeinsam
Eine Antwort auf Jürgen Habermas / *Von Günter Verheugen**

Nein, das Lob verdienen die Iren nicht, das Jürgen Habermas ihnen für ihr Nein zum Vertrag von Lissabon in der Süddeutschen Zeitung vom vergangenen Dienstag gespendet hat – zumal sich über ihre Motive, wie er selber bemerkt, nur spekulieren lässt. Aber Respekt verdienen sie. Denn ihr Votum hat Fragen aufgeworfen, die nicht verdrängt werden dürfen.

Wir sind Europäer, aber wir sind kein europäisches Volk. Das macht die Entscheidungsprozesse in der Europäischen Union langwierig und die Eins-zu-eins-Übertragung des Demokratieprinzips auf die europäische Ebene nahezu unmöglich. Das nationale Vetorecht, dessen Exekution durch die Iren Habermas ausdrücklich gutheißt, ist aber genau das Hindernis, das immer wieder mögliche Fortschritte verzögert. Trotzdem geht es nur so.

Die Schritt-für-Schritt-Methode, mit der die Europäische Union ihre vertraglichen Grundlagen weiter entwickelt, ist nicht aus der Not geboren, sondern sie entspricht dem Prinzip der souveränen Gleichheit ihrer Mitgliedstaaten. Die EU ist so konstruiert, dass nicht ein paar große den kleineren Staaten ihren Willen aufzwingen können. Die Europäische Union ist kein Staat, und sie wird in vorhersehbarer Zukunft auch keiner werden. Der Traum vom europäischen Bundesstaat, wenn er je geträumt wurde, ist ausgeträumt. Nirgendwo sehe ich eine europäische Nation, die bereit wäre, ihre eigene Identität zugunsten einer europäischen Superstruktur aufzugeben.

Was wir heute erleben, ist Widerstand gegen die harten Notwendigkeiten von heute. Kein europäischer Nationalstaat kann seinen Bürgern Freiheit, Sicherheit und Wohlstand noch auf sich allein gestellt garantieren. In der Welt von morgen, in der die relative Bedeutung der Europäischen Union in ihrer heutigen

---

* Süddeutsche Zeitung vom 21. Juni 2008, S. 2. Nachdruck mit freundlicher Genehmigung des Verlags.

politischen und ökonomischen Gestalt sinken würde, ist nicht weniger, sondern mehr Europa verlangt.

Jürgen Habermas gefällt der Weg nicht, auf dem die Europäer das erreichen wollen. Er nennt ihn paternalistisch und weist auf zwei unbestreitbare Fakten hin: auf das weit verbreitete Unbehagen an der real existierenden Europäischen Union und auf ihren Charakter als Elitenprojekt, das an den Menschen vorbei oder über sie hinweg betrieben wird.

Europaweite Referenden sind keine praktikable Antwort, weil niemand bereit ist, seine eigene Souveränität der mehrheitlichen Entscheidung anderer zu überantworten. Man muss sich das praktisch vorstellen: Was geschähe, wenn die Mehrheit der Europäer ja sagte, aber die Mehrheit, sagen wir einmal der Deutschen, nein? Müsste dieses Nein dann nicht ebenso respektiert werden wie jetzt das Nein der Iren?

Auch die auf den ersten Blick verlockende Idee eines Kerneuropas, also einer echten politischen Union innerhalb der bestehenden weiteren EU, oder die Idee eines Europas der verschiedenen Geschwindigkeiten, taugt für die heutige Welt nicht. Denn wer definiert in diesem Fall, wer Kern sein darf? Und wer soll draußen bleiben? Klein-Europa mag Gefühle bedienen, mehr jedoch nicht. Mehrere Geschwindigkeiten oder verschiedene Integrationsdichte haben wir schon, und das hat nicht mehr Demokratie, mehr Transparenz und mehr Effizienz gebracht.

Die Kernfrage von Jürgen Habermas lautet vollkommen überzeugend, wie aus einem Europa der Regierungen ein Europa der Bürger gemacht werden kann. Wir haben uns angewöhnt, darin eine Bringschuld der europapolitischen Akteure zu sehen, aber manchmal frage ich mich doch, ob Unwissenheit und Desinteresse in weiten Teilen der Öffentlichkeit allein die Verantwortung der Europapolitik ist.

Die europäische politische Agenda ist alles andere als bürgerfern. In Wahrheit hat die europäische Integration die Lebenssphäre jedes Einzelnen längst erreicht. Sie ist über das Friedensprojekt hinaus gewachsen. Mein Vorwurf an die Eliten ist nicht, dass sie die Integration vorantreiben, sondern dass sie nicht wirklich dafür eintreten. Sechs Tage in der Woche Europa verschweigen oder herunterreden kann nicht dazu führen, dass am siebten Tag die Bürgerinnen und Bürger begeistert ja sagen zu Europa.

Auch im bestehenden System ließe sich mehr Demokratie verwirklichen. Wir könnten ein Parlament mit vollen Rechten schaffen. Wir könnten eine europäische Exekutive schaffen, die aus Parlamentswahlen hervorgeht, und nicht aus nationalem Parteiengekungel. Wir könnten Subsidiarität wirklich ernst nehmen und Verantwortung immer auf der Ebene lassen, die dem Bürger am nächsten ist. Wir könnten einen Europawahlkampf einmal mit europäischen Themen bestreiten. Und schließlich: Wir könnten uns auch dazu bequemen, endlich mehr voneinander zu lernen. Irgendwo in Europa gibt es immer für alles eine intelligente Lösung.

Die Reformen des Vertrags von Lissabon gehen in diese Richtung. Sie würden auch die Macht der Brüsseler Zentrale begrenzen und damit einen weiteren Stein des Anstoßes wenigstens ein Stück weit beseitigen.

Der weltpolitische Akteur, der wir im 21. Jahrhundert werden müssen, der erweiterte, voll integrierte europäische Wirtschaftsraum, den wir schaffen müssen, wenn wir nicht zum Objekt der Entscheidungen anderer werden wollen – wir erreichen es nur, wenn wir viel besser werden, als wir jetzt sind. Also mit Reformen. Und die erreichen wir nur, wenn wir endlich wieder kämpfen für das große Geschenk der europäischen Einigung, das wir geerbt haben.

Solange wir Iren, Polen oder Deutsche bleiben und gleichzeitig Europäer sein wollen, solange werden wir mit der Art von Problemen leben müssen, die das irische Nein aufgeworfen hat. Und deshalb können wir eine Lösung auch nur gemeinsam finden, im Kreis der 27 Mitgliedsländer der Europäischen Union. Ich stelle mir zwar Sisyphos nicht als einen glücklichen Menschen vor, aber in Europa ist der Stein soeben wieder einmal heruntergerollt – rollen wir ihn zu siebenundzwanzigst also wieder hinauf.

Verständnis für die Iren
Eine Replik auf Günter Verheugen / *Von Jürgen Habermas**

Ich habe den Iren kein „Lob" gespendet, sondern versucht, mir die Umstände zu vergegenwärtigen, die ihr Nein verständlich machen. Aber ein unvoreingenommener Leser, erst recht ein EU-Kommissar, der weiß, worum es geht, dürfte sich vom Blickfang einer Überschrift nicht über den unmissverständlichen Tenor des Inhalts täuschen lassen. Günter Verheugen dreht mir das Wort im Munde herum, wenn er suggeriert, ich mache mich zum Fürsprecher des irischen Vetos.

Ich wende mich freilich gegen eine Rhetorik, die einen seit Jahren lähmenden Konflikt unter den Teppich kehrt: Die einen wollen die „Erweiterung" Europas, die anderen dringen auf die rechtzeitige Vertiefung seines institutionellen

---

* Süddeutsche Zeitung vom 24. Juni 2008, S. 13. Nachdruck mit freundlicher Genehmigung des Verlags.

Zusammenhalts. Wenn sich nun die Mitgliedstaaten in der unübersichtlicher gewordenen EU der 27 vertraglich nicht auf mehr Gemeinsamkeiten als auf die in Nizza vereinbarten einigen können, bietet sich eine Alternative an. Man kann das Korsett der durch Einstimmigkeitsregeln aufgezwungenen Gemeinsamkeit lockern und den Ländern, die ihre Kooperation vertiefen wollen, freie Hand lassen. Darüber muss man sprechen, wenn man den Konsenszwang und die dadurch hervorgerufene Blockierung des gemeinsamen politischen Handelns überwinden will.

Für den Vorschlag einer abgestuften Integration muss man sich auch nicht als Schmuddelkind in die Ecke stellen lassen – als verletze man die Solidarität unter guten Europäern. Der Vorschlag dient der Lösung eines Problems, das durch mangelnde Solidarität erst zustande kommt. Oder handelten Aznar oder Barroso oder Blair oder Berlusconi etwa solidarisch, als sie vor der Irakinvasion ohne Absprache mit ihren europäischen Kollegen der völkerrechtswidrigen und verlogenen Politik der Bush-Regierung Gefolgschaft geschworen haben?

Meine Kritik richtet sich gegen beides, gegen den verhohlenen Paternalismus wie gegen die ungerührte Problemverschleierung einer Politik des ungerührten „Weiter so". Die Iren mussten schon einmal ein Europa-Referendum wiederholen, um ein Nein im Sinne der Obrigkeit zu korrigieren. Wie die laue Stellungnahme des Europäischen Rats läuft auch Verheugens Plädoyer darauf hinaus, den Iren dieses unwürdige Spiel ein zweites Mal zuzumuten. Die Floskel vom „Respekt" vor dem irischen Votum verrät nur, wie weit die zynische Verachtung für das Ergebnis eines demokratischen Verfahrens schon gediehen ist. Die politischen Eliten sollten, bevor sie die Demokratie weiter beschädigen – und der Neuen Zürcher Zeitung Grund liefern, ihre Wochenendausgabe vom 21./22. Juni mit der Überschrift „Sind Demokratien ineffizient?" aufzumachen – mit sich zu Rate gehen und überlegen, wie sie sich in diese Sackgasse manövriert haben.

Meine Erklärung geht dahin, dass die Regierungen ängstlich vermeiden, an den Konflikt zu rühren, der den Einigungsprozess zum Stillstand gebracht hat. Auf der einen Seite gibt es Mitgliedstaaten, die sich aus verständlichen historischen und weniger überzeugenden politischen Gründen gegen jeden Schritt einer weiteren Integration wehren. Wer wollte ihnen das verübeln? Auf der anderen Seite stehen Mitgliedstaaten, in denen vielleicht Mehrheiten für eine engere Kooperation gewonnen werden könnten, wenn die politischen Parteien nur den Mut hätten, einen Europawahlkampf zu führen, der diesen Namen verdient. Alle bisherigen Referenden sind unter falschen nationalen Frontstellungen zustande gekommen. Ich stimme Verheugen aus vollem Herzen zu, wenn er sagt: „Mein

Vorwurf an die Eliten ist nicht, dass sie die Integration nicht vorantreiben, sondern dass sie nicht wirklich dafür eintreten." Dass im Hinblick auf die Zukunft Europas ein einstweilen unüberbrückbarer Konflikt besteht, ist keiner Seite vorzuwerfen, sondern als politische Tatsache festzuhalten. Was ich Verheugen und seinen Kollegen vorwerfe, ist die Verdrängung dieses Konflikts. Sie begraben jeden weiterführenden Gedanken zu Europa in der Langeweile ihres technokratischen Geredes. Es ist unwahr, dass wir, wie Verheugen behauptet, beides gleichzeitig haben können: Den bisherigen Politikmodus behalten und eine vertiefte europäische Einigung bekommen. Es trifft nicht zu, dass wir die 27 und demnächst 28 auseinanderdriftenden Mitgliedstaaten ins selbe Korsett pressen und gleichwohl „mehr Demokratie verwirklichen" können. Verheugen stellt vollmundig demokratische Wohltaten – ein Parlament mit vollen Rechten, Europawahlen mit europäischen Themen, eine gewählte Exekutive usw. – in Aussicht. Abgesehen vom viel zu konventionellen Zuschnitt dieser Ziele, muss er wissen, dass auch nur ein wenig mehr an demokratisch legitimiertem Gestaltungsspielraum auf europäischer Ebene nicht von allen gewollt wird und nur auf dem Wege einer abgestuften Integration für einige zu erreichen ist.

Natürlich kann man darüber streiten, ob weiter gesteckte Ziele überhaupt erreichbar sind. Aber der Slogan „Wir sind kein europäisches Volk" ist nur Wasser auf die Mühlen des Rechtspopulismus. Bei den Europameisterschaften lässt sich an den Ritualen und Reaktionen der Spieler und der Fans ablesen, dass sich die Nationen nicht mehr wie aus Stein gehauen gegenüberstehen. Auch die bunten Wimpel der Autofahrer zeigen, dass ihnen vielfach die eine Fahne oft nicht mehr genügt, um die Identifikation mit „ihren" Mannschaften zum Ausdruck zu bringen. Die Frage ist nicht, ob irgendeine Nation bereit wäre, ihre Identität aufzugeben. Die Frage ist vielmehr, wie sich eine europäische Öffentlichkeit entwickeln kann. Dann wird sich unter den Inhabern der weinroten Pässe auch das Bewusstsein verbreiten, den weltpolitischen Schicksalen, denen man gemeinsam ausgesetzt ist, gemeinsam begegnen zu wollen.

Dass Europa lernen muss, angesichts der drängenden Weltprobleme mit einer Stimme zu sprechen, ist kaum kontrovers. Aber Dissens besteht darüber, ob Europa auch nach innen mehr politische Handlungsfähigkeit braucht. Die wissenschaftlichen Experten haben ganze Bücherregale gefüllt, um zu erklären, wie die Nationalstaaten Kompetenzen, die sie im Zuge der wirtschaftlichen Globalisierung verloren haben, auf supranationaler Ebene zurückgewinnen. In diesen Zusammenhang gehört ein Argument, das sich die proeuropäischen, aber immer gesichtsloser werdenden sozialdemokratischen Parteien für ein linkes Europaprojekt zu eigen machen könnten. Die europäischen Institutionen müssen sich nicht ausschließlich, aber in erster Linie und vor allem ohne politische Gegengewichte auf die an sich erwünschte Durchsetzung von gleichen Marktfreiheiten konzentrieren. Die halbherzig verfolgte europäische Einigung bleibt solange unvollständig, wie diese Unwucht nicht ausbalanciert wird. Denn ein politisches Gemeinwesen darf nicht so verfasst sein, dass schon die Anlage des Gebäudes Alternativen zur vorherrschenden marktliberalen Wirtschaftspolitik ausschließt.

Auch der Weg eines europaweiten Referendums ist umstritten. Komplizierte Vertragswerke sind kein geeigneter Gegenstand für Referenden, gewiss. Aber im vorliegenden Fall geht es um eine Richtungsentscheidung. Daher könnten einfache Fragen zusammen mit der nächsten Europawahl zur Abstimmung gestellt werden. Bedenken gegen eine Aushöhlung des Repräsentationsprinzips halte ich für unbegründet. Dafür kann die Schweizer Konkordanzdemokratie als Beispiel dienen.

Wenn sich die politische Gesetzgebung wie in Brüssel, wo der Regierung keine zur Ablösung bereite Opposition gegenübersteht, unter starkem Einigungszwang vollzieht, sind Volksabstimmungen ohnehin ein notwendiges Korrektiv.

Die Autoren

Prof. Dr. Frank Decker, Universität Bonn

Janis A. Emmanouilidis, M.A., Hellenic Foundation for European and Foreign Policy, Athen

Prof. Dr. Philipp Genschel, Jacobs University Bremen

Prof. Dr. Dr. h.c. mult. Jürgen Habermas, Universität Frankfurt

Prof. Dr. Simon Hix, London School of Economics and Political Science

Priv.-Doz. Dr. Marcus Höreth, Universität Bonn

Andreas Hofmann, M.A., Universität zu Köln

Prof. Dr. Dr. h.c. Josef Isensee, Universität Bonn

Prof. Dr. Peter Graf Kielmansegg, Universität Mannheim

Prof. Dr. Ludger Kühnhardt, Zentrum für Europäische Integrationsforschung / Universität Bonn

Prof. Dr. Jerzy Maćków, Universität Regensburg

Dennis-Jonathan Mann, M.A., Doktorand am Europäischen Hochschulinstitut Florenz

Prof. Dr. Thomas Meyer, Universität Dortmund

Prof. Dr. Hans-Gert Pöttering, Präsident des Europäischen Parlaments

Jared Sonnicksen, M.A., Universität Bonn

Günter Verheugen, Vizepräsident der Europäischen Kommission

Priv.-Doz. Dr. Bernhard Weßels, Wissenschaftszentrum Berlin für Sozialforschung

Prof. Dr. Wolfgang Wessels, Universität zu Köln

Prof. Dr. Heinrich August Winkler, Humboldt-Universität zu Berlin

If you have any concerns about our products,
you can contact us on
ProductSafety@springernature.com

In case Publisher is established outside the EU,
the EU authorized representative is:
Springer Nature Customer Service Center GmbH
Europaplatz 3, 69115 Heidelberg, Germany

Printed by Libri Plureos GmbH
in Hamburg, Germany